U0564508

船山遺書

第五册

礼记章句（下）

〔清〕王夫之 著

中國書店

目录

礼记章句（下）

礼记章句（下）

礼记章句卷十五

丧服小记

"小"，之为言详也。礼不遗于小，小者必察，而哀乐之文乃以成章，故曾子曰"慎终追远"，谨于小而后为慎之至也。《仪礼》有《丧服》一篇，此篇乃引申其义类而详辨之。凡三十二章。

斩衰，括发以麻，为母括发以麻，免而以布。衰，仓回反。篇内并同。为，于伪反。免，亡运反，篇内并同。

"括发"者，去笄纚而露髻，以麻自项前交于额，却上绕髻也。小敛则括发。父在为母，虽齐衰期，而括发同于父丧，但于父则括发至于成服，乃着丧冠，为母则尸出堂又哭而易以免也。

齐衰，恶笄以终丧。齐，即夷反，篇内并同。

"恶"，粗也；以榛木为笄，无雕治也。此谓妇人为父母及舅姑也。妇人质，有除无变。

男子冠而妇人笄，男子免而妇人髽。其义：为男子则免，为妇人则髽。

"冠""笄"，以饰吉；"免""髽"，以饰凶；其义同也。"为"，犹成也。童子未冠则不免，女子未笄则不髽，不备饰也。

苴杖，竹也。削杖，桐也。

"苴"，粗恶之意。"苴杖"，斩衰之杖。"削杖"，齐衰之杖。竹不假削，桐则必削之，丧以质为重也。"桐"，白桐，今谓之水桐。

祖父卒而后为祖母后者三年。卒，子律反。为，于伪反。

"为祖母后者"，谓长子卒而冢孙承为丧主也。其礼视父在为母齐衰期，父没乃伸三年。

为父母、长子稽颡也。大夫吊之，虽缌必稽颡。为，于伪反。长，丁丈反。下同。

哀之至者礼必尽，故先稽颡而后拜。"大夫吊之"，谓吊士也，以己故来吊，重尊者之惠，虽疏必自为主，故礼视丧主。大夫于大夫，则亦非父母、长子不稽颡也。言大夫则君吊可知。

妇人为夫与长子稽颡，其余则否。

"妇人"，已嫁之称。"其余"，谓父母、舅姑。

右第一章。

男主必使同姓，妇主必使异姓。

谓丧无主而为之主也。言"使"者，男则异姓者有服而同姓者无服；妇则同姓者有服而异姓者无服；有服者必不自为主，而令当主者主之也。妇之异姓，谓夫家之族属。

为父后者，为出母无服。"为出"之"为"，于伪反。

"为父后者"，适长子也。非为父后者，齐衰期，不杖不禫。

右第二章。

亲亲以三为五，以五为九，上杀、下杀、旁杀而亲毕矣。杀，所戒反。

"亲亲"，谓合族制服之道。"三"者，祖一也，父二也，己身之等为兄弟，三也。"为五"者，由祖而有从父之属，由兄弟而有从子之属也。"五"者，曾祖四也，高祖五也。"为九"者，由曾祖而有从祖之属，由高祖而有族曾祖之属，正服五也，旁服四也。自己而下为子为孙，皆己所自出，不待亲而固亲，且子孙更无旁属，统于一身，是以不与数焉。杀者，减渐轻也。"上杀"，由父而上至于高祖，递降也。"下杀"，由从子而下至于从孙，递降也。"旁杀"，一从、再从、三从为族，递降也。此小宗之法，五世而迁，过此则为族人，大宗收之，非己所得亲，故曰"毕矣"。

礼，不王不禘。此句旧在下章"女君之子报"之下，今从石梁王氏说，定之于此。

德不至，气不盛，则诚不及。诚所不及，礼所不行也。自此节以下皆言宗子、庶子丧祭之别，而推本于禘，以见尊祖合宗之所自始。

王者禘其祖之所自出，以其祖配之，而立四庙。

"祖"，始王者也。祖所自出者，四代王者皆自侯国而兴，其先皆帝王之支庶，故推本古帝以为始出，而禘以飨之。"四庙"，二昭二穆，与祖为五，殷制也。周则自祖而外立六庙，所自出者无庙，禘则因祖庙而祭之。

庶子王亦如之。

"庶子王"，谓兄终弟及者。"亦如之"，谓亦为一世，如父子与四庙之数。

别子为祖，继别为宗，继祢者为小宗。有五世而迁之宗，其继高祖者也。

"别子者"，世子之母弟也，世子无母弟，则庶弟之长者亦为"别子"。天子统天位之尊，世子承国储之重，族人不得而宗之，于是立其母弟之长者为一宗之祖，若周公之于周是已。其适长子又承诸侯之封为诸侯之祖，其庶子之次长者则继别子，而以世相嗣为宗子，以统一姓之族属，虽天子亦受统焉，于其家则天子讲家人之序。《诗》所谓"在宗载考"也。此所谓大宗也。"继祢"者，谓虽为大宗，而又统其五世之属籍以为一宗，及虽非大宗而冢子自承其祢，因以分支之始统五世之族属而为一宗，至于五世之外，则各以其继祢后者别为一宗，故五世而宗分，不与先为宗者相为宗矣。此"小宗"也。记者因禘而推周代之家法，上溯远祖，下连百世之义。若诸侯非天子之同姓，则各立一大宗，以自纪其家世。至于同姓之诸侯、大夫，则皆附天子、诸侯之大宗而不得为祖，故滕谓鲁为宗国，以周公为周之大宗之祖也。若鲁三家以桓公为祖，叔肸、仲婴齐之后以僖公为祖，庙乱于上，宗乱于下，皆僭天子而非礼矣。盖惟禘其远祖者则立大宗，禘不迁而宗不易，既立大宗而又立小宗，抑如有百世不祧之祖而又有五世则迁之庙，庙迁于上，小宗易于下，尊祖敬宗而等杀立焉，其义本一。先儒不察，乃以诸侯之适子弟及去国之公子仕于他邦者皆谓之大宗，则亦未达先王尊亲之大义矣。

是故祖迁于上，宗易于下。尊祖故敬宗，敬宗所以尊祖祢也。

"祖迁"，谓四庙之祖。"宗易"者，小宗也。"尊祖敬宗"，兼祫祖、大祖、大小宗而言，以其承祖而统族，则必敬宗，敬其宗子者，以著其德厚流光之盛，故所以"尊祖"。兼言"祢"者，祢庙立则适长子异于众子而预为五世之宗主也。

庶子不祭祖者，明其宗也。

自宗子而外，皆谓之"庶子"。此言庶子与小宗之宗子为从兄弟，虽于其祢为冢子，仕至适士以上，得立祖庙而不敢立，但立祢庙以祭祢，于祖则供其牲物而宗子为之祭也。其得祭祢者，于祖则为庶孙，于祢则为冢子，又将继祢而为宗也。"明"，著也。"其宗"，谓继祖之宗。

庶子不为长子斩，不继祖与祢故也。为，于伪反。长，丁丈反。

父为长子斩者，父承宗后而以传之长子也。其父为庶子，则虽长子，但为己后，而非祖祢之嗣，亦与众子等服齐衰期也。兼言"祖"者，或父之父死，直承祖后也。若母，则长子承夫后，不降三年。

庶子不祭殇与无后者，殇与无后者从祖祔食。

"无后"，谓庶兄弟死而无子，以庶贱故不为立后也。于祢而为庶子者不祭己之殇子，于祖而为庶者不祭无后之兄弟，以"殇与无后者"不立庙，必从祖祔食。今祖之庶无祖庙，祢之庶无祢庙，无从祔祭，则供其牲物而宗子为祭之。

庶子不祭祢者，明其宗也。

此谓继祢之宗子之庶兄弟也，虽贵不得立祢庙，供其牲物而冢子为之祭也。"其宗"，谓继祢之宗。

右第三章。此章记周之宗法，虽详言祭礼，而丧服之隆替亦用可推矣。

亲亲、尊尊、长长、男女之有别，人道之大者也。长，丁丈反。

"人道"，人所以别于禽兽之道也。四者惟人能喻而修之，故生而叙之为伦，没而为之制服，重、轻、降、杀，各有差等，所以立人道之大也。此一章之大指，下七节皆以推明其义。

从服者，所从亡则已。属从者，所从虽没也服。

"从服"者，恩义不涉，卑为尊屈，从尊而服也。"属从"者，虽从尊者而服，而恩义与己固相连属也。亡，亦没也。"已"，止也。"所从亡则已"有四：妾于女君之党，子于母之君母，妾子于君母之党，臣于君之党。虽没犹服有三：子于母之党，妾于夫之党，夫于妻之党。

妾从女君而出，则不为女君之子服。为，于伪反。

"妾"，诸侯之媵侄娣也，妻出则俱出。众子为出母服期，母报之，妾在国则从女君而服。今女君虽服而妾不从服，出母以恩服，妾以义服，出则义绝也。

世子不降妻之父母。其为妻也，与大夫之适子同。为，于伪反。适，都历史。

期以下，天子绝，诸侯降，世子不敢以君道自居，故不降妻之父母。大夫之适子为妻不杖期，父在己不敢为主也。虽世子而与大夫之适子同，父在斯为子，无贵贱一也。

父为士，子为天子、诸侯，则祭以天子、诸侯；其尸服以士服。

"以"，用也。"祭"者，养道，子所得自尽也。尸服不逾其生，不敢以己爵加于父也，如舜之于瞽瞍是已。子不敢以己爵加于父，乃以尊其亲于无可加，故孟子曰："为天子父，尊之至也。"若后世人臣封赠之典，子爵之得加于父者，君命在故也；天子受命于天，非人子之得加于父也。知此则欧阳修濮议之邪说可得而息矣。

父为天子、诸侯，子为士，祭以士；其尸服以士服。

"尸服士服"者，天子、诸侯之服不可入于士之庙也。天子、诸侯自失位而后子为士，故以道绌之而无疑，若三恪之封，后王以礼尊之，修其事守，则尸仍服天子之服。此言天子者，如夏大康之类也。按天子、诸侯子为士则尸士服，父为大夫、子为士，则尸仍可服大夫之服，其义异者，大夫、士尊卑不相远，且仕无恒达，大夫不世官也。

妇当丧而出，则除之。

"当丧"，当舅姑之丧也，恩义已绝，可以除矣。

为父母丧，未练而出则三年，既练而出则已；未练而反则期，既练而反则遂之。为，于伪反。期，居之反。

"三年"，以受服终也。"既练"，则期服已除，不可更制服也。"反"，既出而复归也。"遂"，终服也。既练则已逾除期之期，不可以苟除也。愚按：既练而遂，情理终有未安，虽义在可反，不知待终丧而后反，斯为守正而无疑与！

右第四章。

再期之丧，三年也。期之丧，二年也。九月、七月之丧，三时也。五月之丧，二时也。三月之丧，一时也。故期而祭，礼也；期而除丧，道也；祭不为除丧也。期，居之反。为，于伪反。

“年”“时”，以所历节序言之。“再期”，二十五月而祥。“期”，十三月而除；为母十三月而禫。“七月”，殇服也。“祭”，练祭。“除”，除首绖也。“礼”者，人子孝养之理。“道”者，天时变迁消息之道，不以己之除丧故而祭，故必先祭而后除。祭可于期、再期之内，除必于期、再期之外，服有余哀而祭必及时也。

三年而后葬者必再祭。其祭之间不同时，而除丧。

“三年而后葬”，有非常之故也。丧在殡，练祥之祭不行，奠而已矣。葬而虞，虞之后月乃练，又后月乃祥，又后月乃除，不忍遽也。“时”者，更三月之辞。

大功者，主人之丧，有三年者，则必为之再祭。朋友，虞、祔而已。为，于伪反。

“大功”，从兄弟也。“主”，为丧主也。“有三年”者，谓没者之妻及幼子不能为主者也。“再祭”，练祥也，服已除而为主练祥，终三年者之礼也。若期服者为主，则除服而犹为主祥也。惟无三年者，则所谓无后者祔食，不特祭矣。无同姓而朋友主之，则虞、祔而止，恩义轻，不可过也。然惟朋友虞祔而已，则小功、缌亦必为再祭，举大功以概之耳。

右第五章。

士妾有子而为之缌，无子则已。

大夫之妾有贵有贱，贵则缌，贱则否。士妾无贵贱之殊，但有子则以贵妾之服服之。

右第六章。

生不及祖父母、诸父、昆弟，而父税丧，己则否。税，吐外反，下同。

“及”，及见也。“昆弟”，从昆弟也。“税”者，丧期已过，始闻丧而追服也。父以故适他国，生已于外，不及与祖父母、诸父、昆弟相见，则不从父而税，情义所不及，不虚饰也。

为君之父、母、妻、长子，君已除丧而后闻丧，则不税。为，于伪反。长，丁丈反。

"君之父"者，父病废而子承祖立也。臣之恩轻，从君而服，君除丧，无所从，此谓大夫见羁执，锢于他国者。

降而在缌、小功者，则税之。

缌、小功不税，惟降者则税，谓殇服也。中殇降二等，则降而缌者本服大功。

近臣，君服斯服矣。其余从而服，不从而税。

"近臣"，阍寺之属。"君服斯服"者，谓君税而己亦税也。"其余"，卿大夫之从君于外者。

君以时闻丧，则从君而服，君不以时闻丧而税，则己不税，税主恩故也。此谓君出奔者。

君虽未知丧，臣服已。

谓君出在外而臣留国中者，与社稷之守，则自尽臣礼而已。"已"，决辞，谓不待君也。

右第七章。

虞杖不入于室，祔杖不升于堂。

"杖"，以著哀，去杖以昭敬。既葬则哀渐杀而敬必伸矣。"室"，殡宫寝室。"堂"，庙堂。

绖杀五分而去一，杖大如绖。杀，所界反。去，邱矩反。此节旧在"不为君母之党服"之下，今定之于此。

"杀"，差等也。斩衰之首绖大搹。大搹者，取中人大指食指一握之围九寸为率也，五分而去一，以为要绖，齐衰之首绖视之；又五分去一，以为要绖，大功之首绖视之。递降以至缌之要绖，仅二寸九分四厘九毫一丝二忽。绖以大为重服者，大者粗，小者差精也。"杖大如绖"者，斩齐之杖，各如其要绖。

除丧者，先重者。易服者，易轻者。

"除丧"，谓三年之丧既练而除绖也；男子除乎首，妇人除乎要，男子重首，妇人重要也。"易服"，谓先遭重丧，麻已变葛，复遭重，更易用麻，男子易要，妇人易首。重者，从重丧之变；轻者，易轻丧之麻。

右第八章。

为君母后者，君母卒，则不为君母之党服。 为，于伪反。长，丁丈反。

"君母"，适母也。"为君母后"，谓君母无子，而己以庶长为后也。君母卒则不服其党，所谓"所从亡则已"也。母道主恩，恩不及则止。

妾为君之长子，与女君同。

母服长子齐衰三年，君母服之，妾从之，尊正统也。适未有子而庶长子将为后，父母服之齐衰期，妾亦从之。

右第九章。

无事不辟庙门，哭皆于其次。 辟，毗亦反。

"事"，谓朝夕哭奠及宾来吊也。"庙门"，殡宫之门；谓之"庙"者，使死者主有此宫也，既殡而门阖有事乃启，尚幽谧也。"哭"，谓哀至非时之哭。"次"，庐次。不辟门为位，礼不敢黩也。

复与书铭，自天子达于士，其辞一也。男子称名，妇人书姓与伯仲，如不知姓，则书氏。 复，芳服反。

旧说谓此殷礼，是也。殷尚质，死而名之。"姓"，所得姓，若姬、姜之类。"伯仲"，若伯姬、季姜也。"氏"，后世分族而赐之氏，若鲁"仲孙""叔孙"之类。殷人六世而婚姻通，或有忘其本姓者。

右第十章。

斩衰之葛与齐衰之麻同，齐衰之葛与大功之麻同。麻葛，皆兼服之。

皆谓绖带也。"葛"者，卒哭后所受服。"同"者，大小正等也。斩衰受服之葛，齐衰初丧之麻，绖皆七寸五分寸之一，带皆五寸二十五分寸之十九。齐衰受服之葛，大功初丧之麻，绖皆五寸二十五分寸之十九，带皆四寸百二十五分寸之七十六。"兼服"者，谓两丧相仍，重者已受，轻者始遭，则绖受重服之葛，带用轻服之麻，以其情制相等，故不偏废也。此皆主男子而言，妇人不葛带。

报葬者报虞，三月而后卒哭。报，芳遇反。卒，子律反。

"报"，急疾也；谓时有变，故不及期而葬也。虞以安神，葬而旋虞，卒哭之祭必待三月，哀必及时而始杀也。诸侯五月而后卒哭，天子七月。

父母之丧偕，先葬者不虞、祔，待后事。其葬服斩衰。

父母同月而没，则先葬母而不虞祔，待父之葬虞祔而后及母。义详《曾子问》。其葅母葬，服父之服，丧从重也。

右第十一章。

大夫降其庶子，其孙不降其父。

士为庶子期而大夫为之大功，尊其统也。庶子之子虽祖在，为父斩衰而不降，尊所宗也。

大夫不主士之丧。

士丧无主，大夫不为之主。大夫为宗后，不得替其宗也，则令以次亲而为士者主之。

为慈母之父母无服。为，于伪反。

"慈母"，谓妾子失母，父命他妾之无子者子之。《仪礼》曰："慈母如母。"如母者，如其身而已矣，其父母固非己所自出，恩不得及也。

夫为人后者，其妻为舅姑大功。"为舅"之"为"，于伪反。

"舅姑"，谓夫所生父母。夫降而期，妇降而大功，然不论与所后者族属之远近，悉大功也。

士祔于大夫则易牲。

"祔"，祔于祖也。士得祔于大夫者，祖之兄弟行无为士者，则亦祔于祖也。祔之祭虽主于新祔者，而不敢以卑者之牲入尊者庙，故用少牢。

右第十二章。

继父不同居也者，必尝同居，皆无主后。同财而祭其祖祢为同居，有主后者为异居。

此释《仪礼》"继父同居期，不同居齐衰三月"之义也。必尝同居而后谓之不同居，初不同居则不得谓之不同居，无服矣。"无主后"，谓子之父死，幼而不任为主，又无大功之亲可代之为主，其继父亦无大功之亲可依为后者也。"同财而祭其祖祢"者，就子同居，为之经营，立庙制器，使子得修其祀事也。逮其后子长而可自为主，继父抑生子而有后，则为异居矣。按继父之名，本为同居而设，古之人以祭为重，是故大录其恩而为之制服，亦"三月无君而不祭则吊"之义；故不同居之服与旧君等，斯以为仁孝之推恩也。自非然者，母所嫁之后夫亦途之人而已，岂忍以父之名加哉！

哭朋友者，于门外之右，南面。

"门"，寝门。"南面"，受吊不西面也。朋友之义虽笃，不哭于庙，重别其宗也。此二节皆记古人重宗庙之意。

右第十三章。

祔葬者不筮宅。

"宅"，茔域也。《士丧礼》"筮宅"者，为无赐墓者言也。有赐墓者，则从其昭穆而祔，不更筮矣。

士、大夫不得祔于诸侯，祔于诸祖父之为士、大夫者，其妻祔于诸祖姑。

"祔"，祔葬也。祔皆于其祖之下，昭恒为昭，穆恒为穆。公孙而为士、大夫，则就其从祖之域，《周礼·冢人》所谓"诸侯居左右以前，卿大夫士居后也"。妇人祔于祖姑，亦自为昭穆，公孙之妻亦祔从祖姑，而不敢祔于祖姑之域。祖姑，夫人居前，卿、大夫、士之妻居后也。

妾祔于妾祖姑。亡则中一以上而祔。祔必以其昭穆。

"中"，间也。"一"，一世。诸妾各自为域，不与适乱，亦自为昭穆而祔焉。"亡"，谓无妾祖姑也。间一世而上祔于妾高祖姑，虽有妾曾祖姑，不得祔也。若其昭穆之中从未有妾可祔，虽有妾曾祖姑、妾姑，俱不得祔，而即之为始，以待后来，昭穆必不可乱也。妾皆为有子者而言。

诸侯不得祔于天子。天子、诸侯、大夫可以祔于士。

天子之子孙为诸侯、大夫者，墓地在天子兆域之外，不得祔也。士之子孙，虽骤贵而祔于祖之域可也。言"可"者，古未有天子祔士之事，以大夫祔士推之，无不可也。

右第十四章。

为母之君母，母卒则不服。为，于伪反。卒，子律反。

所谓"所从亡则已"也。

宗子，母在为妻禫。为，于伪反。

齐衰期之禫者，十三月而禫，十五月而除。非宗子，则母在不为妻禫。宗子之妻，承统而尊，故不以母在厌降。

为慈母后者，为庶母可也，为祖庶母可也。

谓庶母及祖庶母皆可为慈母也。"后"者，谓服齐衰期而以子道为之丧主也。妇人不与男子为昭穆，故可以祖庶母为慈母，然必祖命之。

为父、母、妻、长子禫。为，于伪反。长，丁丈反。

斩衰、齐衰虽异，其禫月同也。为君斩衰，则二十五月而除，于斯见矣。

慈母与妾母，不世祭也。

"妾母"，庶子所生母也。子则祭，孙则止矣。

丈夫冠而不为殇。妇人笄而不为殇。冠，古乱反。

"不为殇"者，丧如其服，祭则所谓"无后者"也。

为殇后者，以其服服之。

此谓诸侯世子及大宗之子以殇死，更无庶弟，求于从兄弟之列以为父后而不得，乃立其从子，以嗣殇者之父，而孙不可承祖以乱昭穆，则仍使承殇后；然虽为之后，以定世次，仍以其殇服服之而不为之斩，以殇无父道也。

右第十五章。

久而不葬者，惟主丧者不除，其余以麻终月数者，除丧则已。

"久而不葬"，谓有故不得葬，逾服外也。"不除"，不忍以吉居殡宫也。"其余"，谓旁亲也。"以麻终月数"，未葬则不变葛也。逾年而葬者期不变，逾九月而葬者大功不变，不变以终其月径除矣。葬者主人之事，疚在己而哀不可辍，旁亲不变斯足矣。

箭笄终丧三年。

"箭"，筱竹。"笄"，长尺。"终三年"者，妇人质，有除无变。

齐衰三月与大功同者绳屦。

"绳屦"，治麻为绳以结屦，别于疏屦也。"齐衰三月"者，衰裳绖皆与齐衰期同，而惟屦视大功，盖曾祖视祖而杀，其服当为大功，以一本故，服不可轻，而特减其月，乃因其可同而于屦示同焉。必于屦同者，屦轻故也。

右第十六章。

练、筮日、筮尸、视濯，皆要绖、杖、绳屦。有司告具，而后去杖。筮日、筮尸，有司告事毕，而后杖拜送宾。要，于宵反。去，邱矩反。

"练"，小祥之祭也。"要绖"，葛绖。男子除乎首，故惟要绖，去首绖也。"要绖""绳屦"，皆练后之受服。犹"杖"者，大祥而后去杖也。视濯，则有司告具，主人往视而去杖。筮日、筮尸，则去杖莅筮，事毕而杖以拜送宾，不以杖临祭，礼也。

大祥吉服而筮尸。

"吉服"者，朝服而缟冠。祭吉礼，筮吉事，故练与祥皆必服其所变除之服。不言筮日者，文略耳。

右第十七章。

庶子在父之室，则为其母不禫。为，于伪反。

不命之士，父子同宫，其母虽妾，亦不降而服功，然十二月而除，父在厌之也。父没则禫。

庶子不以杖即位。

此下三言"庶子"，皆冢子以下之通称。为父杖止于中门外，不以即哭位，避丧主也。

父不主庶子之丧，则孙以杖即位可也。父在，庶子为妻，以杖即位可也。

适子、适妇之丧，父为之主，则其子与夫不敢以杖即位。庶子、庶妇，父所不主，私恩得伸矣。言"可"者，不命之士，父子同宫，仍不得伸也。

右第十八章。

诸侯吊于异国之臣，则其君为主。

诸侯相朝，遇其大夫之丧，吊之可也。"君为主"者，臣不敢与君敌礼也。子中庭北面，哭而不拜。

诸侯吊必皮弁锡衰。所吊虽已葬，主人必免。主人未丧服，则君亦不锡衰。

"吊"，谓吊于异国之臣也。"锡衰"，麻之滑易者，十五升之缕而去其半，有事其布，无事其缕。"主人"，所吊者之子也。主君则素弁环绖以受吊。"未丧服"，未成服以前也。皮弁服袭裘。

右第十九章。

养有疾者不丧服，遂以主其丧。非养者入主人之丧，则不易己之丧服。养尊者必易服，养卑者否。 养，于亮反。

"养"，侍养之也。男子不绝于妇人之手，妇人不绝于男子之手，故或无子，必亲属一人为之主养以待其终。"不丧服"者，己或先有丧服，必变之，服深衣，重养疾，避凶也。"遂以主其丧"者，病革将终，则易朝服，已死，袒免三日而成新丧之服也。"入"，谓闻丧而入哭也。虽新丧未成服，己旧有服，则仍其丧服，非为丧主，不舍故服也。"养尊"者，谓所养尊于所服也。"养卑"者，谓所服尊于所养也。

右第二十章。

妾无妾祖姑者，易牲而祔于女君可也。

妾不世祭而有妾祖姑者，或诸侯之礼也。"女君"，適也。"易牲"者，诸侯之妾少牢，不敢以卑牲加于適，易用大牢也。"可也"云者，中一以上祔，正也，弗获已，宁祔于適，必不可乱昭穆。

妇之丧，虞卒哭，其夫若子主之；祔，则舅主之。

"妇"，兼適妇、众妇而言。"若"，犹及也。夫没则子主之。"虞卒哭"，主于祭妇。"祔"者，祭告于舅之母也。

士不摄大夫，士摄大夫惟宗子。

"摄"，代为之主也。大夫之丧虽无主，旁亲之士不敢为之主，宗子尊则可以摄矣。小宗摄其五世，大宗摄合族。

主人未除丧，有兄弟自他国至，则主人不免而为主。

"兄弟"，主人之兄弟，亦死者之子也。既葬而或吊之，主人必免。兄弟以奔丧至，哀各自致，不为己来，故"不免"。若已除丧而因触生哀，主人既不丧，冠不可纯吉，则免。

右第二十一章。

陈器之道，多陈之而省纳之可也，省陈之而尽纳之可也。省，所景反。

从葬之器，有明器，有祭器，此谓祭器也。"陈"者，设之于庭；"纳"者，藏之于圹。"省"，减也。"多陈之"，以宾客所赠为荣；"省陈之"，务实而不为虚设。二者各有义而非丧纪之大节，君子精义而不执，类若此也。

右第二十二章。

奔兄弟之丧，先之墓而后之家，为位而哭。所知之丧，则哭于宫而后之墓。

"家"，奔丧者之家也。兄弟则可自为主，己方有服而殡已去宫，则从己之重，为位于家，不为主人也。"所知"，朋友也。"宫"，故殡宫也。以主人为主，故必先哭于其宫。

右第二十三章。

父不为众子次于外。为，于伪反。

父则有老者之道焉，即安以尊生可也，惟冢子统尊，则次于外。

右第二十四章。

与诸侯为兄弟者服斩。

尊亲兼至，虽仕于他国，必归而以臣礼服之。

下殇小功，带澡麻，不绝本，诎而反以报之。

"下殇"而"小功"，本皆齐衰之服，以殇而降尔。"本"，麻近根处也。小功本牡麻带，今但澡治其茎垢而不绝去其本。"报"，合结也。殇服之麻皆散垂，今则屈其余向上，合而纽结之，以本重降轻，使伸其哀也。

右第二十五章。

妇祔于祖姑，祖姑有三人，则祔于亲者。

"三人"，二继室也。"亲者"，其舅之所出。

其妻为大夫而卒，而后其夫不为大夫而祔_句，**于其妻则不易牲。妻卒而后夫为大夫而祔**_句，**于其妻则以大夫牲。**<small>卒，子律反。</small>

此谓大夫之妻祔于祖姑而祖姑则士妻者也。"其妻为大夫而卒"者，当妻卒时夫为大夫也。"其夫不为大夫而祔"者，当祔时夫被黜谪也。"于其妻不易牲"者，祔用二牲，祖姑一牲，妻一牲；今俱用士牲，不易也。"妻卒而后夫为大夫而祔"者，受命于卒后祔前也。"妻以大夫牲"者，祖姑仍用士牲，以未正祭，不敢辄荐贵者之礼，而妻从夫贵，即可易牲也。妇人荣辱因夫，不问存没，予夺皆听君命也。

右第二十六章。

为父后者为出母无服。无服也者，丧者不祭故也。<small>"为出"之"为"，于伪反。</small>

此以释《仪礼·丧服》篇文，不以私恩废宗祀也。然则父在祭非己主，虽适长子服之可矣。

右第二十七章。

妇人不为主而杖者，姑在为夫杖。<small>"为夫"之"为"，于伪反，下同。</small>

丧有主人，有主妇。母丧子或三年，为主妇。然妻于夫三从之义，恩笃分重，姑不能厌也。"为夫杖"者，以杖即位。

母为长子削杖。<small>长，丁丈反。</small>

齐衰则削杖矣。妻为夫苴杖，重于母，故不厌其杖。

女子子在室为父母，其主丧者不杖，则子一人杖。

"主丧者不杖"，谓无子而齐衰不杖，期以下者为之主也。"女子子在室"视童子，不杖，以无杖者故使伸其哀，则其长者一人杖，虽未笄，杖矣，不使均于无出也。然则童子不杖，而摄丧主者不杖则杖，愈可知矣。

右第二十八章。

缌、小功，虞卒哭则免。卒，子律反。

三月而葬，缌已且除，小功变矣。与于虞卒哭之祭，则必更免，送死之终，哀之尤也。言缌、小功，则大功以上可知。

既葬而不报虞，则虽主人皆冠，及虞则皆免。报，芳遇反。

“报”，谓反哭而即虞也。有故而不报虞，不可以久无饰，故主人亦冠。“及虞”，虽缌、小功更免。

为兄弟，即除丧已，及其葬也，反服其服。报虞卒哭则免，如不报虞则除之。为，于伪反。报，芳遇反。卒，子律反。

“兄弟”，该远兄弟。除丧而后葬，有故也，犹必反服其服，哀深于葬也。“除之”者，除于墓次。及其虞卒哭，又以免往。

远葬者比反哭者句，**皆冠，及郊而后免反哭**。比，毗至反。

“远葬”，谓墓地非一日之程。“比”，及也。道途不冠，则以骇众，故主人而下皆冠，及郊而后免以反哭。

君吊虽不当免时也，主人必免，不散麻。虽异国之君，免也。亲者皆免。

殡之明日成服，则不免矣。君于大夫视小敛，于士视大敛，皆当免时而吊。今君来虽迟，宠君之至如新丧，故“必免”。“不散麻”者，绖不垂余而结之也。大敛以前免而散麻，哀之至也。今为君而变尔，故不散。“免也”，谓亦如本国之君也。“亲者”，谓大功以上。

右第二十九章。

除殇之丧者，其祭也必玄。除成丧者，其祭也朝服缟冠。朝，直遥反。

殇不虞，除丧则吉祭之。“玄”，玄端，其裳黄。“成丧”，成人之丧。“祭”，祥祭。“朝服”，缁衣素裳。“缟冠”，不纯吉也，禫乃玄。

右第三十章。

奔父之丧，括发于堂上，袒，降踊，袭绖于东方。

谓已至殡宫时也。亲死小敛，括发于房，以尸未殡，故避其亵也。奔丧，已殡，故括发于堂上。祖者，亦祖于堂也。已括、"祖"，降东阶，西乡成踊，乃袭绖于序东。"袭"，掩其所祖之衣。"绖"，要绖也。"东方"者，主人之位。

奔母之丧，不括发，祖于堂上，降踊，袭免于东方，绖。

"不括发"者，至之明日，又哭而不括发也。父则三日五哭，皆括发，终五哭乃免。

即位，成踊，出门哭止。三日而五哭，三祖。

此统奔父丧、母丧而言，其礼一也。"即位"者，众主人先在丧次者及来哭之宾各即位也。"出门"者，成踊毕拜送宾，与众主人兄弟皆出门反次也。"三日"，通始至之日而言，初至一哭，明日又明日各朝夕再哭。"三祖"者，始至及两朝哭，皆升堂祖，视小敛、大敛也。

右第三十一章。

適妇不为舅后者，则姑为之小功。適，都历反。"为之"之"为"，于伪反。

"適妇"，冢子之妇，"不为舅后"者，夫死而无子，舅立庶子为后，则適妇夷于庶妇矣。"小功"，庶妇之服也。专言"姑"者，舅没而后为后者始定也。非天子诸侯无生立后之礼，皆定位于初丧。

右第三十二章。

《礼记章句》卷十五终

礼记章句卷十六

大传

　　禘以上治而统祖，宗以下治而统族，二者相为表里，皆礼之大者也。此篇发明其义，故谓之《大传》。抑考禘祫之礼，昉于虞而备于周。宗子之法，殷惟有小宗，而周立大宗。盖周先王以亲亲为政教之本，仁至义尽，其道尚矣。子曰"吾从周"，而子贡谓仲尼之学为文、武之道，职谓此也。自周之亡，秦蔑典礼，禘祫不行而宗法废。汉氏以后，虽有欲修明之者，而得姓所由，莫可稽考，故或依附失实，抑或惩其妄而姑已之。惟宗之亡而致禘不可行，然后知先王肇修人纪之意至深远也。程子汲汲于宗子之法而欲复之，盖亦为人道忧也。族谱之修，祠堂之设，庶几得其遗意而为兴复之本。宋之君臣不为小补，可慨矣夫！凡六章。

　　礼，不王不禘。王者禘其祖之所自出，以其祖配之。

　　"禘"之为言谛也，所以谛审渊源而大报本始也。祫以祀受命之祖，天子诸侯之达礼，而天子复推崇及远，祀其所自出之帝于太祖之庙，为西向之尊而太祖配之。四代所禘之帝，详见《祭法》。

　　诸侯及其太祖。

　　"及"，至也，谓祫祭也。"太祖"者，受命始封之君。

　　大夫、士有大事，省于其君，干祫及其高祖。

"大事"，谓非常之事，如赐氏、赐邑之类。"省"，告也。"干"，空也。大夫、士不得立高祖之庙，主已迁毁则空，为位于祖祢之庙而祫之，然必告君见许而后敢行。且但及高祖而无太祖，大夫、士不世官，无始封之祖也。"不王不禘"者，所以立义而定分；祫达于士者，所以推仁而逮下，仁义之并行而不悖也。抑干祫止于高祖，而王侯之祫及太祖，则大宗、小宗之义亦寓于此矣。

右第一章。此章言祫禘之制。

牧之野，武王之大事也，既事而退，柴于上帝，祈于社，设奠于牧室，遂率天下诸侯执豆笾，逡奔走，追王大王亶父、王季历、文王昌，不以卑临尊也。"追王"之"王"，于放反。"逡"，《诗》作"骏"，私闰反。大，他盖反。父，方矩反。

"大事"，谓改建天命而奉神治人也。"退"，敛兵也。"祈"，当作"宜"，师行祭社也。"奠"，奠币于行主也。"牧室"，作次舍于牧野，奉行主而修奠于室也。"柴""宜""奠"，皆以告成功也。"遂"者，继事之辞，谓还周而修庙祀也。"逡"，疾也，宗庙之事以疾为敬。"奔走"，助祭而有事也。追王之礼周公成之，而此云武王者，周公因武王之受命而终其事，故功归于武王也。"不以卑临尊"者，欲奉其庙享天下之奉，不可以诸侯之卑临之也。此所谓"上治祖祢"也。

上治祖祢，尊尊也。下治子孙，亲亲也。旁治昆弟，合族以食，序以昭缪，别之以礼义，人道竭矣。缪与穆同，莫六后。别，笔列反。

"下治子孙"，谓分封也。"旁治昆弟"，立大宗也。食者合之，于庙中则有旅酬之礼，又时燕之于宗子之家，亲疏贵贱一以昭穆序之，父子祖孙无或逾紊，则是"别之以礼义"也。"人道"者，立人之道，一本之谊，所以异于禽兽者也。盖因尊尊、亲亲而推其礼之所秩，义之所宜，以立大宗之法，然后上治下治之义，虽在百世，皆疏通而曲尽，则人之所以为人者，道毕修矣。

右第二章。此章言敬宗之义原本尊祖，承上章以起下章同姓从宗之意。

圣人南面而听天下，所且先者五，民不与焉：一曰治亲，二曰报功，

三曰举贤，四曰使能，五曰存爱。五者一得于天下，民无不足、无不赡者。五者一物纰缪，民莫得其死。圣人南面而治天下，必自人道始矣。与，羊洳反。浩，直之反。纰，篇夷反。缪，莫救反。

"圣人"，谓始有天下创制显庸者。"听"，治也。"且先"者，不遑他务之意。"民不与"，谓养民之事犹后也。"治亲"，上治、下治、旁治也。"存"，省也。"爱"者，所相亲爱，谓姻党也。"一得"，皆得也。"赡"，有余也。五者得而亲睦道行，民劝以和，各安其业，则财足而用赡矣。"纰缪"，乖错也。薄道行，争夺起，民不得其死矣。五者为政之本教，而治亲为五者之首务，故以人道始矣。

立权、度、量，考文章，改正朔，易服色，殊徽号，异器械，别衣服，此其所得与民变革者也。其不可得变革者则有矣，亲亲也，尊尊也，长长也，男女有别。此其不可得与民变革者也。别，笔列反。长，丁丈反。

"权"，秤；"度"，丈尺；"量"，斗斛也。"文"，字之形声；"章"，告令书疏之体也。岁首曰"正"，月首曰"朔"。"服色"，所尚之色。"徽"，旌旗；"号"，旗上所书，表识也。"器"，用器；"械"，戎器。"别衣服"者，尊卑冠服之等也。尊亲、长幼、男女之别，人道之大者，帝王治天下必此为本，故修明之而无所损益。惟禘祀行而大宗正，则合族以笃亲，奉宗子以定尊，昭穆不紊以序长，婚姻不通以厚别，四者咸得，而报功、尊贤、使能、存爱之道，皆由此而推尔。

右第三章。此章承上章而言人治之重，以引起下三章之意。

同姓从宗，合族属；异姓主名，治际会。名著而男女有别。治，直之反。

"从宗"，从乎大宗也。"名"，姓氏也。"际"，交际。"会"，会合。言婚姻之礼也。姓氏著而婚姻以礼接乎异姓，则男女之嫌别矣。言周之宗法，婚姻百世不通，道之善也。

其夫属乎父道者，妻皆母道也。其夫属乎子道者，妻皆妇道也。谓弟之妻妇者，是嫂亦可谓之母乎？名者，人治之大者也，可无慎乎？

此《仪礼·丧服》篇释"嫂叔不相为服"之文。记者引之以申明"主名治际会"义，言男女之别，必慎其名，以杜乱源，惟宗法修明，同异有序，而后婚姻之纪正也。

四世而缌，服之穷也。五世祖免，杀同姓也。六世，亲属竭矣。其庶姓别于上而戚单于下，婚姻可以通乎？系之以姓而弗别，缀之以食而弗殊，虽百世而婚姻不通者，周道然也。免，亡运反。杀，所界反。单，都寒反。系，古诣反。

"四世"，同高祖兄弟也。"祖"免，入哭则祖免，退则无服也。"五世"以上，类为同姓。"杀"，渐疏也。"六世"，则祖免之所不行，相亲相属之道以远而竭矣。"庶姓"，众同姓也。"别于上"，谓小宗已迁也，"单"，亦竭也。小宗已迁，服属已竭，各立氏族，故殷人许其婚姻之通，而记者设问以辨之。氏异而姓不失，又为合食于祭燕而序其昭穆，大宗之法，周监殷礼而损益之，于是百世而婚姻不通，使不昧于一本之义，斯以仁至义尽而为人道计，至深远也。

右第四章。释上章大宗立而男女有别之义。

服术有六：一曰亲亲，二曰尊尊，三曰名，四曰出入，五曰长幼，六曰从服。长，丁丈反。

"术"，谓其轻重之方也。"名"者，世母、叔母之类，系乎母之称也。"出入"，谓女子在室、嫁、出、反之别，与旧君之类也。"长幼"，殇之别于成人也。"从"者，臣从君、子从母之类。

从服有六：有属从，有徒从，有从有服而无服，有从无服而有服，有从重而轻，有从轻而重。

"属"，本相亲属也，谓虽从宗亲以服，而己固与之有亲属，如子为母党之类。"徒"，但也，本非与己为亲属，但从宗亲而服之也，如臣为君之党，妻为夫之党，妾为女君之党，妾子为君母之党之类。"从有服"，谓所从者有服，余放此。"从有服而无服"，如婿从妻为妻之父母服，而公子为君所厌则不为服，及兄为其妻齐衰期而弟于嫂无服之类。"从无服而有服"，如公子为外兄弟为君所厌不为服，而公子之妻从夫之本有服而服之，及叔于嫂无服而叔之妻为姒服之类。"从重而轻"者，女嫁为其父母齐衰期而婿但为之三月之类。"从轻而重"者，公子为君厌自为其母练冠而公子之妻为齐衰期之类。盖"从服"者，从人而服而礼不失己，尊卑疏戚固各有自尽之道，不概以人为厚薄也。

右第五章。此章言制服之义。盖亦尊亲之推而与禘宗之意同原而出也。

自仁率亲，等而上之至于祖，名曰轻。自义率祖，顺而下之至于祢，名曰重。一轻一重，其义然也。上，时掌反。下，胡驾反。

"率"，循也。"祖"，谓太祖。仁主爱，爱以远而渐轻。义主敬，敬以尊而愈重。推原一本之理一也，而爱敬之情，轻重之差，出于自然，则道异而并行不悖矣。仁以远而渐轻，故爱有所裁，非天子不禘而庙有迁毁。义以尊而愈重，故敬有常伸，继祖者为大宗百世不迁，继祢者为小宗五世而迁也。

君有合族之道，族人不得以其戚戚君，位也。

君为太祖之適传，一族之正宗，而以位故；族人不得与讲世序，故立别子为大宗之祖。

庶子不祭，明其宗也。庶子不得为长子三年，不继祖也。为，于伪反。长，丁丈反。

"不祭"者，继祢者不祭祖，不继祢者不祭祢也。"不为长子三年"，不继祢之庶子也。

别子为祖，继别为宗，继祢者为小宗。

"为宗"，为大宗也。

有百世不迁之宗，有五世则迁之宗。百世不迁者，别子之后也。宗其继别子之所自出者，百世不迁者也。宗其继高祖者，五世则迁者也。尊祖故敬宗。敬宗，尊祖之义也。

"继别子之所自出"，谓继太祖也。"继高祖"者，极小宗之终而言之，实则小宗有四：有继祢之宗，兄弟宗之；继祖之宗，从兄弟宗之；继曾祖之宗，再从兄弟宗之；继高祖之宗，三从兄弟宗之。过是则迁，惟统于大宗耳。"敬宗"者，尊事宗子，族人皆为之齐衰三月。"义"者，率祖而敬重也。

有小宗而无大宗者，有大宗而无小宗者，有无宗亦莫之宗者，公子是也。

"无大宗"，谓不受统于大宗。"无小宗"，谓未立小宗，无所宗也。诸侯之子不敢继先君以为小宗，世子承位抑不为之宗，又以公子故统于君而不受统于大宗，至公孙乃受统焉。惟诸侯有故而薨，废其子而立其弟，则见废之子得继其祢而宗其父之为君者，如鲁公子务人之类，所谓"有小宗而无大宗"也。其兄弟继立，以次传于长兄之子，则兄之子承其叔父之为君者为正统，而叔父为君者之子不得为公子以继先君，而视公孙以受统于大宗，若吴余祭、夷眜之子之类，是谓"有大宗而无小宗"也。"无宗"者，谓不受统于大宗，而君尊非其所宗也。"莫之宗"者，群庶公子不相为宗，待其子而后继己以为小宗，己无宗道也。此则公子之常也。

公子有宗道，公子之公为其士大夫之庶者，宗其士大夫之適者，公子之宗道也。 为，于伪反。適，都历反。

"有"者，不恒有之辞。"公子之公"，公子之兄为君者也。"士大夫"，公子而为士大夫者也。君命其同母之弟为宗，而群公子宗之，盖附"别子为祖"之义，亦后世之僭礼也。

绝族无移服，亲者属也。 移，与施同，以豉反。

"绝"，远也；谓五世以外之族兄弟也。"移"，渐及也。四世兄弟缌，五世祖免，过此服不及焉，则一本将同于路人，其合之以明亲者，惟恃大宗之法为之连属，则义重而仁亦不得不重矣。

自仁率亲，等而上之至于祖；自义率祖，顺而下之至于祢。是故人道，亲亲也。 上、下，音同前。

"亲"，亦祢也。大宗之立，尊祖以尽义，而连合一本，仁亦至焉。立人之道曰仁与义，于亲亲而备矣。

亲亲故尊祖，尊祖故敬宗，敬宗故收族，收族故宗庙严，宗庙严故重社稷，重社稷故爱百姓，爱百姓故刑罚中，刑罚中故庶民安，庶民安故财用足，财用足故百志成，百志成故礼俗刑，礼俗刑然后乐。《诗》云"不显不承，无斁于人斯"，此之谓也。 中，陟仲反。

"收"，聚也，宗子尊则族人亲附也。"严"，尊也，合子孙以事祖考，尊之至也。"志"，所欲为也。"礼俗"者，上以礼齐民而民用成俗也。"刑"与"型"通，谓有则而成也。"乐"，谓治定功成，化行俗美而乐以作，盛治之至也。"不显"，显也。"不承"，承也。言文王能显明先王仁义之德，尊奉之于清庙，而俾子孙各以其世序仰承之，则化行天下而无有厌斁也。

右第六章。此章详言大宗之义而终之以《清庙》之诗，则宗与禘一致之理亦可见矣。

《礼记章句》卷十六终

礼记章句卷十七

少仪 少，诗照反。

此篇记少事长、贱事贵之礼。朱子所谓小学之支流余裔也。与《曲礼》《内则》相为出入，间有互见者。凡四十五章。

闻始见君子者辞曰："某固愿闻名于将命者。"不得阶主。见，贤遍反，下同。"闻名"之"闻"，亡运反。

"闻"，记者述其所传闻之辞。"君子"，有齿爵之称。"固"，诚也。"闻名"，犹言通名。"阶"，上进之意。"主"，主人也。称"将命"者，以己卑少，不敢自进于主人也。

敌者，曰："某固愿见。"

"敌者"，齿爵相当也。得以阶主，不称将命者矣。

罕见曰"闻名"，亟见曰"朝夕"，瞽曰"闻名"。闻，亡运反。亟，去吏反。

"罕见"，久离而复相见也。"亟"，数也。于尊者称闻名；敌者称见，其阶主与否，亦因其等。瞽则虽敌亦称闻名，以目无见，辞不虚也。

適有丧者曰"比"，童子曰"听事"；適公卿之丧，则曰"听役于司徒"。

"適有丧"，谓吊也。"比"者，比次年力，供丧事也。童子不能任事，听使令也。"司徒"，有大丧，则率众庶、属六引而治其政令。《周礼》无家司徒，公卿之有司徒，春秋以降之僭也。吊而称"比""役"者，哀不虚致，必有事也。

君将适他，臣如致金玉货贝于君，则曰"致马资于有司"；敌者，曰"赠从者"。从，疾用反。

"适他"，谓朝会。"货"，帛布。"贝"，海中介虫；古者以其甲为货，今云南人犹然。"马资"，谓刍秣之费。"敌者"，卿大夫之自相赠也。

臣致襚于君，则曰"致废衣于贾人"。敌者，曰"襚"。亲者兄弟不以襚进。贾，居讶反。

"废"之为言置也，犹尊之有废尊，谓委致于地，不以即陈也。"贾人"，玉府之属吏，主知物贾；凡献金玉文织货贿者，玉府受而藏之。物微不敢当玉府之藏，称其属吏也。"亲者兄弟"，谓大功以上。"进"，执以将命也。亲者之襚，自以即陈，至亲无文，不将命也。

臣为君丧，纳货贝于君，则曰"纳甸于有司"。为，于伪反。

"纳货贝"者，赗也。"甸"，田也；谓纳其采邑之田赋也。

右第一章。此章皆记将命之辞，盖少而习之，以为终身之节。

赗马入庙门。赙马与其币、大白、兵车，不入庙门。

知死者"赗"，陈车马以送葬也。知生者"赙"；"赙"，助也；助主人之丧用也。"庙门"，祖庙大门。殡朝于祖而赗马入陈，为行饰也。赙之马币，非为死者，不入陈也。"大白"，革路所建之旗。"兵车"，革路也。诸侯之葬，诸路皆驾，邻国得以赗焉。然兵车非容之盛者，虽赗亦不入庙，惟金路、玉路、象路则入。革路不入，则木路亦可知矣。

赗者既致命，坐委之，摈者举之，主人无亲受也。

谓赗币也。"委"，置于地也。"举"，受而藏之也。主人哀戚不在货财，故宾不亲授，主不亲受。

右第二章。此章记赗赙之节，盖因上章而次及之。

受立，授立，不坐。性之直者，则有之矣。

"受立、授立"，谓尊者方立而己与授受也。"坐"，跪也。"不坐"者，重烦尊者俯也。生质曰"性"。"直者"，谓龟胸不能俯者。"有之"，谓或坐。盖受授虽不坐，犹必俯躬承奉，惟形直不能俯者则嫌于慠岸，虽坐可矣。

右第三章。

始入而辞，曰"辞矣"。即席，曰"可矣"。

摈者辞也，使宾主均齐中节，无参差也。

排阖说屦于户内者，一人而已矣；有尊长在，则否。说，他活反。长，丁丈反。

"排阖"，开户扇向壁为隐蔽，以说屦也。众宾皆敌，犹必有长，故一人说屦于户内，示有所尊，余皆说于堂下。若先有尊长在室，则皆说于外，无二尊也。

右第四章。

问品味，曰："子亟食于某乎？"问道艺，曰："子习于某乎？子善于某乎？" 亟，去吏反。

"亟"，数也。数食之则嗜可知，不斥言嗜，嫌从欲也。"道"者，教之纲；"艺"，六艺也。道言"习"，道不易善也。艺言"善"，必善而后谓之艺也。不以能否为问，嫌量其短。

右第五章。

不疑在躬。

"疑"，质问也。君子内省而察言观色，不以己之品诣为疑而问之，嫌要誉也。

不度民械。度，徒洛反。

"民"，人也。"械"，器物也。不揣度人资生之器物而计其贫富，嫌于忮求也。

不愿于大家。

"愿"，歆羡。"大家"，富室也。不乐道大家而歆羡之，所贵者德尔。

不訾重器。訾，将此反。

"訾"，毁议。"重器"，宗庙之器也。人之所世守而以奉先，虽不精好，不当訾也。四者皆慎言之要。

右第六章。

泛埽曰埽。埽席前曰拚。拚席不以鬣。执箕膺揭。泛，孚范反。"曰埽"之"埽"，苏老反。余，先到反。拚，方向反。捞，与涉反。

"泛埽"，遍埽一室也。"拚"与"粪"通，除也。"鬣"，帚芒簌出如马鬣。席前但以帚脊拂去余食，不使鬣端尘垢污席也。"膺"，胸也。"揭"，箕舌也。执箕捐尘，以舌内向，不使或触宾长。

右第七章。

不贰问。

"问"，卜筮也。"贰"者，杂以二事则渎神矣。

问卜筮，曰："义与？志与？"义则可问，志则否。与，以诸反。

"问卜筮"，太卜问来卜筮者也。"可问"，为之卜筮也。事或有须密者不能直告，当质其为义为志，若非义之志而不可显言，则其为逆愿可知，不为之问，以折奸且远害也。

右第八章。

尊长于己逾等，不敢问其年。长，丁丈反。

"尊"，以爵言；"长"，以分言。非其等者，虽少不齿。问年，则嫌于齿之也。

燕见不将命。

亟见者一将命而止，后此则为"燕见"，将问道业，不敢为宾。

遇于道，见则面，不请所之。见，贤遍反。

"见"，谓尊长见之。趋前相觌曰"面"。不见己则不面，恐烦应接。"不请所之"者，尊长所事，非所敢与也。

丧俟事，不犆吊。犆，与特反。

随尊长而至丧者之家，不敢为宾。

侍坐，弗使不执琴瑟。不画地。手无容。不翣也。画，胡麦反。俗，读胡化反者，非。

"使"，命之鼓琴瑟也。"画地"，有所称说而指画也。"容"，张拱也。不拱者，以俟指使扶掖也。"翣"，扇也。

寝，则坐而将命。

尊长或有疾而寝，将命必坐以俯就之。

侍射则约矢，侍投则拥矢。胜则洗而以请，客亦如之。不角，不擢马。

凡射，二人为耦，先倚矢于楅，二人更相让拾取矢。"约矢"者，不拾取，待尊长取四矢竟，而后己总取之也。"投"，投壶也。"拥矢"者，尊长委矢于地，更取而投之，己则总四矢拥握以俟投也。"胜"，谓己胜也。凡射与投，不胜者自取觯立饮，今与尊长为耦而己胜，不敢令其自饮，洗爵以请，若行觞然。"客"云者，谓非乡射、大射，因燕而以射娱宾也，亦洗以请，尊宾也。角，觗也；所以示罚。尊长不胜，爵而不角，不敢施罚也。"马"者，投壶之算。投壶之礼，宾主各为朋，每耦胜则立一马，三马而成胜，遂行庆爵。若一朋得二马，一朋得一马，则擢取一马者之马归二马者，以成三马。卑少者与先生为耦，己朋虽得二马，不敢擢取先生之马以受庆也。

右第九章。

执君之乘车则坐。

"执"，总握六辔，顿马而不行也。"乘车"，别于兵车之称。凡御者必立，今以君未升车，驻车而俟，故坐而执辔，不敢迫君升也。

仆者右带剑，负良绥，申之面，拖诸幦。以散绥升。执辔然后步。

"仆"，御也。"右带剑"者，凡带剑于左，便右抽之；御者居中，君在左，故右带以避君也。"良绥"，君所执以升车者。"负"者，举而加诸左肩。"申之面"者，绕右腋出于前也。"幦"，覆笭席也。"拖诸幦"者，委绪余于幦，便授君也。"散绥"，御所执者，谓初升时。"步"，行也。御者既升，执策分辔行车马五步以调马，乃驻而待君升也。

右第十章。

请见不请退。

召而至，事竟则请退。若请见而更请退，则进止皆自由矣。

朝廷曰退。燕游曰归。师役曰罢。朝，直遥反。

朝廷以近君为荣，入为进，出为"退"。燕游乐不可极，以家为主，返为"归"也。师役不得已之事，以休罢为幸，"罢"者，心力皆释之辞。

君子之于言无所苟也盖如此。

侍坐于君子，君子欠伸、运笏、泽剑首、还屦、问日之早莫，虽请退可也。运，似宣反。莫，漠故反。

"运"，转弄之也。"泽"，摩拭之也。"剑首"，剑柄端环。"可也"云者，谓虽请见，不妨请退也。

右第十一章。此章总记见君及尊长而退之通礼。

事君者量而后入，不入而后量。凡乞假于人、为人从事者亦然。然，故上无怨而下远罪也。为，于伪反。远，于怨反。

"量而后入"，不轻仕也。"入而后量"，则菲薄其君而吝于忠矣。"乞"，求也。"假"，借也。量其许而后往也。"为人从事"，任人之事，不既任而量其不足与行，持两端也。"上"，谓己居人上，所乞假从事或己之卑幼也。"下"，谓事君而为臣。

右第十二章。

不窥密。不旁狎。不道旧故。不戏色。道，徒到反。

"密"，谓僻处密语及所藏书疏也。"旁狎"者，对宾长而与侍坐者相狎昵也。"道"，说也。"旧故"，往事也。称说昔所经历以形今之不然，人所不信，徒取憎厌也。"戏色"，戏见于色，戏之虐者也。戒此四者以与人交，然后人敬而悦之。

右第十三章。

为人臣下者，有谏而无讪，有亡而无疾。颂而无谄，谏而无骄。怠则张而相之，废则扫而更之，谓之社稷之役。相，息亮反。更，古行反。

"下"，谓属吏。"讪"，背讥也。"亡"，去也。"疾"，怨也。巧言以颂曰"谄"。气矜以谏曰"骄"。君心荒惰曰"怠"。"张"者，劝令勤敏。"相"，助也。法度圮坏曰"废"。"扫"，去弊也。"更"，兴利也。安君以安社稷而非为容悦，则为社稷役而非为君役也。

右第十四章。

毋拔来，毋报往。拔，蒲拔反。报，芳遇反。

"拔""报"，皆急疾之意。"来"，犹就也。"往"，犹去也。君子之与人交，慎于始而不轻绝之，不疾为向背也。

毋渎神。

"渎"，犹辱也。祭其所当祭而以时，则不烦辱矣。

毋循枉。

"循"，由也。循义以行，不枉道以速获也。

毋测未至。

未至之事，听理势之所自至，君子尽其常而先觉，不以私意测度之。

士依于德，游于艺。工依于法，游于说。

"艺"，所以广其德；"说"，所以精其法也。非是，不以之乱其恒业。

毋訾衣服成器。毋身质言语。

服器已成而訾毁之，不及事而徒损也。"质"，证也。闻言而不遽为传说，可免于质矣。庄子曰："传其常情，无传其溢言，则几乎全。"意亦近此。

右第十五章。此章所言皆浅近之事，而能慎乎此，则亦修身之切务，学者不可以其易而忽之也。

言语之美，穆穆皇皇。朝廷之美，济济翔翔。祭祀之美，齐齐皇皇。车马之美，匪匪翼翼。鸾和之美，肃肃雍雍。济，子礼反。匪与騑同，芳微反。

"言语"，辞命也。"穆穆"，旨意深远。"皇皇"，辞气昌大也。"济济"，出入均齐。"翔翔"，容止各得貌。"齐齐"，整肃。"皇皇"，敏也。"车马"，谓戎车。"美"，御之善也。"匪匪"，行不止貌。"翼翼"，轻捷貌。"鸾和"，谓乘车行有节则鸾和之声调。"肃肃"，清也。"雍雍"，和也。

右第十六章。

问国君之子长幼。长，则曰"能从社稷之事矣"；幼，则曰"能御""未能御"。问大夫之子长幼。长，则曰"能从乐人之事矣"；幼，则曰"能正于乐人""未能正于乐人"。问士之子长幼。长，则曰"能耕矣"；幼，则曰"能负薪""未能负薪"。长，丁丈反。

此与《曲礼》所记小异，皆使者对客之辞也。"未能"，其尤幼者也。"御"，侍也；谓侍君也。"乐人"，大司乐，教国子也。"从事"，艺已成而可试于用也。"正"，就正。初入学也。

右第十七章。

执玉、执龟筴不趋，堂上不趋，城上不趋。筴，楚革反。

城上趋则惑众。

武车不式，介者不拜。

"武车"，兵车。介胄之士，肃揖而已。

右第十八章。

妇人吉事，虽有君赐，肃拜；为尸坐则不手拜，肃拜；为丧主则不手拜。虽，本惟字之误。

"吉事"，《周礼》所谓"吉拜"也，拜而后稽颡谓之"吉拜"。齐衰不杖期以下拜宾则然，以别于三年服之凶拜也。异于男子者，男子顿首而后稽颡也。"肃拜"，若今揖然，低头下手而不及地。妇人以肃拜为正，惟于疏丧而拜君赐则然。"为尸"，为祖姑之尸也。"手拜"，《周礼》所谓"空首"，拜而头至手也。妇人以手拜为重，尸道尊，故但肃拜。"为丧主"，为主妇也。"不手拜"者，稽颡而后拜，其拜也，亦顿首而不空首，哀至无容也。

葛绖而麻带。

妇人卒哭之后，易首绖以葛，而要不变。妇人重要，有除无变。

右第十九章。按此章记妇人之礼而系之《少仪》者。妇人行礼，亦男子为之诏相，学礼者所当习也。

取俎进俎，不坐。

"取俎"者，俎陈于阼阶西，取而执之以升也。"进俎"，设于席前也。设俎在降神之先，未接神，不虚敬也。

右第二十章。

执虚如执盈，入虚如有人。

"执虚"，虚器也。"入虚"，虚室也。诚悫端慎之心，尽于己而不因于物，乃学者存心主敬之要也。

右第二十一章。

凡祭于室中，堂上无跣，燕则有之。

"室中"，馈食之事。"堂上"，朝践之事。"跣"，脱屦也。屦贱不升于堂，故升堂则跣。祭者将事奔走，务于敬敏，不可以跣，故虽升堂入室，不脱屦也。惟燕礼献酬毕，留宾饮酒，则脱屦升席。曰"有之"者，谓如献酬时亦无跣也。

右第二十二章。

未尝，不食新。

"尝"，荐新于寝庙也。人子之心不忍先亲也。

右第二十三章。

仆于君子，君子升，下则授绥，始乘则式，君子下行，然后还立。还，似宣反。

"君子"，兼君卿大夫而言，非仆者之敌也。"升、下"，或升或下也。"授"者，以手持而引之也。仆升在君子之先，故始乘必式，以敬俟之；下在君子之后，待君子之步行然后下还向外，待君子去远乃驱车而退。

乘贰车则式，佐车则否。贰车者，诸侯七乘，上大夫五乘，下大夫三乘。"乘贰"之"乘"，如字。余，绳证反。

朝祀之副车曰"贰"，戎猎之副车曰"佐"，凡副车皆令人摄乘之。兵车不式，故乘佐车不式也。其式者，以非己所得乘，必恭敬以明有奉也。《周礼》："贰车公九乘，侯伯七，子男五。"此言"七"者，举其中而言之。"上大夫"者，天子之卿；"下大夫"者，天子之大夫。凡贰车皆如其命数，卿当六乘，大夫当四乘，此言"五"言"三"，旧说以为殷制，盖降杀以两之义也。

有贰车者之乘马服车，不齿。观君子之衣服、服剑、乘马，弗贾。贾，居讶反。

"有贰车者"，谓大夫以上尊者也。"乘马服车"，谓其马方服车时也。"服剑"，所佩剑也。"弗贾"者，不敢评其良楛。

右第二十四章。

其以乘壶酒、束脩、一犬赐人若献人，则陈酒执脩以将命，亦曰："乘壶酒，束脩，一犬。" 乘，绳证反。

"乘"，四也。犬贱不升堂，故陈酒执脯，而将命必举其全也。凡献赐物多而所执者一，皆放此。独言此者，盖古以此三者为馈赠之恒仪而通用之。

其以鼎肉，则执以将命。其禽加于一双，则执一双以将命，委其余。犬则执绁。守犬田犬则授摈者，既受乃问犬名。牛则执纼，马则执靮，皆右之，臣则左之。 守，舒救反。

"鼎肉"，牲体已解可升于鼎者。"委"，置堂下也。"犬名"，守田之犬为之名，以便嗾使。"纼"，牵牛绳。"靮"，马缰也。"臣"，俘虏。"左之"者，空右手以防制之。

车则说绥，执以将命。甲若有以前之，则执以将命；无以前之，则袒橐奉胄。 说，他活反。奉，扶陇反。

"说"，解也。"前之"，谓以他物轻易持者先甲也。"袒"，褪露也。"橐"胄橐。

器则执盖。弓则以左手屈韣执拊。剑则启椟，盖袭之，加夫桡与剑焉。 拊，扶雨反。夫，防无反。

器之有盖者必重，故执盖将命，便其轻也。"韣"，弓衣。"屈韣"者，褪露其半，屈于拊际。"拊"与"弣"同，把也。左握拊，右执未露之箫，献凶器者逆执之，远奸贼也。"椟"，剑匣。"袭之"者，反盖于椟下也。"夫"，语助词。"桡"，剑衣。"与"，犹于也。以衣覆剑，亦慎凶器也。

笏、书、修、苞苴、弓、茵、席、枕、几、颖杖、琴、瑟、戈有刃者，椟策龠，其执之皆尚左手。 苴，子余反。

"修"，脯修。"苞苴"，编束菅苇以裹鱼肉也。"茵"，褥也。"颖"，镮也。"颖杖"，杖下有镮者。"戈有刃"者，别于殳之无刃之辞。"椟"，箧。"策"，以两薄木旁夹之也。"龠"，以圆竹筒韬之也。自"笏"以下十二物，或用梜，或用策，或用筴，护之以示珍重。戈则慎凶器也。"尚左手"者，左手在前向客，示非已用也。

刀，却刃授颖。削，授柎。凡有刺刃者，以授人，则辟刃。刺，七迹反。辟，必亦反。

"却"，向后也。颖，刀环。削，书刀。"柎"，柄也。"辟"，退也。退刃于后，不以向人，远凶害也。

右第二十五章。

乘兵车，出先刃，入后刃。

出以致武于外，入不以刃向国，远惊忌也。

军尚左，卒尚右。

军之将尊，司一军之进退，以吉礼处之而尚左，正尊卑也。卒之长卑，听命效死，尚右，用凶礼也。

右第二十六章。

宾客主恭。祭祀主敬。丧事主哀。会同主诩。军旅思险。隐情以虞。

互相为敬曰"恭"。专致其恭曰"敬"。"诩"，张也，盛也；张国威而盛容仪也。"思险"者，以败为虑，则不可得而败矣。"隐"，秘也。"虞"，度也。内度进止，秘而不泄，敌不得而窥也。

右第二十七章。

燕侍食于君子，则先饭而后已。毋放饭，毋流歠。小饭而亟之，数嚼，毋为口容。饭，扶晚反。亟，去吏反。数，所角反。嚼与嚼同，才笑反。

"燕侍食"，侍君子燕居之食也。"先饭后已"，以劝食也。"小"，少也。"亟"，数也。"小饭亟嚼"，防哕噎，便问答也。"口容"者，畜饭颊间，弄颐而嚼也。

客自彻，辞焉则止。

客卑少则自彻。然辞则可止，不虚主惠也。

客爵居左，其饭居右。介爵、酢爵、僎爵皆居右。僎，踪伦反。

"客爵"，酬爵也，所以优宾，宾不举则奠于荐之左。饮，献爵及举觯也。"居右"者，便于举也。"僎"，卿大夫来观礼者。介，僎之献酬及宾酢主人之爵俱居右者，以饮故也。此言"僎"者，以乡饮酒言之，然举一爵而凡为献酢酬者，皆放此。

羞濡鱼者进尾，冬右腴，夏右鳍，祭朊。 朊，荒乌反。

此常燕食设鱼之礼。"羞"，亦进也。"濡"，鲜烹和汁也。"进"，前也；谓向客也。不以首向客，避憎伶也。"腴"，腹肉。"鳍"，脊也。冬肥在腴，夏肥在鳍，右之，便先食也。"朊"，腹肉可擗大窗者，干鱼则必割擗登俎，故不言"进"与"右"也。

凡齐，执之以右，居之于左。 齐，才细反。

"齐"，调和成味，所谓羹齐、饮齐、食齐也。进之者，右手握持之，左手捧而居之于掌，以致慎也。

赞币自左，诏辞自右。

"赞"，助也。摈者助主人受币而入，则由主人之左旋而主人在左矣。"诏辞"，传命而出，则由主人之右，主人固在左。吉礼以左为尊。

右第二十八章。

酌尸之仆，如君之仆，其在车则左执辔，右受爵，祭左右轵范，乃饮。 轵，扶泛反。字从车从凡。佫本作轵者，误。

"酌仆"者，车将行犯轼，酌以授仆，使祭而饮也。"轵"，车前横木。"范"字衍文，盖传书者注轵音于下，后人相沿误以为经文。君之尸，迎之以路车，故礼与君同。

右第二十九章。

凡羞有俎者，则于俎内祭。

"羞"，谓所进食也。俎长，实之不盈，故于其端祭。豆笾之属，则祭之于外间。

右第三十章。

君子不食圂腴。 圂与豢同，胡惯反。

"圂"，谷食之兽，犬豕是也。"腴"，腹下肉。肉以附骨者为贵；腴贱，不登君子之俎。

右第三十一章。

小子走而不趋，举爵则坐祭立饮。

长者趋则己走，以敏为敬也。或赐之爵，坐祭以习礼，立饮以昭敬。

右第三十二章。

凡洗必盥。

"洗"，洗爵。"盥"，盥手。先自洁，然后能洁物。

右第三十三章。

牛羊之肺，离而不提心。离，力知反。提，都礼反。

谓祭肺。"离"，割断也。"提"，至也。"心"，中央也。虽割绝之，犹留中央少许不断，手绝以祭。

右第三十四章。

凡羞有湇者，不以齐。齐，才细反。

"羞"，肴也。"湇"，汁；"齐"，醢酱也。有湇则已调和，更纳醢酱中染之，则濡污其齐矣。

右第三十五章。

为君子择葱薤，则绝其本末。为，于伪反。绝，子悦反。

"葱薤"，辛菜；古人盖生啖之如果茹，今北方人犹然。"择"，拣而进之也。"本"，根须也，"末"，叶端也；皆不中食，恐劳尊者更自绝，故绝之以进。

羞首者，进喙、祭耳。

"进"，向客也。"进喙"者，远杀处。耳易绝，故以祭。

右第三十六章。

尊者以酌者之左为上尊。

"尊者"，设尊也。"酌者之左"，于尊为右。"上尊"，玄酒也。如乡饮酒尊南向，酌者北面，则上尊在西是已。惟君面尊。尊东西列，酌者西面则玄酒在南。酒之向主乎酌，故以酌者之左为尚，且右便有事而左为虚位，故次尊在右，便于酌也。

尊壶者面其鼻。

"尊壶"，谓以壶为尊也。君燕则有方壶以酌大夫，圆壶以酌士。"鼻"，旁纽也；以鼻识其面，则向背明矣。

右第三十七章。

饮酒者、机者、醮者，有折俎不坐。

"饮酒"，非公燕而私相酌也。"机"，沐已而饮也。"醮"，酌始冠者也。"折俎"，或杀、或干肉、折骨体以为俎，礼之盛者也。饮酒、机、醮，不备献酬，皆无折俎，则坐而卒爵。惟人君饮、机及冠而杀者三加时或设。礼既盛，则虽无酬酢，必坐祭而立饮也。

未步爵，不尝羞。

"步"，行也；谓献酬毕脱屦升坐，行无算爵也。献酬之际，设折俎以致敬。祭之哜之而不食，无算爵行乃荐庶羞以致爱，始食之，不亵人之敬而不虚其爱也。

右第三十八章。

牛与羊、鱼之腥，聂而切之为脍。麋鹿为菹，野豕为轩，皆聂而不切。麇为辟鸡，兔为宛脾，皆聂而切之。切葱若薤，实之醯以柔之。 轩，许健反。辟，必益反。

"腥"，生肉也。"聂"，薄切之为片，所谓藿叶切也。"切"，更加细切也。《内则》：鱼亦为菹。按鱼易断，不待更切，当从《内则》。

右第三十九章。

其有折俎者，取祭；反之，不坐。燔亦如之，尸则坐。

折俎有祭肺，绝其末以祭而哜其本，哜已，反之于俎。反必兴者，重盛礼，敬答主人也。"燔"，炙肉，亚献所荐也，礼亦重，故亦如祭肺。三献从以肝，则杀其礼矣。尸反俎不兴，尸尊也。

右第四十章。

衣服在躬而不知其名为罔。

"名"，升数多寡、染色浅深、制度差等之名。君子之服躬者，必信诸其心，无微之或苟也。

右第四十一章。

其未有烛而后至者，则以在者告。道瞽亦然。 道，徒到反。

"其"，犹如也。"道"，相也。

凡饮酒，为献主者执烛抱燋，客作而辞，然后以授人。 燋，侧角反。

"饮酒"，燕礼毕而行无算爵也。主人谓之"献主"者，包君燕臣而言，宰为献主也。"燋"，未爇烛，所以继者也。

执烛，不让，不辞，不歌。

"辞"，相问答也。执烛者须壹于所事，谨焰烬之灼坠。

右第四十二章。

洗盥执食饮者勿气，有问焉则辟咡而对。 辟，毗义反。

"洗盥"，谓为尊者沃水洗爵盥手也。"勿气"，屏口气也。"辟咡"，侧口不向洗匜食器也。

右第四十三章。

为人祭，曰致福。为己祭而致膳于君子，曰"膳"。祔练，曰"告"。 为，于伪反。

皆致胙辞也。"为人祭"，摄主祭也。"致福"者，致主人之神惠。己祭不敢言福，备膳羞而已。"祔练"，凶事，不言福，惟告成事。

凡膳，告于君子，主人展之，以授使者于阼阶之南，南面再拜稽首送，反命主人又再拜稽首。其礼：大牢则以牛左肩臂臑折九个，少牢则以羊左肩七个，犆豕则以豕左肩五个。 使，疏吏反。大，他盖反。少，诗照反。臑，奴报反。犆，与特同。

“膳”，吉祭肉。“告”，祔练祭肉。“展”，省视。“阼阶南”者，下阶而拜于堂下也。“臂”，肩下骨。“臑”，臂下近蹄骨。“折”，割折之，由肩至膈斫为九段而不殊绝。用“左”者，右以祭也。羊、豕不言臂臑，文略耳。此大夫、士致胙于君，而有“大牢”者，大夫虞用大牢也。

右第四十四章。

国家靡敝，则车不雕几，甲不组縢，食器不刻镂，君子不履丝屦，马不常秣。靡，忙皮反。几，渠希反。

“靡”，谓财物縻散。“敝”，谓人民凋敝。“雕”，画也。“几”，当附缠处疏刻为沂鄂也。“縢”，缘也。“组縢”，以组缘饰之也。“镂刻”，令通透也。“不履丝屦”，冬皮夏葛，以丧礼处之也。君子救贫以俭，小人救贫以贪。

右第四十五章。

《礼记章句》卷十七终

礼记章句卷十八

学记

《周礼》：师氏、保氏隶于司徒，大司乐之属隶于宗伯，皆教官也。而大学之职略无概见，故先儒疑《周礼》之多残缺。盖自州乡庠序以及大学，必专有官师，而今亡矣。先王以礼齐民，学为之首，则系学于礼，道莫重焉。故此篇与《经解》《中庸》《儒行》《大学》，戴氏汇记之以为《礼经》，亦犹《大戴记》之有《劝学》诸篇也。此篇之义与《大学》相为表里。《大学》以发明其所学之道，推之大，析之密，自宋以来为学者所服习；而此篇所论亲师敬业为入学之事，故或以为末而未及其本，然玩其旨趣，一皆格物致知之实功，为大学始教之切务，则抑未可以为末而忽之也。此之不讲，乃有凌躐卤莽以谈性命而诡于佛、老者，为正学之大蠹，固君子所深惧也已。凡十六章。

发虑宪，求善良，足以谀闻，不足以动众。就贤体远，足以动众，未足以化民。君子如欲化民成俗，其必由学乎。闻，亡运反。

"发"，发政也。"虑"，度也。"宪"，法也。"谀闻"，谓小有声闻。"就"，即而取正也。"体远"，谓体悉四方之利病也。"由"，用也。言人君饬法求贤，民悦其治而德不及远者，法未宜民而求之未必其用也；用贤宜民，四方归之而民不向善者，政立而教未先，无以移民之志也。惟立学校以教其俊士，而德明于天下，则民日迁善而美俗成矣。

玉不琢，不成器。人不学，不知道。

玉，质虽美而必待琢之以成，人性固善而必导之以学。

是故古之王者建国君民，教学为先。

内则有大学以教国子，外则有乡州之庠序以达郊遂，施于侯国，莫不有学，斯道一而俗美矣。

《兑命》曰："念终始典于学。"其此之谓乎？ 兑本说字，音失艺反，俗读弋雪反者误，篇内并同。

《兑命》，傅说告高宗之书。"典"，常也。人君自力学以先民，而学校可兴也。

右第一章。此章言人君建学之旨。

虽有佳肴，弗食不知其旨也；虽有至道，弗学不知其善也。是故学然后知不足，教然后知困。

学而不易至，故知不足。教者或无以自喻，则问焉而穷，故知困。

知不足，然后能自反也；知困，然后能自强也。故曰：教学相长也。

"自反"者，求诸己。"强"，力也。"长"，助成也。学日益其所不足，则教不困。教以困而自强，则学益充。

《兑命》曰："学学半。"其此之谓乎！ 上"学"，胡教反。

"学"，《书》作敩，"教"也。敩以自强而研理益精，足以当学之半也。

右第二章。自此以下八章皆言为师之道，教者之事也。

古之教者，家有塾，党有庠，术有序，国有学。 术与遂通，徐醉反。

此谓先王立学建师之道也。古之仕而已者，归教于闾里，旦夕坐于门以教焉。门侧之堂谓之"塾"。五百家为"党"，六乡之属也。万二千五百家为"术"，在远郊之外。堂有室曰"庠"，以养老为主；无室曰"序"，以射为主。"国"，国中。"学"，大学也。

比年入学，中年考校。一年视离经辨志，三年视敬业乐群，五年视博习亲师，七年视论学取友，谓之小成。九年知类通达，强立而不反，谓之大成。 比，毗至反。离，力智反。论，卢琨反。知，珍义反。

"比年"，每年。"中年"，间一岁也。"一年"，考校之始岁。"视"，亦考也。"离"，析也；分析文义，知其旨趣也。"辨"，别也；旌别其志，异于流俗也。"敬"，信而重之也。"乐群"，行之和也。"博习"，旁习于非所授之业，以考同异也。师严而亲之，好学之验也。"论学"，于学有得而能自为论说也。"取友"，知择善也。"知类"，推广其知，以辨事类也。"通达"者，通所知以达于行也。"强立不反"，守之固也。"小成"者，致知之功；"大成"者，力行之效。

夫然后足以化民易俗，近者说服而远者怀之，此大学之道也。夫，防无反。说，弋雪反。

承上文而言。广立学校而以时考其成为进退焉，则士劝于善而民知观感，风化行而天下归之矣。

《记》曰："蛾子时术之。"其此之谓乎！ 蛾，与蚁同，鱼绮反。

《记》，古书名。"术"，径也。蚁之后行者踵先行者，接迹相继，则径不迷而远可至。民虽愚而上以教倡之，则顺从而向道矣。

右第三章。

大学始教，皮弁、祭菜，示敬道也。大，他盖反。

"始教"，谓始入学。士弁而祭于公。《周礼》"春入学，舍菜"，大胥典其祀，故服士之祭服。"菜"，蘋藻之属。舍菜之礼，俎豆具焉，而专言"菜"者，尚质也。

《宵雅》肄三，官其始也。

《宵雅》，《小雅》。"肄"，习也。《小雅》之三，《鹿鸣》《四牡》《皇皇者华》，入学之始先习之。盖此三诗为升歌之乐，而所咏者君臣事使之礼，所以劝进学者，期之以莅官事上之道也。

入学鼓箧，逊其业也。逊，苏困反。

"鼓箧"者，将发箧授经，先鸣鼓整齐其威仪，使相逊让也。

夏楚二物，收其威也。夏，古马反。

"夏"，与槚同。《尔雅》云："槚，苦荼。"盖今之茶茗，其枝条可为杖以扑人。"楚"，荆条也。"收"，敛束。"威"，威仪也。入学则使人执扑杖巡警，以约束学者之威仪。

未卜禘不视学，游其志也。

"禘"于烝尝而举必以秋冬。"视学"，考校之也。间年一考校而又不以春夏，使学者优游成其志业，然后视之，不迫之也。

时观而弗语，存其心也。 _{语，鱼讵反。}

"观"者，师观省其勤怠也。弗亟语之，必使自得，则存诸心而不忘矣。

幼者听而弗问，学不躐等也。

学积则自通，遽于问答，将强知其所未及者而忽于近矣。

此七者，教之大伦也。

"伦"，理也。

《记》曰："凡学，官先事，士先志。"其此之谓乎！

学而后入官，则躬试诸行事矣。入学之士尚志为先，七者之伦所以养其志也。

右第四章。

大学之教也时句。**教必有正业，退息必有居。**

"时"者，有序而不息之谓。"居"，恒守也。教之必有正业，不因其易晓而躐等以授学者。退息必有恒守，持之勿失，不自谓已喻而置之也。

学句，**不学操缦，不能安弦；不学博依，不能安诗；不学杂服，不能安礼；不兴其艺，不能乐学。** _{依，于岂反。乐，鱼教反。}

"学"，言凡学之道也。"操"，琴瑟曲名。"缦"，引也；今曲中有慢者，即其义。"弦"，琴瑟也。操缦皆有词谱，必习记之，而后临叩弦时以意调之，皆敏合也。"安"者，习于其事而不劳也。"依"，犹譬也；谓依彼以显此也。"博依"，谓博通于鸟兽、草木、天时、人事之情状也。"杂服"者，衣冠、器物、进退、登降之数也。"兴"，尚也。操缦、博依、杂服，皆"艺"也。诗、礼、乐之精微，非乐学者不能安意而曲体之，然形而上之道，即在形而下之器中，惟兴于艺以尽其条理，则即此名物象数之中，义味无穷，自能不已于学而道显矣。故教之有业，退之有居，必循其序而勉之不息，所谓"时"也。

故君子之于学也，藏焉，修焉，息焉，游焉。

"藏"，存于心也。修，习于行也。或息或游，而所藏所修者，无有忘焉，所谓"安"也。详说所以反约，为之有恒而不息，则道在己矣。

夫然，故安其学而亲其师，乐其友而信其道，是以虽离师辅而不反也。 夫，防无反。乐，卢各反。离，力智反。

"信"，诚见而笃守之也。"离"，远也。"辅"，友也。"反"，退也。

《兑命》曰："敬孙务时敏，厥修乃来。"其此之谓乎！ 孙，苏困反。

"敬孙"，《书》作"逊志"。"孙"，有序也。"时敏"，无时不敏，言不息也。"来"，集也。

今之教者，呻其占毕，多其讯言句**，及于数进而不顾其安，使人不由其诚，教人不尽其材，其施之也悖，其求之也佛。夫然，故隐其学而疾其师，苦其难而不知其益也。虽终其业，其去之必速。教之不刑，其此之由乎！** 占与觇同，丑廉反。数，所角反。尽，子忍反。佛，分物反。夫，防无反。

"呻"，吟也。"占"，视。"毕"，简。且吟且视，给于口授，心无所得也。"讯言"，问难之言也。"及"，犹急也。"数进"，屡告之不待其习熟也。"使"，亦教也。"诚"，信能之也。"尽"，与"侭"通，量也。"施"，授也。"求"，课也。"佛"，戾也。"隐"，含痛意，谓以学为患也。"去"，忘也。"刑"，成也。

右第五章。

大学之法，禁于未发之谓豫，当其可之谓时，不陵节而施之谓孙，相观而善之谓摩。此四者，教之所由兴也。 当，丁浪反。孙，苏困反。下同。

"未发"，谓不善之未有端，以礼约之，则莫之禁而自禁矣。"可"，谓恰可受教之时也。"陵"，越也。"节"者，教者浅深之次第。"孙"，顺也。"相观"，谓聚于学以亲友。"摩"，切近而使喻也。

发然后禁，则扞格而不胜；时过然后学，则勤苦而难成；杂施而不孙，则坏乱而不修；独学而无友，则孤陋而寡闻；燕朋逆其师，燕辟废其学。此六者，教之所由废也。 扞，侯旰反。格，下革反。胜，书蒸反。坏，古迈反。辟与僻同，卑义反。

"扞格"，相抵牾也；情动欲肆，理不足以夺之矣。"时过"，谓愤悱求通，不因而达之，则沮丧遗亡，虽勤无益也。"坏乱"，冗废也。"燕朋"，狎昵游嬉之友。"逆其师"，不受教也。"燕辟"，女子小人，导以淫佚。

君子既知教之所由兴，又知教之所由废，然后可以为人师也。

崇其所以兴，禁其所自废，师道之所自立也。

右第六章。

故君子之教喻也。道而弗牵，强而弗抑，开而弗达。道而弗牵则和，强而弗抑则易，开而弗达则思。和易以思，可谓善喻矣。道，徒到反。

"道"，引也。"牵"，强持迫之使行也。"强"，刚也；谓刚严以莅之也。"抑"，摧折之也。"开"者，启其端。"达"者，尽其说。"和"，为之有绪而悦也。"易"，师易亲也。"思"，使自思而得之也。

右第七章。

学者有四失，教者必知之。人之学也，或失则多，或失则寡，或失则易，或失则止。此四者，心之莫同也。

"多"，泛记而不亲也。"寡"，专持而不广也。"易"，果为而不知难也。"止"，循分而不能进也。"心"，谓情质也。

知其心，然后能救其失也；教也者，长善而救其失者也。

多、寡、易、止，虽各有失，而多者便于博，寡者易以专，易者勇于行，止者安其序，亦各有善焉。救其失则善长矣。

右第八章。

善歌者，使人继其声；善教者，使人继其志。

"继"，续也；启其端而使彼续成之也。"志"，思也。

其言也约而达，微而臧，罕譬而喻，可谓继志矣。

"言"，教者之训辞也。"约"，简也。"达"，可通于大全也。"微"，不显说也。"臧"，美也；谓精美有义味也。"罕譬"，不多为譬释也。"喻"，晓也；大旨已晓了也。以此三者立言，则为可继，以待学者之自求，所以引人之志于无穷也。

右第九章。

君子知至学之难易而知其美恶，然后能博喻，能博喻然后能为师，能为师然后能为长，能为长然而后能为君。故师也者，所以学为君也。是故择师不可不慎也。长，丁丈反。

"至学"，谓至手所学之道也。"难易"者，斯道大小显微之序也。"美恶"，学者材质之差也。"博喻"，谓所喻者众也。"长"，官之正长。知道之序而尽人之材，则因机设教而人无不可喻者矣。以之为长为君，而建道宜民，程材器使，皆此道耳。君长之道，皆于师道取则焉。故自天子之元子至凡民之俊秀，欲明君长之德者，得所师而取法不远，是以王者择师以立教，则子孙臣庶则而效之，而治隆俗美也。

《记》曰："三王四代唯其师。"此之谓乎！俗本惟作唯。"此"字让有"其"字者，讹。

"四代"，虞、夏、商、周。"惟其"，慎择之辞。

右第十章。此章承上章师道之大而言择师之当慎。自此以下六章，皆言亲师为学之道，学者之事也。

凡学之道，严师为难。

"严"，尊敬也。惟尊德乐道者，乃能忘势而尊师，是以难也。

师严然后道尊，道尊然后民知敬学。

"民"，人也。"敬"，重也。

是故君之所不臣于其臣者二：当其为尸，则弗臣也；当其为师，则弗臣也。大学之礼，虽诏于天子，无北面，所以尊师也。

"诏"，告也。天子入大学而亲有所问，则东面，师西面，所谓"弗臣"也。天子尊之于上，其下莫敢不尊也。

右第十一章。

善学者师逸而功倍，又从而庸之；不善学者师勤而功半，又从而怨之。

归功曰"庸"。"怨"者，怨其督责。

善问者如攻坚木，先其易者，后其节目；及其久也，相说以解。不善问者反此。说，他活反。

"易"者，疏理易析处。"节目"，木枝节所自出，坚撑处也。"说"，谓节目随理而脱也。"解"，判也。喻善问者因言以知意，即显以察微，渐渍之久而大疑自决。若择隐奥者以为诘难之端，而轻其浅易者为不足问，是不诚于求知而躐等以矜善问，终于迷而已，程子所谓"拣难处问"者是也。

善待问者如撞钟，叩之以小者则小鸣，叩之以大者则大鸣，待其从容然后尽其声。不善答问者反此。从，七恭反。

"待"，应也。"从容"，犹言良久。"声"，余韵也。因问而答，大者不吝，小者不滥，而意味有余，使人思而得之，引伸于无穷。

此皆进学之道也。

善问善答，则学日进矣。

右第十二章。

记问之学，不足以为人师，必也其听语乎。

"记问"者，无察识之实，懵于次序，述诵以教人，倾尽而止。惟己学已明，则审知学者所至之浅深，听其所问之语而因量以善诱之也。

力不能问，然后语之；语之而不知，虽舍之可也。语，鱼讵反。舍，如字，始夜反。

"力不能问"者，不知疑也。"舍"，置也。言师必因材而授，不可则止，以警学者之自勉。

右第十三章。

良冶之子，必学为裘；良弓之子，必学为箕；始驾马者反之，车在马前。君子察于此三者，可以有志于学矣。

冶裘之事，熔合以底于完。弓箕之事，矫揉以适于用。始学御者，马反向舆，曳车却行，使易就御而不骁。察于此而知识小以成大，变质以合理，向道以闲邪，虽未能即合辙于古人，而就其所能以拟议之，则不迷其方而为之有渐，其于学也，有日孳孳而不能已者矣。

右第十四章。

古之学者，比物丑类。鼓无当于五声，五声弗得不和；水无当于五色，五色弗得不章；学无当于五官，五官弗得不治；师无当于五服，五服弗得不亲。当，丁浪反。治，直利反。

"丑"，齐也；因声色而知学与师之重，所谓"比物丑类"也。"鼓"，谓考击之也。"水"，调涂之也；鼓之所以宣五声之和，水之所以成五色之章，质因其自然，而为之者人力也。"五官"，耳聪、目明、貌恭、言从、思睿也。天之所赋，虽各效其灵，而非学则无以尽其材而不淫于妄也。"五服"，斩、齐衰，大、小功，缌也。亲师明道而后能尽伦也。

右第十五章。

君子曰：大德不官，

"大德"者，人官之本，涵于未发，以为视听言动之则，不倚于官也。

大道不器，

"大道"者，事物之本，为事物之所共由，散于有形而为器，而不滞于一器也。

大信不约，

"大信"者，信在言前，不言而信固存，不待期约之结也。

大时不齐。

"齐"，有恒期而无参差也。圣人之时，因时而处中，无画一之理而同归一致。如天之有四时寒暑，参差变化，无一定之期而自不爽；盖时为齐之本，而齐不可以为时也。

察于此四者，可以有志于本矣。

四者之理，居静以御动，不为而成功，惟其有本也。学能知本，则修之在躬，存之在心，虽未发见于事物，亟著于功效，而应事接物之道即此而具，盖明其德以修身，而齐家、治国、平天下之理，不外是矣。

三王之祭川也，皆先河而后海，或源也，或委也，此之谓务本。

河，海之源也。海，河之委也。源虽小而必先之，重本也。故守约而施博，君子之学，求诸己而已矣。此篇所言，皆亲师讲艺之事，而终之以务本。所以见古人为学，求之己者，但尽其下学之事，而理明行笃，则天德王道即此而上达焉。盖与《大学》至善知本之旨相为符合，而后世窃佛、老之说，以文其虚枵狂诞之恶者，亦鉴于此而可知其妄矣。

右第十六章。

《礼记章句》卷十八终

礼记章句卷十九

乐记

乐之为教，先王以为教国子之本业，学者自十三以上莫不习焉。盖以移易性情而鼓舞以迁于善者，其效最捷，而驯至大成，亦不能舍是而别有化成之妙也。推而用之，则燕飨、祭祀、饮射、军旅、人神、文武，咸受治焉，是其为用亦大矣。周之衰也，郑、卫之音始作，以乱雅乐。沿及暴秦，焚弃先王之典章，乐文沦替，习传浸失。汉兴，雅、郑互登，莫能饬定，而六代之遗传，仅托于学士大夫之论说。故戴氏承其敝缺，略存先儒所论乐理之言，辑为此篇，而乐之器数节度，精微博大者，亦未从而考焉。以故授受无资而制作苟简，教衰治圮，民乱神淫，胥此之由矣。学者览此篇之旨，将以窥见制作之精意，而欲从末由，可胜悼哉。自汉以降，古乐愈失，惟是律吕之制，钟镛之器，犹有存者。沿及胡瑗、范镇之流，犹得仿佛而为之说；而女真蹴宋，仅存之器，熸焉无余，虽有圣人，亦无所凭藉以修复，而胡部之奸声，北里之淫曲，充斥乎朝野。有志之士，三复此篇之义，粗得其大意而无以征之，亦徒守旧闻，以存什一于千百而已。乃此篇之说，传说杂驳，其论性情文质之际，多淫于荀卿氏之说而背于圣人之旨，读者不察，用以语性道之趣，则适以长疵而趣妄。故为疏其可通者，而辨正其驳异者，以俟后之君子。凡三十七章。

凡音之起，由人心生也。人心之动，物使之然也。感于物而动，故形于声。

"音"，宫商角徵羽之相应合者也。"物"，事也。心有合离攻取，因事物之同异从违而喜怒哀乐征见于声响；凡口之所言，气之所吹，手之所考击之节，皆其自然之发也。

声相应，故生变。

声音之道，唱则必随，抑则必扬，自然相应。必变于其前，未有往而不返，同而得和者也。

变成方，谓之音。

"方"，法也。所变者，虽极乎至赜，而一往一返，或损而清，或益而浊，要各有法以相与为类，则五音概之矣。

比音而乐之，及干、戚、羽、旄，谓之乐。

"比"，次也。乐之，谓播之于八音也。"干"，盾；"戚"，斧。武舞所执。"羽"，翟羽；"旄"，旄牛尾。文舞所执。声动而形随，形动而所执之器必肖其容，声容合而乐备矣。

右第一章。此章推乐之所自生因于人心之动几，固乐理之自然，顾其曰："人心之动，物使之然"，则不知静含动理，情为性绪，喜怒哀乐之正者，皆因天机之固有而时出以与物相应，乃一以寂然不动者为心之本体，而不识感而遂通之实，举其动者悉归外物之引触，则与圣人之言不合，而流为佛、老之滥觞，学者不可不辨也。

乐者，音之所由生也，其本在人心之感于物也。是故其哀心感者，其声噍以杀；其乐心感者，其声啴以缓；其喜心感者，其声发以散；其怒心感者，其声粗以厉；其敬心感者，其声直以廉；其爱心感者，其声和以柔。 杀，所界反。"其乐"之"乐"，卢各反。啴，昌善反。

"感于物"，谓喜怒哀乐爱敬之心皆因物而起。其说与《告子》"彼长而我长之"之意略同。"噍"，急也。"杀"，渐弱而不继也。"啴"，宽绰貌。"发"，不留也。"散"，不收也。"廉"，分明有廉隅也。敬慎于发声，爽洁而无萦绕，故直以廉。"和"，悦也。六者皆以人声而言，推之八音，其理一也。

六者非性也，感于物而后动。

记者之意，以寂然不动者为性。六者，情也，则直斥为非性矣。

是故先王慎所以感之者，故礼以道其志，乐以和其声，政以一其行，刑以防其奸。礼乐刑政，其极一也，所以同民心而出治道也。"道其"之"道"，徒到反。行，胡孟反。

"道"，引也；引其志于正也。"同"，齐也。"出"，犹建也。

右第二章。此章言先王制乐之意，推之礼与刑政而皆协于一，其论瘒矣。抑尝论之，喜怒哀乐之发，情也。情者，性之绪也。以喜怒哀乐为性，固不可矣，而直斥之为非性，则情与性判然为二，将必矫情而后能复性，而道为逆情之物以强天下，而非其固欲者矣。若夫爱敬之感发，则仁义之实显诸情而不昧者，乃亦以为非性，是与《告子》"杞柳桮棬"之义，释氏"本来无一物""缘起无生者"同矣。至云"先王慎所以感之"，而礼乐刑政以起，则又与荀子之言相似。盖作此记者，徒知乐之为用，以正人心于已邪，而不知乐之为体，本人心之正而无邪者，利导而节宣之，则亦循末而昧其本矣。

凡音者，生人心者也。

音由人心而生，而逮其声之已出，则入耳警心，而心还因以生，邪者益邪，正者益正，而治乱分矣。

情动于中，故形于声。声成文，谓之音。

"声"，质也。"音"，文也。文因质生，而文还立质也。

是故治世之音安以乐，其政和；乱世之音怨以怒，其政乖；亡国之音哀以思，其民困。声音之道，与政通矣。乐，卢各反。思，息利反。

安乐之感，情平而事得其序，政益和矣。怨怒之感，情激而上下相戾，政益乖矣。哀思之感，情疲而偷，民益困矣。音由世之治乱而异，而还感人心，复生治乱。"通"者，互相因之谓。

宫为君，商为臣，角为民，徵为事，羽为物。徵，陟里反，下同。

"为"者，言乎其应也。重以统轻，大以生小，故宫之数八十一而为君。君统臣，臣统民，民立事，事理物，极乎羽之四十八而损益穷矣。此相统之序也。若其相生之序，则宫下生徵，徵上生商，商下生羽，羽上生角。

五者不乱，则无怗懘之音矣。

此言五音和顺之应。"不乱"，谓其音各正而相为唱和，无夺伦也。"怗懘"，敝败不成章之貌。音不怗懘，则君明、臣良、民安、事序、物阜应之矣。

宫乱则荒，其君骄；商乱则陂，其官坏；角乱则忧，其民怨；徵乱则哀，其事勤；羽乱则危，其财匮。陂，彼义反。

此言五音不和之应。"荒"，散漫也。"陂"，偏也。"坏"，职不修也。"忧"，沉滞也。"勤"，烦苦也。"危"，尖侧也。财者因物而有，物不成则"财匮"矣。荒、陂、忧、哀、危五音之失其理。一音不正则四音交累而不和矣。凡治乱之数皆先见于音，音之或和或乖，感人情物理而必应之。隋王令言听宫声之不返，而知杨广之必死于江都，盖此理也。

五者皆乱，迭相陵，谓之慢；如此，则国之灭亡无日矣。郑、卫之音，乱世之音也，比于慢矣。比，毗义反。

"五音皆乱"，谓损益失数，或下侵，或上犯，互相陵夺也。"慢"，谓不修也。音不修必流于过清，清激则哀以思，所谓"亡国之音"也。周衰，郑、卫之声始作，天下习之，于是王室陵迟，终于亡而不振。"比"，近也。近于慢，则近于亡矣。音以地名者，犹今腔之有昆、浙然。

桑间濮上之音，亡国之音也。其政散，其民流，诬上行私而不可止也。

桑间，《诗》所谓"桑中"。濮上，濮水之上，于周为卫地，纣之畿内也。纣作靡靡之音，流及后世。"政散"者，徵声滥。"民流"者，角声荡也。音之所感，人心应之，下欺其上，各营其私，而不相辑睦，成乎风俗，虽有峻法，莫能禁止也。

右第三章。

凡音者，生于人心者也。

音由人心之喜怒哀乐而生，则即情以体之而贞淫见矣。

乐者，通伦理者也。

"伦"，各为其类也。"理"，相生之条理也。乐之成也，虽极乎变，而皆由伦理通之，则循其伦理以察之，而乐之得失彰矣。

是故知声而不知音者，禽兽是也；知音而不知乐者，众庶是也。惟君子为能知乐。

呼则前，叱则却，禽兽之知声也。一激一扬，一唱一和，歌谣之中五音存焉，众庶之知音也。合其伦理，审其通变，以征其心政，惟君子能之。

是故审声以知音，审音以知乐，审乐以知政，而治道备矣。是故不知声者，不可与言音；不知音者，不可与言乐。

知声者或不能知音，而音在声中，审声而音察矣。知音者或不能知乐，而乐者音之通，审音而乐叙矣。乐审则因其和怨哀思而知政之得失，以治人之情而图治之道尽矣。

知乐则几于礼矣。

"几"，近也；言礼之精意亦不远也。乐以知政之得矣，推礼之合否，知乐则亦知礼矣。

礼乐皆得，谓之有德。德者，得也。

喻其微而得之于心，非徒外修其文也。

右第四章。

是故乐之隆，非极音也；食飨之礼，非致味也。食，禅吏反。

"隆"，盛也。"极"，亦致也，谓备其美。"食"，馈食；四时之常祭。"飨"，大飨，袷祭也。

《清庙》之瑟，朱弦而疏越，壹倡而三叹，有遗音者矣。越，户括反。

谓不极音也。《清庙》之瑟，谓禘袷而升歌《清庙》，以瑟和之也。"朱弦"，练丝弦，张之柔缓而声浊，"越"，瑟底孔。"疏"，刻令两端相通，使音迟也。壹，"专"也。"倡"，发句。"叹"，引其余音。一人专歌而三人叹之，声不尽矣。"遗"，不尽也。

大飨之礼，尚玄酒而俎腥鱼，大羹不和，有遗味者矣。"大羹"之"大"，他盖反。和，胡卧反。

谓不致味也。"腥"，生也；三牲及鱼，皆以生者献也。

是故先王之制礼乐也，非以极口腹耳目之欲也，将以教民平好恶而反人道之正也。好，呼报反。恶，乌路反。下同。

"口腹耳目之欲"，或顺或逆，流激而成不正之好恶，以和平冲澹养之，则好恶各安其节，而人所以异于禽兽者，反其天则矣。

右第五章。

人生而静，天之性也；感于物而动，性之欲也。物至知知，然后好恶形焉。_{好，乌报反。恶，乌路反。下同。}

"欲"，谓情也。"知知"，谓灵明之觉因而知之也。人具生理，则天所命人之性固在其中，特其无所感触，则性用不形而静。乃性必发而为情，因物至所知觉之体分别遂彰，则同其情者好之，异其情者恶之，而于物有所攻取，亦自然之势也。

好恶无节于内，知诱于外，不能反躬，天理灭矣。

"灭"，亡失也。好恶本性之所发，而吾性固有当然之节，惟不能于未发之时存其节而不失，则所知之物诱之以流。斯时也，大本已失，而惟反躬自修以治其末，则由外以养内，天理犹有存者。苟其不然，纵欲以荡性，迷而不复，而天埋亡矣。

夫物之感人无穷，而人之好恶无节，则是物至而人化物也。人化物也者，灭天理而穷人欲者也。_{夫，防无反。}

心存乎所嗜之物，则物之形不舍于心而心徇之。不知有己而惟见其物，是失其所以为人者，而化为所嗜之物也。"穷"，极也。"人欲"，谓一人之私欲。

于是有悖逆诈伪之心，有淫泆作乱之事。是故强者胁弱，众者暴寡，知者诈愚，勇者苦怯，疾病不养，老幼孤独不得其所，此大乱之道也。

"胁"，挟持之。"诈"，绐也。"苦"，凌虐之也。灭理穷欲，各求逞其私，而成乎大乱矣。

是故先王之制礼乐，人为之节。

建中和之极，胥天下之贤愚贵贱，而皆可秉以为节也。

衰麻哭泣，所以节丧纪也；钟鼓干戚，所以和安乐也；婚姻冠笄，所以别男女也；射乡食飨，所以正交接也。礼节民心，乐和民声，政以行之，刑以防之，礼乐刑政四达而不悖，则王道备矣。_{衰，七雷反。"安乐"之"乐"，卢各反。冠，古乱反。食，祥吏反。}

"射"，乡射，大射。"乡"，乡饮酒。食飨，皆以厚宾客之来觐问者。

"食"，主食。飧，主饮。"四达"，谓行于天下。"不悖"，互相为用也。先王忧人失其性而制为礼乐以为之节，又以政刑辅之，所以遏人欲之横流，而存其天理也。

右第六章。此章承上章"平好恶"而言，推礼乐刑政之所自设，以著先王立人道之意，可谓明切矣。顾其所论性情心知之际，偏为下愚牿亡天理者而言，而未能推性情同善之原，概以感物之动为欲，而归罪于知，则抑不知喜怒哀乐之本涵于未发之先，逮其已发，而天理之节固存而不昧，则因知发见，要以效其所性之正，非知之诱人迷性而为人欲之倡。迷其本而但咎其末，则与释氏所云"知见立知，即无明本"，庄周所谓"随其成心而师之"者，意旨无别。此圣学异端之大辨，不可以毫厘差者也。

乐者为同，礼者为异。

比众音而成乐，秩庶物而成礼，体之同异也。翕大神而和之，辨等杀而差之，用之同异也。

同则相亲，异则相敬。

礼乐作而亲敬行，仁义之用著矣。

乐胜则流，礼胜则离。合情饰貌者，礼乐之事也。

过其情之谓"胜"。同而不饰则逐物而失己，异而不合则矜貌而损情，惟礼乐并行则敬而情有以合，亲而貌有以饰，无二患矣。

礼义立，则贵贱等矣；乐文同，则上下和矣；好恶著，则贤不肖别矣；刑禁暴，爵举贤，则政均矣。 好，呼报反。恶，乌路反。

"礼义"，礼之义也。"乐文"，乐之比音以成章者也。二者之功效虽殊，而推其情以达于事，乐之同也。和其所和而不和其所不和，好恶于斯而著焉，好恶著则亲贤而远不肖，乐之所以通于贵贱之等也。礼之别也，刑赏因之以立，刑以禁暴，爵以举贤，人心悦服，其政之均平，礼之所以成乎上下之和也。二者之功一致，仁义之所以并行不悖也。

仁以爱之，义以正之，如此则民治行矣。 行，胡孟反。

政均而爱溥，贤不肖别而劝沮以正，仁义并行，而民无不兴起以治其行矣。

右第七章。旧说《乐记》全书二十三篇，盖汉河间献王所辑。今存者十一篇，自第六章以上为乐本，此章以下至第十二章为乐论，自第十三章至第十七章为乐礼，自第十八章至第二十二章"先王著其教焉"为乐施，自"夫民有血气心知之性"至第二十三章之"君子贱之也"为乐言，自"凡奸声感人"至"则所以赠诸侯也"为乐象，自第二十七章至第三十章为乐情，其魏文侯、宾牟贾、师乙各自为篇，而第三十三章以下四章为乐化。今按篇内杂记乐之事理，初无前后分别与所题篇名之义相应者。要此篇为周末汉初诸儒所传论乐之旨，初非一家之言，则旧说之名篇立目固有不相当者，而司马子长《乐书》已杂引《记》文，互有同异，是其出于河间献王之所作亦未可信，故悉置不用而别为章名焉。

乐由中出，礼自外作。

谓心和而后乐以作，礼行而后敬以成也。

乐由中出，故静；礼自外作，故文。

"静"，谓作乐之际，耳目心志一注于乐，不旁动也。"文"，谓五官百骸人己事物交错而成章也。

乐至则无怨，礼至则不争。揖让而治天下者，礼乐之谓也。旧本"乐至则无怨"之上有"大乐必易""大礼必简"二句，今按文义不相连属。故序定于后。

"至"，行而达之下也。"揖让"，谓行礼奏乐以奉神接人。

暴民不作，诸侯宾服，兵革不试，五刑不用，百姓无患，天子不怒，如此则乐达矣。合父子之亲，明长幼之序，以敬四海之内，天子如此，则礼行矣。长，丁丈反。

治定化行，则礼乐大行之验也。"以敬四海之内"六字，义未详，盖有阙误。

右第八章。仁义礼智之四德，体用具足，皆人性之固有者也。喜怒哀乐自然之节，父子之亲，长幼之序，爱敬之实，根心生色，发于不容已，经礼三百，仪礼三千，皆由此以生焉。岂文饰外物，拘制筋骸，而后生其恭敬哉！学者反求诸己而自得之，则固知其不妄矣。此章乃云"礼自外作"，是其与《告子》任人之言旨趣略同，而诬礼甚矣。至于"乐静礼文"之说，拘牵比拟而无当于至理，盖徒有其言而无其义也。此篇之说，醇疵相杂，而此其尤疵者与。

大乐与天地同和，大礼与天地同节。

"大礼""大乐"，谓礼乐之极致。絪缊化生，天地之和也。寒暑成序，天地之节也。

和，故百物不失。

"失"，遗也。与天地同和，则天地所以曲成万物之理在焉，以之感和平而遂民物，无有遗焉者矣。

节，故祀天祭地。

与天地同节，则上应天时，下尽土宜，以之事天而明，事地而察。

明则有礼乐，幽则有鬼神。

"鬼神"者，百物之精英，天地之化迹也；其精意之见于人事者，则为礼乐。礼乐之所由，自无而有，以极于盛，其为功于两间者，薰蒸翔洽，不言而化成，固不见不闻而体物不遗。是以礼乐鬼神，一而已矣，言其可见者则谓之"明"，言其不可见者则谓之"幽"，非二致也。此礼之节，乐之和，所以育万物而位天地也。

如此，则四海之内合敬同爱矣。

鬼神之德，礼乐之体，凝于人者为爱敬之心，神无方而不遗，故四海之内，人皆函爱敬于心，以为性情而无殊也。

礼者，殊事合敬者也；乐者，异文合爱者也。

礼有贵贱之殊，乐有古今之异，其根极于爱敬者则一也。

礼乐之情同，故明王以相沿也。 旧本此下有"故事与时并，名与功偕"二句，今按文义不相连属，盖错简，今定序于后。

人无异性，斯无异情，无异情斯无异治，故历代王者相沿，皆以礼乐为治教之本也。

右第九章。此章推原礼乐之本，无间于幽明，流行不息，而合同以行其敬爱，故先王因之以立人道。其言根极原本，于诸章之中特为醇至。而即此验之，明之礼乐，幽之鬼神，其体本一，则礼乐之兴，一皆诚之不可掩；而前章所云"礼自外作"，其为诐妄亦不待辩而自明矣。大抵此篇辑诸家之论，涉于乐者辄为纂入，故是非杂糅，或有自相戾者，读者固当分别观之。

故钟鼓管磬羽籥干戚，乐之器也；屈伸俯仰缀兆舒疾，乐之文也。簠簋俎豆制度文章，礼之器也；升降上下周还裼袭，礼之文也。 还，似宣反。

"籥"，舞者所执吹者也。《诗》云："左手执籥。"缀，舞人相蹙疏密之度也。"兆"，舞者回旋进止之位也。"簠、簋"，盛粢盛。"俎"，盛牲体。"豆"，盛脯醢。"制度"，车器宫室之大小方圆。"文章"，器服之饰也。"升降"以阶言，"上下"以堂言。回旋曰"周"，转折曰"还"。"器"与"文"，皆载情以行者也；用其器，习其文，而情在其中矣。

故知礼乐之情者能作，识礼乐之文者能述。作者之谓圣，述者之谓明。明圣者，述作之谓也。 识，式吏反。

"情"，敬爱也。知敬爱之所自生，殊异而合同，则因时制宜而不悖，圣人之德也。识其文以修明之，因文以得情而达于敬爱之实，明者之业也。天地之蕴，人道之大，无尚于礼乐，非察于此，则虽通明博识而不足以为圣明也。

右第十章。

乐者，天地之和也；礼者，天地之序也。和，故百物皆化；序，故群物皆别。

天地以和生万物，以序别群品；其理命于人而为性情，则中和之体具，而礼乐由是以兴。

乐由天作，礼以地制。过制则乱，过作则暴。

"和"者，天气之下交也。"序"者，地承天以成物而品汇分也。"由天作"者，以象而法天；"以地制"者，以形而效地。"过"者，违天之和而失地之序也。"乱"，谓等秩紊乱。"暴"，谓发扬太过而不能养其元声也。

明于天地，然后能兴礼乐也。

"兴"，作也。总结上文。

右第十一章。

论伦无患，乐之情也；欣喜欢爱，乐之官也。中正无邪，礼之质也；庄敬恭顺，礼之制也。

"论"，歌曲之辞也。伦，八音之节也。"无患"，谓和以成声，不相害悖也。"情"，实也。乍动赏爱曰"欣"，心神畅遂曰"喜"，人己和乐曰"欢"，交相亲善曰"爱"。官，主也。"中"，得事之中也。"正"，合情之正也。"无邪"，节文各止其度也。"庄"，严恪也。"敬"，谨持也。"恭"，端穆也。"顺"，逊让也。"制"，宰制也。礼乐修之于身而必根之于心，得其主以尽其实，立其制以成其质，此先王所以议道自己，建中和之极而为制礼作乐之本也。

若夫礼乐之施于金石，越于声音，用于宗庙社稷，事乎山川鬼神，则此所与民同也。

"越"，发也。"鬼神"，群小祀也。乐成礼备，幽以格神而明以示民，有司得而习之，百姓得以见之，此则礼乐之用，行之天下后世而与民共由之矣。盖德肇于独知，而道昭于众著也。

右第十二章。

王者功成作乐，治定制礼。

功成，则天下安而民心悦，故作乐以昭其功。治定，则四海一而政教行，故制礼以文其治。

其功大者其乐备，其治辩者其礼具。

"辩"，遍也。功大，则文德武功皆至而乐之象之者备矣。治遍四海，则礼必曲尽其常变而无不具矣。

五帝殊时，不相沿乐，三王异世，不相袭礼。此节旧本错在"非达礼也"之下，今序正于此。

各因其功与治也。

故事与时并，名与功偕。此节旧本错在第八章"以相沿也"之下，今定序于此。

"事"，礼乐之事也。礼乐因时之隆替而为损益，则功业名闻相称，而无张大过情之失矣。

右第十三章。

干戚之舞，非备乐也；孰亨而祀，非达礼也。亨，披庚反。此节旧本错在上章"其礼具"之下，今定序于此。

"干戚之舞"，发扬之盛也。"孰亨之祀"，致味之美也。文极无余，而存于中者竭矣。

大乐必易，大礼必简。易，以鼓反。此节旧本错在第八章"礼自外作故文"之下，今定序于此。

"易"，若《清庙》之瑟，一倡三叹，不极盛也。"简"，若郊血大飨腥，不致美也。易以法天，简以效地。

乐极则忧，礼粗则偏矣。此节旧本错在"不相袭礼"之下，今定序于此。

"极"，盛而不知返也。"粗"，美而不知节也。"忧"者，发扬过甚，继必陵替无归而生感怆也。"偏"者，精意既失，邪侈而失其正也。干戚之舞，执亨之祀，其弊不至于此，而后人相沿而增益之，则二者之患生矣。

及夫敦乐而无忧，礼备而不偏者，其惟大圣乎！

"敦"，厚也，谓用盛乐也。圣人斟酌饱满皆以饰其德性，文之所备，诚必至之，故干戚执亨与易简之声容，随宜并作而咸得其中也。

右第十四章。

天高地下，万物散殊，而礼制行矣。流而不息，合同而化，而乐兴焉。

"天高地下"，各定位也。"万物散殊"，各成章也。体之不易，礼之象也。天气降，地气升，交流以启化而不息，此天地之和也。万物生以相滋，克以相成，合同而效天地之化，此万物之和也。化之交感，乐之机也。此自天地之化体而言，以明礼乐之原所自生也。

春作夏长，仁也；秋敛冬藏，义也。仁近于乐，义近于礼。长，丁丈反。

"仁""义"，体也。"礼""乐"，用也。"近"者，相依附之谓，仁义附礼乐而彰也。此自天地之德而言，以明礼乐之道所自凝也。

乐者敦和，率神而从天；礼者别宜，居鬼而从地。

"率"，循其用也。"从"，犹效也。"居"，奠其位也。神以生物而兴人之志气，天之化也。"鬼"者，物之成材而返其质者也，待奠于人而安其位，地之制也。此自天地之撰而言，以明礼乐之功用所自效也。

故圣人作乐以应天，制礼以配地，礼乐明备，天地官矣。

总结上文。"官"，效其职也。

右第十五章。

天尊地卑，君臣定矣。卑高以陈，贵贱位矣。动静有常，大小殊矣。方以类聚，物以群分，则性命不同矣。在天成象，在地成形。如此则礼者天地之别也。

此述《易·系传》所明乾坤之定位者，以推礼之所自秩也。"陈"，设也。"贵贱"者，君臣事使之分义也。"常"，定体也。阳虽有静，阴虽有动，皆其化几而非其常；阳健而动，阴顺而静，则其常体也。动者功用著而大，静者功用隐而小，君制臣从之义也。"方"，四维也。阳生乎东而盛乎南，阴生乎西而盛乎北，东南相次，西北相沿，故曰"类聚"。阴阳合以成物，而物各有阴阳之分，本天亲上，本地亲下，形类殊而性命亦别，柔刚静躁，明暗分焉，秩序之象也。天垂象而吉凶昭，地成形而平陂立，常变之则也。故礼以法天地之体，而别尊卑，辨小大，连其类，分其等，各正其性命，而吉凶常变莫不行焉者，皆因天地自然之别而立也。

地气上齐，天气下降，阴阳相摩，天地相荡，鼓之以雷霆，奋之以风雨，动之以四时，暖之以日月，而百化兴焉，如此则乐者天地之和也。上，时掌反。齐与跻通，祖稽反。下，胡驾反。荡，徒朗反。暖，况袁反。

此引伸《易·系传》所明乾坤之化生六子以变化于两间而成万物者，以推乐之所自生也。"齐"，升也。乾坤既定而自然交感，地气上跻，自巽而离以说乎兑；天气下降，自震而坎以终乎艮。六子之序皆自下以上，而阳言下者，天本在上，降入于阴中，以成震而后复上也。"阴阳"，一爻之材也。"天地"，三爻之撰也。"摩"，循也，切也。"荡"与"盪"同，相摇动以入也。"雷霆"，震也。"风雨"，巽也。"四时"，因乎日月。"日"，离也。"月"，坎也。"百化兴"者，《易》所谓"乾道成男，坤道成女"，男成女终，艮兑化行而生物也。凡此者皆乾坤之动几，升降相乘，以息相吹，以气相击，应感欣合，变化以成两间之和。故六子各效合而成化，而乐之所自生，高下清浊，递为君臣，互相倡和，摩荡鼓奋，动暖变化，合以成章者，即此太和洋溢之几不容已者为之也。

化不时则不生，男女无辨则乱升，天地之情也。

"时"，谓以时相和合也。"升"，义未详，旧说以为成也，谓成配偶也。情有同异，同以相生，而异以相成，乐之必中节，而礼之必慎别，皆天地自然之理也。

及夫礼乐之极乎天而蟠乎地，行乎阴阳而通乎鬼神，穷高极远而测深厚。

"极"，至也。"蟠"，委屈周匝之意。"阴阳"，犹幽明也。穷之则高，极之则远，测之则深厚，言义类之深广也。此下盖有阙文。上三节言礼乐原本天地之德而兴，此节言礼乐明备则道通乎天地，体用相因则功效必相准也。

右第十六章。

乐著大始，而礼居成物。

万物之生以感而始，乐之自无而有，亦因感而生，故与乾之知大始者同其用。物有定体，性命各成。礼之因其成材各为位置，亦以正万物之性命而安其所，故与坤之作成物者同其功，此明礼乐之原与乾坤合其撰者也。

著不息者，天也；著不动者，地也。

"著"，法象之昭示者也。乾知大始而统乎成，流行而不息；乐以之而自无之有者，终始相贯而成章。坤作成物而正位居体，凝而不动；礼以之而效其成材者，法制一定而不易。此明礼乐之成与天地同其德也。

一动一静者，天地之间也。

大始而不息，"动"也。成物而不动，"静"也。动静各有其则，而天地之间化机流行，则动以养静，静以居动，互相为用，合同而成化。盖动静有必合之几，而万物由之以生成，不可偏废也。

故圣人曰礼乐云。

一动一静互用以成化，故礼必得乐以和，乐依礼以节，圣人必合言之。

右第十七章。自第五章以下至此章凡十三章，皆合论礼乐，以斯二者相须而成用，故此章终言圣人之合言以结其意。其第九章、第十一章，皆以礼乐分配天地，第十五章、第十六章，合天地之化体以配礼乐，其旨虽殊而道无定在，要不可执一以论，诚如斯也。至此章则又以动静之合几发明礼乐并行之义，其于乾坤中和保合之妙，与先王文武张弛同原并建之精意，尤为深察。学者考其分合之由而不滞于一端之见，则道之全体亦自此而可窥矣。

昔者舜作五弦之琴以歌《南风》，夔始制乐以赏诸侯。故天子之为乐也，以赏诸侯之有德者也。德盛而教尊，五谷时熟，然后赏之以乐。

琴始于伏羲氏，或曰神农氏，今云舜作者，以五弦异也。《南风》，琴操名。郑氏曰："其辞未闻。"今世传"南风之薰兮"者，孔氏谓尸佼、王肃所撰耳。始，犹于是也。教尊，谓治教隆盛也。诸侯受赏，乃得用乐于宾祭。

故其治民劳者，其舞行缀远；其治民逸者，其舞行缀短。故观其舞，知其德；闻其谥，知其行也。"舞行"之"行"，胡郎反。"其行"之"行"，胡孟反。

"行缀"，舞人相蹉之数，人少则相去远，人众则相去短也。民逸则舞人多，象其致之盛也；民劳则少，象其民之乏也。"德"，加于民者。"行"，成于己者。天子于诸侯，生则宠之以乐，没则锡之以谥，用示劝惩，其义一也。

右第十八章。

《大章》，章之也。

尧乐名，言章明其德也。

《咸池》，备矣。

黄帝乐名。"池"之为言施也。言德咸备而施之溥也。

《韶》，继也。

舜乐名，谓绍继尧治。

《夏》，大也。

禹乐名，言功被四海。

殷、周之乐尽矣。

殷乐，谓殷之《大濩》也。周乐，谓周之《大武》也。兼文德武功而尽之。

右第十九章。此章言六代之乐各象其功德。

天地之道，寒暑不时则疾，风雨不节则饥。教者，民之寒暑也，教不

时则伤世；事者，民之风雨也，事不节则无功。

"道"，化也。"疾"，民病也。谷不熟曰"饥"，谓旱涝也。"教不时"者，张弛失度，风雨偏而世道伤矣。"事不节"者，劳逸无等，勤而无成也。

然则先王之为乐也，以法治也，善则行象德矣。行，胡孟反。

"法"，肖也。"行"，民兴行也。"德"，君德也。乐取法于政教，酌高下疾徐而因时合节则善，善则移风易俗，民之行皆顺君之德矣。

右第二十章。

夫豢豕为酒，非以为祸也，而狱讼益繁，则酒之流生祸也。夫，防无反。

以谷饲畜曰"豢"。"为"，造也。天之物，人之事，无有成乎恶者，皆礼以为之体；惟无礼则祸生。

是故先王因为酒礼。

"酒礼"，饮酒之礼。人心喜乐，自然之节，先王因之而已。

壹献之礼，宾主百拜，终日饮酒而不得醉焉，此先王之所以备酒祸也。

"壹"与"一"通。"一献"，士礼也，于礼为略，然且容仪繁多，则三献以上益可知矣。"百拜"，极言其多。"备"，防也。

故酒食者，所以合欢也；乐者，所以象德也；礼者，所以缀淫也。食，祥吏反。缀，陟悦反。

"缀"，禁也。"淫"，放泆也。燕飨之礼，礼行而乐作，象其德，缀其淫，使优游于为善之乐而自远于非辟，三者并行而不悖矣。

是故先王有大事，必有礼以哀之；有大福，必有礼以乐之。哀乐之分，皆以礼终。乐，卢各反。

"大事"，丧也。"大福"，祭也。衰麻哭奠，所以将哀；酬酢篹胙，所以将乐。"终"，成也。上二节因飨燕以明礼乐为防情止过之用，此节因丧祭而明礼乐为顺性饰情之美，则因此推之人事之繁，吉凶常变，皆礼乐以为之经，原本性情而为天下之达道，不可须臾离也。

右第二十一章。

乐也者，圣人之所乐也，而可以善民心。其感人深，其移风易俗，故先王著其教焉。"所乐"之"乐"，卢各反。

"移风易俗"下疑有阙文。"著其教"，谓著之学宫，以教国子也。圣人心纯乎太和，故能喻乐之微而自乐之。下此者，不能皆喻其可乐之实，则使习焉而渐得其理，以移易性情而向于善，此乐之教所为设也。下四节皆以申明此节之意。

夫民有血气心知之性，而无哀乐喜怒之常，应感起物而动，然后心术行焉。夫，防无反。乐，卢各反。

"血气心知之性"，谓性在形中，随气而发，随知而牖，明暗刚柔之不同，程子所谓"气质之性"也。"起物"，缘物而起也。"心术"，心所趋向也。此言凡民性由质别，心与习移，欲慎其感以复其性，乐之教所以不容已也。

是故志微、噍杀之音作，而民思忧；啴谐、慢易、繁文、简节之音作，而民康乐；粗厉、猛起、奋末、广贲之音作，而民刚毅；廉直、劲正、庄诚之音作，而民肃敬，宽裕、肉好、顺成、和动之音作，而民慈爱；流辟、邪散、狄成、涤滥之音作，而民淫乱。噍，即消反。杀，所戒反。啴，昌善反。乐，卢各反。贲，房吻反。肉，如又反。辟，匹亦反。

"微"，隐也；志隐结而不能宣也。"噍"，蹙也。杀，减也。"思忧"，悲思忧愁也。"啴"，宽也。"谐"，和悦也。"慢"，缓。"易"，平也。"繁文"，音句广衍。"简节"，不数换也。"猛起"，突兀高起也。"奋末"，迅厉以终也。"贲"与"愤"通，气盛而外溢也。"廉"，句段分明也。"直"，无纤曲也。"劲"，声出不挠也。"正"，不旁淫也。"肉好"者，如璧之肉好，圆而匀也。"流辟"者，余音引曳，趋于偏声也。"邪散"者，往而不返，弗能倍也。"狄"与"逖"同，远而不亲也。"成"，乐之终也。狄以成，荡而不恤其初也。"涤"，如水涤物，流去而不收也。"滥"，尾也，后世乐府所谓"艳"者是也。其滥如涤，漫引而不能止也。承上文而言，凡人目之于色，耳之于声，皆应感起物之几，而声音之感，不待往取而自入，故感人心者莫深于乐。"志微噍杀"以下，音乐贞淫之节也。"思忧"以下，心术善恶之异也。心术异而风俗成，先王所以慎之也。

是故先王本之情性，稽之度数，制之礼义，合生气之和，道五常之

行，使之阳而不散，阴而不密，刚气不怒，柔气不慑，四畅交于中而发作于外，皆安其位而不相夺也。道，徒到反。行，胡孟反。

"情性"，情自性出，发而不昧其节者也。"度"，谓大小长短；"数"，谓多寡轻重；以六律正八音而和人声者也。"礼"者，乐中进退之节。"义"，取象之宜也。"生气"，阴阳生物之气。"道"，循也。"散"，大而无纪。"密"，闭也。阳声鸿而浊，敛之使不散；阴声清而幽，宣之使不闭也。"慑"，怯也。"四畅"者，阴阳刚柔之气互相调达。"交于中"，谓制乐之时函其理于心而经营之也。"发作"，见于声容也。"位"，律吕之定则也。"夺"，侵也。言先王制乐而尽其善以为教本也。

然后立之学等，广其节奏，省其文采，以绳德厚，律小大之称，比终始之序，以象事行，使亲疏、贵贱、长幼、男女之理，皆形见于乐。省，息井反。称，昌孕反。比，毗至反。行，胡孟反。长，丁丈反。见，贤遍反。

此正言学宫以乐教士之法也。乐等者，勺、象、羽、籥，皆以渐进也。"广"，备教之也。"节"，段目也。"奏"，进也，谓进相联合也。"省"，察也。"文采"，舞容也。"绳德厚"，义未详。"律"，以律正之也。"小大"者，十二宫之次第。"称"，相生相配之宜也。"比"，合也。"终始之序"，成乐之调理也。应物曰"事"，行己曰"行"。既立等以分教之，复合乐以考其成，所以使之积学养德而合宜制行也。

故曰：乐观其深矣。

"观"，犹见也；谓可以见道之深也。总结上文，言先王立教之意，所以"成于乐"也。

右第二十二章。

土敝则草木不长，水烦则鱼鳖不大，气衰则生物不遂，世乱则礼慝而乐淫。长，丁丈反。

"敝"，瘠也。"烦"，数流而不停。"气"，谓父母孳孕之气。"遂"，成也。"慝"，饰美而藏恶也。言淫乐之所自生，因政教之衰乱，非先王之至教。

是故其声哀而不庄，乐而不安，慢易以犯节，流湎以忘本，广则容奸，狭则思欲，感条畅之气，而灭平和之德，是以君子贱之也。

"哀而不庄"，清而佻也。"乐而不安"，曼而荡也。"慢易犯节"，缓而无纪也。"流湎忘本"，往而不顾其初也。"广"，合众音也。"狭"，专一音也。合则庞杂，以喧阗启乱；专则孤清，以幽眇诲淫。"感"，犹撼也。"条畅"，通直之气。多为曲折顿挫，则动摇不宁，而人心和平之德灭矣。"贱"，谓恶而远之。

凡奸声感人而逆气应之，逆气成象而淫乐兴焉。正声感人而顺气应之，顺气成象而和乐兴焉。倡和有应，回邪曲直各归其分，而万物之理各以类相动也。 分，扶问反。

"奸"，邪也。"气"，谓人之心气也。违性以决情，"逆"也；率性以生情，"顺"也。气应则好尚随之，而淫和之乐兴矣。始于声，卒于乐，乐兴而音容大备，足以移人之德性矣。气倡而志应之，而在己之善恶以分；志倡而气又应之，则和以致祥，乖以致戾，万物之应亦随以异。故君子恒与善者值以成乎善，小人恒与恶者值以成乎恶也。

是故君子反情以和其志，比类以成其行。奸声乱色，不留聪明；淫乐慝礼，不接心术；惰慢邪辟之气，不设于身体；使耳目鼻口心知百体，皆由顺正以行其义。 "其行"之"行"，胡孟反。辟，匹亦反。

"反情"，谓制其横流而使依于性也。"和"，"平也"。"比类"者，声与气类，气与象类，象与事类，养之于视听以平其气而顺其行也。"行其义"，谓为所当为也。此言君子远慝礼，放淫声，为治情之急务，以为体乐之基，盖闲邪而后诚可存也。

然后发以声音，而文以琴瑟，动以干戚，饰以羽旄，从以箫管，奋至德之光，动四气之和，以著万物之理。

此言君子学于雅乐以养其德也。"文"，谓与歌相和成章也。"干戚"，武舞；故谓之"动"。"羽旄"，文舞；故谓之"饰"。"从"，随也；谓堂下之吹，随弦歌而合也。"奋"，发也。"至德"，太和之德。"光"，外著者也。"四气"，四时之顺气，应人心者也。著，发明而征于象也。"万物之理"，事物之所由顺成，所谓"天下之达道"也。

是故清明象天，广大象地，终始象四时，周还象风雨；五色成文而不乱，八风从律而不奸，百度得数而有常；小大相成，终始相生，倡和清浊，迭相为经。 还，似宣反。和，胡卧反。

承上文而备言君子作乐之盛也。"清明"，五音宣亮也。"广大"，皆备众音也。"终始"有序，故象四时之不忒。"周还"，往复相为联贯者也。"风雨"流行，盈浃于两间，故周还之灵通者似之。"五色"，干戚羽旄之文也。"成文不乱"，互相成而各著也。"八风"，八方之风：正东条风，立春至；东南明庶风，春分至；正南清明风，立夏至；西南景风，夏至至；正西凉风，立秋至；西北阊阖风，秋分至；正北不周风，立冬至；东北广莫风，冬至至。"从律"，律与之相叶也。"不奸"，不间侵也。"百度"，俯仰进退，周旋缀兆之容也。"得数"，疾徐应节也。"小大"，君臣也。"终始相生"，条理贯通而无断续之迹也。"倡"者，宫声。"和"者，余四声也。"清浊"者，自蕤宾至应钟下生之律为清，自中吕至黄钟上生之律为浊，十二宫迭相为宫而余律应之，则倡和清浊各因之以为经纬，而乐大备也。

故乐行而伦清，耳目聪明，血气和平，移风易俗，天下皆宁。

"行"，犹作也。"伦"，类也。远其奸逆，习于顺正，则其比类清矣。故以之修身而百体从心，以之治人而百姓从化，皆顺应也。

故曰：乐者，乐也。君子乐得其道，小人乐得其欲。以道制欲，则乐而不乱；以欲忘道，则惑而不乐。"乐者"之"乐"，如字。余皆卢各反。

君子乐乎正，故以雅乐为乐，小人乐乎淫，故以奸声为乐，盖习尚渐渍而情为之移也。然小人之乐，沉湎迷惑，失其本心之顺，欣极必厌，而奚乐哉！

是故君子反情以和其志，广乐以成其教，乐行而民乡方，可以观德矣。乡，许亮反。

"方"，道也。总结上文。

右第二十三章。此章言君子修习之事。盖所谓"礼乐不可斯须去身"者也。

德者，性之端也。乐者，德之华也。

行道而有得于心之谓"德"。仁义礼智具涵于性而著为德，故曰"端"。乐以象其德而被诸声容，故曰"华"。

金石丝竹，乐之器也。诗，言其志也；歌，咏其声也；舞，动其容

也。三者本于心，然后乐器从之。

"诗"，歌之辞也。"歌"，诗之调也。"咏"之为言永也。"三"者，谓诗、歌、舞也。"从"，依以为节而播之也。三者人之心气所成，于心为亲，乐器假物以著，于心为疏，此相因之次第也。

是故情深而文明，气盛而化神，和顺积中而英华发外，惟乐不可以为伪。

"情"，谓悦乐之发也，根极于德性，故"深"。"文"，谓诗、歌、舞也。宜其情之深者，出之有本而昭见不昧，故"明"。诗、歌、舞之出于口体者，气为之也。气生于情之深者，故"盛"。"化"，谓变动金石丝竹之质以成声也。盛气洋溢而用物以宣著之，则八音从气，协一以和而化神矣。由中发外，次第相生而有本，非实有其德者，其可以伪为乎！

右第二十四章。

乐者，心之动也；声者，乐之象也；文采节奏，声之实也。乐，卢各反。

乐生于心之动几，动而正则声和，动而邪则声淫，各象其所乐也。"文采节奏"，因声而为之饰尔。

君子动其本，乐其象，然后治其饰。乐，卢各反。

声非外生，乐非外饰，故君子必慎其动之本而根极于其所乐之正，发之为象，不但习其器而遂求工也。

是故先鼓以警戒，三步以见方，再始以著往，复乱以饬归。复，芳腹反。

"先鼓"者，将奏乐而先鸣鼓以肃众听也。"三步"者，将舞而先三巡舞位以齐一之也。"见方"，谓使知法则也。"再始"，谓每乐一终，必再击鼓以始之。"著往"者，生启其更新之心，使作而不倦也。"复"，重为金奏也。乱，终也。乐终而奏金，使退而不忘饬也。凡此皆以警动齐一，兴起作乐者之心，使整肃歆动而后合乎乐理，盖亦动其本之义也。

奋疾而不拔，极幽而不隐。独乐其志，不厌其道，备举其道，不私其欲。乐，卢各反

"奋疾"，舞之捷也。"拔"，太速也。"极幽"，声之细也。"隐"，音不宣也。"道"，乐之章程也。志壹而乐为之，故章程虽繁备而不厌苦其难，乐道备举以写其情之固有，而非侈大以从其私欲。此言作乐之际，存心慎动，以调饰其疾徐高下之节，心与道一，而非独求之音容之饰，所谓"乐

其象"也。

是故情见而义立，乐终而德尊，君子以好善，小人以听过。见，贤遍反。好，呼报反。

"情见"，谓心之和平征于外也。"义立"，谓亲疏、贵贱、长幼、男女之理皆以著也。如是则乐成而德崇矣。"君子""小人"，谓观乐者。"听"，治也。言感人之深而观者好恶以正也。

故曰：生民之道，乐为大焉。

心者，人道之所自立，动于心而感，人心无不格矣。

右第二十五章。

乐也者，施也；礼也者，报也。施，始鼓反。

神人和乐之情未著，而发起之以合其好，"施"也。所尊所亲，恩义在躬，而不容不致其敬，"报"也。

乐乐其所自生，礼反其所自始。乐章德，礼报情，反始也。"乐其"之"乐"，卢各反。"反始也"三字衍反。

天下之和于己，必己先之。己无谐物之情，则物不亲矣。故欣畅之动于己者，和乐之所自生也。以此而利导之，是故必施之以乐。己与天下交相酬酢而必有始之者，其始之者，则恩之不可忘而义之不可替者也。推原吾心不容已于敬之故，则凡礼皆报也。施和于物之谓德，受尊亲之施而不能忘之谓情。言礼乐之用于天下，皆因情理之不容已，施不可吝而报不可悖也。

所谓大辂者，天子之车也；龙旂九旒，天子之旌也；青黑缘者，天子之宝龟也；从之以牛羊之群，则所以赠诸侯也。缘，余绢反。

"缘"，谓藉龟之缘。"牛羊之群"，牢礼也。此节盖他处断简错见于此，不必凿为之说。

右第二十六章。

乐也者，情之不可变者也；礼也者，理之不可易者也。

"变"，亦"易"也。有是情理，则礼乐必如是以将之，不可得而增减也。

乐统同，礼辨异，礼乐之说，管乎人情矣。

"统同"，会人情而和之也。"辨异"，别人情而序之也。"说"，犹义也。"管"，包也。同异者，人情之极致，序而和之，则情无不得而理无不尽，此其所以莫能变易也。

右第二十七章。

穷本知变，乐之情也。

情所自发曰"本"，情所必流曰"变"。"情"，实也。推其和乐之本而发扬之，知其迁流之失而为之节，乐之实也。

著诚去伪，礼之经也。去，邱矩反。

"著"，因其固有而显之也。诚有是敬，则尽其文而不为虚设之仪，礼之大经在是也。

礼乐偩天地之情，达神明之德，降兴上下之神，而凝是精粗之体，领父子、君臣之节。是故大人举礼乐，则天地将为昭焉。

"偩"，与"负"同，依也。"神明"，鬼神之德。"降兴"，犹言陟降。"上下"，神祇也。"是"，此也。"精粗"者，质文之谓，其"体"则爱敬之实也。"领"，治也。"举"，修明而行之也。乐之本，礼之诚，皆天地中和之德，止其变，革其伪，称中和之实而出之，则与天地之德相依而不离矣。神明之德，天地之撰也，达之则尽诚合漠而可以事鬼神矣。质文之体，中和之用也，凝之则因物昭敬而可以事人矣。人神各得，则幽明合一之理宣著流行而天地之藏显矣，言礼乐一本于诚而合天道也。

右第二十八章。

天地欣合，阴阳相得，煦妪覆育万物，然后草木茂，区萌达，羽翼奋，角觡生，蛰虫昭苏，羽者妪伏，毛者孕鬻，胎生者不殰，而卵生者不殈，则乐之道归焉尔。煦，吁句反。妪，衣遇反。覆，敷救反。区，古侯反。伏，扶富反。殰，徒谷反。殈，呼阒反。

"天地"以化言。"阴阳"以气言。"欣"者，情之动；"合"者，用之谐也。"相得"，互用交宜之意。气相呴曰"煦"。体相挈曰"妪"。"覆"，含盖也。"育"，养也。"草木茂"者，故枝重荣也。草芽屈生曰区，锐出曰"萌"。"达"者，透地上出也，谓草木之冬萎而春生者也。歧角曰"觡"。"昭"，始有见也。"苏"，生动也。"妪伏"，抱也。"鬻"，生也。胎败曰"殰"。鼍死壳中曰"殈"。天地奠位，清宁各正，而当春发生，则阴阳交泰，和气暄动，万物各资其和以畅其生理，此太和之气凝之于人则发见于情，而乐由是以兴。盖和效于气，气动而成声，故万物相生以气而相召以声。由此思之，则乐之理可见矣。

右第二十九章。

乐者，非谓黄钟、大吕、弦歌、干扬也，乐之末节也，故童者舞之。铺筵席，陈尊俎，列笾豆，以升降为礼者，礼之末节也，故有司掌之。乐师辨乎声诗，故北面而弦。宗祝辨乎宗庙之礼，故后尸。商祝辨乎丧礼，故后主人。<small>大，他盖反。</small>

"黄钟"，阳律之长；"大吕"，阴律之长；举其长以该十二律，谓音中律吕之节也。扬，钺也，即所谓"玉戚"也。"后尸"，谓尸入而宗祝从也。"商祝"，祝习商礼者，周人用之为丧祝。"后主人"，谓饭则主人执贝先入，商祝执巾从；及葬，主人出，商祝执功布以御柩也。

是故德成而上，艺成而下，行成而先，事成而后。

"德"者，心得其理。"行"者，躬行其实。南面尊，"上"也。北面卑，"下"也。宾、尸、主人，敬与哀之主，德行之象也。宗祝、有司，习其艺事而已。

是故先王有上有下，有先有后，然后可以有制于天下也。

"制"，谓制礼作乐。先王于上下先后之间位置不苟如此，皆以寓其贵德行、贱艺事之心，斯以崇德兴行，穷本著诚，而为制礼作乐之本也。

右第三十章。

魏文侯问于子夏曰："吾端冕而听古乐则惟恐卧，听郑、卫之音则不知倦。敢问古乐之如彼何也？新乐之如此何也？"

魏文侯，名斯，始僭为诸侯者。按子夏从夫子于陈、蔡之时，与文侯之世相去几百年，旧传文侯师子夏而此记其问答之语，疑传闻之误。"端冕"，玄冕服，以其衣为正幅，异于深衣，故亦谓之"端"。"古乐"，先王之乐。

子夏对曰:"今夫古乐,进旅退旅,和正以广,弦匏笙簧,会守拊鼓,始奏以文,复乱以武,治乱以相,讯疾以雅。君子于是语,于是道古,修身及家,平均天下,此古乐之发也。夫,防无反。复,芳服反。相,息亮反。道,徒到反。

"旅",众皆齐壹也。"和",疾徐得度也。"正",不陵杂也。"广",不纤曲也。皆谓舞容。"匏",笙外腔。"簧",笙中叶。"会",合也。"守",依以为节也。"拊"者,以韦为表,盛糠其中,筑地作声,登歌以之节弦。鼓,棣鼓;下管以之节笙。"文","鼓"也。武,金也。"复乱",收乐之终也。"治乱"者,八音杂乱时以此治其节奏也。"相",即拊也。"讯"与"迅"通。"讯疾"者,乐声欲疾,则以此促之也。"雅",乐器名,状如漆筒,中有椎。金、鼓、拊、雅,其音皆浊,以之节乐则乐平而不激也。"语",谓以乐理论德行。"道古",即乐以道先王修齐治平之功德。乐声冲淡,舞容简肃,故视听有余而可以酬问也。

"今夫新乐,进俯退俯,奸声以滥,溺而不止,及优侏儒,犹杂子女,不知父子,乐终不可以语,不可以道古,此新乐之发也。侏,古儒字。犹,奴又反。道,徒到反。

"俯",曲也;言舞人出入不齐一也。"奸声",律相犯也,如今世词曲之有犯有破也。"滥",乐句不明而互相侵也。"溺",幽沉也。"不止",余音曼衍也。"优",俳谐者。"侏儒",短人,如后世鲍老之类。"犹",乱也。装饰子女,杂相昵谑,几于男女无别而不知父子矣。

"今君之所问者,乐也;所好者,音也。夫乐者与音相近而不同。"好,呼报反。夫,防无反。下并同。

成律以和之谓"乐",孤清悦耳之谓"音"。

文侯曰:"敢问何如?"子夏对曰:"夫古者天地顺而四时当,民有德而五谷昌,疾疢不作而无妖祥,此之谓大当。然后圣人作为父子君臣以为纪纲。纪纲既正,天下大定。天下大定,然后正六律,和五声,弦歌《诗》《颂》,此之谓德音。德音之谓乐。当,丁浪反。

热病曰"疢"。人畜之怪为"妖",草木之异为"祥";"祥",非常也。"大当",谓天人各得其正。"作为",著其教也。"德音"者,原本至德,被之音以昭其美，则适如其和平之理，而与六律五声之自然相协合矣。

《诗》云：莫其德音，其德克明。克明克类，克长克君。王此大邦，克顺克俾。俾于文王，其德靡悔。既受帝祉，施于孙子。此之谓也。莫，《诗》作"貊"，漠白反。长，丁丈反。"王此"之"王"，于放反。俾，《诗》作"比"，毗至反。施，羊吏反。

"莫"，清净也。察是非曰"明"，别善恶曰"类"。"克长"，能教。"克君"，能治也。"王"，犹君也。"顺"，合人心也。"俾"，贻孙谋也。"悔"，退也。"既"，竟也。"施"，及也。引《诗》之颂王季者，以明王者之德音本于其德之尽善，故顺人心而凝天命也。

"今君之所好者，其溺音乎！"文侯曰："敢问溺音何从出也？"子夏对曰："郑音好滥淫志，宋音燕女溺志，卫音趋数烦志，齐音敖辟乔志。此四者皆淫于色而害于德，是以祭祀弗用也。趋，七玉反。数，桑谷反。敖，五到反。辟，匹亦反。乔，居翘反。

"好滥"者，喜为流曼之声。"淫"，荡也。"燕"，亦好也。"燕女"者，好为柔纤之声。"溺"，沉也。"趋数"，促急之声，奔欲而不暇，故志为烦乱。"敖辟"，亢厉之音，逞意而无能辑，故志为骄狂。烦骄非以淫色，而志无定趣，不知畏惮，则皆所以导淫也。周衰，王化不行，上僭下悖，郑、宋、卫、齐，各以其音为乐，而天下悦其烦手曼声，浏漓幽渺，相与尚之，此溺音之所从出也。

《诗》云：'肃雍和鸣，先祖是听。'夫肃肃，敬也。雍雍，和也。夫敬以和，何事不行？为人君者谨其所好恶而已矣。君好之则臣为之，上行之则民从之。《诗》云：'诱民孔易'，此之谓也。好，呼报反。恶，乌路反。

"何事不行"者，施于臣民而教化行也。上六节言古乐新声之异。此节以下言人君好恶之当慎，以正文侯之非。盖能以敬和养其心而好恶之源既正，则心有其节，自与古乐相为合符，不期好而自好者，淫溺之声恶足以惑之哉。

"然后圣人作为鞉、鼓、椌、楬、埙、篪，此六者，德音之音也。然后钟、磬、竽、瑟以和之，干、戚、旄、狄以舞之，此所以祭先王之庙也，所以献酬酳酢也，所以官序贵贱各得其宜也，所以示后世有尊卑长幼之序也。长，丁丈反。

"鞉"，小鼓，两旁有耳，摇而自击。"椌"，柷也。"楬"，敔也。"埙"，烧土为之，大如鹅卵，六孔。"篪"，如笛，七孔。六者皆以为乐之节，惟雅乐用之，淫乐无能用也。"竽"，编三十六管，横吹之。"狄"，与翟通。主酌宾曰"献"，旅酬曰"酬"，饭而饮曰"酳"，宾酢主曰"酢"，四者宾客燕飨之礼，礼行而乐作也。"官"，位置也。"贵贱得宜"者，上下用乐各有数也。"示尊卑长幼之序"者，于乐之缀兆倡和，寓礼之秩序也。圣人和敬存于中而好恶正，然后因其所好以为之节，而制器审音，形之舞蹈，亦皆顺其自然之则，是以神人交格而诱民者远也。

"钟声铿，铿以立号，号以立横，横以立武，君子听钟声则思武臣。石声磬，磬以立辨，辨以致死，君子听磬声则思死封疆之臣。丝声哀，哀以立廉，廉以立志，君子听琴瑟之声则思志义之臣。竹声滥，滥以立会，会以聚众，君子听竽笙箫管之声则思畜聚之臣。鼓鼙之声谨，谨以立动，动以进众，君子听鼓鼙之声则思将帅之臣。君子之听音，非听其铿锵而已也，彼亦有所合之也。" 号，胡刀反。"声磬""磬以"之"磬"，去挺反。畜，敕六反。谨，况袁反。将，子亮反。帅，所类反。

"铿"，摇空琅然之声。"立"，犹生也。"号"者，呼召之意。"横"，气作充满也。"武臣"，勇士。"石"，磬也。"声磬""磬以"之"磬"，与"罄"同，尽也，音发即止，无余声也。"辨"，响寂有界而不侵也。"哀"，清警也。"廉"，亦清也。"志义"，谓事君无二心。"滥"者，音长引如水之流滥也。"会"，委曲会合也。"鼙"，小鼓有柄者。"谨"，与"喧"同，嚣阗也。"将帅"，武臣之长，司进退者也。"合之"，谓合其心也。此节言八音而阙匏土与木，立义比拟，多涉牵附，且其云所思之臣皆富国强兵之士，与先王以乐养和德之精意相为背戾，盖战国君臣之习谈，君子之所不道也。以此征之，文侯所师之子夏，必非圣门之卜子，以字同而流传失之。司马子长、刘子政记文侯师卜子夏，增一卜字，盖与以阚止为宰予同其传伪，而司马温公取其说，则亦未之考也。

右第三十一章。

宾牟贾侍坐于孔子，孔子与之言及乐，曰："夫《武》之备戒之已久，何也？"对曰："病不得其众也。" 贾，公户反。夫，防无反。下同。

"宾牟"姓，"贾"名。《武》，《大武》之乐，周公所作，以象武王伐纣之功也。"备戒"，谓初作乐时击鼓警众。"病"，忧也。忧不得众者，以臣伐君，事出非常，志难卒喻，故叮咛警之也。

"咏叹之，淫液之，何也？"对曰："恐不逮事也。"

孔子问而贾对也，下二节放此。"咏叹"，歌音长引也。"淫泆"，音若歔羡然。"恐不逮事"者，圣人之心果于拨乱，故迟回欣慕以动众，欲其必克也。

"发扬蹈厉之已蚤，何也？"对曰："及时事也。"

"发扬"，手容迅也。"蹈厉"，足容猛也。"蚤"，谓始作而即然也。"及时事"者，象诸侯已集，天命已至，不欲留师而黩武也。

《武》坐致右宪左，何也？"对曰："非《武》坐也。""声淫及商，何也？"对曰："非《武》音也。"子曰："若非《武》音，则何音也？"对曰："有司失其传也，若非有司失其传，则武王之志荒矣。"宪，虚言反。

"《武》坐"，武舞之坐法。"致"，右膝及地。"宪"，与轩同，起也，谓左足轩起为迅捷之容也。"声淫"，声之淫，谓余音，犹后世乐府之有艳也。"及"，流而偏胜也。"商"，西方金音，杀伐之声也。"有司"，乐官。"志荒"，谓逞志黩武，非圣人不得已而用兵以救民之意。言《武》音则《武》坐可知。

子曰："唯句。**丘之闻诸苌弘，亦若吾子之言**句。**是也。"**唯，以水反。

"唯"，急然之之词。苌弘，周之贤大夫。再言"是也"者，深可之也。

宾牟贾起，免席而请曰："夫《武》之备戒之已久，则既闻命矣，敢问迟之迟而又久，何也？"

"闻命"，谓夫子许可其言。"迟之迟"者，谓每奏皆不遽舞，立于缀，若重有所需待也。"又久"，每立皆良久也。既欲及时而逮事，乃复迟久而不遽，故贾疑之。

子曰："居，吾语女。夫乐者，象成者也。语，鱼距反。女，人渚反。

"象成"，谓合终始而昭其成功，故不可以一节论，必合观之乃知其精意。

"总干而山立，武王之事也；发扬蹈厉，大公之志也；武乱皆坐，周召之治也。大，他盖反。召，时诏反。治，直利反。

此下皆统其成而言之也。"总"，持也。"干"，盾也，制若今之燕尾牌然。"山立"，嶷立也，于舞缀间，一人冕而总干，嶷立而不与众动也。"乱"，终也。"皆坐"者，每成之终，皆坐而后退也。居中御动，武王之事，君道也。果毅致武，大公之志，将道也。安定以文，周召之治，相道也。

"且夫《武》始而北出，再成而灭商，三成而南，四成而南国是疆，五成而分，周公左，召公右，六成复缀以崇天子句**。夹振之而驷伐，盛威于中国也；分夹而进，事蚤济也；冕而总干，久立于缀，以待诸侯之至也**。复，芳服反。召，时诏反。分，扶问反。"冕而总干"四字，旧错在"执爵而酳"之下，今定序于此。

"始"，第一成也。"成"者，一奏之终，如今院本之出然。"北出"者，纣都河北，周自洛北渡以伐之也。"南"，象还师南济归周也。"疆"，理也。"南国"，江、汉、汝、渍，间之侯国。周公分治陕西，召公分治陕东，云"左""右"者，面北而言之也。"复缀"，复始成之舞位。"崇天子"，还绕总干山立者，象四方之尊奉武王也。"夹"，复行也。"振"，振铎。"驷"，与"四"同。一击一刺为一"伐"。列为夹行，铎声振则四向击刺，象播威声于天下也。"进"，舞者前进也。部分夹队，进而不乱，象牧野之事，陈而不战，整师徐行，功已成也。"总干"者，久立于缀，然后进伐交作，象期八百国之师，静俟其至也。此节备言《武》舞之所取象，以补宾牟贾问之未及，见乐必统论其成而后义象皆通。惟"久立于缀"则正答所问，故终言之。

"且汝独未闻牧野之语乎？武王克殷，反商，未及下车，而封黄帝之后于蓟，封帝尧之后于祝，封帝舜之后于陈；下车而封夏后氏之后于杞，投殷之后于宋，封王子比干之墓，释箕子之囚，使之行商容而复其位，庶民弛政，庶士倍禄。复，芳服反。政，诸盈反。

殷，以都言；商，其有天下之号也。"反商"，反商政也。蓟，今顺天府蓟州。孔氏以为黄帝姬姓，召公其后，盖即封召公于燕，祀黄帝，其说亦通。祝，在今山东禹城县。投，迁也。封微子于宋，事在成王时，此约其终言之也。"封墓"者，为立兆域也。"商容"，商代衣冠礼仪之制。箕子义不臣周，使行商礼，服商服，以安忠臣之心也。"政"，徭役也。"庶士"，下士。纣削士虐民，故加恩以恤之。

"济河而西，马散之华山之阳而弗复乘，牛散之桃林之野而弗复服，车甲衅而藏之府库而弗复用，倒载干戈，包之以虎皮，将帅之士使为诸侯，名之曰建橐。然后天下知武王之不复用兵也。华，胡化反。衅与衅同。"名之"句当在"虎皮"之下。将，子亮反。帅，所类反。建，巨偃反。

"济河而西"，归周也。"马"，驾兵车者。"牛"，驾辎重者。"散之"者，税驾而归之牧皂也。华，西岳，在今陕西华阴县。山南曰"阳"。桃林，在今河南灵宝县。血祭曰"衅"。"建"与键通，籥牝也，言锁百藏之。"橐"，兵甲囊也。时纣都已克，而素不归周与纣同恶者方怀疑惧，武王偃兵以安其心，盖一时之权也。

"散军而郊射，左射狸首，右射驺虞，而贯革之射息也；裨冕搢笏，而虎贲之士说剑也。祀乎明堂，而民知孝。朝觐，然后诸侯知所以臣。耕藉，然后诸侯知所以敬。食三老五更于大学，天子袒而割牲，执酱而馈，执爵而酳，所以教诸侯之弟也。五者，天下之大教也。"左射""右射"之"射"，食亦反。贲，博昆反。"大学"之"大"，他盖反。更，古行反。弟，特计反。"五者，天下之大教也"一句，旧错在"食三老五更"之上，今序正于此。

"郊射"，谓将郊祀而射，以选士也。"狸首"，诸侯射节。"驺虞"，天子射节。言"左""右"者，据天子与诸侯为耦而言，诸侯为上，射在左也。"贯革"，军中之射，不立正鹄，张甲而射之，取其深中而已。"裨"，亚也，谓希冕、玄冕三章以下之服。"搢"，插也。"明堂"，天子太庙之堂。"藉"之为言借也。粢盛之田，己所有事，不敢使民，借民力以终亩也。"敬"，重祀事也。"食"者，养老之礼以食为主。"三老五更"，言高年有德知三德五事者。"五者"，崇文一也，敦孝二也，劝忠三也，崇敬四也，尚弟五也。"教"，谓化民成俗之事。

"若此，则周道四达，礼乐交通，则夫《武》之迟久，不亦宜乎！"夫，防无反。

总结上文，言武王自伐商之始至于功成治定，壹以文教为重，始终四达，皆从容逊让以敦教化而不专于致武，故礼乐之文以象其德者，必交贯始末，备昭周道之所自成，则《大武》之舞虽以写牧野之事，而必合武王之德以为容，所以迟立而不遽也。

右第三十二章。

君子曰：礼乐不可斯须去身。去，如字，邱据反，俗读邱矩反者误。

"斯"，此也。"须"，待也。谓即此一刻少待间也。"去"，违也。恒服习手礼乐，尽其文以养其情也。

致乐以治心，则易直子谅之心油然生矣。易直子谅之心生则乐，乐则安，安则久，久则天，天则神。天则不言而信，神则不怒而威，致乐以治心者也。易，以豉反。"子谅"当依《韩诗外传》作"慈良"，上祥之反，下吕张反。"则乐""乐则"之"乐"，卢各反。

"致"，审而尽之也。"易"，无险也。"直"，无曲也。"子"，不惨也。"谅"，不戾也。"油然"，新生润好之意。"乐"，不言而自得也。"安"，随遇而适也。"久"，纯而不已也。"天"者，神之体；"神"者，天之用。"不言而信"者，默成乎德也。"不怒而威"者，通神明以尽物理，而莫敢不服也。

致礼以治躬则庄敬，庄敬则严威。

"庄"，持己不懈。"敬"，莅物不慢。"严"，人不敢渎。"威"，物不敢犯。

心中斯须不和不乐，而鄙诈之心入之矣。乐，卢各反。

"鄙"，俗劣。"诈"，曲伪也。无乐以治心，则失心之真乐而缘于私欲，故鄙诈之习入主于中，以夺其心之本体。

外貌斯须不庄不敬，而易慢之心入之矣。易，以豉反。

"易"，轻率也。无礼以治身，则身趋苟安而心从之，易慢之念乘之而起，以堕其心之大用。

故乐也者，动于内者也；礼也者，动于外者也。乐极和，礼极顺。易，以豉反。辉，许云反。又，许归反。

"动"者，兴起而警觉之意。"极"，尽也，谓尽其本心之德也。"顺"者，适乎自然之序而行之无所拂也。

内和而外顺，则民瞻其颜色而弗与争也，望其容貌而民不生易慢焉。故德辉动于内而民莫不承听，理发诸外而民莫不承顺。

"辉"，光晕也；《诗》："庭燎有辉。""理"，容貌之文理也。"颜色"

者，心之著见不期然而然者。和以召和，则人自无争，德辉之被也。"容貌"者，身之示人者也。顺以感顺，则民不慢，理之不违也。

故曰：致礼乐之道，举而错之天下，无难矣。错，仓故反。

民皆听顺，则政教毕达矣。

右第三十三章。此章言礼为修己治人之本务，其下三章皆以申明此章之意。其曰"礼动乎外"，虽若与礼自外来之说相似，而根心生色之义寓焉，则其旨殊矣。盖从用而言之，则礼治外而乐治内，固不嫌乎分言；从体而言之，则和因已发之情，而礼本未发之节固不可离而二之也。毫厘之差而得失千里，在学者之善择耳。

乐也者，动于内者也；礼也者，动于外者也。故礼主其减，乐主其盈。

礼动乎外以治身，而耳目口体以侈肆为便安，故动之者必为裁抑，勿使奔物以流而授之以节。乐动乎内以治心，而和方在中，不能宣畅流通以极其情之所必至，故动之者必引而传之，长言咏叹舞蹈之不足，抑取天地之产，摇荡其虚籁，华饰其形容，使形声充满于两间以宣其悦豫，此礼乐之用所自生也。

礼减而进，以进为文；乐盈而反，以反为文。

"进"者，迭相劝助之意。"反"者，还顾其本之谓。礼以裁抑为节，而裁之已过，则人情苦不能安，故务为相报之礼。让人者人亦让之，敬人者人亦敬之，虽自卑替而终得尊光，互相推奖，往来嗣续而不匮，则人乐于行而礼可大矣。乐以宣畅为用，而发之已极则反诸固有而或溢，故为之反本之道，使干羽从音，八音从律，止于其数之固有，而黄钟以降，虽有上生下生之别，要皆有损而无益，以约人心而不使之流，则人得其和而乐可久。此先王裁成礼乐之道也。

礼减而不进则销，乐盈而不反则放。

"销"，谓人倦于行，无继之者而渐以亡也。"放"，谓奔欲逐物而失固有之和也。

故礼有报而乐有反。礼得其报则乐，乐得其反则安。礼之报，乐之反，其义一也。"则乐"之"乐"，卢各反。

乐则不倦于更施，安则不淫不伤而居之也泰。礼之报，乐之反，以劝勉人情之不足而节其有余，皆使得乎中而称乎情，故曰"一"也。

右第三十四章。

夫乐者，乐也，人情之所不能免也。乐必发于声音，形于动静，人之道也。声音、动静，性术之变尽于此矣。夫，防无反。"乐也""乐必"之"乐"，卢各反。

"声"，谓咏叹淫泆。"音"者，声之节也。"动静"，舞蹈之容止也。"道"，必由之理也。"性术"者，性所自发之术径。人生之事皆性术所成，万变不穷，而要其出诸身以加诸物者，则惟音声相告，动静相接，而喜怒哀乐，是非得失，皆于此出，故必于此为之节制而已其乱也。

故人不耐无乐；乐不耐无形；形而不为道，不耐无乱。耐，古能字，奴登反。乐，卢各反。

"形"，谓发于声音动静。"道"，治也。"乱"，失节淫放也。

先王耻其乱，故制《雅》《颂》之声以道之，使其声足乐而不流，使其文足论而不息，使其曲直、繁瘠、廉肉、节奏，足以感动人之善心而已矣，不使放心邪气得接焉。是先王立乐之方也。道，徒到反。肉，如又反。"足乐"之"乐"，卢各反。

"其声"，谓歌者之音节。"文"，辞也。"论"，讲求义理也。"不息"，义味深长也。"曲"，回声也。"直"，一往之声也。"繁"，洪也。"瘠"，纤也。"廉"，方也，谓字句界段清明也。"肉"，如璧环，谓圆也。承接转换，音圆浃也。"节"，抑；"奏"，扬也。"方"，法也。

是故乐句，**在宗庙之中，君臣上下同听之，则莫不和敬；在族长乡里之中，长幼同听之，则莫不和顺；在闺门之内，父子兄弟同听之，则莫不和亲。故乐者，审一以定和，比物以饰节，节奏合以成文，所以合和父子君臣，附亲万民也。是先王立乐之方也。**长，丁丈反。此，毗至反。

"乐"，谓《雅》《颂》之乐。"宗庙之中"，祭之事也。"上"，堂上之宾、尸。"下"，堂下之有司也。"族长"者，百家为族，合于其长之室，谓乡饮酒也。"闺"，室中户。"闺门之内"，肄习之事也。"敬""顺""亲"皆言"和"者，本其心之和平以成三者之德，所谓"善心"也。"一"，人声也，八音皆依人声为准，审人声之和，则八音之和皆从此定也。"比"，合也。"物"，谓金石丝竹匏土草木之器。"饰节"，谓以八音辅成人声之节也。"文"，乐之章也。

故听其《雅》《颂》之声，志意得广焉；执其干戚，习其俯仰诎伸，容貌得庄焉；行其缀兆，要其节奏，行列得正焉，进退得齐焉。故乐者，天地之命，中和之纪，人情之所不能免也。要，于宵反。"行列"之"行"，胡郎反。

心所期向曰"志"。念所发起曰"意"。"广"，谓扩充于义理而不为物欲所拘也。"要"，合也。言行乎缀兆之时，疾徐周折皆与乐声之抑扬相符也。"天地之命"，人之性也。乐自和生而与礼相互成，故为"中和之纪"。"纪"，统也。性有其则而因情以发，情所必发，乐由之生，若其以至于命而致中和者，则先王立乐之尽善者为之也。

右第三十五章。

夫乐者，先王之所以饰喜也；军旅铁钺者，先王之所以饰怒也。故先王之喜怒皆得其侪焉。喜则天下和之，怒则暴乱者畏之。先王之道，礼乐可谓盛矣。夫，防无反。

"饰"者，著之于用而有节之意。"铁"，砧；"钺"，大斧；刑杀之具也。"侪"，类也。乐以宣和，兵刑以示威，因事而用，各从其类而不溢也。戕民曰"暴"，干君曰"乱"。礼乐兵刑，昭生杀之大用，而礼乐之兴，制治未乱，道为尤盛矣。

右第三十六章。

子赣见师乙而问焉，曰："赐闻声歌各有宜也。如赐者，宜何歌也？"师乙曰："乙，贱工也，何足以问所宜？请诵其所闻而吾子自执焉。"赣赐"之"赣"，古本从此，他民收作"贡"者，省。

"师"，乐官；乙，其名也。"宜"者，谓顺导其德性之所长而补其所短，以养心进善也。"执"，择也。

"宽而静，柔而正者，宜歌《颂》。"此下五节旧本错误，今一因陈氏本序定之。

"宽"，有容也。"静"，不妄动也。"柔而正"，柔不过则也。《颂》之体，静正而谨严，故因其德性之长以导之，而裁其宽柔，使有则也。

"广大而静，疏达而信者，宜歌《大雅》。"好，呼报反。

"广大"，以识量言。"疏达"，通而不滞也。"信"，有恒守也。《大雅》之体，广大疏达而通于变，故既因其德之近而抑以通变者，善其静信也。

"恭俭而好礼者，宜歌《小雅》。

《小雅》之体，恭俭而尚情实，故以顺其恭俭之德，而复以近情者善其好礼，反文于质也。

"正直而静，廉而谦者，宜歌《风》。

"正直"，好善恶恶，无邪曲也。"廉"，有守也。二者刚而不竞，《风》之体，美刺不讳，故以顺其廉直之长而善其谦静，使无委曲也。上四节皆以《诗》辞之旨趣言之。

"肆直而慈爱者，宜歌《商》。温良而能断者，宜歌《齐》。 断，丁贯反。

此二者以歌者之音节言之，犹今俗乐之腔也。《风》《雅》《颂》，皆可以二者之声歌之，词同而声异耳。"肆"，舒放也。《商》声肇自五帝，音多质朴，与肆直之德合，而可以裁慈爱之过。《齐》声起于三王，音多缛曲，与温良之德合，而可以调刚断之偏。

"夫歌者，直己而陈德者也。 夫，防无反。

"直"，犹正也。"直己"，以匡扶其过；"陈德"，以伸奖其长。

"动己而天地应焉，四时和焉，星辰理焉，万物育焉。

"动己"，言发动于己也。志气感，性情平，而两间之和应之矣。

"故《商》者，五帝之遗声也，商人识之，故谓之《商》。《齐》者，三代之遗声也，齐人识之，故谓之《齐》。明乎《商》之音者，临事而屡断；明乎《齐》之音者，见利而让。临事而屡断，勇也；见利而让，义也。有勇有义，非歌孰能保此！ 识，式吏反。断，丁贯反。"商人识之"之上，旧有"商之遗声也"五字，今从陈氏本删之。

商，宋也。"屡"，犹能也。上古音质，质者善断；中古音文，文者善让。"保"，谓养之而不失也。《风》《雅》《颂》，文义具存，而流连宛转以感人心者，尤存乎歌者之音节，故重述《商》《齐》之所自来而称其益。此上八节，皆诵其所闻，使子贡之自执，盖性情学术之微，非工者之所能与也。然则由子贡之质而言之，其宜以《齐》声歌《小雅》乎？

"故歌者，上如抗，下如队，曲如折，止如槁木，倨中矩，句中钩，累累乎端如贯珠。 上，时掌反。队，直类反。倨，居御反。中，陟仲反。句，古侯反。

"上"，扬也。"下"，抑也。"如抗"者，如举物过顶以渐升也。"队"，与坠同。"如队"者，抑之速也。"曲"，回合也。"折"，两际清也。"止"者，句之尽也。"如槁木"者，余音无粘滞也。"倨"，大转也。"句"，如"句股"之"句"，斜转也。"中钩"者，圆而曲也。"累累"，相属之貌。"端"者，前后声相接续之际也。"如贯珠"者，字各圆亮而相续无垠也。凡此，盖《商》《齐》之声所同，其音节之妙，工能习而传之，故师乙直以诏之子贡，而善理其气以养其心之和，则育德之几亦存乎其间矣。

"故歌之为言也，长言之也。说之，故言之；言之不足，故长言之；长言之不足，故嗟叹之；嗟叹之不足，故不知手之舞之足之蹈之也。" 说，弋雪反。

"说"者，乐在中也。"不足"，说之情未尽也。"长言"，吟其文。"嗟叹"，余声也。"舞"，"蹈"舞者之容。"蹈"，践其缀兆也。言歌之所自，缘于心之不容已，而逮其已发，则志气身心与之俱动，以明所歌者之必慎于择执也。

子贡问乐。

盖篇策之题辞。

右第三十七章。

《礼记章句》卷十九终

礼记章句卷二十

杂记上

　　记丧礼之变者及其小节，以篇策繁多，分为上、下篇。谓之杂者，记辑旧文，略无次序，又兼君大夫士而错纪之也。凡四十四章。

　　诸侯行而死于馆，则其复如于其国，如于道，则升其乘车之左毂，以其绥复。复，芳服反。乘，食证反。绥与绥通，儒谁反。下并同。

　　"行"，谓朝会在外。"馆"，主国所授舍也。生其馆则死即其寝，得专有之，不避主人矣。"乘车"，别于兵车之名。"左毂"，象屋东荣。不于庐邸者，非其所久安也。"绥"，旌旂之旄也。去其旐者，异于生也。旌旂者所以为章识，故神依之也。复之人数如其命，贰车皆君之驾，每车一人，各持其绥。

　　其辎有袡，缁布裳帷，素锦以为屋而行。辎，仓佃反。袡，蚩占反。

　　"辎"，载柩之车饰也。若未大敛，载尸亦然，用赤色帛为覆，张之车上。"袡"，四旁垂下如檐也。"裳帷"，附柩之帷，下垂如裳。"屋"，缀裳帷上，附棺而覆之，其制：内施屋帷，外加辎袡，袡露帷之半。"素锦"，白缚也。"行"，归返国也。必尽饰，忌人之恶见之也。诸侯尊，尤加华美。

　　至于庙门，不毁墙。遂入，适所殡，惟辎为说，于庙门外。说，他活反，下同。

"庙"，殡宫，盖即正寝而称"庙"者，从乎死者之辞也。"毁"，彻也。"墙"，裳帷也。裳帷不彻，锦屋亦不彻矣。所以然者，以殡必有帷有荒，因仍之，不重设也。"所殡"，两楹之间，不于西阶者，以自外来不忍宾之，故用"殷"礼也。"说辁"者，辁以象宫室，在宫则可说，且不可施之殡也。

大夫、士死于道，则升其乘车之左毂，以其绥复；如于馆死，则其复如于家。大夫以布为辁而行，至于家而说辁，载以端车，入自门，至于阼阶下而说车，举自阼阶，升适所殡。

"布"，白布。"辁车"，无辐，合大木为轮，崇减乘车之半，卑而安也。大夫裳帷用布，屋亦用锦，与诸侯同。诸侯之载亦用辁车，至于阼阶下而说车，举自阼阶，皆与大夫同，错互见之。

士辁句**，苇席以为屋，蒲席以为裳帷。**

"辁"，亦用白布，与大夫同，内饰异耳。"苇"，荻之大者，载以轵轴，不言者文略。

右第一章。

凡讣于其君，曰："君之臣某死。"

方仕而卒，其家命讣之词也。

父母妻长子，曰："君之臣某之某死。" 长，丁丈反。

丧主为大夫、士者也。庶子不讣，若仕则自以其名讣，不系于父。不言"敢告执事"者，君臣恩义相属，其辞质。

君讣于他国之君，曰："寡君不禄，敢告于执事。"

"不禄"，谓不终其禄也，尊之，故不斥言死。"告于执事"者，尊邻君也。按周之初制，诸侯讣皆以名，惟天子不名。但称"寡君"者，周末之僭辞，故《春秋》书"宿男卒"而胡氏以为讥，是也。

夫人，曰："寡小君不禄"；大子之丧，曰："寡君之適子某死"。 大，他盖反。適，都历反。下同。

夫人与君敌体。世子，父在斯为子，其礼降矣。云"敢告于执事"，盖与君同。

大夫讣于同国，適者曰："某不禄"；讣于士，亦曰："某不禄"；讣于

他国之君，曰："君之外臣寡大夫某死"；讣于適者，曰："吾子之外私寡大夫某不禄，使某实"；讣于士，亦曰："吾子之外私寡大夫某不禄，使某实"。实，盖至字之误，脂利反。

"適"者，爵齿均也。不言告执事者，以言执事则必其有吊赙之仪当勤执事，大夫不敢徼也。"讣于适者"，邻大夫也。"士"，邻士也。"私"，交好之称。"实"，谓专来告也。按人臣无境外之交，大夫而讣于邻国，又僭称寡大夫，皆周末之僭礼尔。

士讣于同国大夫，曰："某死"；讣于士，亦曰："某死"；讣于他国之君，曰："君之外臣某死"；讣于大夫，曰："吾子之外私某死"；讣于士，亦曰："吾子之外私某死。"

士贱，其辞略。

右第二章。

大夫次于公馆以终丧。士练而归，士次于公馆。大夫居庐，士居垩室。"士次"，"士"字衍文，"次于公馆"当在"练而归"之上，盖错误。

谓居君之丧也。大夫于既殡之后居倚庐，既葬居垩室，练而次于公馆，终丧而归。士既殡而居垩室，葬而次于公馆，练而归。倚庐，在门内，倚垣结草覆地而不涂。垩室，在门外，有檐宇，涂以垩土。均为三年之丧，而大夫之居降于嗣君，士降于大夫，君臣之义以尊卑为轻重也。

右第三章。

大夫为其父母兄弟之未为大夫者之丧服，如士服。士为其父母兄弟之为大夫者之丧服，如士服。为其之"为"，于伪反。

士之丧服，自齐衰以上与大夫异，大功以下乃同。其制不可悉考，见于《仪礼》者，则三升者大夫之斩衰也；缕如三升半而成布三升者，士之斩衰也；齐衰则大夫以上四升。士缕如五升而成布四升，大要位尊者备服，备服者服亦粗恶。士无三升之斩，四升之齐，不备服也。故晏子服粗衰三升半，而其老以为非大夫之礼，是已。于母言"为大夫"者，妻从夫爵也。不敢以己之尊加于父母兄弟，亦不敢冒父母兄弟之尊而自尊，故皆服士服。

大夫之適子，服大夫之服。適，都历反。

此周末世官相承之僭。

大夫之庶子为大夫，则为其父母服大夫服，其位与未为大夫者齿。为其之"为"，于伪反。

爵同则服无嫌矣，虽适长士服，已无所抑，位则自以適庶长幼序，不可逾也。

士之子为大夫，则其父母弗能主也，使其子主之；无子则为之置后。为之之"为"，于伪反。

"主"，主其丧也。大夫之丧礼隆，君子不以子之爵自贵也。

右第四章。

大夫卜宅与葬日，有司麻衣、布衰、布带，因丧屦，缁布冠不蕤；占者皮弁。衰，仓回反。蕤与緌同，儒谁反。

"宅"，墓地。"有司"，谓相及命龟、作龟者。"麻衣"，白布深衣。"布衰"，以三升半布为衰及负版，加于深衣胸项间。"布带"，齐衰之带。"因"，仍也。"丧屦"，盖疏屦。卜以接神，故其衣冠用吉，而大夫之有司取具于家臣，固有齐衰之服，则加衰而带，屦不改，冠不緌，以不夺其凶。若占者，则大夫家不藏龟，用公家之占人，纯以吉礼接神矣。

如筮，则史练冠、长衣以筮；占者朝服。朝，直遥反。

"史"，筮人。"练冠"，缟冠。"长衣"，深衣之纯以素者。筮下于卜，故纯凶。然筮宅在三月以内而服练冠，则亦变其本服矣。"朝服"，玄端服。不皮弁服者，亦以筮轻也。

大夫之丧，既荐马，荐马者哭踊；出，乃包奠，而读书。

"荐"，进也；柩自庙将行就道，而进马驾其乘车也。"荐马"者，谓当荐时也。"哭踊"，马驾将行而主人哭踊也。出，柩自庙出也。"包奠"，包所奠之牲体置遣车以行也。"读书"，读赗也。士丧礼，包奠置遣车，公史读书已乃出；大夫则柩已出而后包奠，追及，读赗于门外，礼弥文也。

大夫之丧，大宗人相，小宗人命龟，卜人作龟。

"宗人"，家宗人也。《周礼》：家宗人上士二人，中士四人。上士，

"大宗人"；中士，"小宗人"也。士之宗人无大小，故《仪礼》但言宗人命龟；大夫备官，故大宗人相而小宗人命龟。"相"，相主人莅卜。"命龟"，告所问事。"作"，灼之也。

右第五章。

复：诸侯以褒衣、冕服、爵弁服。夫人税衣揄狄，狄税素沙。复，芳服反。"税"与"褖"同，叶玩反。揄，余招反。此节旧在"其余如士"之下，信从陈氏本定序于此。

"褒衣"，受命始赐之冕服。"冕服"，其余冕也，公自衮冕以下，侯、伯鷩冕以下，子、男毳冕以下。"爵弁服"，纁裳、纯衣、韎韐，人君之祭服也。言"冕弁"者，服从其冠，实不用冠也。"税衣"，黑色，夫人御于君之服。"揄狄"，通作"鹞翟"，刻缯为雉，青质，五色备，缀于衣上，侯、伯夫人之上服也。《丧大记》言夫人以屈狄，则子、男夫人之上服，互记之耳。言"税衣揄狄"者，自税衣而上至揄狄，有阙狄、鞠衣、展衣，其服五也。"素沙"者，白纺绸，以为揄狄以下之里，妇人之服必复也。凡复之人数如其命，人持一衣，故衣皆备焉。

内子以鞠衣、褒衣、素沙，下大夫以襢衣，其余如士。襢，时战反。

"内子"，谓世妇以下内命妇及卿之适妻。"鞠衣"，色如鞠尘，黄绿之间，以其受命，乃得服之，故又云"褒衣"。"素沙"，亦谓其里也。"下大夫"，亦谓其妻也。"襢衣"，《周礼》作"展衣"，其色白。士妻之服，褖衣而已。"余如士"者，内子及下大夫之妻下统褖衣也。按此章"夫人税衣"之上，宜有"卿玄冕，下大夫爵弁，其余如士"之文，旧本脱尔。

复西上。

人多者横陈屋脊间，持褒衣者最西，以次而东。士一人复在中屋。

右第六章。

大夫不揄绞，属于池下。揄，余招反。绞，何交反。属，之欲反。

谓丧车之饰也。"揄"，画缯为雉。青黄之间曰"绞"。"池"，以竹为之，垂荒下，象宫室之承霤。人君以绞缯幕池而垂于池下，为振容。大夫幕池而已，不下垂也。按此章当备记上下丧车之饰，饰皆残脱，仅存此条，其详则见《丧大记》。

右第七章。

大夫附于士。士不附于大夫，附于大夫之昆弟；无昆弟则从其昭穆，虽王父母在亦然。

"附"，与"祔"通。卒哭，庙未迁，主无所入，乃祭死者之祖，附其主以从食，祭已，复于寝，祥而后迁庙，新主乃入庙焉。附必用其所得之牲。礼，孙可降以从祖，祖不可降从孙。"不附于大夫"，祖为大夫也。"昆弟"，从祖之为士者也。"从其昭穆"，高祖之为士者也。若高祖庙已毁，则附于从高祖，虽异宫往附矣。没曰"祖"，生曰"王父"，"王"之为言大也。王父存，无所附，亦附于其昆弟或高祖之同爵者，必不紊其昭穆耳。兼言"母"者，妇于祖姑亦然也。

妇附于夫之所附之妃，无妃则亦从其昭穆之妃。妃与配通，淘佩反。

"无妃"者，或王姑存，或出而不祭于庙。昭穆之妃，从祖姑及中一以上之妃也。夫存而妇或没，则亦拟夫他日之附而附之，士妻从士，不附大夫之妃也。

妾附于妾祖姑，无妾祖姑则亦从其昭穆之妾。

"妾""妾祖姑"，皆谓庶子为后者之母。按妾不世祭，此盖后世之失礼。

男子附于王父则配，女子附于王母则不配。

"配"，祭告配食也。王母，从于夫而称，盖祖姑也。不配，不祭祖舅也。妻从夫食，夫不可从妻食，义也。

公子附于公子。

公子祖为诸侯，不敢附，附于从祖之为公子者。

右第八章。

君薨，大子号称"子"，待犹君也。大，他盖反。

诸侯卒哭，有王政金革之事则不避。"称子"者，辞命载书之词。"待"，谓王及邻国待之之礼。

右第九章。

有三年之练冠，则以大功之麻易之，惟杖屦不易。

谓斩衰既练而遭大功之丧也。练，除首绖而冠，要绖变葛，更新遭大功，则去葛而绖麻，存大功之重也。大功不杖而仍杖者，存三年之重也。"屦不易"者，绳屦同也。易不易皆从其重，不以轻掩重也。

有父母之丧，尚功衰，而附兄弟之殇，则练冠附。 衰，仓加反。

"功衰"者，既练而以大功之布为衰也。"兄弟之殇"，中、下殇也，其服小功澡麻绖。缌衰轻于功衰，故不以易。"练冠"，功衰之重也，独言"附"者，始死在哭次，可加澡麻绖，既葬而祔，且于祖庙，新丧之哀减，仍伸旧丧之重也。言"兄"者，赘文。殇无主后，适子主其祭。

于殇，称阳童某甫，不名，神也。 阳疑殇字之误。

虽未有字，必为之字，事神之道也。

右第十章。

凡异居，始闻兄弟之丧，惟以哭对可也。其始麻，散带绖。

"兄弟"，通大功以下言之。"哭对"者，哀深不能为辞也。"麻"者，牡麻。要为"带"，首为"绖"。"散"，垂其余不结也。凡死之明日，将小敛而绖皆散垂，三日成服而后结，今居异国，闻丧在成服之后，亦必散垂三日而后结之，如初丧然。

未服麻而奔丧，及主人之未成绖也，疏者与主人皆成之，亲者终其麻带绖之日数。

上谓相去远，闻丧在成服之后，则成服于家。此则相去近，故未及小敛而即赴也。绖在死之明日，绖之明日大敛，又明日成服；今此以绖之晨至，主人将绖，然去成服二日耳。"疏者"，小功以下，则即与主人成绖，而以又明日成服；"亲者"，大功以上，则明日始绖，更二日而成服。"麻带绖"者，谓散垂也。疏者从主人，亲者各自尽也。"兄弟"者，同姓有服之词，兼从父从子而言也。

右第十一章。

主妾之丧，则自祔至于练祥，皆使其子主之，其殡祭不于正室。

妻无子而卒，妾子为后，则主其丧。然殡葬之事，哀而恤之可耳，祭，礼之大者，不可屈尊莅之，其祔于妾祖姑，非正祖妣，固可不与也。"殡祭"，殡与虞祭。

君不抚仆妾。

"君"，对仆妾之称。"抚"，抚其尸。"仆"，厮役。

右第十二章。

女君死，则妾为女君之党服。摄女君，则不为先女君之党服。为，于伪反。

妾为女君之父母服齐衰期，服重，故所从虽亡而不已。"摄女君"者，必贵媵，若姪若娣，女君之党即其党，自以其服服之。若他国之媵，则无服，以君命摄祭主，故尊也。

右第十三章。

闻兄弟之丧，大功以上，见丧者之乡而哭。上，时掌反。

谓自远来奔丧也。"乡"者，异国则境上，同国则六乡之界也。《奔丧》篇云："大功望门而哭。"与此异。卢氏谓是降服大功者，未知是否。

适兄弟之送葬者，弗及，遇主人于道，则遂之于墓。

"适"，往也；谓往送兄弟之葬也。"弗及"，适有故不得偕行，而葬毕也。"遇主人于道"，主人归而反哭也。"遂之于墓"，不随主人归虞，兄弟至戚，必自尽也。

凡主兄弟之丧，虽疏，亦虞之。

"疏"，谓小功以下。"虞之"，主其虞祭，终丧事也。

右第十四章。

凡丧服未毕，有吊者，则为位而哭，拜踊。

"为位"，如初闻丧为位于己家。宾始吊，礼不可杀，且感触而哀更新也。

右第十五章。

大夫之哭大夫，弁绖。大夫与殡，亦弁绖。与，羊洳反。

"弁绖"，如爵弁而素，加以环绖，所以致饰章别也。"与殡"者，主人未成服而吊之也。已成服则锡衰，未成服则绖而皮弁，服为异耳。

大夫有私丧之葛，则于其兄弟之轻丧则弁绖。<small>上，"则"字衍。</small>

"私丧"，妻子之丧。"葛"，卒哭后变服也。"轻丧"，谓三从兄弟当服缌者。大夫降旁亲，缌降而无服，则弁绖而锡衰，葛重于弁绖，然不以私丧之末掩兄弟之正服，服虽轻而情必伸也。

右第十六章。

为长子杖，则其子不以杖即位。<small>为，于伪反。下同。长，丁丈反。</small>

丧无二主，避尊者也。

为妻，父母在，不杖、不稽颡。

哀不敢极，礼不敢尽也。

母在，不稽颡。稽颡者，其赠也拜。

"母在"，据父殁而言。专言"不稽颡"，则杖矣。此谓适子妻丧，妻尊，母不能厌也。"稽颡"者，谓母亦没而为妻稽颡也。"赠"者，葬既窆，纳制帛于圹中，以赠死者也。凡赠皆稽颡以拜送死者，惟于妻则拜而不稽颡，盖虽为妻而稽颡于宾，终不稽颡于妻，夫道也。

右第十七章。

违诸侯，之大夫，不反服。违大夫，之诸侯，不反服。

"违"，去也。"之"，往仕也。反服，谓为旧君服齐衰三月。尊卑逾等，不得成礼矣。

右第十八章。

丧冠条属，以别吉凶，三年之练冠，亦条属右缝。小功以下左。<small>属，之欲反。别，必列反。</small>

"条属"者，斩衰以绳，齐衰以下以布，即为武之一条而垂其余为缨，吉冠则武缨异材也。"右缝"，摄缝向右，凶尚右也。小功以下，不纯凶，故左。

缌冠缲缨。<small>缲，盖澡字之误，子皓反。</small>

小功虽左缝而亦条属，缌冠则缨之布，虽与武同其缕数，而缨以澡治之布为之，不条属矣。

大功以上散带。上，时掌反。

谓小敛未成服时，绖带散垂而不括，成服乃绞也。小功以下，初即绞括之。

右第十九章。

朝服十五升，去其半而緦，加灰锡也。朝，直遥反。去，邱矩反。

八十缕为升，朝服之布，其经凡千二百缕，其细可知，如其缕之细而减之六百缕以终幅则为緦，细而疏也。緦则治其缕而不治其布，若以灰澡之如今世洗白者，则为锡衰之布。"锡"之为言易也，吊服之布也。

右第二十章。

诸侯相襚，以后路与冕服，先路与褒衣不以襚。

凡路车之等，公以金路，侯伯以象路，子男以革路，为"先路"；公自象路以下，侯伯自革路以下，子男木路，皆"后路"也。"冕服"，则公自鷩冕以下，侯伯自毳冕以下，子男，希冕以下，为"冕服"；公之衮冕，侯伯之鷩冕，子男之毳冕，皆"褒衣"也。先路、褒衣，天子所赐，非侯氏所得相赠遗。车当言"赗"，而概云"襚"者，道远或并致之。

右第二十一章。

遣车视牢具。遣，诘战反。

"遣车"，制似车而小，裹将葬之奠载之于中，纳之圹，以送行者也。"视牢具"者，视其生时为宾主君所致之牢数：上公九，侯伯七，子男五，天子盖十有二，卿四，大夫三，士一。

疏布辁，四面有章，置于四隅。章与障通，之亮反。

"辁""章"，所以饰遣车者。"辁"，覆车上，为盖。"章"，以周蔽车内牢肉，亦以疏布为之。"四隅"，椁中棺外之四隅。

载粻，有子曰："非礼也。丧奠脯醢而已。"

"粻"，米粮也。时或有载粻者，有子讥之。丧奠无黍稷，悼死者之不复食也。自始死奠脯醢以来即然，何至于遣奠而独用粻乎！

右第二十二章。

祭称孝子、孝孙，丧称哀子、哀孙。

"祭"，吉祭。"丧"，丧祭。"孝"者，言致孝也。"哀"者，自悼之辞。"孙"，父殁为祖后者。

右第二十三章。

端衰丧车皆无等。衰，仓回反。

"端"，玄端服，自天子至于士所常服，以质故无殊也。"衰"，丧车无饰，自天子达。"丧车"者，居丧所乘车。按《周礼》，"王之丧车五乘"，今言无等，谓木车蒲蔽犬襓者也。

右第二十四章。

大白冠、缁布之冠，皆不蕤。委武玄缟而后蕤。蕤与緌通，儒谁反。

"大白"，厚缯为冠，诸侯居忧冠之。"缁布冠"，冠礼初加之冠。二冠皆仍太古之制而无文，故不緌。委，亦"武"也；冠下当额横幅卷也，或谓之"委"，或谓之"武"。玄冠，朝服冠。缟冠，练冠。二冠有武，于是而别施緌焉。言古今文质吉凶之异也。

右第二十五章。

大夫冕而祭于公，弁而祭于己。士弁而祭于公，冠而祭于己。

"冕"，玄冕，其服一章。"弁"，爵弁，其服缥裳、缁衣、缁带、韎韐。"冠"，玄冠，其服素裳、爵韠。祭以备服为尊，故惟助祭得服上服。大夫弁冕，以祭卿也。下大夫少牢馈食，亦玄冕朝服。

士弁而亲迎，然则士弁而祭于己可也。迎，鱼庆反。

亲迎摄盛服，事先必以其质。"可"者，疑其可而未可之词。

右第二十六章。

畅，臼以椈，杵以梧。

"畅"，与"鬯"同，谓捣郁和鬯也。"椈"，柏也。柏坚香，梧洁白，此亦谓丧礼所用耳。天子之丧，以鬯沃尸，《周礼·鬯人》："大丧之大渳设斗，共其衅鬯。"

枇以桑，长三尺，或曰五尺。毕用桑，长三尺，刊其柄与末。枇，卑
履反。

"枇"，形如匕，所以载牲体从镬纳鼎中。"毕"，形如叉，所以助主人
自鼎升肉于俎者。皆"桑"者，丧祭也。吉祭用棘。"刊"，削也。削其柄
使小以便持，削其末使薄以便载。

右第二十七章。

率带，诸侯、大夫皆五采，士二采。率，居恤反。

"带"者，袭尸之大带，袭衣毕，乃加带焉。"率"，谓襵合福潝其边，
熨杀之，不加箴功。袭之服与生者同，于带变之以殊于生也。杂采折叠成
之。二采者，朱绿。

右第二十八章。

醴者，稻醴也。

谓实明器之醴也。"醴"，或用黍，或用粱，此则用稻。

瓮瓴筲衡，实见间，而后折入。衡，胡郎反。见，贤遍反。

"瓮"，如盂而有盖，以盛醯醢。"瓴"，小口瓶，盛酒醴。"筲"，编竹
为之，如筥而圆，以盛黍稷。皆所谓"明器"也。"衡"，与"桁"通，庋
瓮瓴筲之架也。"实"，置也。"见"，即帷与荒也，更谓之"见"者，以加
帷荒，则棺不复见，但见此耳。"折"，方凿连木为之，如床而无簀，缩三
横五加之圹上，以承抗席也。"见间"者，见外椁内，言明器入毕而后加
折，则窆事毕也。

右第二十九章。

重，既虞而埋之。重，直容反。

始死设"重"，以木为之，如柱，斫孔悬鬵，煮饭尸余米，以二鬲盛
之，幂用疏布系于鬵上，苇席裹之，置于中庭，加铭其上，以为神依。虞
则桑主，神依于主则埋重于所置处，神无两依也。

右第三十章。

凡妇人，从其夫之爵位。

通言丧祭之礼。

右第三十一章。

小敛、大敛、启，皆辩拜。<small>辩与遍通，卑见反。</small>

"启"，启殡以就葬也。"辩拜"者，宾先后至，拜之必周，事竟就堂下之位，尊者特拜之，等夷以下旅拜之，所以谢其襄事也。君子所甚怀人之恩者，无过于亲丧而加之惠，卑逊劳抑而不以为屈也。

朝夕哭不帷，无柩者不帷。

"朝夕哭"者，柩在堂，缘孝子之心欲见之，故褰其帷。"无柩"者，谓他国闻丧，不得奔，就室为位而哭也。以神尚幽暗，故帷堂；神所不在，不设帷也。

右第三十二章。

君若载而后吊之，则主人东面而拜，门右北面而踊，出待，反而后奠。

此大夫之礼也。君于大夫将葬，亲吊赗之，当在祖庙之日。今或君有故，载柩于柳车，将行而后至，则即于庙门之内为位受吊。凡君之吊，主人中庭北面，而今殡车在庭中，故改而东面。君位在车东，"东面拜"，向君也。"门右"者，以柩外向为正，西为右也。"北面踊"，踊为柩，故不敢向君也。"出待"者，成踊即出，不敢久留君也。"反"，君命之反奠也。君临必奠，以告荣也，虽奠事毕，必重奠也。

右第三十三章。

子羔之袭也，茧衣裳与税衣纁袡为一，素端一，皮弁一，爵弁一，玄冕一。曾子曰："不袭妇服。"<small>税，吐玩反。</small>

子羔，高柴字。"袭"者，浴尸已，亲身著衣，盖子羔亲丧而袭之也。"茧"，衣之复而有著者，枲著谓之"袍"，绵著谓之"茧"。"衣裳"者，衣连裳合缝之。"税衣"，玄衣，亦连衣裳而不殊，所以表袍者也。"纁"，浅绛色。"袡"，缘裳下襈也。"一"，一称也。"素端"者，衣裳皆以素为之，端当用玄，用素亦非礼也。"皮弁""爵弁"，皆以冠名服，士袭之正服也。"玄冕"，大夫之服，其裳刺黻，亦非士之得用。"妇服"，谓税衣缡袡。士之袭三称，子羔加素端玄冕而僭大夫，失礼非一，曾子但讥其妇服，记者详记以尽著之。

右第三十四章。

为君使而死，公馆复，私馆不复。公馆者，公宫与公所为也。私馆者，自卿大夫以下之家也。 使，疏吏反。复，芳服反。

"公宫"，主君之离宫。"公所为"者，主君筑以待宾；《春秋传》所谓"诸侯之馆垣"也。二者无主在内，宾自主之，如其家矣。卿大夫之家，虽亦主君所授，主人固在，不得专也。

右第三十五章。

公七踊，大夫五踊，妇人居间。士三踊，妇人皆居间。

此殡前恒踊之数也。凡死数来日，君五日而殡，凡六日；大夫三日殡，凡四日；日各一踊，小敛日再踊，故为七，为五也。"居间"者，居主人与男宾之间而拾踊，不相杂也。士二日而殡，凡三日，日一踊也。"皆居间"者，丧家妇人及女宾同夹宾主之间也。

右第三十六章。

公袭卷衣一，玄端一，朝服一，素积一，纁裳一，爵弁二，玄冕一，褒衣一，朱绿带，申加大带于上。 卷盖衮字之误，古典反。

"公"，公侯伯之通称。"茧衣"者，所谓"袍有表，为一称"也。"玄端"，玄衣朱裳，齐服也。"朝服"，玄端素裳。"积"，谓襞积，亦裳也。"素积"，皮弁服，缁衣素裳。纁裳，亦皮弁服。素裳，视朔服。纁裳，甸服。皮弁服，凡二称，其裳殊尔。"爵弁二"者，皆丝衣，一纁裳，一素裳，祭小祀及蜡服也。"玄冕"，祭社稷五祀之服。"褒衣"者，公则衮冕，侯伯则鷩冕，受命之上服也。茧衣加于明衣之上，所以适体，其上则生所有事，袭皆备焉，贵者愈居上也。按士之袭三称，公九称，则子、男七称，大夫五称，天子其十有二称与？"朱绿"带，以象革带，袭无佩，故易以帛，不素而朱绿者，以别于生也。朱上绿下，"绿"为绅也。"申"，重也。朱绿带以束服，又加大带，备二带，为仪容也。"大带"，五采率带。

右第三十七章。

小敛环绖，公、大、夫、士一也。

"环绖"者，一股而缠也。士加于素委貌之上，公大夫加于素弁之上。不绞绖者，不极凶服。未殡之前，人子有冀生之情焉，不遽以死事哀之也。

右第三十八章。

公视大敛，公升，商祝铺席，乃敛。

此大夫之礼也。主人先已布绞视铺席。君至，更改为之，以荣君赐。"升"，升阼阶端。士则不更铺。

右第三十九章。

鲁人之赠也，三玄二纁，广尺，长终幅。广，古旷反。长，直亮反。

"鲁人"，犹《檀弓》"其妻鲁人也"之"鲁"，谓朴野之人也。"广尺"，裂其幅之半而加弱也。幅之度二尺二寸，长以幅为度，短甚矣。赠用制帛，广终幅，长丈八尺，凡一束十制，玄纁各半，既短狭之，又减其半，苟简不成礼。

右第四十章。

吊者即位于门西，东面，其介在其东南，北面，西上，西于门。

此章所记，乃诸侯相吊之礼。邻国之丧，诸侯遣使吊之，因归含襚及赗，使介行事，次第进之。"即位"，宾待命之位也。"门"，殡宫大门。《聘礼》：使者门西北面。此"东面"者，聘行于庙，庙之北面，路寝之东面，一也。"在其东南"者，地迤东而南立也。"西上"者，介非一人，上介远宾，以次东也。"西于门"者，末介虽东，亦在门之西，不中门也。《聘礼》：介夹宾左右而雁行。吊异者，丧事质，介备含襚，不传命也。

主孤西面，相者受命，曰："孤某使某请事。"客曰："寡君使某，如何不淑。"相者入告，出曰："孤某须矣。"相，息亮反。下同。

"主孤"，犹言主君，在丧之称也。"西面"者，在阼阶下，不出迎者，丧礼质也。变摈言"相"者，以助主人哀"辞"为重，不主接宾也。相者一人，无传摈，质也。孤必名者，未成君，且示人知适嗣也。既知其所为来，复"请事"者，宾不敢渎质所事于主孤，主孤亦不敢必其为吊己，让道也。"如何"，问辞。"淑"，善也。问其如之何而罹此不吉之事也。"须"，待也。

吊者入，主人升堂，西面。吊者升自西阶，东面，致命，曰："寡君闻君之丧，寡君使某，如何不淑。"子拜稽颡，吊者降，反位。"降"下当有"出"字，脱文。

入不俟迎，急丧事也。主孤先升，尊卑殊也。未葬子不由阼阶，"主人升堂，西面"，是由阼阶矣，以对异国之宾，须正主位，示为继嗣，防争乱也。春秋争乱者，皆挟邻国以为援，示之早以杜其乱，所以安社稷也。"东面"，在殡之西南，近乡殡，远对孤，两不背也。"降"，避主人之拜稽，分殊不敢答也。"反位"，出门立于门西，东面如初，待后事也。

含者执璧将命，曰："寡君使某含。"相者入告，出曰："孤某须矣。"含者入，升堂，致命，子拜稽颡。含者坐委于殡东南，有苇席，既葬，蒲席，降出，反位。含，胡绀反。

含襚皆始死之事，邻国吊使不能即至，追致璧衣，此周礼之文胜其质者也，于吊摄行事焉。"含者"，承介也，宾立于位以待。"璧"，含玉也，形如璧尔。其将命亦待相者再出，请事而后入，不重言者，因上吊礼互见之，襚放此。含者入，升堂，孤先在堂，不复下堂待之，丧礼简也。致命之辞如襚，亦于下互见之。殡在西阶，"委璧于殡东南"，当奠处也。"席"，以承璧及衣也。"有"者，主人先铺之。"反位"，反宾东南北面之位。

宰夫朝服，即丧屦，升自西阶，西面坐取璧，降自西阶以东。夫字衍文。朝，直遥反。

受璧必宰者，重玉也。执玉不麻，故"朝服"。"即"，仍也，因仍丧屦，不纯吉也。"降自西阶"，受于殡也。"以东"，示主孤而藏之。

襚者曰："寡君使某襚。"相者入告，出曰："孤某须矣。"襚者执冕服，左执领，右执要，入，升堂，致命，曰："寡君使某襚。"子拜稽颡，委衣于殡东。要，于宵反。

"冕服"，玄冕。"要"，裳际。"委"，襚者委之。"殡东"，不言南，在委璧之北，正当殡。禭用末介。

禭者，降受爵弁服于门内霤，将命，子拜稽颡如初。受皮弁服于中庭，自西阶受朝服，自堂受玄端，将命，子拜稽颡皆如初，禭者降出，反位。朝，直遥反。

"降受"，自西阶降也。"受"者，贾人以次举衣入，禭者受而执之升也。"门内霤"，大门内檐际也。"中庭"，堂下堮。"西阶"，阶下。衣之贵者先将而远受之，卑者后将而近受之，服褻则礼弥简也。受玄端于堂，禭者不降矣。"反位"，亦反门外北面之位。宾介皆待于位，延之复入，乃成哭踊之礼。

宰夫五人，举以东，降自西阶，其举亦西面。

"宰夫"，宰之亚也。"五人"者，禭衣五袭，人举一袭。不朝服者，非受玉，仍丧服也。"举亦西面"，仍客座委之位，不背殡也。

上介赗，执圭将命，曰："寡君使某赗。"相者入告，反命，曰："孤某须矣。"陈乘黄大路于中庭，北辀，执圭将命，客使自下由路西，子拜稽颡，坐委于殡东南隅，宰举以东。乘，食证反。使，疏吏反。

赗虽在后，必上介将命，赗礼重也。"圭"，所以为信也。"陈"，设也；客使人设之也。"乘"，四马。"黄"，马色也。"大路"，次路。"辀"，辕也。"北辀"者，内乡也。再言"执圭"者，方陈车马时，上介执圭升堂，至此则执以授也。"客使"，客之从者陈车马者。"自"，率也。"下"，谓马也，谓牵马入设时，设于大路之左也。左者庭之西，凡设车马以车为上，故马谓之下也。《觐礼》：路西马东。此马在路西者，《觐礼》车南辕，此以凶礼变而北辀，车皆以右为上也。"坐委"，委圭也。"东南隅"，更在委璧处之南，南为上也。余同含禭者互见而可类推之。

凡将命，乡殡将命，子拜稽颡，西面而坐委之。宰举璧与圭，宰夫举禭，升自西阶，西面坐取之，降自西阶。乡，许亮反。

此合含禭赗三事而总记，以补前所未悉者。"将命子拜稽颡"，言方将命而即拜稽答也。

赗者出，反位于门外。

申言"门外"，以见凡出反位皆于门外也。

上客临，曰："寡君有宗庙之事，不得承事，使一介老某相执绋。"相者反命，曰："孤某须矣。"临者入门右，介者皆从之，立于其左，东上。宗人纳宾，升，受命于君，降曰："孤敢辞吾子之辱，请吾子之复位。"客对曰："寡君命，某毋敢视宾客，敢辞。"宗人反命曰："孤敢固辞吾子之辱，请吾子之复位"。客对曰："寡君命，某毋敢视宾客，敢固辞。"宗人反命曰："孤敢固辞吾子之辱，请吾子之复位。"客对曰："寡君命使臣某，毋敢视宾客，是以敢固辞。固辞不获命，敢不敬从。"客立于门西，介立于门左，东上。孤降自阼阶，拜之，升，哭，与客拾踊三。客出，送于门外，拜稽颡。复，芳服反。使，疏吏反。拾，极业反。

"临"，即位临哭也。吊含襚赗使事已毕，使者自以己情入哭也。独言"上客"者，致辞者惟上客，介从之也。"入门右"者，用臣礼也。使事入门而左，客也；私事入门而右，君臣之等也。"介立于左东上"者，将就门东之位，继主国臣子哭位而西，亦臣礼也。"宗人"，丧礼之主。"纳宾"，将定宾之位也。"升受命"者，孤在堂上也。"君"，即孤也。孤不称名者，与使臣相为辞，礼可亢也。"复位"，复门西宾位也。三辞称"使臣"者，自明其为外臣，可当宾礼也。"降自阼阶"，就宾也。拜不稽颡，礼杀于其君命也。"拾"，更迭。哭则同哭，踊则主人倡，宾继之，主人又终之，不相乱也。"送而稽颡"者，以成事重拜其君赐也。

右第四十一章。

其国有君丧，不敢受吊。

"其国"，其故国也。大夫出亡在外而闻本国之君丧，虽公子不敢受吊，不得尽臣礼，不敢当丧主也。

右第四十二章。

外宗房中南面，小臣铺席，商祝铺绞紟衾，士盥于盘北，举迁尸于敛上。卒敛，宰告，子冯之踊，夫人东面坐，冯之兴踊。

此《丧大记》错简重出。

右第四十三章。

士丧有与天子同者三：其终夜燎，及乘人，专道而行。

士与天子同，诸侯、大夫无不同矣。"终夜燎"，谓未殡以前。"乘人"，人执绋引车也。"专道"者，人避之，不避人也。

右第四十四章。

《礼记章句》卷二十终

礼记章句卷二十一

杂记下

凡六十四章，其四十七章以下皆非丧礼，记者杂辑以充篇帙尔。

有父之丧，如未没丧而母死，其除父之丧也，服其除服，卒事，反丧服。 卒，子律反。下同。

"没"，终也。"未没"者，将终之辞，已练而未祥也。"除服"，祥祭之服。"卒事"，卒祭也。"反丧服"，反母服也。礼必辨其分际，终其丧父之礼而明后此之丧母也。

虽诸父、昆弟之丧，如当父母之丧。其除诸父、昆弟之丧也，皆服其除丧之服；卒事，反丧服。

"当"者，期之丧终始在三年之内。母之期丧在父丧之内不得除，而诸父、昆弟得除者，祭非己主也。大功以下除之，期不与主人练祭相值则不除。

如三年之丧，则既颖，其练、祥皆行。

"三年之丧"，谓长子之丧，与父母之丧先后相值也。"颖"，今字书作"蒜"，如麻而柔白，无葛之乡以之代葛。"既颖"者，谓既葬而变葛也。言长子之丧在父丧之先，时已及练祥，必留祭不举，待父丧变葛而后祭行，祭则必服其除服，未葬不得服轻也。父丧在长子丧之前亦然。

右第一章。

王父死，未练祥而孙又死，犹是附于王父也。附，与祔同。

迁庙祫祭而后昭穆序，今此王父尚未有庙，则祔于王父之所祔以从王父。称"王父"者，未有庙，不得言祖也。

右第二章。

有殡，闻外丧，哭之他室。入奠，卒奠出，改服，即位，如始即位之礼。卒，子律反。

"有殡"，宫内之殡，父母妻子也。"外丧"，兄弟之丧在他国不及奔者。"哭之他室"，明所哭者非殡也。"奠"，哭之明日朝夕奠于殡也。"出"，仍往他室。"改服"，改外丧之服。"即位如始"者，终其哭之日皆如始哭也。于此而言"如始即位之礼"，明始哭于他室之必为位也。彼此各致而别行之，情得以交尽矣。

右第三章。

大夫、士将与祭于公，既视濯而父母死，则犹是与祭也，次于异宫；既祭，释服，出公门外，哭而归。其他如奔丧之礼。如未视濯，则使人告，告者反，而后哭。与，羊洳反，下同。

"视濯"，在祭之前夕，祭事之始也。"与祭"者，当祭不敢告，不敢专废公事。"次于异宫"者，相视濯已，不敢归即丧所，凶不可干吉也。"告者反，而后哭"，哭则不与祭矣。

如诸父、昆弟、姑姊妹之丧，则既宿则与祭，卒事，出公门，释服而后归。其他如奔丧之礼。如同宫，则次于异宫。卒，子律反。

"诸父"，世父、叔父。"昆弟"，同生者。"姑姊妹"，在室者。皆期之丧也。"宿"，戒也；在祭前三日。宿则与祭，未宿则不与于宿矣。出公门而后释服，降于父母之哀遽也。然则妻及众子私丧之期与大功以下，在散齐之内，与祭可矣。

右第四章。

曾子问曰："卿、大夫将为尸于公，受宿矣，而有齐衰内丧，则如之何？"孔子曰："出舍乎公宫以待事，礼也。"孔子曰："尸弁冕而出，卿、大夫、士皆下之。尸必式，必有前驱。"音见《曾子问》。

义见《曾子问》。

右第五章。

父母之丧，将祭，而昆弟死，既殡而祭。如同宫，则虽臣妾，葬而后祭。祭，主人之升降散等，执事者亦散等。

"祭"，练祥之祭也。待"既殡而祭"者，哀新死，不忍行吉礼也。"臣"，隶；"妾"，婢也。必"葬而后祭"者，不以凶干吉也。"散"，历也。"等"，阶之级也。谓两足各躐一等，无威仪，盖凶步也。练祥吉祭，其升降当聚足涉级，新有昆弟之丧，哀不忘于心，故凶步。此谓"殡而祭"者。

虽虞、祔亦然。

谓亦异宫待殡，同宫待葬也。

右第六章。

自诸侯达诸士，小祥之祭，主人之酢也哜之，众宾、兄弟则皆啐之；大祥，主人啐之，众宾、兄弟，皆饮之可也。

自诸侯下达不言天子者，按《尚书》，康王顾命，大保当初丧而哜，则天子之礼，小祥可啐，大祥可饮也。"哜"者，引爵至齿。"啐"，微入口也。"饮"则卒爵。"酢"，谓受宾酢，若尸酢则皆卒爵。众宾、兄弟祭末受献。

凡侍祭丧者，告宾祭荐而不食。

"侍"，相也。"祭丧"，亦练祥也。"告"，相者告之。"荐"，脯醢也。吉祭，相者告宾祭荐，祭已食之，丧祭不食，虽大祥犹然，食重于饮也。

右第七章。

子贡问丧，子曰："敬为上，哀次之，瘠为下；颜色称其情，戚容称其服。"称，昌孕反。

"丧"，父母之丧也。"敬"，慎也，所谓慎终也。"瘠"者，啜粥饮水之必然也。"颜色"，黧黑枯槁之色。"戚容"，涕泣悲酸之容也。内称其情，色无伪也；外称其服，服不虚也。丧以哀为主，而有真哀者必有真慎，若乘一往以自致，则但发气为哀，气衰而哀竭矣，故孝莫大于慎终。

请问兄弟之丧。子曰："兄弟之丧，则存乎书策矣。"

哭踊服食之文，《礼》具有之，求其称而已。

右第八章。

君子不夺人之丧，亦不可夺丧也。

"夺丧"者，强之从政，及居处饮食使即便安也。君子遇丧而恻怛生心，行乎所不容已，故于人能恕，而在己不移也。

右第九章。

孔子曰："少连、大连善居丧，三日不怠，三月不解，期悲哀，三年忧，东夷之子也。" 少，诗照反。解，居卖反。期，居之反。

少连，见《论语》，大连或其兄弟也。"不怠"，哀而慎于殡也。"不解"，哀而慎于葬也。"忧"，思也。"东夷"，滨海徐、莒、杞、邾之地。杂用夷礼，而二子能自尽于礼也。

右第十章。

三年之丧，言而不语，对而不问，庐垩室之中，不与人坐焉；在垩室之中，非时见乎母也，不入门。 语，鱼讵反。

"三年之丧"，父丧也。"言"，言己事也。"语"，教告人也。未练居"庐"，练居"垩室"。"不与人坐"者，或来慰问，立酬之，不与为礼也。"时"，定省之时。"门"，大门，垩室在门外。居庐之时，非哭次不见母，有疾乃问之，练而后可时入见母也。

疏衰皆居垩室，不庐。庐，严者也。 衰，仓回反。

"疏衰"，母丧。"皆"云者，统父在期、父殁三年而言。"严"者，尊重之意，尊统于一，故惟为父居庐。

右第十一章。

妻视叔父母，姑姊妹视兄弟，长中下殇视成人。长，丁丈反。

"视"，谓哀容及居处之节也。妻虽杖而不得过于叔父母，姑姊妹出嫁则降，长中下殇虽递降，而情与兄弟及其成人同，则必伸其哀，礼与情相为出入，而各惬也。

亲丧外除。

服已释而哀未忘，饮食居处必异乎恒也。

兄弟之丧内除。

哀已澹乃除之。期功之丧，兄弟为重，其他可知矣。

视君之母与君之妻，比之兄弟，发诸颜色者，亦不饮食也。

君之母、妻皆服期与兄弟等，而情之不逮远矣，退而饮酒食肉可矣。惟酞酒赪容，荤辛发色，则与服太不相称，则绝之。

右第十二章。

免丧之外，行于道路，见似目瞿，闻名心瞿，吊死而问疾，颜色戚容，必有以异于人也。如此而后可以服三年之丧，其余则直道而行之是也。瞿，九遇反。

"免"，除也。"似"，貌相似也。"瞿"，惊怵貌。"闻名"，言语触其讳也。"吊死问疾"，忆其亲之曾若此而感其哀思，则容色异于未遭丧者之但为人哀而不至也。终身思慕，有感必动，而后可以居丧执礼无不称情之文矣。"其余"，谓哭踊居食之节，葬祭之仪。"直道"，如礼遵行之。

右第十三章。

祥，主人之除也，于夕为期，朝服。祥，因其故服。朝，直遥反。

"除"，谓除练服而即祥服也。"夕"，祭前一日之夕。"为期"，告宾以祭期也。"朝服"，缁衣素裳；异于吉者，缟冠耳。"祥"，谓正祭日也。"因其故服"，仍为期之朝服也。祭之明日仍服素缟麻衣，以待释而始易。于祭特吉者，正祭服也。

子游曰："既祥，虽不当缟者，必缟，然后反服。"

"既祥"，谓祥祭之日也。"缟"，缟冠也。"不当缟者"，齐衰以下助祭者，久已释服，服玄端，不当缟冠也。"必缟"者，祥祭为吉凶之交，礼尤重也。"反服"，祭毕反其初吉。

右第十四章。

当祖，大夫至，虽当踊，绝踊而拜之，反改成踊，乃袭。

"当祖"，小敛、大敛时，为敛变故祖。"当踊"，谓正当踊时。"绝"，中止也。"反"者，拜宾必于堂下，拜已升堂，反即视敛之位也。"改"，更也。凡踊三者三而成，先虽已踊，以绝不数，仍九跃也。"袭"，着衣也。敛事毕，踊而后袭；言"乃袭"者，谓即祖以拜，不待袭而成礼，急敬尊者也。

于士，既事，成踊袭而后拜之，不改成踊。

"既事"，终敛事也。"成踊袭而后拜"，不绝踊祖也。"不改成踊"，踊已成也。此士礼也。若大夫，则虽大夫至亦必成踊袭而后拜。夫人子于亲丧之际，哀乱摧折，若一致于其亲而他皆所不恤，乃其于尊卑之等、拜踊之节犹若是其详辨者，盖亲亲尊尊之义，同出于性而非由外铄。故孝子尽性以事亲，无所不致慎焉。而节文之宜，仁义并而不悖，非达于天德之全体者，固不足以知其深远矣。夫岂仅恃其不学不虑之知能，而直情径行者所得与哉！直情径行者，戎狄之道也。

右第十五章。

上大夫之虞也少牢；卒哭成事、附，皆大牢。下大夫之虞也犆牲；卒哭成事、附，皆少牢。 少，诗照反。卒，子律反。大，他盖反。犆，徒得反。

卒哭之祭谓之"成事"。大夫三月而葬，五月而卒哭，其间凡五虞，然后卒哭。虞，丧祭；成事、祔，渐吉矣。丧不备物，渐吉然后备所应用之牲。

右第十六章。

祝称句：**卜葬、虞，子孙曰"哀"，夫曰"乃"，兄弟曰"某卜葬其兄"，弟曰"伯子某"。**

"祝称"，谓命龟称主人之辞。"卜葬"，卜葬日也。"卜虞"者，大夫五虞，诸侯七虞，须卜日也。"孙"，父没为祖后者。"乃"者，对其妻之称。

右第十七章。

古者贵贱皆杖。叔孙武叔朝，见轮人以其杖关毂而輠轮者，于是有爵而后杖也。朝，直遥反。輠，胡馆反。

"朝"，谓造朝而涂遇之也。"轮人"，为车轮者。"关"，穿也。"輠"，回转以试其圆否也。礼虽不下于庶人，能者弗禁也。愚贱不能自勉于礼，而或存其实，或存其名，苟名存而实虽亡，犹愈于名实之皆亡，则存其名以俟能者可也。以私意忿一人之失而遽禁庶人之杖，此其所以为叔孙武叔与！

凿巾以饭，公羊贾为之也。饭，扶晚反。

公羊，复姓，贾名。"巾"，覆面帛。大夫以上，宾为之饭，则以巾覆面，当口凿之，以远宾之憎恶。士亲饭而凿巾，则子而憎其亲矣。苟欲僭大夫之礼以尊其亲，而不知其陷于大恶也。废杖、凿巾，皆记鲁礼之失。

右第十八章。

冒者何也，所以掩形也。自袭以至小敛，不设冒则形，是以袭而后设冒也。后字衍文。

"冒"，韬尸者，制若直囊，凡二，上曰质，下曰杀，先以杀韬足而上，后以质韬首而下，齐于手。自袭至敛，为日不一，容色变异，将见于形，孝子不忍其亲或为人所憎恶，故以此掩之。此先王之礼所以曲尽人情而求其心之安也。程子以是治司马温公之丧，而苏轼诮之，亦多见其不知量而已。

右第十九章。

或问于曾子曰："夫既遣而包其余，犹既食而裹其余与？君子既食则裹其余乎？"曾子曰："吾子不见大飨乎？夫大飨，既飨，卷三牲之俎归于宾馆，父母而宾客之，所以为哀也。子不见大飨乎？"夫，防无反。遣，诘战反。与，以诸反。归，求位反。

"遣"，遣奠也。"包"，裹而载之遣车也。"大飨"，诸侯相飨之礼。"三牲"，大牢也。"大飨"，礼之盛者，必归俎以致敬，可以释裹余之疑矣。乃以宾客之礼待父母，疑于恻隐之不足，而孝子之心于亲之死不得而不宾之，且若其生而他往，不忍以其不能饮食而遂竟以祭礼行之，则哀恋之情亦至矣。

右第二十章。

非为人丧，问与？赐与？三年之丧，以其丧拜；非三年之丧，以吉拜。为，于伪反。与，以诸反。

"非为人丧"，谓虽在丧中而不以丧故相赙助也。"问"，遗也。敌者曰"问"，尊者曰"赐"。吉拜，不稽首也。三年之丧，无可暂吉，故必丧拜。期功以下，自可以寻常之礼拜受也。

三年之丧，如或遗之酒肉，则受之，必三辞，主人衰绖而受之。衰，仓回反。

"遗之酒肉"者，或因疾毁，劝令强饮食也。君子自尽其道而谅人之情，受之可也。"三辞"者，诚不忍食，必以情告也。"衰绖"者，示虽受之而固不可夺也。如此则人之强之者亦且止矣。

如君命，则不敢辞，受而荐之。

"荐"，奠也。不敢虚君惠，而己固不可夺也。

丧者不遗人；人遗之，虽酒肉，受也。从父昆弟以下，既卒哭，遗人可也。从，疾用反。

"丧者"，期以上之丧也。情尽于亲，不能及人，故不遗人。有丧宜为人所恤，故遗之必受，虽酒肉亦有所用之也。"从父昆弟"，大功之亲者也，自此以下，丧非己主，余情可以及人。

右第二十一章。

县子曰："三年之丧如斩，期之丧如剡。"县，胡涓反。期，居之反。

"斩"，思虑断绝也。剡，神志衰削也。志壹于哀，则气象容貌动止云，为之间无不然者。县子此论可谓善言丧者矣。

右第二十二章。

三年之丧，虽功衰，不吊，自诸侯达诸士，如有服而将往哭之，则服其服而往。此节旧本在"十五月而禫"之下，今从陈氏本定于此。衰，仓回反。下同。

"功衰"，谓既练而所受之衰与大功同也。"吊"，吊生者。"哭"，哭死者。"其服"，所哭者之服。

期之丧，十一月而练，十三月而祥，十五月而禫，练则吊。期，居之反。下同。

此父在为母之丧也。"练则吊"者，其练如三年之祥也。然则三年之丧，祥而可以吊矣。

期之丧未葬，吊于乡人，哭而退，不听事焉；功衰吊，待事不执事。此节旧本在"不听事焉"之下，今定序于此。

"期之丧"，从服、义服及姑姊妹无主殡不在己族者。"听"，亦待也。当主人袭敛之际，须待，其事毕而成礼也。"功衰"，谓殇服，由齐衰而降者也。"不执事"，不相助主人敛奠。

既葬，大功，吊，哭而退，不听事焉；小功缌，执事，不与于礼。与，羊洳反。

"既葬"，己所服者既葬也。"与"，相也。"礼"，谓馈奠。缌，既葬而"不与于礼"者，死者士，逾月而葬也；大夫既葬，缌者除矣。

右第二十三章。

相趋也，出宫而退；相揖也，哀次而退；相问也，既封而退；相见也，反哭而退；朋友，虞附而退。封与窆同，彼验反。

此乡人会葬之节也。古者少长相遇，以趋为敬。"相趋"，谓相识而常相会晤也。"相揖"，谓同与饮射，相揖让也。"相问"，谓往来馈问也。"相见"，谓执贽定交也。同门曰"朋"，同志曰"友"，皆兼生死之交而言也。"出宫"，出殡宫，朝祖已，正枢，宾出而主人拜送，遂不复至也。"哀次"，祖道已，丧车外乡，为哀次于庙门，宾出，主人送也。"既窆"，主人赠已，宾退，主人拜送也。"反哭"，宾更吊，吊已出，主人拜送也。"虞附"则反哭而退，待祭而更来与祭也。宾退必因主人之拜送，退则不复再至矣。

吊非从主人也，四十者执绋；乡人五十者从反哭，四十者待盈坎。从，疾用反。

谓送葬也。"主人"，同姓有服之通称。主人送者随枢行，无事焉，吊者必夹枢行相相助。四十筋力未衰，于道执绋，于坎实土；五十已衰，从主人反哭而相助虞祭；劳逸各有事矣。言"乡人"者，远宾来会，主人重劳之，虽未五十，可从反哭也。

右第二十四章。

丧食虽恶，必充饥。饥而废事，非礼也；饱而忘哀，亦非礼也。视不明，听不聪，行不正，不知哀，君子病之。故有疾饮酒食肉，五十不致毁，六十不毁，七十饮酒食肉，皆为疑死。为，于伪反。

"饱而忘哀"，谓饱则嫌于忘哀也。"不正"，尫蹇欲仆也。"不知哀"，神志昏也。"致"，极也。"疑"，犹恐也。

有服，人召之食，不往。大功以下，既葬，适人，人食之，其党也食之，非其党弗食也。人食之"食"，祥吏反。

"有服"，下达于缌之辞。"适人"，有故至人家也。"食之"，值食时而留之食也。"党"，同有服者。虽彼服轻已除，情相若，则虽食不忘哀也。

功衰，食菜果，饮水浆，无盐酪；不能食食，盐酪可也。

"功衰"，斩衰既练之服也。"水浆"，或水或浆，不专饮水也。"酪"，乳熬成者。"不能食"者，体质羸弱不胜淡食也。"可"者，稍食之。

孔子曰："身有疡则浴，首有创则沐，病则饮酒食肉。毁瘠为病，君子弗为也。毁而死，君子谓之无子。"创，初良反。

"疡"，头疮。"创"，古疮字。按字义当云"首有疡，身有创"，或传写互讹也。内伤曰"毁"，外羸曰"瘠"。"病"，成痼疾也。君子之居丧也，志壹气充，性尽而情顺，故虽毁而不病。若志之不逮，情欲偷而强之哀，则气馁形疲，强者病、弱者死矣。诚不足而灭裂以求名，君子耻而不为，其甚者反以殄生绝祀，不孝之罪，其能免乎！

右第二十五章。

非从柩与反哭，无免于堩。免，亡运反。

柩所行道曰"堩"。反哭言堩者，循其从柩之路而归也。"无免"，必着丧冠，以致饰也。

右第二十六章。

凡丧，小功以上，非虞附练祥，无沐浴。上，时掌反。

洁清致饰之事，哀则废之。丧祭以事神，可尔。小功、大功终袝，期终练，三年终祥。

右第二十七章。

疏衰之丧，既葬，人请见之则见，不请见人。小功，请见人可也。大功不以执挚。惟父母之丧，不辟涕泣而见人。衰，仓回反。"则见""涕泣而见"之"见"，贤遍反。辟，毗义反。

"疏衰"，期之丧也。"请见人"，通初见、亟见而言。"执挚"，初见之礼。大功可以亟见，不初请见，皆谓既葬也。"不辟涕泣而见人"，人来见而见之也。见者为相吊慰，无相见之礼。

三年之丧，祥而从政；期之丧，卒哭而从政；九月之丧，既葬而从政；小功缌之丧，既殡而从政。期，居之反。卒，子律反。

"从政"，谓服官任事也。期以下，若今在官请假是已。父在为母期，则十三月而祥，而后从政也。

右第二十八章。

曾申问于曾子曰："哭父母有常声乎？"曰："中路婴儿失其母焉，何常声之有？"

古者哭踊皆有节，则哭有时数矣。故曾申疑而问之。无常声者，哀至之哭也。按曾申，曾子之子，而以哭父母问曾子，殆于野矣。孝者，人道之大，教之本也，然子不敢以问父，父不能以诏子，故古者易子而教，精义以利用者也。

右第二十九章。

卒哭而讳。卒，子律反。

在殡不讳者，不忍遽以神道事亲也。卒哭则袝，袝斯神矣。

王父母、兄弟、世父、叔父、姑姊妹，子与父同讳。

"王父母"，据子而言。"兄弟"以下，据父而言。"同讳"者，谓父在从父而讳，父没仍不改也。

母之讳，宫中讳；妻之讳，不举诸其侧。

内讳不出门。异姓之讳，非己讳也。

与从祖昆弟同名，则讳。从，疾用反。

"名"，当作"居"，传写之误也。"同居"，谓共坐也。从祖，小功之亲，不逮事父则不讳，惟与其子同处则不举诸其侧。

右第三十章。

以丧冠者，虽三年之丧可也，既冠于次，入哭踊，三者三，乃出。冠，古乱反。三，苏暂反。

"以丧冠"，谓年已及冠，适有丧，即冠丧冠也。"次"，庐也。"入"，升堂诣殡前也。"哭踊"，哀父母之不及见也。"三者三"，成踊也。"出"，即哭次也。此谓三年之丧而冠者，期以下见《曾子问》。

大功之末，可以冠子，可以嫁子。父小功之末，可以冠子，可以嫁子，可以取妇。己虽小功，既卒哭，可以冠、娶妻。下殇之小功则不可。冠，古乱反。取，七句反。卒，子律反。

"末"，受服即葛之后也。"大功"言己服，"小功"言父服，错举互明之。"妇"，子妇也。小功可以取妇，大功则不可取，吉于冠、嫁也。"己虽小功"，父没之辞也。"冠"，自冠。"娶妻"，自娶。小功卒哭可以冠、娶，大功可冠而不可娶也。"下殇之小功"，本期服之亲，服虽五月而无受，故必终丧。"不可"者，冠、嫁、娶俱不可也，麻不可以接吉也。言下殇之小功，则上、中殇之大功可知。

右第三十一章。

凡弁绖，其衰侈袂。衰，仓回反。

"弁绖"，吊服，其衰有三，锡衰、缌衰、疑衰也。"侈"，张大而被于衣上也。"袂"，衰衣相属当腋者。凡衰之制，幅布当心，缀于衣上，其博四寸，左右辟领各四寸，衰不覆袂也。吊服之衰，不为辟领，以一幅博如其躯，侈加于袂上，哀轻则简而文也。

右第三十二章。

父有服，宫中子不与于乐；母有服，声闻焉不举乐；妻有服，不举乐于其侧。与，羊洳反。

"父有服"，功、缌及义服，己不从服者。"宫中"，谓同宫居也。"与"，执习也。"乐"，琴瑟也。士无故不彻琴瑟，为所尊亲故变也。母妻之服，其私丧也。"声闻焉不举乐"，则宫中容有不相闻之处，举之可矣。"不于侧"，则虽声闻不避。

大功将至，辟琴瑟；小功至，不绝乐。辟，必益反。

"将至"，谓有是服者来诣己，已将命而未入也。"辟"，屏也，方弹而彻也。"不绝乐"者，方弹不辍，未弹则亦不奏也。凡习乐而客至者，不为中止，曲终而后肃之。

右第三十三章。

姑姊妹，其夫死，而夫党无兄弟，使夫之族人主丧；妻之党，虽亲弗主；夫若无族矣，则前后家、东西家；无有，则里尹主之。

"兄弟"，谓有服之亲。"族人"，无服者也。"妻"，即姑姊妹也，其党不得为主。妇人既嫁从夫，非出则本宗义殊也。"东西"，左右也。"无有"，谓邻近素不相往来。二十五家为"里"。"尹"，里宰。

或曰：主之，而附于夫之党。

"主"，谓母家兄弟主之。"党"，昭穆所宜附者。此流俗之说，非礼也。

右第三十四章。

麻者不绅。

首绖则要必绖，必不大带而垂绅也。

执玉不麻。

宰受含玉则朝服是已。又大夫在聘而闻君薨，虽已服衰，聘享则必易吉服，凶不干吉也。

麻不加于采。

外服吊服，则内衣必素。

右第三十五章。

国禁哭，则止，朝夕之奠即位，自因也。

大祀致齐则"禁哭"。"即位"，即哭位也。因哀之至，垂涕而无声也。

右第三十六章。

童子哭不偯，不踊，不杖，不菲，不庐。菲，扶沸反。

"偯"，委曲之声。"菲"，菅屦。礼非以强人所不逮，能者由之，未能者无躐等也。

右第三十七章。

孔子曰："伯母叔母疏衰，踊不绝地；姑姊妹之大功，踊绝于地。如知此者，由文矣哉！由文矣哉！"衰，仓回反。

"绝地"，跃起离地。"姑姊妹之大功"，已嫁者也。"知此"，谓通其义。"由"，用也。言能知恩义之各有当，不屈义以从恩，不裁恩以就义，则情文各得，并行不悖，即用之无不宜矣。

右第三十八章。

泄柳之母死，相者由左。泄柳死，其徒由右相。由右相，泄柳之徒为之也。相，息亮反。

凶礼由右，相者从左，礼也。泄柳之徒不能守其师说，以从流俗，而礼乱矣。

右第三十九章。

天子饭九贝，诸侯七，大夫五，士三。饭，扶晚反。

实颐曰"饭"，塞齿曰含。"贝"，今谓之蚆子，精小者多，粗大者少，贵用精，贱用粗也。旧说此夏、殷之礼也，周用珠玉。

右第四十章。

士三月而葬，是月也卒哭，大夫三月而葬，五月而卒哭。诸侯五月而葬，七月而卒哭。士三虞，大夫五，诸侯七。卒，子律反。

"卒哭"以缓为贵，伸其哀也。"虞"在葬、卒哭之间，葬之日即一虞，其后每月二虞，卜日行事。

右第四十一章。

诸侯使人吊，其次含、襚、赗、临，皆同日而毕事者也，其次如此也。含，胡绀反。

上篇备矣。"次"，因死事之先后。"临"则使臣之私事，故最后。

右第四十二章。

卿、大夫疾，君问之无算，士壹问之。君于卿、大夫，比葬不食肉，比卒哭不举乐；为士比殡不举乐。此，毗至反。卒，子律反。为，于伪反。

《丧大记》言君三问大夫之疾，此云"无算"者，疾之淹速不一也。"壹"，与"一"通。"壹问"，疾亟而后问也。古之君臣如此，岂以笼络士心而望其报礼哉！君臣之义植于性，而人道所自立也。

右第四十三章。

升正柩，诸侯执绋五百人，四绰，皆衔枚；司马执铎，左八人，右八人；匠人执羽葆御柩。大夫之丧，其升正柩也，执引者三百人，执铎者左右各四人，御柩以茅。引，羊进反。

"升"，谓朝祖而升阶也。"正柩"，厝棺于庙两楹之间，以待发也。朝祖为行葬之始事，其后之墓，皆仍此而为之尔。"绰"，牵柩车绳，庙中谓之"绰"，道路谓之"引"，其实一耳，互言之。"枚"，如箸，衔之，有缅结项中，以止讙嚣者。"司马"，两司马，二十五人之长也。"执铎"者，振之，夹柩以令柩进止也。"匠人"，冬官司空之属，主棺事及窆者。"葆"，形如盖，杂五色鸟羽为之。"御柩"，以为升降左右之节也。大夫之"执铎者"，亦其家司马之属。"茅"之为言明也，所以明示人之观瞻，谓旗帜也。《春秋传》曰："前茅虑无。"

右第四十四章。

孔子曰："管仲镂簋而朱纮，旅树而反坫，山节而藻棁，贤大夫也，而难为上也。晏平仲祀其先人，豚肩不掩豆，贤大夫也，而难为下也。"

"镂"，雕虫兽也。大夫盛粢盛以敦，"镂簋"，僭诸侯。"纮"，冕系。大夫缁纮，"朱纮"，僭天子"贤大夫"者，贤其功业。"难为"，谓已隆则上无可加也，己替则下无可减也。豆径尺，"不掩豆"者，甚言其小。

君子上不僭上，下不偪下。偪与逼通，彼侧反。

如其礼而已矣。

右第四十五章。

妇人非三年之丧，不逾封而吊；如三年之丧，则君夫人归。

"封"，国境也。妇人已嫁，于其父母期，而言"三年"者，缘本亲也。"君夫人归"，则大夫之妻可知已。

夫人，其归也，以诸侯之吊礼，其待之也，若待诸侯然。

"吊礼"，谓含禭及赗之仪。不纯乎子而可用其夫之礼，妇人从夫者也。"待之"，谓主孤馆饩之事。

夫人至，入自闱门，升自侧阶，君在阼，其他如奔丧礼然。

惟此为异于诸侯之相吊耳，使得伸其子道于门以内也。"闱门"，宫中两旁入庭中之门。"侧阶"，东房外东乡之阶。"君"，主孤。"在阼"，不降迎也。"其他"，哭踊髺麻之属。

右第四十六章。

嫂不抚叔，叔不抚嫂。

"抚"，抚尸也。嫂叔生不通问，死不为服，何抚之有！

右第四十七章。

君子有三患：未之闻，患弗得闻也；既闻之，患弗得学也；既学之，患弗能行也。

君子闻道而学焉，期于行也。时虽未可行，而能行在己，则亦可弗患矣。三者，学之事也。

君子有五耻：居其位，无其言，君子耻之；

不知其职所当为，则不能有言。

有其言，无其行，君子耻之；行，胡孟反。

得失利病，言之详而行不逮，是欺人也。

既得之而又失之，君子耻之；

所行不固，独劳而无功也。

地有余而民不足，君子耻之；

仁不足以保民，故民去之。

众寡均而倍焉，君子耻之。

"众寡"，谓其国邑夫田之数也。"均"者，与人相若。"倍"，赋敛所入倍于均我者也。不能致民以阜财，而徒多取以致富，其行贱矣。五者，仕之事也。

右第四十八章。

孔子曰："凶年则乘驽马，祀以下牲。"

马六种，"驽马"最下，人君乘之示自贬，且易供。"下牲"，谓天子、诸侯降用少牢，大夫特牲，士特豚。

右第四十九章。

恤由之丧，哀公使孺悲之孔子，学士丧礼，士丧礼，于是乎书。

"书"，犹传也。五礼之籍皆藏于公府，周衰散乱，孔子定之，孺悲学焉而传其书，至今犹为明备，其他仅存而阙失多矣。

右第五十章。

子贡观于蜡。孔子曰："赐也乐乎？" <small>乐，卢各反。下同。</small>

"蜡"祭，事偕野人而近于戏，惟圣人之心达性情之和以类万物之情，含弘周遍而油然各得，故见其可乐而以为问。

对曰："一国之人皆若狂，赐未知其乐也。"

"若狂"，谓致鹿女、迎猫虎之状。贤者守正，不见其可乐也。

子曰："百日之蜡，一日之泽，非尔所知也。"

"百日"，谓春耕之劳，以蜡息之也。"泽"，惠也，先王以恤民之勤苦而畅其情以惠之也。"非尔所知"者，非其识量所及。

"张而不弛，文、武弗能也；弛而不张，文、武弗为也。一张一弛，

文武之道也。"

"张"，控弦，喻操之使效能也。"弛"，释弦，喻纵之使自适也。文、武，谓文王，武王。蜡始于伊耆氏而言文、武者，古有其礼而周益备也。"弗能"者，天地屈伸之化，人物性情之几，自然而不可强也。"弗为"者，圣人裁成之用也。"道"，谓通变宜民之理，所以调治人情而引之正也。

右第五十一章。

孟献子曰："正月日至，可以有事于上帝；七月日至，可以有事于祖。"七月而禘，献子为之也。 正，如字，俗读诸盈反者，非。

"正月""七月"，皆以周正言之，建子之月日南至，建午之月日北至也。"有事于上帝"，郊也。祖，太祖。"有事于祖"，禘也。日南至而郊，礼也，所谓大报天而主日，迎阳之至以求阳也。若殷祭必以孟月，示不忍旷也。诸侯秋尝冬烝，因而举殷祭焉，于秋举之，当以夏正七月建申之月。献子以周正行之，实为仲夏，徒欲与郊对月而举，而不知祭祖之事与日无与，则亦不达礼意矣。"为"者，以私意改作之谓。

夫人之不命于天子，自鲁昭公始也。

以娶同姓而不敢告于周，后遂因之而废王命。此章两记鲁礼之失，皆人道之大者也。

右第五十二章。

外宗为君夫人，犹内宗也。 为，于伪反。

"外宗"，君诸姑姊妹之女。"为"，为之服也。"内宗"，君同姓之女也。凡内外宗女自以戚受命为命妇，不系乎夫，则为君服斩衰，夫人服齐衰；其疏远不得受命而嫁于士大夫者，自从其夫服君期，夫人无服。

右第五十三章。

厩焚，孔子拜乡人为火来者。拜之士壹，大夫再，亦相吊之道也。

有灾则吊，吊则必拜也。

右第五十四章。

孔子曰:"管仲遇盗,取二人焉,上以为公臣,曰:'其所与游辟也,可人也。'" 辟,匹亦反。

"取",择用也。"上",升之于公朝也。"曰",管仲荐之之辞。"游",交游。"辟",邪僻也。

管仲死,桓公使为之服。宦于大夫者之为之服也,自管仲始也。有君命焉尔也。

"为之服",为服旧君之服,齐衰三月也。违大夫之诸侯不反服,有君命可尔,后遂因之为始,则不可。

右第五十五章。

过而举君之讳则起。与君之讳同则称字。

"过",误也。"举",称也。"起"者,方坐而起,示不宁也。"与君之讳同",名同君也。"称字"者,以字行,曲避之。名者父所命,不可易也。

右第五十六章。

内乱不与焉,外患弗辟也。 与,羊洳反。辟,毗义反。

"内乱",谓君臣适庶之间有衅端。"外患",邻寇也。内乱之未成,守正以匡其难,不可则蚤去之,列国之大夫有用是道者,宋子哀、蘧伯玉是已。若贵戚之卿身执国政,则死生以之,无全身幸免之道,况六合一王之天下,而卒有萧鸾、武瞾之事,为之臣乃欲浮沉幸免以自谓明哲,此奸佞之尤者,而岂君子之所许哉!读者亦不可不辨也。

右第五十七章。

赞,《大行》曰圭,公九寸,侯伯七寸,子男五寸;博三寸,厚半寸;剡上,左右各寸半,玉也。藻,三采六等。 赞,盖瓒字之误,才旱反。

"瓒",祼玉也;前为盘盛鬯,后以圭为柄。《大行》者,《秋官·大行人》也。记者节引《大行人》记圭之文,以明圭瓒之等也。《考工记》天子之祼圭,尺有二寸,与镇圭等,则诸侯之祼瓒视其命圭可知已。子男执璧而瓒则通用圭者,璧不可为瓒首也。"剡上",谓柄端锐出,两旁斜杀也。"左右各寸半"者,中为脊文,两分,其博各寸半也。此桓圭之式,命圭惟公圭为然；裸圭则通用之，但长短殊尔。"藻"，以组为之，藉以执者。"三采"，朱、白、苍。"六等"，每采再就，凡六匝也。于命圭则侯伯之礼，裸圭酌而用之。

右第五十八章。

哀公问子羔曰："子之食奚当？"对曰："文公之下执事也。"

"食"，先人始食禄。"奚当"，言当何代也。子羔谦慎以对，记者取之为对君之体。

右第五十九章。

成庙则衅之。

血祭曰"衅"，惟荐血而不荐腥熟，盖以礼土木之神而辟禳也。

其礼：祝、宗人、宰夫、雍人，皆爵弁纯衣。

"祝"，主隋衅之事。"宗人"，宗伯之属，主宗庙之事。"宰夫"，燕则代君为主人，此亦摄主以礼神。"雍"，《周礼》作"饔"。"饔人"，掌烹割之事，司割牲。"纯衣"，丝衣，其色玄。按《大戴礼》，宗人受命于君，君玄服命之。

雍人拭羊，宗人祝之。

"拭"，去其尘污也，用毛血故必外洁。"祝"，当作"视"，谓莅视也。

宰夫北面于碑南，东上。

"碑"在庙堂下中庭，以丽牲者也。"东上"，宗人典祀最东，宰夫、祝、雍以次而西也，不拜者，土木之神亵，拜则嫌于拜庙也。

雍人举羊升屋，自中；中屋南面，刲羊血流于前，乃降。

"举"，持也。其徒举之，雍人莅之尔。"升自中"，由檐阿之中也。"中屋"，当屋脊也。"血流于前"，持刲羊下至檐，遍洒之也。于是而衅事成矣。

门、夹室皆用鸡，先门而后夹室。其衈皆于屋下。割鸡，门，当门；夹室，中室。

遍衅之也。"门"，大门。"夹室"，两旁室。"衈"，将割而先灭耳旁毛荐之也。"于屋下"，言不升屋也。"当门"，霤下正中。"中室"，室内四方之中。

有司皆乡室而立，门则有司当门北面。乡，许亮反。

"有司"，宗祝宰雍也。"皆"，云者，夹室不一也。"当门北面"，位在门外，乡门。

既事，宗人告事毕，乃皆退。反命于君，曰："衅某庙事毕。"反命于寝，君南乡于门内，朝服。既反命，乃退。朝，直遥反。乡，许亮反。

"寝"，路寝。有司受命莅衅事，君留路寝待之。"门"，路寝户也。"朝服"，君不莅祭，不祭服也。"退"，君反内，有司出也。《大戴记》："告已，君曰诺，宗人请就晏，揖之乃退。"

路寝成，则考之而不衅。衅屋者，交神明之道也。

"考"，亦落成之祭名。《春秋》："考仲子之宫。""不衅"者，具俎豆，不血祭也。宗庙以奉神明，祀则嫌于祀其先，故但用血祭，不荐腥熟。路寝无嫌，祀之可矣。

凡宗庙之器，其名者成，则衅之以豭豚。

"名者"，谓典礼之器以名著者。"豭"，豵也。

右第六十章。周之五礼，其属三千，《仪礼》之仅存者十七篇而已。此章衅庙之礼。盖祭礼之属散见于佚亡之余者，戴氏以其事止一节，故不收之《礼经》而附之于《记》，大戴氏所记亦略同焉，实则《经》也，非《记》也。下章出夫人之礼，盖亦婚礼之属，亦《礼经》之遗策也。

诸侯出夫人，夫人比至于其国，以夫人之礼行；至，以夫人入。比，毗至反。

"比"，及也。送之之车服，迎之之馆饩，皆如其故，未致命，犹未绝也。

使者将命曰："寡君不敏，不能从而事社稷宗庙，使使臣某敢告于执事。"主人对曰："寡君固前辞不教矣，寡君敢不敬须以俟命。" "使者""使臣"之"使"，疏吏反。

"前辞不教"，谓纳采对辞云然。"须"，听也。"俟命"，俟后命，冀复合也。

有司官陈器皿，主人有司亦官受之。

"官"，各如其所掌之官。"器皿"，其本所齐物。

妻出，夫使人致之曰："某不敏，不能从而共粢盛，使某也敢告于侍者。"主人对曰："某之子不肖，不敢辟诛，敢不敬须以俟命。"使者退，

主人拜送之。共，九客反。盛，是征反。辟，毗义反。"使者"之"使"，疏吏反。

此大夫以下出妻之礼。诛，谴也，"主人拜送使者"，君子怒不废礼也。

如舅在则称舅，舅没则称兄，无兄则称夫。主人之辞曰："某之子不肖。"如姑姊妹亦皆称之。

所出者若无主人，则有所出无所归，义不得出矣。

右第六十一章。

孔子曰："吾食于少施氏而饱，少施氏食我以礼。吾祭，作而辞曰：疏食不足祭也。吾飧，作而辞曰：疏食也，不敢以伤吾子。"少，诗照反。"食我""疏食"之"食"，并祥吏反。

少施氏，鲁惠公子施父之后。"飧"，食将竟，而以饮浇饭尽之，所以饱主人之惠也。"伤"，谓不堪多食而强之也。即其致辞观之，而将事之谦谨概可知矣。

右第六十二章。

纳币一束，束五两，两五寻。

婚礼纳征之币也，玄、纁各半。"五两"者，十端，每二端合卷之。"两五寻"者，每端二丈。《周礼》："娶妻入币，无过五两。"自天子下达，其度数一也。

妇见舅姑_句，**兄弟姑姊妹皆立于堂下，西面北上，是见已**。见，贤遍反。下同。

"兄弟姑姊妹"，舅之妹未嫁者及子女也。舅席在阼堂下，"西面北上"，统乎舅也。"是见"者，谓就此而与兄弟姑姊妹相见。"已"者，不更与行相见之礼也。言"兄弟"，娣姒在其中。

见诸父，各就其寝。

"诸父"，夫之伯叔父。"寝"，室也。他日特见之，此谓舅之兄弟同宫者。

右第六十三章。

女虽未许嫁，年二十而笄，礼之，妇人执其礼。

许嫁乃笄，常也；或未许嫁，年已及，必为之笄。"礼"，醴也。其礼与男子冠相拟。许嫁而笄，则受命于父而行；未许嫁，纯乎内事，母专执其礼。

燕则鬈首。鬈，巨圆反。

"燕"，燕居。谓既笄以后在家之饰也。许嫁而笄，则恒服缅笄或次，今未许嫁，虽笄不备妇饰，仍如女子之制，分发为鬈纷也。

右第六十四章。

韠长三尺，下广二尺，上广一尺，会去上五寸。纰以爵韦六寸，不至下五寸。纯以素。纰以五采。长，直亮反。广，古旷反。会，古外反。纯，之尹反。

详韠制也。与《玉藻》互记之。韠长三尺，下博上狭，以渐杀也。"会"者，韠一幅，至上裂而为三，中为颈，两旁为肩，会当三裂之处而横缘之。"去上五寸"者，去颈肩之端五寸，所谓"其颈五寸"也。缘在旁曰"纰"。"以爵韦"者，士韠也。君朱纰，大夫素纰。"六寸"，以博言，表里各三寸，凡用爵韦六寸也。"不至下五寸"，凡纰二尺，下五寸不纰，与上会去上之数相配也。"纯"，下缘也，纰所不至则纯之。"素"，生帛也。"纰"，组也；在缘缝间巡绕为饰，惟纰间有之。

右第六十五章。

《礼记章句》卷二十一终

礼记章句卷二十二

丧大记

"大"，备也。自始死至葬，自诸侯至士，皆备记之，所以补《丧礼》之未悉者也。凡十八章。

疾病，外内皆埽。君大夫彻县，士去琴瑟。寝东首于北墉下。埽，先到反。县，胡消反。去，邱矩反。墉，郑氏曰："成为'墉'。"当从之，余封反。首，舒救反。

"病"，疾甚也。"内"，燕寝。"外"，门庭。"皆埽"，慎终故须先整肃也。彻乐器者，非乐时也。"东首"，顺生气。"墉"，室墙也。"北墉下"，去户牖远，静谧以安之。此记病革之时。

废床，彻亵衣，加新衣，体一人。男女改服，属纩以俟绝气。

"废"，彻也。彻床以簀卧于地，以人始生在地，反其真也。"体"，手足也。持之各一人，以将死愊悗不宁为之依也。"男女"，谓侍疾者。"改服"，士以上朝服，庶人深衣，女衫玄，为送死不敢亵也。"属"，缀也。"纩"，新绵，缀于鼻端，候息之绝，息未绝犹冀其生也。此节记气将绝之际。

男子不死于妇人之手，妇人不死于男子之手。

"手"，谓持体者。君子正终，远嫌乱也。

君夫人卒于路寝。大夫世妇卒于適寝。内子未命，则死于下室，迁尸于寝。士之妻皆死于寝。卒，子律反。適，都历反。

"君"，诸侯也。夫人之卒在其内三寝之正寝，而言"路寝"者，正寝视君之路寝也。天子有夫人，有嫔，有世妇。诸侯之世妇视天子之嫔，内命妇也。大夫之妻其秩视世妇，故类言之。"适寝"者，大夫则外寝，妻则内正寝，内命妇则其宫之正寝也。"内子"，谓世妇女御。下室，寝后室。"寝"，其宫之正寝也。"迁尸"者，没君追命之也。"士之妻"，谓士及士之妻也。士或止一寝，故但言"寝"，夫妇之卒同于此也。凡寝皆正室之名，外寝如今厅事，内寝如今中堂。死必于寝，以正终也。

右第一章。此章记始死之礼。君子之自处其死也，必正而无偷安畏恋之情；处其亲之死也，亦必以正而不为姑息狎昵之爱。是岂有所矫而然哉？君子之于身无不敬也。其于亲亦无不敬也。死，命也；哀，情也。顺命而极用其情，一之以敬，则并行不悖矣。既不为细人之鄙亵哀瞀而不恤理之所安，而亦非若异端之矫强张皇立异，而以求别于夫人之死也。知此者，可与语死生之际而事其亲矣。

始死，迁尸于床。帆用敛衾，去死衣。小臣楔齿用角柶，缀足用燕几。君、大夫、士一也。去，邱矩反。此节旧在"皆有枕席君大夫士一也"之下，今定序于此。

死时在北墉下，废床，今更于南牖下设床，迁尸于上，死事始也。"帆"，覆也。"敛衾"，小敛之衾，权用之，袭乃彻，更为敛用也。"死衣"，死时所易朝服也。去而裸之，待浴也。"小臣"，正君之服位者，大夫权设其官"子路使门人为臣"是已。士则御者摄。"楔"，拄也；拄之勿令合，使受饭含。"柶"，长六寸，两头屈曲出两吻外，角为之，取其滑易也。"缀"，衬而拘之，使勿辟戾，可受履也。"燕几"，燕居之几，仄之使几足拘两足，御者坐持之。"君、大夫、士一"者，安尸事质，不容异也。

右第二章。此章记始死迁尸之礼。

复，有林麓则虞人设阶，无林麓则狄人设阶。小臣复。复者朝服。复，芳服反，下同。朝，直遥反。

"有林麓""无林麓"，谓所封国邑境内有无也。"虞人"，山虞。"狄"，与"翟"通。"狄人"，《周礼》谓之"夏采"，主复事者。"阶"，梯也，以升屋者。无林麓则无虞人，狄人摄之。"小臣"，君出入则前驱，故令之复。复非一人，于路寝则使小臣，四郊则夏采。大夫以下，其人未闻。"朝服"，以吉迓生气。

君以卷，夫人以屈狄；大夫以玄赪，世妇以禕衣；士以爵弁，士妻以税衣。卷，古本反。屈，去月反。禕，时战反。税，吐玩反。

皆举上服以统其余也。复者非一人一处，小臣于路寝用上服耳。"卷"，与"衮"同，公之上服。侯伯则鷩，子男则毳，举公以下统之。"屈"，与"阙"通，子、男夫人之上服；公夫人则袆衣；侯伯夫人则揄狄。举子男以上统之，互文见意也。"玄赪"，玄衣缥裳，玄冕服也。"禕衣"，命妇助祭服。"世妇"，兼内外命妇而言。"爵弁"之服，缁衣缥裳。"税"，与"褖"通，六衣之下，士妻之上服也。

皆升自东荣，中屋履危，北面三号。卷衣投于前，司服受之，降自西北荣。号，胡刀反。

"荣"，屋檐角翼起处。"东荣"者，前檐东角也。"号"，大呼也。"危"，屋脊也。复衣以竿揭之，已事则卷之于竿。"投"，掷也。"前"，檐下。"受之"，以覆尸。"西北荣"，后檐西。

其为宾，则公馆复，私馆不复。其在野，则升其乘车之左毂而复。乘，食证反。

"在野"，谓卒于道路。

复衣不以衣尸，不以敛。"衣尸"之"衣"，于既反。

"衣尸"，袭也。既冀为魂所或依，不忍致死之也。

妇人复，不以袡。

"袡"，绛缘衣，嫁时上服，非正服也。

凡复，男子称名，妇人称字。

此殷礼，周则男子称字。

惟哭先复，复而后行死事。先，苏佃反。

复以冀其生，故未复不行送死之礼，惟哭则哀迫于中，不能待也。"死事"，谓正尸浴袭。

右第三章。此章记招魂之礼。

管人汲，不说缠，屈之。尽阶，不升堂。授御者，御者入浴。小臣四人抗衾，御者二人浴。浴水用盆，沃水用枓。浴用绤巾，挋用浴衣，如他日。小臣爪足。浴余水弃于坎。其母之丧，则内御者抗衾而浴。说，他活反。枓，知庾反。尽，慈忍反。

"管人"，司汲之官，盖冬官之属。《冬官》今亡，无所考。"管"，筩也，所以汲者也。"缠"，汲筩索也。汲者致水必说缠，"不说"者，示哀遽且告新汲也。"屈之"者，为曳地则不便事也。"阶"，西阶。"尽阶"，阶之最上级也。"不升堂"，终在阶也。"御者"，无恒官，生时所亲用者，遣之执事尔。"入浴"，浴于室也。"抗"，高举之也。"衾"，覆尸敛衾。"抗衾"，以掩形露也。"沃"，浇于身也。"枓"，形如酌酒之斗，有柄，以木为之。"绤"，细葛。此人君之礼，士则用绤。"挋"，拭干也。"浴衣"之制未详，盖亦巾类。"他日"，生时也。"爪足"，剪足趾爪。"坎"，甸人为垼所取土处，在阶间，不忍远倾之，藏之近也。"内御"，婢妾之属。"抗衾而浴"者，言抗衾及浴，皆用内御也。

管人汲，授御者。御者差沐于堂上，君沐粱；大夫沐稷，士沐粱。甸人为垼于西墙下，陶人出重鬲，管人受沐，乃煮之。甸人取所彻庙之西北厞薪，用爨之。管人授御者沐，乃沐。沐用瓦盘，挋用巾，如他日。小臣爪手剪须。濡濯弃于坎。差，楚街反。重，直容反。厞，扶沸反。此上二节旧在"君大夫士一也"之下，"君之丧子大夫公子"之上，今定序于此。

"差"，渐。"沐"，米也。"君"，国君。郑氏谓差率而上之，天子沐黍。按《士丧礼》"沐用稻"，此言"沐粱"者，盖传写之误耳。沐以谷者，渐其米之潘，用去垢也。"垼"，土块灶。不煮于爨室者，别于生也。"陶人"，为瓦器之官。"鬲"，瓦釜有足。谓之"重鬲"者，煮沐已，则用此鬲盛余米县木上为重也。"甸人"，供薪之官。"彻庙厞"，谓取复者降自西北荣所彻之檐木也。谓之"庙"者，尸在，从死者之称也。"爪手"，去手指甲。"彻须"，芟去其旁生者。"濡濯"，沐余之潘也。

君设大盘，造冰焉。大夫设夷盘，造冰焉。士并瓦盘，无冰。设床，襢第，有枕。含一床，袭一床，迁尸于堂又一床，皆有枕席，君大夫士一也。造，七到反。襢，徒亶反。此节旧在"弃之于隐者"之下，"始死迁尸于床"之上，今定序于此。

此沐浴已，迁尸于床而含袭之后也。"大盘"，木盘，广八尺，长丈二，深三尺，赤其内，置床下以盛冰。"造"，纳也。"纳冰"者，以殡待三日之后至七日，仲春而还气渐温，用凉尸勿坏，且辟蟊蝇也。"夷"，亦大也，视大盘为差，小异其名耳。君殡日远，二月用冰；大夫殡日近，三月用冰。"并瓦盘"者，明大夫之盘亦瓦也。无冰则设水，若君赐之冰，亦用冰矣。"禮笫"，露簧无席以通寒气。"含床"，在南牖下。"袭床"，次含床之东。迁尸于堂，以待敛，床在西坫南。含床无枕，余皆有之，冰盘并设其下。

右第四章。此章记沐浴及含袭用冰之礼。

始卒，主人啼，兄弟哭，妇人哭，踊。 卒，子律反。

此通记自始死至小敛前哭踊无数之节也。"啼"，如婴儿哭。"兄弟"，同姓之通称。"妇人"，谓主妇及女子子。哭而不啼，别于男子也。"踊"，谓自主人以下皆踊。

既正尸，子坐于东方，卿、大夫、父、兄、子姓立于东方。有司庶士哭于堂下，北面。夫人坐于西方。内命妇、姑姊妹、子姓立于西方，外命妇率外宗哭于堂上，北面。

此诸侯之哭位也。"正尸"，谓自北墉迁南牖下南首，其事在复浴之前而记于后者，尸正于南牖，则讫小敛而始迁也。"坐"者，近尸于地，亲之至也。惟适子与夫人坐。"哭"，定尊位也。"子"，谓众子及诸从子。"姓"，孙及诸从孙。不殊者，以尊嗣子也。"东方"，户外堂上，不敢继嗣子也。"有司"，有丧职者。其余为"庶士"。言"坐""立"，言"哭"，互文。坐立皆哭，哭亦立也。"内命妇"，世妇、女御及公子之妻。"子姓"，女子女孙及群从也。"外命妇"，同姓卿大夫之妻。"外宗"，姑姊妹之女，或嫁于士，故言"率"也。士妻疏贱不入哭。

大夫之丧，主人坐于东方，主妇坐于西方。其有命夫、命妇则坐，无则皆立。

"主人"，适子也。众子虽继适子于户内，不坐。"主妇"，妻在则妻是已，妻没则适子妇也。"其有"者，同姓之亲内有之也。嗣子定位于初丧，惟有爵者得与同坐，别尊卑也。按此盖周之后代世官之礼。古者大夫不世，则死者虽大夫而嗣子固士，与士礼同。

士之丧，主人、父、兄、子姓皆坐于东方，主妇、姑姊妹、子姓皆坐于西方。

士之嗣子无适贵，故众主人以亲疏相继而南。

凡哭尸于室者，主人二手承衾而哭。

"承"，举也。"衾"，帔衾。亟见尸以致哀。

右第五章。此章记小敛以前室中堂上下之哭位，其后，既小敛位于堂上，既殡位于堂下，虽小有异同，而适庶亲疏贵贱之别，男女之辨，率循此而为之也。

君之丧未小敛，为寄公、国宾出。大夫之丧未小敛，为君命出。士之丧，于大夫，不当敛则出。为，于伪反。

"寄公"，失国诸侯来托者。"国宾"，来观聘之君、大夫也。"出"，迎于庭也。"君命"，吊襚者。"出"，迎于门外也。大夫于君命，虽当敛亦出；士于大夫，当敛则不出矣。士为大夫出，亦迎于庭也。大夫于国宾，士于君命，其出可知。此皆谓既袭以后。未袭惟为君命出耳，余皆不出。

凡主人之出也，徒跣扱衽拊心，降自西阶。君拜寄公、国宾于位，大夫于君命，迎于寝门外；使者升堂致命，主人拜于下。士于大夫亲吊，则与之哭，不逆于门外。使，疏吏反。

"扱"，反向上也。"降自西阶"，不忍即主也。"拜于位"者，就中庭乡宾之位而拜也。未小敛，寄公位在门西，国宾位在门东，皆北面。言"亲吊"者，或有使家臣来者也。"与之哭"者，既拜之后，即位于西阶下，南面对宾，与成哭踊也。逆，亦迎也。"不逆于门外"，惟送则出门也。

夫人为寄公夫人出，命妇为夫人之命出。士妻，不当敛则为命妇出。为，于伪反。

"命妇"，大夫妻也。《周礼》：世妇以后命吊临于卿大夫之丧。古者有丧妇人亦吊也。夫人于寄公夫人亦拜之于位，未小敛，寄公夫人位在堂上，北面。"出"，出室迎之也。

右第六章。此章记小敛以前主人为宾出之礼。

小敛，主人即位于户内，主妇东面，乃敛。卒敛，主人冯之踊，主妇亦如之。卒，子律反。冯，如字，皮冰反。

"小敛"，于户内，主人主妇临之，以慎终也。"主妇东面"，位敛席西，则主人位敛席东，西面可知。冯，凭也。

主人袒，说髦，括发以麻。妇人髽，带麻于房中。说，他活反。

"袒，说髦，括发"，始成丧也。小敛而后绝乎生之望矣。"髦"，童子之饰，左右各一，父没脱左，母没脱右。"括发"，以麻去笄缅也。"带"，绖也。妇人重腰故先之，男子则未变也。小敛说髦，妇人髽，皆诸侯之礼，士则既殡乃脱髦，其为三日均也。诸侯有东西房，故男子括于东房，妇人髽于西房。大夫、士惟有东房，则男子于房，妇人于室。凡去饰，必于隐处。

彻帷，男子奉尸夷于堂。

始死帷堂，尸未饰也。卒敛斯彻矣。"奉"，承也。士举之，主人攀扶，以致哀恋也。"夷"，陈也。《士丧礼》彻帷在袒括之前，此序在后者，盖主人方入房袒括，而有司彻帷同时并作，随文先后记之也。自此，主人以降之位皆在堂矣。

降拜，君拜寄公、国宾。大夫士拜卿大夫于位，于士旁三拜。夫人亦拜寄公夫人于堂上。大夫内子士妻，特拜命妇，氾拜众宾于堂上。氾，孚梵反。

"拜"者，答其视敛也。"于位"，乡其位而特拜也。"大夫士拜卿大夫"者，大夫于卿，士于大夫也。"于士"，大夫、士之礼同也。"旁三拜"者，士宾众，或东南，或西南，每向三拜。"拜寄公夫人于堂上"，其位在堂上，就而拜之也。"氾拜"，旅拜也。"众宾"，女宾。

主人即位，袭带绖踊。母之丧，即位而免。免，亡运反。

"即位"，始即阼阶下之位，死事已成，嗣子定位也。"袭"者，袒事毕，复袭衣也。未成服之服，仍初死之朝服。"带绖"，加首绖于括发，加腰绖于朝服也。母丧即位，易括发而免，于礼杀也。此人君之礼也，士则先踊而后袭绖。

乃奠。

设小敛之奠也，有牲俎陈于尸东。

吊者袭裘，加武，带绖，与主人拾踊。拾，极业反。

主人变则客亦变矣。"加武"，加素弁武于冠上。"绖"，环绖也。"拾踊"，相间而踊。此"拾踊"者，即上"主人即位踊"之时与同踊，补记于此耳。

君丧，虞人出木角，狄人出壶，雍人出鼎，司马县之，乃官代哭。大夫，官代哭，不县壶。士，代哭，不以官。角，盖甬字之误，他孔反。县，古涓反。

"虞人"，山虞。"木"，薪也；所以蓺鼎炊水，为冬寒使漏不凝也。"甬"，斟水注壶器。"壶"，漏水定时器；《周礼》挈壶氏掌之，此属"狄人"者，诸侯官不备，摄也。"雍人"，外饔。"鼎"，炊水者，挈壶氏司马之属，故其长莅县壶。"代"，次相易也。孝子之哀已逾三日，声将不续，而尸未殡，须相侍卫，故令官代哭，使不绝声。诸侯官众，相次而代，分时刻以序之。大夫家臣少，不能以时相代，更番迭哭而已。士无家臣姻党友朋为代哭。若主人之哭则无时，初不相代也。

君堂上二烛，下二烛；大夫堂上一烛，下二烛；士堂上一烛，下一烛。

"烛"，燎也。昼夜不绝哭，斯不绝炬也。多少因其堂阶庭门之深浅。

宾出彻帷。

此帷之设以别男女，葬而后永彻之，故宾出则彻，宾至则设。

哭尸于堂上，主人在东方，由外来者在西方，诸妇南乡。乡，许亮反。

未殡故曰"哭尸"。"由外来"者，宾也。"南乡"，移位尸北，以避宾也。

妇人迎客送客不下堂，下堂不哭。男子出寝门外见人不哭。

"客"，女宾。"下堂"者，为夫人命也。"寝门"，适寝之门，即大门也。"见人"，谓迎送将君命者。

其无女主，则男主拜女宾于寝门内。其无男主，则女主拜男宾于阼阶下。

皆稍近就之，亦终不相昵也。此下三节通言丧礼而记于此者，自小敛而后皆然也。

子幼，则以衰抱之，人为之拜。为后者不在，则有爵者辞，无爵者人为之拜，在竟内则俟之，在竟外则殡葬可也。衰，仓回反。"为之"之"为"，俱于伪反。竟，居影反。

"不在"，或时他往，父母以急疾终也。"有爵者辞"，其吊也，非适嗣不敢与尊者为礼也。"人为之拜"，摄主受吊也。"俟"，缓殡日以待其归也。"竟外"，近者殡，远者则葬。

丧有无后，无无主。

非宗子则不立后。"无主"者，同姓乃至里尹皆可主也。

右第七章。此章记小敛以后之礼。

君之丧三日，子、夫人杖；五日既殡，授大夫、世妇杖。子、大夫寝门之外杖，寝门之内辑之。夫人、世妇在其次则杖，即位则使人执之。子有王命则去杖，国君之命则辑杖。听卜，有事于尸则去杖。大夫于君所则辑杖，于大夫所则杖。去，邱矩反。

"子"，嗣君。"世妇"，内命妇。"授"者，受命于嗣君也。"寝门之外"，拜宾之位。"寝门之内"，统乎殡也。"次"，哭次，在西房。"辑"，举而敛之，不拄地也。妇人之容简，当辑杖，则使人执之。"国君"，邻国之君。"命"，吊辞也。称"君"、称"命"者，未成君，不敢与敌也。"卜"，卜葬。"有事于尸"，虞而事尸也。"于君所"，与嗣君同即位也。"于大夫所"，自与其侪居哀次也。杖以扶病，亲者哀至先病，故先杖，义服者后也。对君尸及居殡所，虽病不敢不勉也。尊者去之，其次辑之。

大夫之丧，三日之朝既殡，主人、主妇、室老皆杖。大夫有君命则去杖，大夫之命则辑杖。内子为夫人之命去杖，为世妇之命授人杖。为，于伪反。

"三日"，除死日后三日也。"室老"，家宰也。室老于大夫尊不至而加亲，故视子也。"内子"，即主妇。"世妇"，大夫之妻也。命至则不杖，其亲临可知已。"授人杖"，亦使人执之也。君子杖不入于寝门，大夫、士杖不登堂，文略，可互推之。

士之丧二日而殡。三日之朝，主人杖，妇人皆杖。于君命，夫人之命，如大夫；于大夫、世妇之命，如大夫。

"二日"，并死之日而三日也。杖必三日者，孝子自尽其哀，志壹气动，不三日不致毁，无贵贱一也。"妇人皆杖"者，兼妾为君，女子子在室为父也。

子皆杖，不以即位。

"子"，庶子。"皆杖"，以伸其情。"不以即位"，统其尊于适子。

大夫、士哭殡则杖，哭柩则辑杖。

"哭殡"，既殡而朝夕哭也。"哭柩"，启柩以及于葬之哭也。启则见柩，亲柩而哭，故"辑杖"。言"大夫、士"者，国君之丧，杖不入门，虽哭殡亦辑杖。

弃杖者，断而弃之于隐者。断，都管反。

大祥乃"弃杖"。"断"，截之也。"隐者"，僻处。凶物不使人见而恶，杖以扶生者之病，非衰绖送死之道，故弃而远之可也。

右第八章。此章记杖礼，序在此者，以君三日而杖，在大敛之前也。其末二节所记，盖葬及大祥之礼，因记杖而遂终言之。

君之丧，子、大夫、公子、众士皆三日不食。子、大夫、公子、众士食粥，纳财，朝一溢米，莫一溢米，食之无算。士疏食水饮，食之无算。夫人、世妇、诸妻皆疏食水饮，食之无算。莫，漠故反。"疏食"之"食"，祥吏反。下同。

"子"，嗣子。"公子"，庶子。"众士"，公家之士。"众"者，该上、中、下也。"食粥"，三日后也。"财"，资也。"纳财"，谓有司供具粥资之米也。"一溢"，一升零二十四分升之一，以衡称之为二十两，当今十二两。"无算"者，馁疲则强进之，无过毁也。"士"，家臣。"诸妻"，群妾、御妻之属也。

大夫之丧，主人、室老、子姓皆食粥，众士疏食水饮，妻妾疏食水饮。

此言三日以后之丧食，其三日不食，君、大夫、士一也。"子姓"，众子也。"众士"，家臣邑宰，其米亦朝莫一溢，达于士。士与妻妾皆疏水而别言者，男女异辞尔。妻妾服斩与子同而食异者，妇人哀毁已甚，君子之所耻也。

士亦如之。

谓子与妻妾。

既葬，主人疏食水饮，不食菜果，妇人亦如之。君、大夫、士一也。

言"主人"，则大夫、公子、众士、室老先食粥者可知。妇人虽前食疏水，逮既葬，犹同主人不食菜果，伸其情也。

练而食菜果，祥而食肉。

亦通君、大夫、士言之，妇人亦然。

食粥于盛不盥，食于篹者盥。食菜以醯酱。始食肉者先食干肉，如饮

酒者先饮醴酒。 盛，是征反。篹，损管反。干，古寒反。

"盛"，杯盂之属。"不盥"者，歠不污手也。"篹"，筥也，织竹为之。古人饭以手，故盥之，言为食故盥，非求洁清致饰也。

期之丧，三不食。食疏食水饮，不食菜果。三月既葬，食肉饮酒。

日食以再为度。"三不食"，凡日有半也。言"三月既葬"者，诸侯绝期。

期，终丧不食肉，不饮酒，父在，为母、为妻。 为，于伪反。

母为父厌，降服期，情必伸也。为妻亦然者，天子为后服三年，服期者亦降也。练而食菜果。禫而饮酒食肉。

九月之丧，食饮犹期之丧也。

"九月之丧"，伸而同期，情也。

食肉饮酒，不与人乐之。 乐，卢各反。

通期、九月之丧，既葬至终丧而言也。"乐之"者，献酬弦歌之事。

五月、三月之丧，壹不食，再不食，可也。比葬，食肉饮酒，不与人乐之。 比，毗至反。乐，卢各反。

五月之丧屈而同三月，制也。"比"，及也。葬而饮酒食肉，前此可食菜果。

叔母、世母、故主、宗子，食肉饮酒。

"世母"，伯母。"故主"，臣于旧君，士于故所仕之大夫。食肉饮酒，谓既殡以后。

不能食粥，羹之以菜可也。有疾，食肉饮酒可也。五十不成丧。七十惟衰麻在身。 衰，仓回反。

通三年之丧以下而言也。"羹"，糁米和菜煮之。"成"，备也。谓饮食居处不备合礼，惟衰麻在身则居于内而食肉矣。此据衰羸者为之制耳，若年虽及而衰未至，则在其自勉也。

既葬，若君食之，则食之，大夫父之友食之，则食之矣。不辟粱肉，若有酒醴则辞。 "君食""友食"之"食"，祥吏反。辟，毗义反。

谓居父母之丧也。"食之"者，因其毁瘠不堪也。同志曰"友"。粱肉以扶衰，酒醴则为欢之具矣。

右第九章。此章记丧食之礼。主人三日乃食，在大敛之前，故序于此而终言之。

小敛于户内，大敛于阼。君以簟席，大夫以蒲席，士以苇席。

"户内"，室东当户处。"于阼"者，直阼阶之上，于楹间少南，已敛，乃奉尸而殡于西阶上。"簟"，细篾席也。凡席下皆设莞，君、大夫、士一也。

小敛布绞，缩者一，横者三。君锦衾，大夫缟衾，士缁衾，皆一。衾十有九称，君陈衣于序东，大夫、士陈衣于房中，皆西领北上。绞紟不在列。绞，何交反。称，昌孕反。紟，其鸠反。有，于救反。

"绞"，既敛而束其外者，其制用布广终幅，析其末为三，裹衣衾而约结之。"缩"，直也，自首至足周围约之，长如身之二有半。"横者三"，首一，足一，胸一，长六尺六寸，周于身。缩在下，横在上，束之固也。衾在绞内，衣在衾内，袭尸以后既加冒杀，衣裳皆裹，首足均齐，乃绞束之，平直厝于棺中，无动摇离脱之忧矣。"锦"，织文。"缟"，素纤。"缁"，染帛为缁色。衣裳备为"一称"。"十有九称"，君、大夫、士一也。"序"，宫墙反檐向内之廊也。"西领"，横陈之。"北上"，祭服在北，以次南也。小敛于户内，当陈之时，领向尸也。"绞紟不在列"者，陈衣时屈折而不张也。小敛无紟，通下大敛言之。未敛先陈列者，防遗忘，且昭备服。

大敛布绞，缩者三，横者五，布紟二衾。君、大夫、士一也。君陈衣于庭，百称，北领西上。大夫陈衣于序东，五十称，西领南上。士陈衣于序东。三十称，西领南上。绞、紟如朝服，绞一幅为三，不辟。紟五幅，无纮。朝，直遥反。辟，博陌反。余字同上。

大敛衣多则益阔而长，故绞缩三横五，其长亦当倍于小敛之绞矣。"紟"，单被。"衾"，有裹。"二衾"，一覆之，一承之。"紟"则周围约之也。"君衣陈于庭"，百称必庭而后容也。"北领"，尸在堂上向之也。"西上"，举衣者升自西阶，先取上服置于外者，便也。"大夫、士陈于序东"，大敛之事在外也。"西领"者，向尸也。"绞紟如朝服"者，用布之细十五升也。"绞一幅为三"，析其末也。"不辟"，中不裂也。此通小敛、大敛之绞言之。"纮"，衾当头处，用组为识别首足者，紟虽似衾而非以覆体，故不用纮也。

小敛之衣，祭服不倒。

敛者务上下方直，故衣或倒之或横之，惟祭服不敢亵，必顺铺之。大敛祭服多，不能皆不倒矣。

君无襚。大夫、士毕主人之祭服，亲戚之衣受之，不以即陈。

"无襚"者，不以敛也。"主人"，谓同姓者；毕其祭服，余则死者之家自备之，充敛之数。"亲戚"，外戚也；不陈则不以敛矣，君子不以人之惠加于亲之身也。

小敛，君、大夫、士皆用复衣、复衾。大敛，君、大夫、士祭服无算；君折衣折衾，大夫、士犹小敛也。

"复"，夹而有绵着者。小敛衣止十九称，故衣衾用着以充广之。"无算"，言尽祭服而用，不足乃资深衣襚袍。"褶"，夹衣无着者。君百称，自充广，故去其着。大夫、士衣少，仍用复者。

袍必有表，不禅；衣必有裳。谓之一称。 _{禅，都寒反。称，昌孕反。}

"袍"，复衣。"表"，深衣之属，加其上也。"禅"，露袍也。袍褻，故必衣表，乃为一称。"衣"，祭服也。

凡陈衣者实之箧。取衣者亦以箧。升降者自西阶。凡陈衣不诎。

"凡"者，通小敛、大敛之辞。"取衣"者，取而铺之敛席也。"升降者"，称各一人，迭相上下也。"自西阶"，专言大敛也。大敛陈衣于庭或序，取者必由庭下右折从西阶升，以宾礼将之也。"诎"，卷折也。

非列采不入，缔、绤、纻不入。

"列采"，正服之色，若缁黄纁爵也。"纻"，葈麻。"入"，敛而纳之棺中也。

凡敛者袒，迁尸者袭。

谓主人及执事者。"袒"，以便事；"袭"，不敢褻也。

君之丧，大胥是敛，众胥佐之。大夫之丧，大胥侍之，众胥是敛。士之丧，胥为侍，士是敛。 _{大，他盖反。胥，本祝字之误，之六反。}

"众祝"，小祝。"侍"，临阅之也。士，盖商祝；《士丧礼》："商祝主敛"，商祝不登于《周官》，故以"士"目之。

小敛、大敛，祭服不倒，皆左衽，结绞不纽。 _{左，侧个反。绞，古巧反。}

大敛祭服不倒，谓士也。"左衽不纽"，异于生也。"结绞"，实结之。"纽"，为活屈。

敛者既敛必哭。

谓祝与士也，临丧必哀。

士与其执事则敛，敛焉则为之壹不食，凡敛者六人。<small>与，羊洳反。为，于伪反。</small>

"与执事"者，相助之也。独言"士"者，大夫非君之丧不执事。"则敛"者，取衣佐敛也。"敛焉"，为与于敛也。亲尸则增感，虽无服，为之壹不食矣。"凡"者，统君、大夫、士大小敛之辞。"六人"，首足二人，旁各二人。孝子之慎终，必其勿之有悔，固宜躬亲之而不当以委诸人；然人之临人之丧而执事未能数数也，而又当愦乱之际，故先王使官习其事，则为之有法，而自惬乎孝子之心，诚有较躬亲而加恔者矣。后世典礼废，无习敛之官，则为人子者可勿素习而频观之，辍哀自强以躬执其事而免于悔乎？若不察而托之悠悠之人，则亦不孝之尤矣。

君锦冒黼杀，缀旁七。大夫玄冒黼杀，缀旁五。士缁冒赪杀，缀旁三。凡冒，质长与手齐，杀三尺。自小敛以往用夷衾。夷衾质杀之裁犹冒也。<small>杀，所戒反。</small>

"冒""杀"，袭而韬尸者也，其制皆如囊，缝合一头与一旁，其一旁则缀带以维结之，所谓"缀旁"也。先以"杀"韬足而上，次以"冒"韬首而下，加于杀上而纽结之。"凡"者，兼君、大夫、士而言。"冒"，亦谓之质，对杀则质谓之"冒"，合质与杀亦谓之"冒"。"长与手齐"，伸手下垂将及膝也。"自小敛以往"，言自小敛至大敛也。"夷"之为言尸也。小敛加绞，不用冒杀，而绞之制朴质，故用夷衾裹之。"夷衾"之制，上下殊色，上者亦谓之质，下者亦谓之杀，其质齐手，杀三尺，或锦、或玄、或缁、或黼、或赪，皆同，所谓"质杀之裁犹冒也"。冒乃袭尸之具，而序于此者，因夷衾而补记之也。袭尸之衣，生者之制也，而死者不可致之生，故为之冒与夷衾，先王之意深矣。取象于衣裳之章以别首足，斯可矣，人之既死，耳目无能视听，手足无能持行，露而别之，徒以取人之厌恶而已。而孝子之所虑者，不平不方不固不合，在棺在輴则有动摇倾侧之患，且为日既久，则筋肉脱离，首足分析，有非心之所忍念及者，故裹敛维系，缠绵固结，以庶几体坏而不相离。先王之为人子虑以少安其心，固如此也。而岂合流俗、同污世以趋苟简之，苏轼氏所得知哉！

右第十章。此章杂记小敛、大敛之礼，故序于杖与丧食之下。

君将大敛，子弁绖即位于序端；卿、大夫即位于堂廉楹西，北面东上；父兄堂下北面；夫人、命妇尸西，东面；外宗房中南面。小臣铺席，商祝铺绞、纮、衾、衣，士盥于盘上，士举迁尸于敛上。卒敛，宰告，子冯之踊，夫人东面亦如之。卒，子律反。冯，波冰反。下同。

"弁绖"者，如爵弁而素，上加苴绖也。君大夫嗣子未成服皆弁绖，昭别以定正统也。大敛于阼序东，序在阼外更东。"端"者，尽堂东。"廉"，隅也，尽堂南也。"楹"，东楹。"东上"，以近尸为尊也。"父兄于堂下"，远嫌也。"命妇"，内命妇及内宗。"尸西"，阼阶稍西。"东面"，向尸也。"外宗于房中"，疏者远也。"举"，扶奉也。"敛上"，敛席上先已铺绞纮衾衣，尸加其上也。"子冯"，自序至阶西面，夫人益东，东面冯踊。

大夫之丧，将大敛，既铺绞、纮、衾、衣，君至，主人迎，先入门，右。巫止于门外。君释菜。祝先入，升堂。君即位于序端，卿、大夫即位于堂廉楹西；北面东上，主人房外南面，主妇尸西，东面。迁尸，卒敛，宰告，主人降，北面于堂下。君抚之，主人拜稽颡。君降，升，主人冯之，命主妇冯之。

君于大夫必视大敛，以笃恩也。"迎"，迎于门外。不拜者，不敢当宾主拜至之礼也。"先"，入门。"右"，从君而右，臣礼也。"巫"，以辟不祥。"止于门外"，明不为尸辟也。"释菜"，脯醢之奠，以祭告门神。君入臣门必释菜，重其礼，示不频往也。"序端"，丧主之位，君于臣之家，无往而不为主。卿、大夫之位与君之丧同，君为敛主故也。君所至，位皆如朝廷矣。"主人房外南面"，以近尸，不敢于尸西者，避敌君也。主妇不改其位，妇人不得与君为礼也。敛毕，主人降于堂下，不敢必君之抚，将待送也。"拜稽颡"，答君抚也。"升"，命之升也。待君命而后冯尸，君在不敢自尽其私也。

士之丧，将大敛，君不在，其余礼犹大夫也。

"在"，至也。君不至则主人即位于序端。"余礼"，谓铺衣迁尸敛冯之节。君若加恩于士而临其大敛者，则亦如大夫。

铺绞纮，踊；铺衾，踊；铺衣，踊；迁尸，踊；敛衣，踊；敛衾，踊；敛绞纮，踊。

记"铺"，自外向内；记"敛"，自内向外；因此而知敛之序矣。大敛毕则殡矣，送死之惨于此为至，故踊尤数。踊皆于其位，凡踊必哭。

君抚大夫，抚内命妇。大夫抚室老，抚侄娣。

"抚"，以手按摩之。"侄娣"者，大夫娶，侄娣媵，所谓"贵妾"也。

君大夫冯父、母、妻、长子，不冯庶子。士冯父、母、妻、长子、庶子。庶子有子，则父母不冯其尸。凡冯尸者，父母先，妻子后。长，丁丈反。

"冯"，拥抱而依倚之也。士之庶子无子，则父母主其丧，故冯之。大夫庶子虽无子，父不主其丧，抚之而已。"父母先，妻子后"，父与子在尸东，母与妻在尸西，冯则夹冯之。

君于臣抚之，父母于子执之，子于父母冯之，妇于舅姑奉之，舅姑于妇抚之，妻于夫拘之，夫于妻、于昆弟执之。奉，扶陇反。拘，古侯反。

"执"，揽其当胸之衣也。"奉"，以手承胁际也。"拘"，执其旁之衣也。"执""奉""拘"，皆且"冯"焉；"冯"则全拥之也。哀怆之情，至于冯尸而剧，岂复有所择而然哉！先王因其情而为之节，则自然各称其心之安而必由之，此亦可以见喜怒哀乐之节为人心之固有，而皆由大本以发之。

冯尸不当君所。凡冯尸，兴必踊。

君降主人乃升，冯尸哀乱，恐失对君之礼也。"必踊"者，哀莫甚于冯尸，自不容已也。

右第十一章。此章记大敛之礼。小敛亦冯，而记于大敛之后者，终记之也。

父母之丧，居倚庐，不涂，寝苫枕凷，非丧事不言。君为庐，宫之。大夫、士，襢之。襢，徒亶反。

"倚庐"，以木倚门外东墙上，茅茨覆之，下属于地，从侧出入。"不涂"者，无墙壁，不加涂饰也。"苫"，结草如盖屋扇也。"凷"，古"块"字，土墼也。"宫之"者，外为短墙，以防奸贼为篡逆也。"襢"，露也，不为宫。

既葬，拄楣，涂庐不于显者。君、大夫、士皆宫之。

"楣"，檐也。"拄楣"者，以柱支起所倚之木，为一檐外向之室。"涂庐"，前檐既起，渐为户牖，与两侧皆施草壁，而加之涂也。"显者"，壁外人所见者也。但涂其内，不涂其外，取蔽风雨，不为饰也。"大夫、士皆宫"者，久处则亦防危也。君则庐渐广而宫亦渐阔矣。

凡非適子者，自未葬以于隐者为庐。 適，都历反。

"凡"，统君、大夫、士也。"自"，从也。"隐者"，宫墙东南角，不当门路，避丧会也。

既葬，与人立，君言王事，不言国事；大夫、士言公事，不言家事。

"与人立"，因有王事、国事而人来就之言，立语而不坐也。

君既葬，王政入于国，既卒哭而服王事。大夫、士既葬，公政入于家，既卒哭，弁絰带，金革之事无辟也。 卒，子律反。辟，毗义反。

"政"，征召号令。"入"者，上命及之，其臣遵行也。"服王事"，虽不亲行，其臣禀命以行也。大夫于公事，皆家臣自遵行之。惟金革之事无辟，大夫本任将帅之事，非家臣所可摄，诸侯则可使大夫帅师，不亲行矣。"弁"，素弁。"絰带"，因其丧之所受，服之以即戎也。

既练，居垩室，不与人居，君谋国政，大夫、士谋家事。

"垩室"，坏拄楣之庐，别为室于其地，有户牖，以垩土涂之。"与人居"，留客座也。

既祥，黝垩。

"黝"，黑色。"黝垩"，以黝加垩上，渐致饰也。

祥而外无哭者，禫而内无哭者，乐作矣故也。

"外""内"，以门言。练后三日一哭于次，次在门外，祥则止矣。祥而有吊者为位于门内而哭，禫则止矣。免丧之哭流涕而无声，禫逾月而乐作，哭必先止，哀乐不遽相授受也。

禫而从御，吉祭而复寝。 复，芳服反。

"从御"，谓可令人入侍于垩室也。"吉祭"，新主入庙而祫也。"复寝"，则毁垩室不复居矣。

期居庐，终丧不御于内者，父在，为母为妻。 期，居之反，下同。为，于伪反。

"父在"，专据为母而言。为母期者，十五月而终祭。

齐衰期者，大功布衰九月者，皆三月不御于内。 齐，即夷反。衰，仓回反。

"三月"，既葬后也。"不御于内"，居哀次中。凡有服者皆有次。

妇人不居庐，不寝苦；丧父母，既练而归；期九月者，既葬而归。

"不居庐"，次于房，别内外也。"不寝苫"，妇人重饰也。"归"，谓先时奔丧，今归家也。"期九月"，为祖父母及本期而降九月者。

公之丧，大夫俟练，士卒哭而归。大夫士父母之丧，既练而归。朔月忌日，则归哭于宗室。大夫士之士，盖有字之误。

"大夫有父母之丧既练而归"者，言居君丧之次，虽有父母之丧，必待君丧既练而后归也。"宗室"，己宗之室。言"忌日"者，谓虽免丧，当忌日亦得归也。按《杂记》言"大夫次于公馆以终丧，士练而归"，与此异，未知孰是。

诸父兄弟之丧，既卒哭而归。

亦期九月之丧也。前言同宫，此言异宫。

父不次于子，兄不次于弟。

异宫则归家自为哀次而居之。尊者不处于卑者之家，远别也。

右第十二章。此章记庐次之礼，既殡而居庐，故记于大敛之后，大敛斯殡矣。

君于大夫、世妇，大敛焉，为之赐则小敛焉；于外命妇，既加盖而君至；于士，既殡而往，为之赐，大敛焉。夫人于世妇，大敛焉，为之赐，小敛焉；于诸妻，为之赐，大敛焉；于大夫，外命妇，既殡而往。为，于伪反。

"世妇"，内命妇及内宗也。"敛焉"者，临视其敛也。"赐"，加惠也。"盖"，棺盖。"加盖"，方殡时也。"诸妻"，御妻之属。世妇、御妻各有寝，临视乃往。

大夫、士既殡而君往焉，使人戒之。主人具殷奠之礼，俟于门外，见马首，先入门右。巫止于门外，祝代之先，君释菜于门内。祝先升自阼阶，负墉南面。君即位于阼，小臣二人执戈立于前，二人立于后。摈者进，主人拜稽颡。君称言，视祝而踊。主人踊。先，苏佃反。

"既殡而君往"者，大夫则在殡三往，士则始吊也。"戒"者，戒主人具奠以俟也。"殷"，盛也。朝夕小奠脯醢，月朔殷奠具牢鼎，荣君之来，特为盛奠告于殡，视朔奠也。"俟"，主人闻君将至而出迎也。君临臣丧，巫先导，巫止则祝先，故曰"代"。君入门释奠之顷，祝径升，故曰"先自阼阶"，导君也。"负墉南面"者，立当房户间壁外，侍君右也。凶礼相由右。"摈者进"，进主人，主人先在门内，至此乃赞之进堂下拜也。"称言"，称吊词，于士初吊则然。"视祝而踊"，祝倡踊也。

大夫则奠可也，士则出俟于门外，命之反奠，乃反奠。卒奠，主人先俟于门外。君退，主人送于门外，拜稽颡。卒，子律反。

士不奠而出俟君行，不敢以私奠久留君也。主人出而后君出，臣不敢过劳其君，君不遽退以尽恩也。不拜迎而拜送，拜迎则烦君之答，拜送则望尘而拜，君不复顾也。

君于大夫疾三问之，在殡三往焉。士疾壹问之，在殡壹往焉。三，苏暂反。

"三问"，约死者而言，疾瘳则一再问止矣。"壹"与"一"通，疾革而后问也。"三往"，往哭也。君虽有大事不入臣家，惟疾与丧则数往而不以为黩。古人于疾患生死之际，其尤重之如此，斯其所以尽人伦之至。而后世嵇康之流，乃以不喜吊死问疾为高，其不化人类为禽兽者几希矣！

君吊，则复殡服。复，苏服反。

"复"，反也。此谓君后时而吊，虽既葬变葛，主人必服在殡之服也。君虽薄恩，必处之以厚。

夫人吊于大夫、士，主人出迎于门外，见马首，先入门右。夫人入，升堂即位，主妇降自西阶，拜稽颡于下。夫人视世子而踊，奠如君至之礼。夫人退，主妇送于门内，拜稽颡；主人送于大门之外，不拜。

主妇为丧主而主人迎送者，妇人之事不及门外也。"下"，堂下北面，如主人拜君之位，主人则止门右。世子如祝负墉南面，从子之义也。"奠如君至"，大夫则奠，士则主人出，俟命之反而后奠。主人送不拜稽，丧无二主也。

大夫君，不迎于门外，入即位于堂下。主人北面，众主人南面，妇人即位于房中。若有君命、命夫命妇之命，四邻宾客，其君后主人而拜。后，胡构反。

此大夫于其家臣之丧之礼。"君"，犹主也。不迎于门外，下国君也。"入"，大夫入也。"即位于堂下"，当阼阶下，西面不敢升阶也。"主人北面"，位在中庭，视犹君也。"众主人南面"，在堂上殡左。"妇人房中"，皆国君来吊之位，于此补见之。"其君"，大夫君也。其君拜者，尊以酬尊也。"后主人而拜"，不敢同国君之为之主也。大夫于其臣必与小敛，而记于此者，因君吊而类及之耳。

君吊，见尸柩而后踊。

未殡以前则见尸，既启以后则见柩斯踊，殡已涂而未启则不踊，哀之节也。前言"既殡君至视祝而踊"者，谓吊于士及大夫之有故而迟往始至者，此专谓在殡三往之礼。

大夫、士，若君不戒而往，不具殷奠，君退必奠。

"不具"，未具也。

右第十三章。此章记君吊于殡之礼。

君大棺八寸，属六寸，椑四寸。上大夫大棺八寸，属六寸。下大夫大棺六寸，属四寸。士棺六寸。 属，之欲反。椑，蒲历反。

"属"之为言合也，与棺合也；"椑"之为言附也，附于身也；皆棺内小棺也。"大棺"，最在外；"属"，次之；"椑"周于身。大棺、属用梓，椑用杝。"八寸""六寸""四寸"，皆言其厚也。大夫无椑，士无属。

君里棺用朱绿，用杂金鐕。大夫里棺用玄绿，用牛骨鐕。士不绿。 鐕，子南反。

"里棺"，以缯黏着棺内为饰，惟亲身之棺有之。"朱绿"者，朱贴四方，绿贴四角。"玄绿"者，玄贴四方。"不绿"，则并角亦玄也。"鐕"，钉也；所以合两墙及底者。"杂金"，铜范黄金也。士亦用牛骨。

君盖用漆，三衽三束。大夫盖用漆，二衽二束。士盖不用漆，二衽二束。

"用漆"，涂合盖墙相接之缝。"衽"，以木为小要形，针合盖墙。今俗谓之锭子。"束"，用韦，当衽际束固之也。

君、大夫鬊爪，实于绿中，士埋之。

"鬊"，乱发。"爪"，手足甲。皆平生栉剔之余者，以小囊盛与俱藏，全而归之义也。"绿"，棺四角以绿饰处。"埋"者，置之棺外。

右第十四章。此章记棺制，大敛而后棺入斯殡矣。

君殡用辁，攒至于上，毕涂屋。大夫殡以帱，攒至于西序，涂不暨于棺。士殡见衽，涂上帷之。 见，贤遍反。

"辁"，殡车，有轮似轷，载棺其上，备非常可引行也。"欑"，丛木两旁斜倚，相聚如屋。"至于上"者，从其纵而言之，上尽室前墉也。毕涂屋者，欑木之上加涂，上下皆周也。"帱"，棺衣也。君亦用帱，大夫则上有帱而下无辁耳。"欑至于西序"者，从其广而言之，殡当西阶上而西，尽西序，其东亦称是，盖亦与君同。"暨"，及也。"不及于棺"者，但使欑木，不及枢而止，而不尽南北之深，则与君之至于上者异也。"见衽"者，掘地为牂，瘗棺及盖墙之缝，交木欑之，西不至序，北不至上，暨棺而止也。"帷之"者，加帷欑外，君大夫士一也。

熬：君四种八筐，大夫三种六筐，士二种四筐，加鱼、腊焉。 _{种，之陇反。}

"熬"，煎谷使香熟，置于殡旁，以诱蚍蜉，使无侵殡也。"四种"，黍、稷、稻、粱。"三种"，去稻。"二种"，去粱。"加"者，加于熬上，用鱼及腊，腥香诱之。

右第十五章。此章记殡礼。

饰棺：君龙帷，三池，振容，黼荒，火三列，黻三列，素锦褚，加伪荒，缫纽六，齐五采，五贝，黼翣二，黻翣二，画翣二，皆戴圭，鱼跃拂池。君缫戴六，缫披六。 _{伪，本帷字之误，消亚反。}

"饰棺"者，发引以之墓之饰也。备华饰为观美，不欲人恶其亲也。"帷"，柳车之旁衣，用白布为之。"龙帷"，画帷为龙也。"池"，以竹为之，如承霤，衣以青布，挂于荒下，天子四注，诸侯则三，阙其后也。"振容"，画青雷缯悬于池下为容饰，车行则振动也。"荒"，柳车上幔也。"黼荒"者，缘边画黼。"火""黻"三列，画于中也。"褚"，屋也，荒下用白锦为屋，笼棺上，乃加荒，旁加帷也。"纽"，所以连荒帷者，每旁三，故六也。"齐"，荒顶也。合杂采束圆之，以絮充之，加荒上，余采四出如蕤，每采端各缀贝五串，使下垂也。"翣"，以木为筐，广三尺，高二尺，衣以白布。"画翣"者，画云气也。"戴圭"者，翣形两角锐起中缺，而君之翣则中央锐起如圭首也。"鱼"，以铜为之，悬于池下，车行登顿则鱼如跃而上拂池矣。"戴"，犹载也，带也，以帛为之，所以连系棺束之组结于柳车使固者。"披"，亦以帛为之，络戴上而出一头于外，使人执之，或登降转回，则引之使平正也。再言"君"者，戴披用异棺饰，故更端记之。下放此。

大夫画帷，二池，不振容，画荒，火三列，黻三列，素锦褚，纁组二，玄组二，齐三采，三贝，黻翣二，画翣二，皆戴绥，鱼跃拂池。大夫戴前纁后玄，披亦如之。 绥，儒谁反。下同。

"画帷"，画云气也。"二池"，前后各一。"画荒"，谓画火黻也，无黼。"三贝"者，每采缀贝三串。"戴绥"者，翣之形两角起，中洼如冠绥也。"戴"与"披"不言数，以等差之，当各四。

士布帷，布荒，一池，揄绞，纁组二，缁组二，齐三采，一贝，画翣二，皆戴绥。士戴前纁后缁，二彼，用纁。 揄，余昭反。绞，何交反。

"帷""荒"皆用白布，而士独言"布"者，不画也。"一池"，在前。"揄"，雉也。"绞"，青黄缯。画雉于青黄缯上，以为振容，君之振容亦然。加鱼则谓之"振容"，无鱼则谓之"揄绞"也。大夫去振容而留鱼，士去鱼而存振容，以是为差也。"一贝"，每采垂贝一串。"缁"，浅于玄。"披二"，则"戴"亦二矣。

右第十六章。此章记辁车之饰。

君葬用辁，四绰二碑，御棺用羽葆。大夫葬用辁，二绰二碑，御棺用茅。士葬用国车，二绰无碑，比出宫，御棺用功布。 "大夫葬用辁"之"辁"，与"国车"之"国"，皆"辁"字之误，布专反。比，毗至反。

"辁""辁"，皆载柩之车，其差未详；皆卑轮用人挽者。"绰"，系棺绁也。在殡曰"绰"，在道曰"引"，至圹又曰"绰"，一也。"碑"，桓楹也。植木于圹之上下，木端横贯交叉之，木以悬绰，穿之下棺者也。"四绰"，每碑二绰，交于四出桓上。"御棺"，以指麾为进止缓急之节也。"羽葆"，如旌首，而上以五色羽张之。"二绰二碑"，碑无桓，凿孔穿绰，盖尊卑之差。棺有大小，有轻重，窆有难易，故尊者碑绰多也。"茅"，旌也。《春秋传》："前茅虑无。"士用绰而无碑，于圹上旁横木枕之而渐纾其绰以下也。"功布"，裁大功之布，以竿揭之，为节识也。"比"，及也。惟出宫在道则用之，及窆，执绰者面圹视其下，不用之矣。有碑者，则负绰于肩，背圹下之，待旌旗以知疾徐，所以异尔。

凡封，用绰，去碑负引。君封以衡，大夫、士以咸。君，命毋哗，以

鼓封。大夫，命无哭。士，哭者相止也。封，与"窆"同，彼验反。咸，与"缄"同，古咸反。

"去"，远也。言用绋时，人皆远碑，反面外向，以肩负绋，听鼓声而渐下也。"衡"，以木贯缄耳，而系绋其上也。"以咸"，谓棺束末为缄耳，以绋系缄也。命毋"哗""哭"者，匠人教令之。"相止"，自相止，无教令也。

右第十七章。此章记下棺之制。

君松椁，大夫柏椁，士杂木椁。

"椁"，如井阑，周于棺外，上加抗木。"君松"，用心。"杂木"，凡木可为之。北方地高，无蒸溽，不生蚁，故松及杂木可用，而松为贵，非南土所宜也。

棺椁之间，君容柷，大夫容壶，士容甒。

藏器于棺椁之间，因之以为广狭也。乐器之属，"柷"为大；尊罍之属，"壶"为大；笾豆之属，"甒"为大。

君里椁，虞筐。大夫不里椁。士不虞筐。

"里椁"，犹前章之言"里棺"，以缯黏椁里为饰也。"虞"，虑也，治也。"筐"，椁外也。"虞筐"，谓沐治其外，使平滑美泽也。

右第十八章。此章记椁制。椁在棺外，故序于窆后。此篇自始死至葬，皆以时之先后为序。前数章颇有错简，皆按其序而定正之。

《礼记章句》卷二十二终

礼记章句卷二十三

祭法

"法"，制也。此篇备记天神、地祇、人鬼大中小之祀典，而推其所自立，皆因其德之所及，报之所称，而高不可抑，卑不可亢，兴不可损，废不可益，四代三王，天子、诸侯、大夫、士，各称其分义以为秩序，幽明之礼，一循其自然之法制，而非先王之以其意为之也。凡七章。

祭法：

统一篇而目言之。

有虞氏禘黄帝而郊喾，祖颛顼而宗尧；夏后氏亦禘黄帝而郊鲧，祖颛顼而宗禹；殷人禘喾而郊冥，祖契而宗汤；周人禘喾而郊稷，祖文王而宗武王。 契，私列反。

"郊""禘""祖""宗"，皆王者尊祖之大典也。"禘"者，禘其所自出之远祖有天下者于太庙，而以其祖配焉。盖古之王者，皆出于上古有天下者之苗裔，德衰命改，降为诸侯，固未绝其统祀，后世复兴，起陟天位，必推本所自出之帝，以昭大统之所从系，所谓"德厚者其流光"也。"郊"者，祀帝于郊而以祖配之也。古之有天下者，虽德衰命革而统祀不绝，逮其复振，则必有有德有功者，或为天子，或为诸侯，而再兴焉，后世王者因之以有天下，则尊其再兴建国者以配天于郊，昭天统之所自垂也。"祖"

者，开国受命、百世不迁之祖，立太庙以祀之者也。"宗"者，有元德显功、嗣先新命而始有天下，则亦为百世不祧之宗，与祖并建而立世室以祀之者也。帝尧出于黄帝，其后昌意降于若水，而颛顼再兴，喾又承之，尧定挚乱而立陶唐氏。虞受尧禅，异于三代之家天下，后不以传其子，前不私尊其亲，故虽出自虞幕，非黄帝之苗裔，而一修陶唐氏之祀典，宗尧而郊禘与祖皆尧之先焉。禹受舜禅，而其世系本与尧同，故因虞以承黄帝、颛顼之绪，特以鲧始受崇伯之命建国垂统，故配祀于郊，而宗禹则启以后家天下之法也。殷出于契，周出于稷，稷、契皆帝喾十世后之子孙，故禘同而郊与祖宗各奉其亲，示革命焉。冥，契六世孙也。殷人祖远而郊近，周人祖近而郊远，殷法虞夏，而周以郊尊而祖亲，尊远亲近，义又别焉。至其以再兴受命而始有天下者为不祧之宗，则三代之制一也。

右第一章。此章言四代尊祖之祭法，大祀之首也。按郊禘之说，自汉以降杂说繁兴，考之五经，参之义理，惟王肃之说为近正，故宗其论议而折中之。郑玄袭谶纬之言，妖妄而诬；孔颖达守陋保残，其固甚矣。至有虞氏所自出，自司马迁以来皆谓其与尧、禹同出黄帝，而世次凌越，且使舜有妻祖姑之疑，惟宋末罗泌氏详考而订别之，乃得折数千年之妄。其稷、契为帝喾十世以后之子孙，而姜嫄非帝喾之妃，则郑玄已详记之，末儒特未之审察尔。

燔柴于泰坛，祭天也；瘞埋于泰折，祭地也；用骍犊。折，盖坎字之误，传写相近而失之，音苦咸反。

"燔"，燎玉帛也。"柴"，置牲体于积薪而焚之也。"泰"，大也。"坛"，筑土为燔柴之场也。"祭天"，郊祀上帝及六宗之阳祀也。玉帛曰"瘞"，牲体曰"埋"。"坎"，掘地为坎以瘞埋也。"祭地"，祭社祭方及六宗之阴祀。"用骍犊"者，周人所尚，或特牛，或大牢，皆用骍色之犊子也。此统言祭天神地祇之通礼，以明群祀阴阳类别之异。后儒不察，或引纬书妄立淫黩之祀，又或误读《周礼·大司乐》冬日至圜丘降天神、夏日至方泽出地示之文，不得其解，遂以泰折为方泽，而启后世并建北郊以与南郊相亢之礼。不知天体同而地体异，不容于一丘一泽普祀大块，且王者配天而为天子，德在统天，若九州万国，则诸侯各君其地为山川之主，而非王者之所独擅，乃徒亢地于天，乱阴阳，夷崇卑，其教下沿，至于女抗男，厚利薄德，人道圮坏，其为世害固非浅鲜也。

埋少牢于泰昭，祭时也。相近于坎坛，祭寒暑也。王宫，祭日也。夜明，祭月也。幽宗，祭星也。雩宗，祭水旱也。少，诗照反。

此《书》所谓"六宗之祀"也。六宗之牲皆少牢，或埋或燎之异耳。泰昭，坛名。"时"，四时之神也。祭时而埋者，以四时之气出入地中，故就其所发而求之于阴也。"相近"，当依《孔丛子》作"祖迎"。"祖"，送也。祖寒则迎暑，祖暑则迎寒，暑于坛，寒于坎，并时举祭，其祭之处立坛而又作坎也。"王"，君也，大也。"王宫"，朝日之坛。日者，众阳之宗，称王尊之也。"夜明"者，夕月之坎也。祭日以春分之旦，祭月以秋分之夕。"幽宗"，祭星之坛。"宗"，或作"崇"，为营域以祈禳也。一说"宗"之为言"尊"也，义亦通。"幽"者，星见于夜，幽乃明也，其祭以樶燎。"雩宗"，雩坛也。"祭水旱"者，不必水旱已至，当夏正四月龙见之时，预祈一岁之丰也。

四坎坛，祭四方也。

方望之祀也。四方各一坎以祭川，一坛以祭山，所谓"天子有方望，无所不通"也。

此上皆专言天子之祀典，诸侯则否。

山林、川谷、丘陵，能出云，为风雨，见怪物，皆曰神。有天下者祭百神。诸侯在其地则祭之，亡其地则不祭。见，贤遍反。

此名山大川之特祀也。"为风雨"者，风雨之所自起也。"怪"，非常也，谓出光景、产珍奇，非可情理测度者。"神"者，天之精，阴阳之良能也；而名山大川，以高深奥博能聚天之精气而发见之，故必有神存焉，以功被于人而为人所景仰，则在所必敬矣。"百神"，谓遍名山大川而祀之也。"亡其地"者，或素非其封内，或故有而见削夺也。

右第二章。此章记祭天神、地祇之法。

大凡生于天地之间者皆曰命，其万物死皆曰折，人死曰鬼，此五代之所不变也。列，古行反。

人之与物皆受天地之命以生，天地无心而物各自得，命无异也。乃自人之生而人道立，则以人道绍天道，而异于草木之无知，禽虫之无恒，故惟人能自立命，而神之存于精气者，独立于天地之间而与天通理。是故万物之死，气上升，精下降，折绝而失其合体，不能自成以有所归。惟人之死，则魂升魄降，而神未顿失其故，依于阴阳之良能以为归，斯谓之"鬼"。"鬼"之为言"归"也，形气虽亡而神有所归，则可以孝子慈孙诚敬恻怛之心合漠而致之，是以尊祖祀先之礼行焉，五代圣人所不能变也。"五代"者，黄帝一，唐虞二，夏三，商四，周五。然则七庙之制，其始于黄帝与！

七代之所更立者禘、郊、祖、宗，其余不变也。

"七代"，兼颛顼、喾而言，谓四代禘、郊、祖、宗所进退也。"其余"，谓下文"王立七庙、诸侯五、大夫三、士二、官师一"之制。

天下有王，分地建国，置都立邑，设庙祧坛墠而祭之，乃为亲疏多少之数。

"有王"，谓天下奉一王之法也。侯曰"国"，大夫之采地曰"都"，士之食邑曰"邑"。"祧"，世室，为祧庙之主所藏也。累土曰"坛"，除地曰"墠"。"亲疏"，犹言疏密，或月祭，或享尝，或祷也。多少，自七至一也。

是故王立七庙，一坛一墠：曰考庙，曰王考庙，曰皇考庙，曰显考庙，曰祖考庙，皆月祭之。远庙为祧，有二祧，享尝乃止。去祧为坛，去坛为墠，坛墠有祷焉祭之，无祷乃止。去墠曰鬼。远，于愿反。

父曰"考"，祖曰"王考"，曾祖曰"皇考"，高祖曰"显考"。王、皇、显，皆大也，殊其称尔。"祖考"，始祖，始受命者也。"二祧"者，自五庙而外为世室二，以祀百世不毁之宗，其后自显祖以上迁庙之主皆祧，而以其昭穆藏于二室，故谓之"祧"。"享尝"者，四时之祭。"乃止"，不月祭也。"去祧"者，谓自二世室以外显考以上之五世祖迁庙而藏主于祧者。"去坛"，则其七世祖也。二者主皆藏于祧，有祷则奉于坛墠而祭之。其七世祖之已迁者，祷亦不及，以鬼神事之，惟禘祫则迎其主入于太庙而合食之耳。

诸侯立五庙，一坛一墠：曰考庙，曰王考庙，曰皇考庙，皆月祭之；显考庙、祖考庙，享尝乃止；去祖为坛，去坛为墠，坛墠有祷焉祭之，无祷乃止；去墠为鬼。

"祖考"，始封之君。诸侯不立世室，虽有功德，不能祀及百世。其祧庙之主，则藏于祖考庙，《聘礼》所谓"先君之祧"是已。鬼亦七世以上，藏主于大庙，祫则合食。

大夫立三庙，二坛：曰考庙，曰王考庙，曰皇考庙，享尝乃止；显考、祖考无庙，有祷焉为坛祭之；去坛为鬼。

"享尝乃止"，大夫虽于其考不得月祭也。大夫以能受爵，官不世，无受命之祖，所谓"祖考"者，谓贵戚之卿，其先出于诸侯之子也。坛而不墠，祖考尊，不敢墠之也。"为坛"者，祭则筑之，已事毁也。大夫二坛之主藏于皇考庙，去坛则瘗之。大夫不得祫祭，去坛之鬼则不祀之矣。

适士二庙，一坛：曰考庙，曰王考庙，享尝乃止；显考无庙，有祷焉为坛祭之；去坛为鬼。 适，都历反。显，本"皇"字之误。

"适士"，上士。自适士以下至于庶人，显考以降，亲未尽，服未绝，虽无庙坛而谓之鬼，主皆不毁，以时荐之。

官师一庙，曰考庙。王考无庙而祭之，去王考为鬼。

"官师"，中士、下士有官职而未受命者。士生则父子同宫，没则同庙合而祀之。

庶士、庶人无庙，死曰鬼。

"庶士"，府史之属。"无庙"，奉主于寝，荐而不祭，亦可及四世也。夫一本之义，慈孝之情，无贵贱一也；而因位之尊卑，或奉其远祖而不忧其不格，或无庙以祭而不悼其已疏，岂天性之亲以人爵为隆替乎？盖天之命人，有贤有不肖，有贵有贱，其理一也。故"圣人之大宝曰位"，天之所命，非人之所能为也。受命于天而鬼神受职，则位崇者其精气及远，而分卑者不足以流光。取精用物，魂气各肖其生，而尊卑之分出于人心大同之公义，自然以其各得者为安，故虽庸主可以奉七庙之神，而匹夫虽有圣德，不得过崇其所亲。知此者可以知"天地设位，圣人成能"之大用一出于自然，而不可以私意乱之。

右第三章。此章记宗庙之法。

王为群姓立社，曰大社。王自为立社，曰王社。诸侯为百姓立社，曰国社。诸侯自为立社，曰侯社。大夫以下成群立社，曰置社。 为，于伪反。

大，他盖反。

"群"，众有之称。"群姓"，谓畿内万民。"社"者，后土之祭也。"大社"，在王宫库门内右，封土为坛，坛东青土，南赤土，西白土，北黑土，上冒以黄土，树其四围，不屋以受天气，与稷同壝而异坛，配以句龙。"王社"在藉田内。诸侯受封，则天子各以其所封之方，取大社四色之土随方而赐之，包以白茅，归而聚土封之，为坛于公宫之右，为国社。其"侯社"则亦在诸侯藉田内。大夫以下，虽食邑而不得专其土，则各就所居，合百家而封土为坛以祭。"置"，建也，君命之乃建之也。民非土不立，故皆有祈报之事，而土地广博，无所施敬，故封之树之以为人神之依。天尊地卑，尊者独而卑者同，天气运而合，地道静而分，故惟天子为能统天以祀帝，而地则自诸侯达于庶人，居焉食焉者，各得于其所分之域而致敬焉。王侯虽为天下一国之主，而各有其圻服，亦各有其宫室土田，故既为其圻服之民祀之，而亦必自祀之，则后土无统同之祭，亲而不尊，人得分祀，审矣。后世不察，跻后土以拟皇天，而于社之外又建北郊，其违礼乱经以汩高卑之常，惟不明于先王之道尔，又况女主之合祀以亵天者哉。

右第四章。此章记祭社之法。

王为群姓立七祀：曰司命，曰中霤，曰国门，曰国行，曰泰厉，曰户，曰灶。王自为立七祀。诸侯为国立五祀：曰司命，曰中霤，曰国门，曰国行，曰公厉。诸侯自为立五祀。大夫立三祀：曰族厉，曰门，曰行。适士立二祀：曰门，曰行。庶士、庶人立一祀，或立户，或立灶。 为，于伪反。适，都历反。

"司命"，主人物生养之神。"中霤"，室神也。上古穴处，当穴之中为窍，以受日光、达烟火，雨霤而下，掘洼以承之，后世则祀室神于西北隅，而不易其名，不忘始也。"门"，都城门，群姓所出入。"行"，大道，群姓所往来也。故皆曰"国"。王侯所自立，则宫门及门外道曰"门"、曰"行"而已，不言国也。祀行者，筑土为軷壤，广五尺，轮四尺，北面设主于上。"厉"，司杀罚之神，王侯专杀罚，大夫奉命司杀罚，故祀之。"族"，谓其邑众也。"户"，室户；庶士、庶人不为崇门，但室有户而已。

《月令》五祀：门、户、井、灶、中霤，自大夫达于天子，旧说以为殷礼，而此所记者则周礼也。

右第五章。此章记周改五祀之法。

王下祭殇五：适子，适孙，适曾孙，适玄孙，适来孙。诸侯下祭三。大夫下祭二。适士及庶人祭子而止。适，都历反。

言"适"者，庶殇不祭也。曾、玄皆远也。"来"者，世数悬绝如来世也。天子十五而娶，周文、武、穆王皆享寿百年，或有来孙之殇者，故设其礼。贵者世适虽远而尊者必下祀之，重正统也。士庶人无统，哀及其子而已。庶人于祖考荐而不祭，此言祭者，亦荐耳。

右第六章。此章言祭殇之法。

夫圣王之制祭祀也，法施于民则祀之，以死勤事则祀之，以劳定国则祀之，能御大灾则祀之，能捍大患则祀之。夫，防无反。施，以豉反。

五者，祀异姓鬼神之法也。"法"，创制立教。"施"，被也。"勤事"者，王事及民事也。"定国"，拨乱反治也。天祸曰"灾"，水旱也。人害曰"患"，兵戎也。此一节为一章之张本。

是故厉山氏之有天下也，其子曰农，能殖百谷；夏之衰也，周弃继之，故祀以为稷。共工氏之霸九州也，其子曰后土，能平九州，故祀以为社。

厉山，一曰烈山，帝神农之子，始国于厉乡，在今湖广随州。"农"，名柱，官为农，主播百谷。"殖"，聚生之也。"衰"，谓季世。周弃，后稷也。"继"者，变置柱，更立稷也。共工在太昊、炎帝之间。"霸"者，诸侯之长。"后土"，亦官名。"平"，治水土也。"为稷""为社"，配食也，言社稷之配，皆因前五者之义而立也。

帝喾能序星辰以著众，尧能赏均刑法以义终，舜勤众事而野死，鲧鄣鸿水而殛死，禹能修鲧之功，黄帝正名百物以明民共财，颛顼能修之，契为司徒而民成，冥勤其官而水死，汤以宽治民而除其虐，文王以文治，武王以武功去民之灾。此皆有功烈于民者也。鄣，之亮反。共，九容反。契，私列反。去，邱矩反。

"序星辰"，治历也。"著众"，使民知寒暑耕敛之节也。"赏均"，爵赏平也。"刑法"，刑罚之典为后世法也。"义终"，以天下为公，故传贤而不传子，终其世也。"众事"，巡狩省方之事。"野死"，出于传闻，说见《檀弓》。"郭"，塞也。"鸿"，与"洪"通，大也。禹修鲧之功，则鲧绩特未成而未尝无功矣。"正名百物"者，定姓氏，审器用也。姓氏定则民明于伦，器用审则财足共用。"成"，行成也。冥主治水，"勤其官"，治水之劳也。"水死"，未详，或溺也。自喾以下，皆四代帝王之所禘郊祖宗者，其后虽改姓易服，更立其祀，而以其既尝配天而为一代之祖，后王必修其祀而不废。盖其始之登于郊庙者，子孙本因其功德之隆而推崇之，初非以私其所亲，故垂之异代而莫之能替，故周虽未亡，而记者可以知其必祀于后也。不言稷者，上已见矣。

及夫日月星辰，民所瞻仰也；山林、川谷、丘陵，民所取财用也。 夫，防无反。

"及"，犹与也。言天神地祇之祀，亦以有功烈于民而报之，而况于人鬼乎！

非此族也，不在祀典。

"族"，类也。"在"，著也。总结上文，言先王祀典已定，后不得而擅增淫祀。

右第七章。此章记群祀之法。

《礼记章句》卷二十三终

礼记章句卷二十四

祭义

"义"者，礼之所自立也。先王制礼，皆因天理人情事宜物变而生，各有其义存焉而不可易。戴氏得古《仪礼》十七篇，祭礼凡三篇，盖大夫士之礼。天子诸侯禘祫享尝之仪虽不传，而散见杂出，当时犹有可征者，其义亦可类推而见，故为推明所出之精意，旁引旧文以成此篇，与冠、婚、乡、射之义并为释经之书，用诏学者。乃以礼莫重于祭祀，故不与《冠义》诸篇同附《记》末，而独与《祭法》《祭统》类序于此。凡二十四章。

祭不欲数，数则烦，烦则不敬；祭不欲疏，疏则怠，怠则忘。数，所角反。

举事而不待情之已动，则敬不足以及物；废其事而不接于耳目，则情散解而渐忘之矣。

是故君子合诸天道，春禘，秋尝。霜露既降，君子履之，必有凄怆之心，非其寒之谓也。春，雨露既濡，君子履之，必有怵惕之心，如将见之。

"禘"，或当为"礿"，殷礼也，周则春祀曰"祠"。不言夏禴冬烝者，时享以春秋为重，祫禘于此举行也。天子诸侯有月祭，然礼不备，非正祭也。"凄怆之心"以悲往，肃杀之感也；"怵惕之心"以迎来，生气之动也。

乐以迎来，哀以送往，故禘有乐而尝无乐。

文必称其情而心乃安也。"尝无乐"者，犆尝也，大尝而祫则亦有乐。

右第一章。此章言时享之义。

致齐于内，散齐于外。 齐，侧皆反。散，苏亶反。

"致齐"，合主祭、助祭者而居于齐宫。"散齐"，各就其室而迁坐也。散齐七日后，近祭三日乃致齐。齐宫在庙门内，故曰"内"。凡齐之事，不饮酒，不茹荤，不御于内，以清其神；不吊死问疾，不听乐，不莅刑名，以壹其志。天子日食大牢玉食，诸侯日食少牢，大夫日食特牲，必新杀者以盛其气。神志壹而气盛，乃以接鬼神之神而孚其志，此心理之同而幽明之合，非仅以告虔也。

齐之日，思其居处，思其笑语，思其志意，思其所乐，思其所嗜，齐三日乃见其所为齐者。 齐，侧皆反。乐，鱼教反。为，于伪反。

"齐"，谓致齐。"居处"，动止之容。"志"者，心所期；"意"者，念所向。"所乐"，乐为之事。"所嗜"，喜食之味。"齐三日"者，三日之后也。"所为齐"者，所祭者也。"见其所为齐者"，详下文，《诗》之所谓"思成"也。人之没也，形阴于土，气散于空，而神志之返于漠者，寓于两间之气以不丧其理，故从其情志所专壹者而以情志通之，则理同而类应。盖惟孝子慈孙本自祖考而来，则感召以其所本合之气而自通，此皆理气之固然，非若异端之所谓观者，以妄想强合非类而谓一切惟心之徒以惑世而诬民也。

祭之日，入室，僾然必有见乎其位；周还出户，肃然必有闻乎其容声；出户而听，忾然必有闻乎其叹息之声。

"入室"，始祭奠告时。"僾然"，仿佛貌。"周还出户"，迎尸荐设，出入不一也。"肃然"，森动貌。"出户而听"，尸谡阳厌阖户时。"忾然"，叹声，祭毕神将返，故如闻其叹息也。齐之日既已，齐壹其心以思慕之，而祭之日又尽其诚恳，则其闻见之间有如此者，而后孝子之祭为不虚矣。

是故先王之孝也，色不忘乎目，声不绝乎耳，心志嗜欲不忘乎心。致爱则存，致悫则著，著存不忘乎心，夫安得不敬乎？君子生则敬养，死则敬享，思终身弗辱也。 夫，防无反。养，余亮反。

"是故"，承上文而言所以能见能闻之故也。"致"，尽也。"存"，恒在心也。"壹"，爱之专也。"著"，见不昧也。"弗辱"，不敢轻也。言君子之于其亲，存没一致，恒存于心，故由是以起敬而见闻不爽，如遇其素。若其心与亲离，则虽专壹志意以临齐祭，而恍惚无据，志气必懈，于以求须臾之敬亦不可得，而况冀其感乎乎！下章所谓"孝子为能飨亲"，盖此意也。

君子有终身之丧，忌日之谓也。忌日不用，非不祥也，言夫日志有所至而不敢尽其私也。夫，防无反。

"不用"，不以举他事。"夫日"，犹言"是日"。"不敢"，不暇及也。"私"，生人一己之事也。孝子之心，无日忘亲，而于忌日为尤至，以丧礼居之，没身而后已，盖其哀、慕、著、存，在于心者不可见，而于此日征之尔。

右第二章。此章言致齐之义。

惟圣人为能飨帝，孝子为能飨亲。

"圣人"，有圣德而为天子者。"飨"，酬酢致敬之义。圣人顾諟天命，孝子终身慕亲，心理不昧，故起敬而无不乎也。

飨者，乡也，乡之然后能飨焉。乡，许亮反。

"乡"，谓志气合壹而笃念不忘也。

是故孝子临尸而不怍。

"怍"，疑沮貌。著存不忘，则随所依而确见之，不以生死之异、祖孙之别，疑非是而意沮也。

君牵牲，夫人奠盎；君献尸，夫人荐豆。卿大夫相君，命妇相夫人。齐齐乎其敬也，愉愉乎其忠也，勿勿诸其欲其飨之也。相，息亮反。

"牵牲"，迎牲入也。"盎"，盎齐。君出迎牲，夫人酌盎齐亚献在始祭时。"君献尸"，尸入而酌献，《周礼》所谓"朝践"也。"荐豆"者，荐朝事之豆笾也。"齐齐"，一也。"愉愉"，和也。"勿勿"，旌旐下垂飐动之貌，以喻急切也。"欲飨之"，欲其来飨也。君臣夫妇齐一和辑以致其敬忠，而惟恐其不飨，所谓"乡之"也。此专就诸侯时飨之礼而言，以明"惟孝子能飨亲"之意，而上自天子下达于士之以孝飨其亲者，皆可见矣。

文王之祭也，事死者如事生，思死者如不欲生；忌日必哀，称讳如见

亲；祀之忠也，如见亲之所爱，如欲色然。

"事死如生"，继志述事，不忝所生也。"思死者如不欲生"，终身哀慕也。"忌日必哀"，衔恤以居也。"称讳如见亲"，人或触犯，瞿然怵惕也。文王之素不忘其亲也如此其挚，而于当祭之日，诚意恻怛，如见亲所嗜而欲飨之，恋慕迫切如好色之诚，则积孝通于神明，而临事尤为加笃，所谓"惟孝子为能飨亲"也。

其文王与！《诗》云："明发不寐，有怀二人。"文王之诗也。祭之明日，明发不寐，飨而致之，又从而思之。祭之日，乐与哀半，飨之必乐，已至必哀。 与，以诸反。乐，卢各反。

"其文王与"云者，据义以赞之，谓如下所云惟文王能之也。"明发"，自夕至明也。"二人"，父母也。《诗》，《小雅·小宛》之篇，本孝子相戒勉之辞，而记者引之，以为惟文王足以当之也。"祭之明日"，谓绎也。又从而思之，所谓于彼于此而求之也。祭祀成而思慕无已，于绎而见其诚之至焉。"祭之日"，通正祭与绎而言。"乐"者，和以事亲。"已至"，谓降神于尸。"哀"者，恋慕之情也。绎思不忘而哀乐并至，斯所为"有怀二人"之实，而文王之所以能飨其亲也。

右第三章。此章言郊庙祭飨之义。自第三节以下皆申明孝子飨亲之义，而不复重明飨帝之旨。盖郊事上帝，义理深远，而圣人之德达于天者，乃穷本知化之大用，有非可以轻言者。然使明于孝子飨亲之精意，则飨帝之理亦可得而推矣。

仲尼尝，奉荐而进其亲也悫，其行也趋趋以数。 奉，芳勇反。趋，七玉反。

"尝"，秋祭。"奉"，持也。"荐"，俎也。"进其亲"，谓未迎尸以前，主人自与佐食，举鼎升俎而奠于神席也。尸未至，故斥言"亲"。夫子时为下大夫，用士礼。"悫"，朴诚无文貌，谓手无容也。"趋趋"，行步狭。"数"，频举足，亦不为容也。人子之对其亲，质朴而无容，事死如事生，故然。

已祭，子赣问曰："子之言祭济济漆漆然，今子之祭无济济漆漆，何也？" 济，子礼反，下同。

子贡时与助祭，故见而疑也。"济济"，盛貌。"漆漆"，坚庄貌。"无"

者，谓不为是容也。

子曰：**"济济者，容也，远也；漆漆者，容也，自反也。容以远，若容以自反也，夫何神明之及交？夫何济济漆漆之有乎？**夫，防无反。下同。

"容"，言以为容也。"远"，谓志气及广远以接宾也。"自反"，反而自矜饰也。"若"，犹与也。志气及众而内顾欲不失己，则志有所分而敬不壹，不足以上交神明矣，故正祭时不得尔也。

"反馈乐成，荐其荐俎，序其礼乐，备其百官，君子致其济济漆漆，夫何恍惚之有乎？"乐成"之"乐"，卢各反。恍，胡广反。

"反"，终也，谓馈食之正礼终也。"乐成"者，酬酒行，与宾乐其成事也。"荐俎"，宾俎。"百官"，助祭者。"序"，次序举酬也。神事已成，余敬及宾，乃发意接众而自矜饰，具宾主之容焉，初非以此容而事神也。"恍惚"，迫于交神明之貌。神人事异，容亦变也。

"夫言岂一端而已，夫各有所当也。"当，丁浪反。

时地异则义徙，言各随其所当，在学者之知所择尔。

右第四章。此章言祭祀容貌各别之意。

孝子将祭，虑事不可以不豫；比时具物，不可以不备。

"虑"，治也。比，及也。虑之豫，则及时而物备。

虚中以治之。

虚则一，一则豫之本也。

宫室既修，墙屋既设，百物既备，夫妇齐戒沐浴盛服奉承而进之，洞洞乎，属属乎，如弗胜，如将失之，其孝敬之心至也与！齐，侧皆反。属，之欲反。胜，书蒸反。与，以诸反。

"修"，加丹垩也。"设"，加涂盖也。"百物"，牲器衣服也。"洞洞"，深至；"属属"，相续；皆言敬也。"如弗胜"，慎之至也；"如将失之"，诚之迫也；皆言奉承而进之容也。未事而虚中以虑之于豫，临事而笃敬以将之也恪，非孝敬之至不能尔也。

荐其荐俎，序其礼乐，备其百官，奉承而进之，于是谕其志意，以其恍惚以与神明交，庶或飨之，庶或飨之！孝子之志也。

"荐俎"，孰俎也。"百官"，执事者。"谕"，默相晓也。"以其恍惚"

者，百官达孝子之心，皆专意诚切以求神而事之。再言"庶或飨之"者，拟孝子情迫之辞。孝子自尽其诚敬之至，故不言之化，孚于在庙助祭之人，皆生起其严恭恻怛之心以佐祀事，而志乃伸也。

孝子之祭也，尽其悫而悫焉，尽其信而信焉，尽其敬而敬焉，尽其礼而不过失焉。进退必敬，如亲听命，则或使之也。 齐，侧皆反。

"悫"，诚实也。"信"，谓备物致慎，必信诸心而无后悔也。"进退"，庙中将事之容。"或"者，固有而不可名之辞。上言虑物合敬，一本于孝子之心；而所以使孝子之必如是其内外交尽者，则惟鬼神之德，气充理著，实有相感之几；故承事之下，如亲听命，皆其诚之不可掩者有以使之，而非孝子于理所本无之死而致生之，此祭义所由立也。

右第五章。此章言孝子祭先之义。

孝子之祭可知也。其立之也敬以诎，其进之也敬以愉，其荐之也敬以欲；退而立如将受命，已彻而退，敬齐之色不绝于面。孝子之祭也。

"立之"，始即位，立于阼阶也。"诎"，俯抑貌。"进之"，进而就几筵之间也。"荐"，陈设也。"欲"者，欲其饮食之貌。"退而立"，暂退复位也。"彻而退"，祭事毕矣。五者皆以敬为本，而其敬生于天性之爱，俨然若祖考之洋洋在上，自然传于容色者各中其节，而非可以矜饰为也。

立而不诎，固也；进而不愉，疏也；荐而不欲，不爱也；退立而不如受命，敖也；已彻而退，无敬齐之色，而忘本也。如是而祭，失之矣。 敖，五到反。"而忘本也"字衍文。

"固"，强立不顺也。"疏"，不亲也。"不爱"，无爱亲之实也。"忘本"，谓忘其始志。"失之"，如不祭也。诚悫不至，无五者之容，则虽庄谨以莅之，动无失礼，要非人子奉先之道也。

孝子之有深爱者必有和气，有和气者必有愉色，有愉色者必有婉容。

"爱"者，心也；"和"者，气也；气从心之爱而柔息，静而中泰，斯和矣。"色"，面之光泽也。气和则神怡而荣血通畅，光泽欣满，发于色矣。"容"，身容也。气和色愉，则肌理谐舒，筋骸柔浃，而容无不婉矣。此推孝子当亲存而事亲之容色，以见事死如事生者，自然以其真爱而发为至敬，无固、疏、不爱、敖、忘之色，而必不为严威俨恪之容也。

孝子如执玉，如奉盈，洞洞属属然，如弗胜，如将失之。严威俨恪，非所以事亲也，成人之道也。奉，芳勇反。属，之欲反。胜，书蒸反。

"执玉"，恭也。"奉盈"，慎也。敬而加以恭慎之至，则下气柔色，有不期然而然者，此敬爱交至，事死如事生之实也。"严威"，容气盛也。"俨恪"，庄栗自持也。"成人"，谓先生长者自居之道。二者虽亦敬之属，而非所以事亲，父在斯为子，虽成人而孺慕不可忘也。

右第六章。此章言孝子承祭之容，自敬而进之以爱，其义益精。为人子者能以此自考，则庶几免陷于不孝。子夏问孝，而夫子答之以"色难"，无存没一也。

先王之所以治天下者五：贵有德，贵贵，贵老，敬长，慈幼。此五者，先王之所以定天下也。贵有德，何为也？为其近于道也；贵贵，为其近于君也；贵老，为其近于亲也；敬长，为其近于兄也；慈幼，为其近于子也。长，丁丈反。为，于伪反。下同。

"道"者，人道，天之所以立人者也。"有德"者，尽人道而通于天矣。"贵"，尊也。"贵贵"，尊有爵者。人生于道，而忠孝悌慈皆性之所固有，故推其理以达之天下，而贵德、尊尊、亲亲，皆率此心而为之，而天下大定矣。

是故至孝近乎王，至悌近乎霸。至孝近乎王，虽天子必有父。至悌近乎霸，虽诸侯必有兄。先王之教，因而弗改，所以领天下国家也。弟，特计反。

"霸"，与"伯"通，诸侯之长，《王制》所谓"州伯"也。"近王""近霸"，言推其教意于治天下之道，则王者必受命于先王，八州之侯必有伯以长之，其义皆自此而立也。"有"者，尊而奉之之意。"因而弗改"，谓即孝悌之理而推，不待他求之也。"领"，统也，统天下国家之治于一理也。

子曰："立爱自亲始，教民睦也；立敬自长始，教民顺也。长，丁丈反，下同。

"立"者，立之以教民而身先之之谓。"长"，谓兄也。孝悌之德统天下国家之治，而孝悌之实则爱敬是已。爱之推为贵老，慈幼以相亲睦，敬之推为贵德、贵贵、敬长以成顺治，皆立其本而教大备矣。

"教以慈睦而民贵有亲，教以敬长而民贵用命。孝以事亲，顺以听命，

错诸天下，无所不行。 <small>错，仓故反。</small>

"慈"，柔；"睦"，和；孝之德也。"贵有亲"者，以不遗亲为尚也。"用命"，顺受长上之命也。亲其亲，长其长，人敦仁爱而无违逆之行，则治达于天下矣。

右第七章。此章承上二章祭祀爱敬之礼而推广之，见其道之大而为治教之本。虽未及于祭祀之义，然王者崇祀宗庙，乃虽天子必有父之实，而敬爱交至，则所谓"庙中者天下之象"，亦于此可见矣。其自第十二章以下，皆以反复推明此章之理，是为祭义一篇之宗旨，学者宜勿忽焉。

郊之祭也，丧者不敢哭，凶服者不敢入国门，敬之至也。

"不敢哭"，自郊至于国中皆然，合通国以致严，父母之丧且为之夺也。

祭之日，君牵牲，穆答君，卿大夫序从；既入庙门，丽于碑，卿大夫袒，而毛牛尚耳，鸾刀以刲，取膟膋，乃退爓祭，祭腥而退，敬之至也。
<small>丽，吕友反。节首疑有阙文。</small>

"祭"，宗庙之祭也。"穆"，谓尸也。据主祭者而言，孝子为昭，孙为尸，则穆也。"答"，对也。君牵牲入自庙门，尸在堂，南面临之也。"序从"，序爵从君后，卿大夫佐币，士奉刍。"鸾刀"，刀首有铃。"刲"，解牲体也。"碑"，在庙中庭。"丽"，当碑杀也。"膟膋"，血与肠间脂，取以燔祭也。"退爓祭"者，以肉退就烹爓汤而献也。"祭腥"者，或爓或腥，合而祭也。"退"，谓堂事已终，姑退以待馈于室也。合君臣于庙中，莫敢不躬亲以致敬，敬之至也。王者合万民之敬以事天，合庙中之敬以事祖考，分虽殊而理则一，要其所以萃人心之涣而莫敢不敬者，则惟仁人孝子之诚足以感之，所以为能禘帝而禘亲也。

右第八章。此章各举礼之一节，以明祭郊、祭庙之义。中间疑有阙文。

郊之祭，大报天而主日，配以月。

人物之生，莫不受命于天，而尊卑悬绝，人不得而报之。有天下者为民物之主，德天德，位天位，与天通理，故得祀焉；非天子之独报之也，所以广为民物报也。然天体无方而化不息，不可以一时一地求之，惟其气之运行往来，于日见焉，故以日为主。日之道，北不至于天中而恒在人之南，故郊于南。冬至之日，自南而北以渐向于人，故迎日于返北之始，而郊以日至。乃日月虽有阴阳之分，而月之为阴，天之阴也；则自日而外可以通乎天之化者莫如月，是以王者之郊既必以日至之月，而抑待月生明之后，又必以朝以暗而为日月同丽乎天之时，此所谓"配以月"也。

夏后氏祭其暗，殷人祭其阳，周人祭日以朝及暗。

"暗"，未明。"阳"，日中。"朝"，日始出。"祭日"，祭之日也。"及"，逮也；谓虽以日出而必及日未出之前也。三代之郊，各以其所尚之色为时，而周祭以朝，必及暗始事，则主乎迎日而亦不背月，上言"配以月"者，周礼也。立天之道，曰阴与阳，求之阳又求之阴，周道备矣。

祭日于坛，祭月于坎，以别幽明，以制上下。祭日于东，祭月于西，以别外内，以端其位。日出于东，月生于西，阴阳长短，终始相巡，以致天下之和。 别，皮列反。

此言朝日夕月之礼也。月主夜，其用"幽"；日主昼，其用"明"。"明"者施，故其位上；"幽"者受，故其位下。"上下"，犹言高卑，是以升于坛以祭日，降于坎以祭月。东坛在东郊，祭者东面；西坛在西郊，祭者西面。日月皆没于西，于东则迎而祭之，内之也；于西则祭而送之，外之也。"端其位"者，出东生西之本位也。"月生于西"者，当朔之后，月见于西方，始生明也。祭日于始出之方，而日之见也终日，乐阳之长也。祭月于生明之方，未几而没，制阴之短也。"巡"，循也。祭于始出者循其始，祭于初生明而旋没者循其终，盖阴阳二气本相得以成和，而阳气暄以昭，阴气凄以暗，故万物之和得之于日者多而得之于月者寡。故先王祀之，虽阴阳并建，而于东坛西坎制而别之，示扶阳抑阴之义，所以致天下之和也。"天下"，犹言两间。

右第九章。此章言郊天及朝日夕月定位制时之义。

天下之礼，致反始也，致鬼神也，致和用也，致义也，致让也。

"天下之礼"，言礼之行于天下也。"致"者，推而行之也。人心固有之德藏于中，而推行之斯为礼也。"反始"，谓万物生于天，人生于祖，反而报之也。"鬼神"者，因于人物以屈信往来，莫之见闻，而心自信其必有，因承事之也。"和用"，谓物得和以生而成乎用，如谷无灾害，牲无疾瘿，则仁人孝子不忘其所自而用以荐其馨香也。"义"者，分之所得为不敢废，所不得为不敢黩也。"让"者，归德于尊亲而推福以逮下也。五者五礼之大纲，而惟祭为备之。

致反始，以厚其本也；致鬼神，以尊上也；致物用，以立民纪也；致义，则上下不悖逆矣；致让，以去争也。合此五者以治天下之礼也，虽有奇邪而不治者则微矣。去，邱矩反。奇，居宜反。

"厚"，笃爱而不忘也。"尊上"者，形器为下，精理为上，通乎幽明之一致，而人知精理之为贵，不滞乎形器以徇利欲也。"物用"，物以和成用也。"民"，人也。"纪"，伦纪也。致物而用之以为礼，则人不擅物自私，而亲爱之道行，人伦之纪立矣。"上下不相悖逆"，下不悖上也。"去"，远也。奇，不偶也，谓乖戾也。"邪"，不正也。合五者以敦躬行，而推以制为典礼，使民行之，则奇邪革心而民大定矣。"微"，鲜也。

右第十章。此章言祭备礼之大义。

宰我曰："吾闻鬼神之名，不知其所谓。"

鬼神之德不可得而见闻，故疑其有名而无实。

子曰："气也者，神之盛也；魄也者，鬼之盛也。合鬼与神，教之至也。

"气"者，生气，魄所乘以营于身而出加乎物者也。"魄"者，耳之聪、目之明、身之受，触内景而领物以为觉者也。"盛"者，聚而成用，则昌著盛大而成乎人理者也。气魄者，生人之大用，丽体以凝。夫子以鬼神之德可以心喻而不能名言其实，故就生人之气魄而言之。聚而盛则为人，当其未聚与其已散，希微流动于天地之间，则谓之鬼神，故即人而可以知鬼神矣。然此自阴阳之既分者而言，若阴阳之所自分，则实一气之屈伸而非有两体，伸而未有定体以向于长者为气，屈而已有定体以向于消者为魄，是气长而凝为魄，魄消而归于气，气魄之殊，一屈伸往来而已。"合鬼与神"者，谓合鬼神于人也。人之所以生即鬼神之盛，则体验于身而鬼神在我矣。故诚明而鬼神之理著，仁孝而鬼神之几通，由此以立教，则穷本知化，而教之密藏于是而极矣。

"众生必死，死必归土，此之谓鬼。骨肉毙于下，阴为野土。阴，于禁反。

此言魄降于地而为鬼也。魂魄者，阴阳之精也，而魂依气，魄依形；

其盛也则合而为生，其衰也则离而各归其故，而鬼神分矣。人之生也，魄极于用，用竭而敝，敝而返，故凡有生者必死，死则其魄以土为归，而为土之精英，所谓"本乎地者亲下，此之谓鬼"也。若夫"骨肉"者，质极于阴，为水土之糟粕而非其精者，则腐坏酿变为野土而已，不足以为鬼也。"阴"，霭也。

"其气发扬于上为昭明，焄蒿凄怆，此百物之精也，神之著也。

此言魂升于天而为神也。"其气"，即神之盛者也。盛极而衰，衰而散，及其死则离魄而返其故，发扬于上，所谓"本乎天者亲上"也。"昭明"，始离乎形躯而返乎空旷，又本为阳之盛者，得天而宣，故流动于两间而光景昭著也。"焄蒿"，轮屯不舍之貌。久聚而盛，虽散而不相舍，故其象如此。"凄怆"，肃然悲感貌。阴阳之气合则和，散则悲，是以凉肃萧瑟，翔于空际。此三者以状神之质性，而诚敬以事神，必将感之而见其然也。"百物"，犹上言众生。"精"，谓气之纯妙者。"著"者，存而不昧之意。

"因物之精，制为之极，明命鬼神，以为黔首，则百众以畏，万民以服。

人与鬼神之合，因死生而分，不可名之为人，亦不可名之为鬼神，故统之曰"物"。"精"者，人之所以为人，鬼神之所以为鬼神也。"极"，法也。"明命"，正名之也。古之圣人因其实有而制为祭祀之礼，以垂大法，正天神、地祇、人鬼之号，使天下各修其祀事，而百众万民虽不能知其所以然，而莫不畏服，则亦足以验人心之同然，为天理之诚然者矣。秦谓民曰"黔首"，汉初犹仍之，此盖记者传述而用当时之语缘饰之耳，不可以此而疑其非夫子之言也。

"圣人以是为未足也，筑为宫室，设为宗祧，以别亲疏远迩，教民反古复始，不忘其所由生也。众之服自此，故听且速也。

制极命名，祭祀虽设，而礼不行于其间，则不以事人者事鬼神，理本一而二之矣。"宫室"，庙也。"宗"，百世不迁之宗。"祧"，迁庙之主也。"古""始"，物所由生之始也。鬼神返于虚漠，不待宫室而安，同归其故，则亦无亲疏远迩之殊，而孝子慈孙居有室，行有礼，则推幽明之一致而曲为备之，以反复致其"事死如事生"之心。盖推本立教，体天道以治人，故民莫不顺于爱敬而化之速也。

"二端既立，报以二礼。

"二端"，谓气魄之分，鬼神之殊，各有端委也。"立"，立其义也。"二礼"，即下"报气、报魄"之礼，所谓"求诸阳、求诸阴"也。

"建设朝事，燔燎膻芗，见以萧光，以报气也，此教众反始也。朝，如字，陟遥反。见，古晏反。

"朝事"，谓事尸于堂，事在日之朝也。"膻"，脺脊之臭。"芗"，黍稷之臭。"见"与"间"通，杂也。"萧光"，炳萧为火，杂膻芗于萧而炳之也。"报"，答也。气集于虚，而臭入虚而与之合，故以报气之散而为神者。"反始"，谓阳为物始也。

"荐黍稷，羞肝肺首心，见间以侠甒，加以郁鬯，以报魄也，教民相爱。"见""间"本一字，复出。本文原作"见"，后人注"间"字为音释，误连书之。见，古晏反。间字衍。

天子诸侯祭有稻粱等，但言"黍稷"，通上下言之也。肝、肺、心，三代所祭异。"首"，升首告全。"侠"，两也。"甒"，《周礼》所谓"大尊以盛醴"者，此通朝事及馈熟于室言之，献味也。魄凝于实，味合于体之实，而后喻其甘苦，故以报魄之散而为鬼者。方书有"气补阳、味补阴"之说，其义亦通于此。"教民相爱"者，爱柔主阴，致味相养，亦爱之事也。

"上下用情，礼之至也。

上报气者降之于天，下报魄者升之于地也。阴阳两求，魂魄兼报，各以类求而备用其情，礼察乎天地而至矣。

"君子反古复始，不忘其所由生也，是以致其敬，发其情，竭力从事以报其亲，不敢弗尽也。

"敬"，恪共也。"发"，用之不吝也。"情"，诚实也。"从事"，谓耕藉、养兽、亲蚕之事。有天下国家者，粢盛、牺牲、衣服不患其不备，而君子反物之所自始；从上古君亲耕牧、夫人亲织之事，以尽情竭力而将其敬，不敢取给于贡税也。如下文所云。

"是故昔者天子为藉千亩，冕而朱纮，躬秉耒；诸侯为藉百亩，冕而青纮，躬秉耒；以事天地、山川、社稷、先古，以为醴酪齐盛，于是乎取之，敬之至也。藉，秦昔反。齐，即夷反。盛，是证反。

"为"，治也，耕治之也。"藉"，藉田。"秉"，持也，持耒柄也。"先古"，祖考也。"酪"，酸浆，所以为醴。"取之"，取藉田之粟以为之也。

　　"古者天子诸侯必有养兽之官，及岁时，齐戒沐浴而躬朝之，牺牷祭牲必于是取之，敬之至也。君召牛，纳而视之，择其毛而卜之吉，然后养之。君皮弁素积，朔月月半君巡牲，所以致力，孝之至也。 齐，侧皆反。朝，直遥反。

　　"养兽之官"，《周礼》之"牧人"。"岁时"，正月也。"朝"，谓临视之。毛纯曰"牺"，体充曰"牷"。召牛纳视而卜之，在将祭三月前。"养之"，充人养之涤，洁刍牧，禁淫洗也。"皮弁素积"，视朔之服；视朔已，不释服而往，急于敬也。"巡"，周匝省视之。"致力"，谓不但任人，必躬自竭力。"孝"，亦"敬"也。互文见意。

　　"古者天子诸侯必有公桑蚕室，近川而为之，筑宫仞有三尺，棘墙而外闭之。及大昕之朝，君皮弁素积，卜三宫之夫人、世妇之吉者，使入蚕于蚕室，奉种浴于川，桑于公桑，风戾以食之。岁既单矣，世妇卒蚕，奉茧以示于君，遂献茧于夫人。夫人曰：'此所以为君服与？'遂副袆而受之，因少牢以礼之。古之献茧者，其率用此与？及良日，夫人缫，三盆手，遂布于三宫夫人、世妇之吉者，使缫，遂朱绿之，玄黄之，以为黼黻文章。服既成，君服以祀先王先公，敬之至也。" 有，于救反。奉，扶陇反。种，之陇反。单，都寒反。卒，子律反。与，以诸反。

　　"公桑"，公家桑田。"近川"，以便浴蚕。"宫仞有三尺"，墙高丈一尺也。"外闭"，钥在外。"棘墙外闭"，所以严内外之别，以桑宫在郊故也。"大昕"，季春朔旦。"三宫夫人"，王三媵之长，位视三公者。"世妇"，则诸侯妾之尤贵者也。蚕事内命妇皆有事焉，卜其贵者主其政尔。"蚕于"者，养之也。"桑于"者，采之也。"戾"，晾也。蚕恶湿，故风干之。"单"，尽也。尽三月而谓之"岁单"者，自一岁蚕事之讫而言也。"世妇奉茧"，言诸侯；天子则三夫人献于后。问"为君服"者，蚕不尽为君服用，问其为君服者乃受缫之也。"礼"，享劳世妇也。"缫"，抽茧出丝也。"良日"，吉日。"盆"，淹也。"盆手"，以手淹于镬汤而振出之；但"三"者，视王耕藉三推也。"布"，分也。"先王"，天子之祭。"先公"，诸侯之祭也。惟鬼神之德诚有而不妄，故耕藉、养牲、亲慎之事必躬尽力以将其孝敬，先王所为深信而不敢忘，有以夫。抑祭服乃子孙之所服，非以荐之祖考，而必盛必虔如此者，感神之道以人为主，不自慢易，而后容气充盈足以合漠。异端惟不知此，草衣木食，凋耗其气魄而谓之为齐，疲敝衰赢，且将与阴为野土者为类，亦恶足通神明而俾之居歆乎？先王备物致饰之道，大矣哉！

右第十一章。此章极言鬼神祭祀之义，盖一篇之纲也。

君子曰："礼乐不可斯须去身。致乐以治心，则易直子谅之心油然生矣。易直子谅之心生则乐，乐则安，安则久，久则天，天则神；天则不言而信，神则不怒而威，致乐以治心者也。致礼以治躬则庄敬，庄敬则威严。心中斯须不和不乐，而鄙诈之心入之矣。外貌斯须不庄不敬，而慢易之心入之矣。故乐也者，动于内者也；礼也者，动于外者也。乐极和，礼极顺，内和而外顺，则民瞻其颜色而不与争也，望其容貌而众不生慢易焉，故德辉动乎内而民莫不承听，理发乎外而众莫不承顺。故曰：致礼乐之道而天下塞焉，举而错之无难矣。乐也者，动于内者也；礼也者，动于外者也。故礼主其减，乐主其盈。礼减而进，以进为文；乐盈而反，以反为文。礼减而不进则销，乐盈而不反则放。故礼有报而乐有反。礼得其报则乐，乐得其反则安。礼之报，乐之反，其义一也。" 音，见乐反。

右第十二章。此盖《乐记》之错简而重出者，系之于此篇，文义无取。文有小异，传者殊耳。

曾子曰："孝有三：大孝尊亲，其次弗辱，其下能养。" 养，余亮反。

"尊亲"者，人生于父母，受形而性即具焉，所性之德全，而天佑人助以有其尊荣，则亦以全吾亲生我之理而已。"弗辱"者，富贵不可以强致，而道尽于己，不愧于天，不怍于人，使吾之生理常伸，要以不忝于所生也。"能养"者，所生之德，仁爱为至情之所通，甘苦忧乐，在亲者皆我所喻而不容已于养也。三者理之当然，皆情之必然，即性之固然。反求诸人子之心，咸其所不得不尽，则三者一而已矣。言"大"言"次"言"下"者，自其事而言之尔。读者当以意通之，勿重人爵而轻天性之爱也。

右第十三章。自此以下十章皆言孝子之道，其第二十二章则因孝而及弟，盖祭以爱敬为本，而孝弟者爱敬之实，故曰"孝子为能飨亲"，存没之事一而已矣。达于其义，则凡祭祀之礼，皆以节文斯二者而为天理人情之不容已，无不著矣。故第二十三章复申言孝子之祭以终之。

公明仪问于曾子曰："夫子可以为孝乎？" 与，以诸反。养，余亮反。先，苏佃反。

公明仪，曾子弟子，或尝受学于子张。"问"者，以孝道之难，惟体验而后知也。

曾子曰："是何言与！是何言与！君子之所谓孝者，先意承志，谕父母于道。参，直养者也，安能为孝乎！"

"先意"，谓亲意未动，逆知其必然而豫为之。"承志"，谓亲志素有所在而未行，己为成之也。"谕"，与"喻"通。"谕于道"者，先意承志则父母之心不言而喻，从容合宜，无违于亲，即无违于理也。此盖养志之事，曾子自信以能养，则既无所歉矣，特慎言之而自谦耳。

右第十四章。

曾子曰："身也者，父母之遗体也。行父母之遗体，敢不敬乎！居处不庄，非孝也；事君不忠，非孝也；莅官不敬，非孝也；朋友不信，非孝也；战阵无勇，非孝也。五者不遂，灾及于亲，敢不敬乎！ 阵，直刃反。

"行"，谓见之于用也。五者皆敬身之事，敬身以敬亲，故无往而不尽其所当为，乃可以守身而事亲。

"亨孰膻芗，尝而荐之，非孝也，养也。君子之所谓孝也者，国人称愿，然曰：幸哉！有子如此，所谓孝也已。" 亨，披庚反。养，余亮反。

"膻"，肉。"芗"，粟也。"尝"者，尝其旨否。"荐"，献馔也。"然"，犹"而"也。行成而名立，敬身之验也。

右第十五章。

众之本教曰孝，其行曰养。 养，余亮反。

"众"，犹言天下也。"本教"，谓王者明伦立教之本。"行"，见于事也。行不足以尽教之理，而教必著于行，故孝自养亲始。

养可能也，敬为难；敬可能也，安为难；安可能也，卒为难。父母既

没，慎行其身，不遗父母恶名，可谓能终矣。卒，子律反。

"敬"，敬亲以及身也。"安"，顺行而无强之谓。"卒"，亦终也。"遗"，与也。敬不间于存没，则终身寡过，而守身之道即此而备，是成教于天下之效也。

仁者，仁此者也；礼者，履此者也；义者，宜此者也；信者，信此者也；强者，强此者也。乐自顺此生，刑自反此作。

"强"，勇也。五者皆心之德，而惟孝子敬亲以敬身，则恒有父母生我之理于心而不昧，故因所施而德立焉。"乐"以化民成俗，"刑"以止恶向善，皆教也。而"乐"以导其心之和，"刑"以正其心之悖，先王尽孝以敬身，而推以立教者，皆自此而生也。

右第十六章。

曾子曰："夫孝，置之而塞乎天地，溥之而横乎四海，施诸后世而无朝夕。夫，防无反。

"置"，植也。"天地"，两间也。"溥"，遍及也。"无朝夕"者，相引不绝，终古而如一也。孝者，生理之不昧者也，在人为心，在天为理，故天地之间，四海之内，古今之遥，幽明上下，治教政刑，因革损益，无非此理之著而已矣。

"推而放诸东海而准，推而放诸西海而准，推而放诸南海而准，推而放诸北海而准。

"放"，达也。"四海"者，中国之尽辞。"准"，均同也。言凡在四海之内，生而为人则心理皆合，无不知爱敬其亲也。

《诗》云：'自西自东，自南自北，无思不服。'此之谓也。"

引《诗》以结上二节之意，言孝为众理之所基而人心之所同，故以之立教而无不顺也。

右第十七章。

曾子曰："树木以时伐焉，禽兽以时杀焉。夫子曰：'断一树，杀一兽，不以其时，非孝也。'"断，都管反。

"时"，谓非方长及孕字之时。孝子之心恻怛慈柔，恒存不舍，必遇物而生其不忍，故引夫子之言以征之。

右第十八章。

孝有三：小孝用力，中孝用劳，大孝不匮。

"小孝"，孝之见端。"大孝"，孝道之尽也。"用力"者，就其事而致其力也。"用劳"者，勤以尽其实也。"不匮"者，充其道于无穷也。三者备而孝道尽矣。

思慈爱忘劳，可谓用力矣；尊仁安义，可谓用劳矣；博施备物，可谓不匮矣。施，始至反。

"思"者，恒存于心也。"慈"，和怡也。"忘劳"，承事不倦也。"尊"，尚也。"安"，顺之而行也。"博施"，施爱于民也。"备物"，广喻物理，行无不宜也。三者虽有大小之殊，至于不匮而孝道乃尽，然慈爱忘劳，本也；修行备德，末也；敦其本而后可推以极其大，学者不可不察。

右第十九章。

父母爱之，喜而弗忘；父母恶之，惧而无怨；父母有过，谏而不逆；父母既没，必求仁者之粟以祀之，此之谓礼终。

"弗忘"，不以蒙爱故自骄逸也。"惧"，惧其不得于亲也。"不逆"，谓先几豫谏，从容和怡，不待过已成而矫拂之。"仁者"，有道之君。"粟"，禄也。"礼"者，爱敬之节文也。"终"，谓始终交尽也。

右第二十章。

乐正子春下堂而伤其足，数月不出，犹有忧色。门弟子曰："夫子之足瘳矣，数月不出，犹有忧色，何也？"乐正子春曰："善如尔之问也！善如尔之问也！

"如"，语助词。重言善之者，喜其问之切也。

"吾闻诸曾子，曾子闻诸夫子曰：天之所生，地之所养，无人为大。父母全而生之，子全而归之，可谓孝矣。

得天之气以生，故生属天；食地之味以长，故养属地。"无人为大"者，言无有如人之大也。万物莫不生养于天地，而天地无心而成化，遍育万物而无所择。吾之所以得为人者，父母也，故乾坤者人物之父母，而父母者人之乾坤也。人之所以异于禽兽者，禽兽有其体性而不全，人则戴发列眉而尽其文，手持足行而尽其用，耳聪目明而尽其才，性含仁义而尽其理，健顺五常之实全矣。全故大于万物而与天地参，则父母生我之德昊天罔极，而忍自亏辱以使父母所生之身废而不全，以同于禽兽乎？人子能体此而不忘，孝之实也。

"不亏其体，不辱其身，可谓全矣。

"身"，以行言。"体"者，身之用所自生也。体不亏而身辱者有之矣，未有亏其体而能不辱其身者也。

"故君子顷步而弗敢忘孝也。今予忘孝之道，予是以有忧色也。"

"顷"，俄顷。"步"，跬步也。"忘"，谓不恒持之于心，是以行不谨而伤也。自责深，故忧不释，子春之言止此。下则记者衍其意而广之。

壹举足而不敢忘父母，壹出言而不敢忘父母。

心恒在于父母，存没无间，不敢不敬其身。

壹举足而不敢忘父母，是故道而不径，舟而不游，不敢以先父母之遗体行殆。壹出言而不敢忘父母，是故恶言不出于口，忿言不反于身。不辱其身，不羞其亲，可谓孝矣。

"道"，大路。"径"，仄径。"游"，徒涉也。言"先父母"者，见父母虽没，犹必然也。"反"，谓人反以报之也。"径""游""恶言"，过之小者，犹恐辱身羞亲而必谨之，则乘危侥幸，泪利忘身，而与物竞趋，入于禽兽之行以自罹陷阱者，愈可知矣。人禽之异，全缺之分，孝不孝之实，皆于此别焉。乐正子春受之曾子，以承夫子道统之传，诚身以立人道，其以垂世立教者至深切著明矣，学者其可忽诸！

右第二十一章。自第十三章以下皆杂引论孝之言，以终"惟孝子为能飨亲"之意。顾其言之大者，虽推及广远，而要皆因心以推体用一原之理，非谓孝之德必恢张廓大，立身扬名，而承志色养之为末也。此章则尤切及于孝子用心之实，以见敬身之道不舍孝悌而别为一端，则记者之示人约矣。后世不察于《孝经》"显亲"之说，乃以身名为重，敬养为轻，恣其泪没名利之私心，而藉显亲以为口实，乃至戕发肤，躬秽行，苟求富贵利达，而自谓不获于忠、且尽其孝，禽行猖，人心灭，其祸烈矣。使察于此，其能伸邪说以自盖其恶而蛊惑天下乎？

　　昔者有虞氏贵德而尚齿，夏后氏贵爵而尚齿，殷人贵富而尚齿，周人贵亲而尚齿。虞夏殷周，天下之盛王也，未有遗年者。年之贵乎天下久矣，次乎事亲也。

　　"贵"，宠任之。"尚"，尊礼之也。臣能世禄曰"富"。"亲"，同姓也。"遗"，略也。长幼之序，天之所显，四代帝王所不得而易也。

　　是故朝廷同爵则尚齿；七十杖于朝，君问则席；八十不俟朝，君问则就之；而弟达乎朝廷矣。_{朝，直遥反。弟，持计反。下同。}

　　"同爵尚齿"，坐立之位也。"席"，使坐也。俟，待也。"达"，通也。"弟"者，人心之顺德，推而行之，无所不通也。

　　行_句，肩而不并，不错则随，见老者则车徒辟，斑白者不以其任行乎道路，而弟达乎道路矣。_{辟，毗义反。}

　　"行"，谓行于道中。"肩"，少者之首当长者肩后。"错"，雁行。"随"，蹑后。道广则"错"，狭则"随"也。"任"，所担荷也。老则子弟代负，无子弟则同井少者。

　　居乡以齿，而老穷不遗，强不犯弱，众不暴寡，而弟达乎州巷矣。_{长，丁丈反。"獀"与"搜"同。}

　　"老穷"，无子孙者。"不遗"，乡党尊而养之。五百家为"州"。"巷"，闾也。

　　古之道，五十不为甸徒，颁禽隆诸长者，而弟达乎獀狩矣。

　　言"古之道"者，周衰役民及老，盖不然矣。六十四井为"甸"，出车一乘，徒七十二人，田则竭作，五十则免。"隆"，多也。"长"，五十以下长于其类者。春田曰"獀"。

　　军旅什伍同爵则尚齿，而弟达乎军旅矣。

　　"什伍"，谓同什同伍之中自相齿也。"尚齿"，犒宴班序之先后。

　　孝悌发诸朝廷，行乎道路，至乎州巷，放乎獀狩，修乎军旅，众以义死之而弗敢犯也。

　　"修"，长也，延及之意。"众"，谓尽天下之人。"以义死之"者，吉凶皆不敢越。"犯"，少凌长也。

祀乎明堂，所以教诸侯之孝也；食三老五更于大学，所以教诸侯之弟也；祀先贤于西学，所以教诸侯之德也；耕藉，所以教诸侯之养也；朝觐，所以教诸侯之臣也。五者，天下之大教也。食，祥吏反。更，古行反。大，他盖反。藉，奉昔反。养，余亮反。朝，直遥反。

"明堂"，天子大庙之堂。"西学"，小学。"先贤"，有道德，先王所使教国子者。"教德"，教之尊有德者。"养"，躬祀事以孝养也。五者，天子修之于上，而诸侯或仿而行于其国，或以修其侯度，皆以明人伦之大义，而立教自贵者始也。

食三老五更于大学，天子袒而割牲，执酱而馈，执爵而酳，冕而总干，所以教诸侯之弟也。是故乡里有齿而老穷不遗，强不犯弱，众不暴寡，此由大学来者也。音并见上。

教弟之礼，与君父先师同其隆重，则齿之尚可知已。故又重言养老之礼，以见其躬亲敬爱之至，而申结上文。弟道之达，必自天子诸侯躬行于上而后民皆化之，见立教之必有本也。

天子设四学，当入学而大子齿。大，他盖反。

"四学"，周兼虞、夏、商之学而设之也。"齿"者，与同学之士进退问业，以齿序先后。

天子巡守，诸侯待于竟，天子先见百年者。守，舒求反。竟，居影反。

"见"，就其居而见之。"先见"者，诸侯虽久待，必见百年者已，乃受诸侯见也。此二节申上文"天子尚齿以教天下"之意。

八十、九十者东行，西行者弗敢过；西行，东行者弗敢过；欲言政者，君就之可也。

"弗敢过"，谓行者与相遇，必伫立以待其过，不敢与之往来相摩也。若在其后，则不敢逾。"言"，问也。"君"，国君也。

壹命齿于乡里，再命齿于族，三命不齿。族有七十者，弗敢先。七十者不有大故不入朝。若有大故而入，君必与之揖让，而后及爵者。先，苏佃反。

"族"，宗族也。再命虽不齿于乡，三命虽不齿于族，而乡族有七十者，行必随，坐必让也。"大故"，大事也。"爵"者，谓爵尊于七十者也。此二节申上文"天子教弟则弟达于诸侯以及士庶"之意。

天子有善，让德于天。诸侯有善，归诸天子。卿、大夫有善，荐于诸侯。士、庶人有善，本诸父母，存诸长老。长，丁丈反。

"荐"，进也，进谋于君行之也。"本"，推本之也。"存"，在也；所谓"有父兄在"也。此承上文而推言之，弟之为道以逊让为主，而人之傲长而不敬者，皆生于攘善自伐之心，轻侮老成，谓己不若，使明于让善之旨，则逊顺行而弟教达矣。

禄爵庆赏，成诸宗庙，所以示顺也。

"爵"，以庆有德。"禄"，以赏有功。"成"，授而定之也。此申明上"本诸父母"之义，而言天子诸侯亦让善于亲，不但士庶也。

昔者圣人建阴阳天地之情，立以为易。易抱龟南面。天子卷冕北面，虽有明知之心，必进断其志焉，示不敢专，以尊天也。卷，古本反。知，珍义反。断，丁贯反。

"建"，参而立也。"阴阳"者，天地之用。"情"，谓老少变合以生吉凶之几也。上"易"，易象；下"易"，太卜之官也。上言"筮"，下言"龟"者，错文互见之。"明"，达于事。"知"，通于理。"志"，谓所谋也。人谋既审，而必听之卜筮以决之，所谓"让善于天"也。

善则称人，过则称己，教不伐以尊贤也。

"尊贤"，犹言让贤。此承上文让善而言。逊让之教立而天下化之，则风俗和美，以终上文"强不犯弱，众不暴寡"之意。

右第二十二章。此章言悌道。盖孝悌同原而合德，皆大顺之理，而敬爱之实，飨亲之本也。兄弟翕而后父母顺，亦奚存没之异哉。

孝子将祭祀，必有齐庄之心以虑事，以具服物，以修宫室，以治百事。齐，侧皆反。

"将祭祀"，通未齐之前而言。"虑"，备也。"百事"，扫除涤溉之事。孝子敬身以敬亲，无所不致其齐庄，则临祭之时自无苟略而尤为加谨也。

及祭之日，颜色必温，行必恐，如惧不及爱然。

此谓始祭而即位于阼之后也。"恐"者，怵惕不宁之貌。合平日之诚用之于一日，所接于神而尽其爱者，须臾而已，故惧爱之不遑也。

其奠之也，容貌必温，身必诎，如语焉而未之然。

此谓荐俎豆、奠爵之时也。前此未与神接，故爱敬但形于颜色，奠则承事以接神，故发于容貌。"温"，柔缓也。"诎"，卑俯也。"语焉而未之"者，瞻仰几筵之上，如含意欲与神语而未发也。

宿者皆出，其立卑静以正，如将弗见然。

"宿"，戒也。"宿者"，谓尸也。尸必宿戒之，故谓之"宿者"。"立"，立于阼，待送尸也。"静"，悯默貌；"正"，凝神恋慕也。"如将弗见"者，仿佛忧疑之意。

及祭之后，陶陶遂遂，如将复入然。

"陶陶"，郁懑貌。"遂遂"，欲弗遽已之貌。"如将复入"者，爱敬有余之意。

是故慤善不违身，耳目不违心，思虑不违亲；结诸心，形诸色，而术省之，孝子之志也。

"慤"，诚也。"善"，柔静也。"不违"，合也。心之慤善，充满洋溢，必著于貌，内合外也。"耳目"，瞻听之容也。收视敛听，内顾其所存念，外合内也。内外交一而并用之所祭者，则"思虑不违亲"也。"术"，路也。"省"，得其理也。声色、容貌、耳目皆载心以分注之，各效其官，以尽其爱敬之理也。

右第二十三章。此章状孝子承祭之容，深微曲至，盖必深爱至敬根极性情者而后能然，非一晨一夕之敬所可几也。于以发明"惟孝子为能飨亲"之义，尤为深切著明矣。

建国之神位，右社稷而左宗庙。

宗庙、社稷皆在公宫之内。"社稷"，地祇也，地道尚右；"宗庙"，人鬼也，人道吉礼尚左；各得其尊也。在宫内者，宗庙之亲不忍远之。地道亲而不尊，亦以近为敬，非若天道之不敢亲而必祭于郊。明乎此，则后世北郊之诬，益可见矣。社稷在右而东向，主祭者南面，阼阶在北也。宗庙则太祖之庙，西向为尊，余以昭穆为南北。

右第二十四章。此篇皆言孝子之祭亲。此章以记宗庙之位，故附见焉。

《礼记章句》卷二十四终

礼记章句卷二十五

祭统

此篇所论皆天子诸侯之祭礼，谓之"祭统"者，言举尊以统卑也，盖亦《祭义》之余编尔。凡十二章。

凡治人之道，莫急于礼。礼有五经，莫重于祭。

"治人之道"，刑政之属。"急"，先也。"经"，常也，纲也。"五"者，吉凶军宾嘉。祭以合幽明，亲本始，故尤重焉。此节总起一篇之意。

夫祭者，非物自外至者也，自中出生于心也；心怵而奉之以礼，是故惟贤者能尽祭之义。 夫，防无反。

"物"，事也。"至"，犹生也。"怵"，感而动也。"奉"，持行也。贤者果有不忘亲之实，乃能以心行礼，而非徒虚设其仪也。

贤者之祭也必受其福，非世所谓福也。福者，备也。备者，百顺之名也。无所不顺者之谓备，言内尽于己而外顺于道也。

"备"，各得也。"内尽于己"则心安，"外顺于道"则理得，心安理得，贤者之所求于天人而欲备者也，故谓之"福"。"世所谓福"，侥幸而已矣。

忠臣以事其君，孝子以事其亲，其本一也。上则顺于鬼神，外则顺于君长，内则以孝于亲，如此之谓备。惟贤者能备，能备然后能祭。 长，丁丈反。

"本一"者，爱敬同原于至性也。贤者尽忠孝之实于心而备得其理，故无所不顺。顺以备、则祭而获福矣。

是故贤者之祭也，致其诚信与其忠敬，奉之以物，道之以礼，安之以乐，参之以时，明荐之而已矣，不求其为，此孝子之心也。道，徒到反。为，于伪反。

"致"者，固有而推行之也。"道"，行也。"安"，和也。"参"，酌也。"时"，"疏数之节"也。"明"，犹洁也。"为"，谓福佑为己之报。"不求其为"，无所祈也。贤不肖之辨，义利而已。以利事其亲，而人理绝矣。惟行其不容已之心，则仪文自中其节，而明之礼乐，幽之鬼神，其致一也。

右第一章。此章乃一篇之大旨。

祭者，所以追养继孝也。养，余亮反。下同。

"追养"，已往而追致之也。"继"者，相续无已，存没不间也。

孝者，畜也。顺于道，不逆于伦，是之谓畜。畜，许六反。

"畜"者，驯养伏顺之意。心所安行之谓"道"。"伦"，理也。驯其心以极于柔谨，则心理交得而存没皆尽矣。

是故孝子之事亲也，有三道焉：生则养，没则丧，丧毕则祭。养则观其顺也，丧则观其哀也，祭则观其敬而时也。尽此三道者，孝子之行也。行，胡孟反。

"顺"，顺亲志也。"时"，以时修而不怠也。心顺则行顺，存没异而爱敬不忘，一也。

右第二章。

既内自尽，又外求助，婚礼是也。故国君娶夫人之辞曰："请君之玉女与寡人共有敝邑，事宗庙社稷。"此求助之本也。取，七句反。

"既内自尽"，承上二章而言。"玉"，比德之辞。"本"，谓备官备物以此为始基。

夫祭也者，必夫妇亲之，所以备外内之官也。官备则具备。水草之菹，陆产之醢，小物备矣。三牲之俎，八簋之实，美物备矣。昆虫之异，草木之实，阴阳之物备矣。凡天之所生，地之所长，苟可荐者，莫不咸在，示尽物也。外则尽物，内则尽志，此祭之心也。"夫祭"之"夫"，防无反。

长，丁丈反。

"外内之官"，助祭者也。君统外，夫人统内而官备矣。"具"，祭品也。田牧采取，外有司掌之；酿造馔陈，内命妇掌之。"水草"，芹莼之属。"陆产"，麋兔之属。"三牲"，大牢。"八簋"，黍稷稻粱各二。此言天子之制以统下也。"昆虫"，蜩蚯之属。"草木之实"，榛枣之属。"阴阳之物"者，昆虫草木，天地所产，非牧畜树艺之得也。"心"，言诚敬之积也。

是故天子亲耕于南郊，以共齐盛，王后蚕于北郊，以共纯服；诸侯耕于东郊，亦以共齐盛，夫人蚕于北郊，以共冕服。天子、诸侯非莫耕也，王后、夫人非莫蚕也，身致其诚信，诚信之谓尽，尽之谓敬，敬尽然后可以事神明，此祭之道也。共，九容反。齐，即夷反。盛，是征反。纯，古本为"缁"，庄持反。

"耕"，耕藉也。天子南郊，诸侯东郊，尊卑之差也。蚕皆于北郊，妇礼简也。"纯"，玄也。天子祭服之上，大裘而冕，其衣玄也。"冕"，诸侯祭服。"蚕"，缫也。"非莫"者，言非无人为之耕蚕。有其心而必以身践之之谓"诚"，身亲之而后不疑其不蠲之为"信"。"尽"，谓身心交致也。"道"者，竭力事亲，人子当然之道也。

右第三章。

及时将祭，君子乃齐。齐之为言齐也，齐不齐以致齐者也。"乃齐""齐之"之"齐"，侧皆反，余如字

"齐"，一也，专壹其心志于所有事也。"不齐"者，人之处事接物，一心应感无恒，须专致之不妄动也。

是故君子非有大事也，非有恭敬也，则不齐。不齐则于物无防也，耆欲无止也。及其将齐也，防其邪物，讫其耆欲，耳不听乐，故《记》曰"齐者不乐"，言不敢散其志也。心不苟虑，必依于道；手足不苟动，必依于礼。是故君子之齐也，专致其精明之德也。齐，并侧皆反，下同。耆，时利反。

"大事"，祭也。《传》曰："国之大事，在祀与戎。""恭敬"，以心言，祭所尊者也。"邪物"，谓淫声奸色。"防"者，远之不使相干也。"止"、"讫"，皆禁绝也。乐虽非邪，而发舒心志，散而不专矣。"苟虑"，暂杂他虑。"道"，爱敬思慕之道。"礼"者，动有矩度也。纯一不杂之谓"精"，

澄澈不昧之谓"明"。

故散齐七日以定之，致齐三日以齐之。定之之谓齐。齐者，精明之至也，然后可以交于神明也。"齐之""谓齐"之"齐"者，三"齐"字皆如字。

"定"者，定其杂妄。"齐"者，齐其正念。杂妄定，则正念自然齐一而专精明澈矣。

是故先期旬有一日，宫宰宿夫人。夫人亦散齐七日，致齐三日。君致齐于外，夫人致齐于内，然后会于大庙。

"期"，祭之日也。"旬有一日"者，齐凡十日，先一日戒之也。"宿"，预戒也。"宫宰"，《周礼》之"内宰"。君，兼天子诸侯。"夫人"，兼王后。"外"，路寝。"内"，夫人之正寝。言"大庙"者，禘祫则于太庙，时享则于太庙始也。

君纯冕立于阼，夫人副袆立于东房。纯，与缁通，庄持反。

此始祭时也。"立于阼"，以待神也。"东房"，馔笾豆之所。"立于东房"，待荐也。

君执圭瓒裸尸，大宗执璋瓒亚裸。

此事尸于堂之礼也。"圭瓒"，以圭为瓒盘之柄。献用郁鬯曰"裸"。半圭曰"璋"。"大宗"，宗伯。"亚裸"，本夫人所奉，夫人有故则大宗摄。此本言夫人亚裸而云大宗者，通礼之变而言之也。

及迎牲，君执纼，卿大夫从，士执刍，宗妇执盎从，夫人荐涚水。从，即用反。

亚裸已，君乃出迎牲。"纼"，牵牲绳。"刍"，藁也，所以藉牲而杀之。既杀而荐血腥，夫人又酌献则用盎齐。"涚"，清酒，所以沛盎酒为盎齐者也。"水"者，明水也。盎酒既涚于清酒，而又加明水也。"宗妇"，外命妇。"执"者，奉之于位，以待夫人之献酌也。

君执鸾刀羞哜；夫人荐豆。

此荐熟之礼也。"羞"，割而进之也。"哜"，祭肺也，以尸哜之而不食，故谓之"哜"。"豆"，馈食之豆笾。

此之谓夫妇亲之。

总结上文，申明前章"求助"之意。

右第四章。

及入舞，君执干戚就舞位。君为东上，冕而总干，率其群臣以乐皇尸。乐，卢各反，下同。

此所言"君"者，摄君象也。凡大祀之乐，大司成帅国子以舞。"东上"，舞位最尊处。"总干"，《大武》舞之始。冕服象君，其余舞者皆弁服，象群臣。

是故天子之祭也，与天下乐之；诸侯之祭也，与竟内乐之。冕而总干，率其群臣以乐皇尸，此与竟内乐之之义也。竟，居影反。

"与天下乐之"者，扬雄所谓"宁神莫大于得四表之欢心"也。舞者有君臣之象，则合一国而同乐之义，言竟内而天下在其中矣。

夫祭有三重焉：献之属莫重于祼，声莫重于升歌，舞莫重于《武宿夜》。此周道也。凡三道者，所以假于外而以增君子之志也，故与志进退，志轻则亦轻，志重则亦重。轻其志而求外之重也，虽圣人弗能得也。是故君子之祭也，必身自尽，所以明重也。道之以礼，以奉三重而荐诸皇尸，此圣人之道也。夫，防无反。道，徒到反。

天子之祭，献有九，祼居二焉。"声"，兼笙奏金奏而言。"升歌"，堂上之歌，朱弦疏越而歌《清庙》也。《武宿夜》，六成之始成，即总干山立，《乐记》所谓"备戒之已久"也。"宿夜"者，预戒之谓，故以名其曲。三者为礼乐之始事，敬其始所以接神于无朕也。重三道以增爱敬之志，因外以警内也。志重于内而后礼重于外，由内以生外也。内外交尽，质文相因，斯以为圣人之道。

右第五章。

夫祭有馂，馂者祭之末也，不可不知也。是故古之人有言曰："善终者如始，馂其是已。"是故古之君子曰："尸亦馂鬼神之余也。夫，防无反。

"知"，谓达其义也。知"善终如始"之义则必敬于祭矣。"馂"者，主人拜之，用盛礼，所谓"善终如始"也。"尸亦馂鬼神之余"者，天子诸侯先荐毛血燔燎，大夫士先阴厌，而后迎尸也。

"惠术也，可以观政矣。"

泽必下逮而施之有其等，推之而政理具矣。

是故尸谡，君与卿四人馂；君起，大夫六人馂；臣馂君之余也。大夫

起，士八人馂，贱馂贵之余也。士起，各执其具以出，陈于堂下，百官进，彻之，下馂上之余也。凡馂之道，每变以众，所以别贵贱之等而兴施惠之象也。进，本馂字之误，子峻反。施，式智反。

"逡"，亦起也，变文言"逡"者，言其起逡逡然，众皆肃动也。"君与卿四人"者，君及三卿也。君于尸亦有臣道，故与大夫馂君同言"君余"。"士"，上士，执事之尊者；"八人"，其长也。"贵贱"，以爵言。"百官"，庶有司也，不与堂上之事，故馂于堂下。"彻之"者，言百官馂已乃彻也。"上下"，以职事言。"变"，犹降也。"兴"，发令也。施惠之道，愈降愈广，而贵贱有差，则恩泽遍及而分定不争。此节申上文"惠术"之义。

是故以四簋黍，见其修于庙中也。庙中者，竟内之象也。祭者，泽之大者也。是故上有大泽则惠必及下，顾上先下后耳，非上积重而下有冻馁之民也。是故上有大泽，则民夫待于下流，知惠之必将至也，由馂见之矣。故曰：可以观政矣。竟，居影反。夫，防无反。

"黍"，兼稷、粱而言。诸侯六簋，言"四簋"者，留二以待阳厌也。"修"，具也。四簋所容，可以遍馂，皆预具于庙中，不假外益，若君修政于庙堂而境内取治矣。"泽"，福也。夫人，尽人也。"待"，待其发政施仁也。下待上惠，民之欲也。豫民之欲而给之不劳，政理尽矣。此节申上文"可以观政"之义。

右第六章。

夫祭之为物大矣，其兴物备矣，顺以备者也，其教之本与！夫，防无反。与，以诸反。

"为物"，犹言为事也。尽仁孝，通幽明，故曰"大"。"兴物"，用物也。"顺以备"，因心备物以修顺德也。"教"，谓五教，皆以顺为德，而人君躬行孝道其本也。

是故君子之教也，外则教之以尊其君长，内则教之以孝于其亲。长，丁丈反。

"长"，官之正长。尊上孝亲，皆顺德也。惟躬行顺德以为之本。

是故明君在上，则诸臣服从；崇祀宗庙社稷，则子孙顺孝。尽其道，端其义，而教生焉。

君明则臣服，敬先则子孝，教必有本也。道尽于己而名义正，即此以立教也。

是故君子之事君也，必身行之。所不安于上，则不以使下；所恶于下，则不以事上。非诸人行诸己，非教之道也。恶，乌路反。

恕以施物而忠以尽己，教乃行焉，皆本诸身之道也。此二节皆以反复推明"教本"之义。

是故君子之教也，必由其本，顺之至也，祭其是与！故曰：祭者，教之本也已。与，以诸反。

身为教本而顺为德本，祭备大顺，教无不自此而立矣。孝子之情，事亡如存，不容自已，初非因民之待教于己，而始尽其爱敬于宗庙，而理之所推，感人心之同然，则有不爽者，斯以为德之至大也。

右第七章。

夫祭有十伦焉。夫，防无反。

"伦"，义类也。

见事鬼神之道焉，见君臣之义焉，见父子之伦焉，见贵贱之等焉，见亲疏之杀焉，见爵赏之施焉，见夫妇之别焉，见政事之均焉，见长幼之序焉，见上下之际焉。此之谓十伦。见，贤遍反。杀，所界反。别，必列反。长，丁丈反。下并同。

"政事"，发政施惠之事。"际"，交也。上下之交，无所不通而无壅绝也。祭以报本崇孝而为大顺之德，故于天下之理无所不顺，是以先王之制祭礼，推尽其义以事其亲，而十伦备矣。

铺筵设同几，为依神也。诏祝于室而出于祊，此交神明之道也。为，于伪反。

"同几"，与配食之妃其设一几。"依神"，令神相依也。"诏祝"，祝告祀事于尸也。"于室"者，馈熟时。"出于祊"者，绎祭事尸于门外也。夫妇异体而几同，从其魂气之同归而不为之殊，乃一人之神而两求之于室与祊，则又以神之无方而无所滞。同异异同之间，鬼神之本异于人者，幽明固然之理，故如其道以事之。

君迎牲而不迎尸，别嫌也。尸在庙门外则疑于臣，在庙中则全于君。君

在庙门外则疑于君，入庙门则全于臣、全于子。是故不出者，明君臣之义也。

"疑"者，未定之辞。称"君臣"者，天子诸侯之祖考皆其君也。尊统于一，故不言父。其言"全于子"者，通大夫、士亦不出迎尸也。

夫祭之道，孙为王父尸，所使为尸者，于祭者子行也；父北面而事之，所以明子事父之道也。此父子之伦也。夫，防无反。行，胡郎反。

"北面"者，天子诸侯朝事，事尸于堂，席户外南面，而祭者北面也。人子于亲无所不屈，于子行而犹北面以事之，尊亲之至矣。

尸饮五，君洗玉爵献卿；尸饮七，以瑶爵献大夫；尸饮九，以散爵献士及群有司：皆以齿明尊卑之等也。散，苏亶反。

"瑶"，次玉石。"玉爵""瑶爵"，皆容一升。"散爵"，雕木为之，容五升。"以"者，卑不为之洗也。"皆以齿"，各于其列以齿为先后也。此谓"九献之礼"也。"饮五"者，二祼尸不饮，不在数内，祼后朝践二饮，馈食二饮，食毕酳一饮，酳已，乃"献卿"也，言当"尸饮五"之后也。"饮七"者，献卿已，夫人酳尸，宾长献，又饮二而后"献大夫"也。"饮九"者，饮七而祼二，九献之礼备矣，长宾长兄弟更致于爵于尸，又饮二而后"献士"也。"群有司"者，执事堂下之庶士也。旧说以为此上公之礼。侯伯七献，尸饮三而献卿；子男五献；尸饮一而献卿；大夫士无祼，三献而献宾长。

大祭有昭穆。昭穆者，所以别父子、远近、长幼、亲疏之序而无乱也。是故有事于大庙，则群昭群穆咸在而不失其伦，此之谓亲疏之杀也。夫，防无反。别，必列反。长，丁丈反。大，他盖反。下同。杀，所界反。

"昭"，明也，位南乡。"穆"，邃也，位北乡。"群昭群穆"，子孙之助祭者，父北子南，不失其列，而于所列之中，孙从祖下，则所自出者不乱而亲疏别矣。

古者明君爵有德而禄有功，必赐爵禄于太庙，示不敢专也。故祭之日，一献，君降立于阼阶之南，南乡，所命北面，史由君右执策命之，再拜稽首，受书以归，而舍奠于其庙，此爵赏之施也。乡，许亮反。舍与释同，施双反。

授位之阶谓之"爵"者，以于祭受命则因视其所命而受瑶玉之献也。"一献"，谓一酳尸之时。"书"，即策也，奖而命之之辞，若今诰敕然。

"所命"，受命之卿、大夫也。非时而祭曰"奠"，荐而无尸。"其庙"，所命者之庙。必奠者，归荣于祖考。

君卷冕立于阼，夫人副袆立于东房。夫人荐豆执校；执醴授之，执镫。尸酢夫人执柄，夫人授尸执足。夫妇相授受，不相袭处，酢必易爵，明夫妇之别也。卷，与衮通，古本反。校，胡教反。镫，都腾反。外，昌据反。

"校"，豆中央直者。"执醴"，谓执醴齐之人，兼掌授豆于夫人以荐者也。"镫"，豆跗。"柄"，爵旁鋬也。"足"，爵足。尸授夫人执柄，夫人受执足，夫人献尸执足，尸受执柄，互举而见。"袭"，仍也。"夫妇相授受"，谓君、夫人交相致爵。"不相袭处"，亦柄足异执也，执必异处则手不相拂。"酢"，致爵之酢也。"夫妇，"通男女而言，男女别则夫妇正矣。

凡为俎者以骨为主。骨有贵贱，殷人贵髀，周人贵肩，凡前贵于后。俎者，所以明祭之必有惠也。是故贵者取贵骨，贱者取贱骨，贵者不重，贱者不虚，示均也。惠均则政行，政行则事成，事成则功立。功之所以立者，不可不知也。俎者，所以明惠之必均也。善为政者如此，故曰：见政事之均焉。髀，并弭反。重，直龙反。

"为俎"，割肉分设也。"俎"，助祭者之荐俎。"以骨为主"者，肤及肠胃同而骨异也。"髀""肩"，皆前足，肩当项，髀近下。"凡前贵于后"，谓脊胁臂臑之属。"取"，犹得也。"不重"，不多也。"不虚"，不少也。贵贱有别而各得其所得，实均而名别，乃大平之道。

凡赐爵，昭为一，穆为一，昭与昭齿，穆与穆齿，凡群有司皆以齿，此之谓长幼有序。长，丁丈反。

"赐爵"，旅酬之爵，谓之"赐"者，发自皇尸则祖考之所赐也。"为一"，为一列，自相旅也。"齿"者，以兄弟为先后，此同姓，不论爵而但以昭穆及齿也。"群有司皆以齿"，言异姓，自卿以至群有司虽以爵序，而爵同则序齿也。

夫祭有畀辉、胞、翟、阍者，惠下之道也。惟有德之君为能行此，明足以见之，仁足以与之。畀之为言与也，能以其余畀其下者也。辉者，甲吏之贱者也；胞者，肉吏之贱者也；翟者，乐吏之贱者也；阍者，守门之贱者也。古者不使刑人守门。此四守者，吏之至贱者也。尸又至尊，以至尊既祭之末而不忘至贱，而以其余畀之。是故明君在上，则竟内之民无冻

馁者矣。**此之谓上下之际**。夫，防无反。辉，去愿反。胞，薄交反。竟，居影反。

"畀"，赐也。贱者不得与于旅酬及馁，祭毕而以肉颁之也。"辉"，《考工记》作鞞，"鞞人为皋陶"；皋陶者，鼓腔鞣也。"甲"者，乐器之有郛腔，犹介虫之甲也。"胞"，与"庖"同。"翟"，《丧礼》谓之"狄人"，《周礼》谓之"夏采"，以其陈列乐器，故亦为乐吏之属。"阍"，守宫门者。"古者不使刑人守门"，盖传注家以释阍为吏之义，传写误连正文。"古"，谓夏、殷时也。"明足以见之"者，达下之欲也。"仁足以与之"者，乐施不吝也。"明君"，仁知之君。上下相体而恩及之，民无冻馁，推此而顺施之尔。

右第八章。此章统言祭礼之备，凡人君事天治人，明伦饬纪，施仁行政之道，无不该而存焉，以见孝道之大，无所不致其顺也。

凡祭有四时：春祭曰礿，夏祭曰禘，秋祭曰尝，冬祭曰烝。

"凡祭"者，天子诸侯宗庙之通礼。夏曰"禘"者，夏、殷之制。

礿、禘，阳义也；尝、烝，阴义也。禘者，阳之盛也。尝者，阴之盛也。故曰：莫重于禘、尝。

"义"，谓所取义也。阳盛于终，七进而九也。阴盛于始，八退而六也。求魂于阳，求魄于阴，必于其盛，故古者以此二祭为先重。

古者于禘也发爵，赐服，顺阳义也；于尝也出田邑，发秋政，顺阴义也。

"发爵"，赐爵，《周礼》所谓"三命受位"。"赐服"，所谓"再命受服"也。"出田邑"，颁禄田采邑。"秋政"者，收敛赋粟之政。阳主名，阴主利，阳以荣，阴以养，必于禘、尝者，奉祖考之命以行之。

故《记》曰："尝之日发公室，示赏也。草艾则墨，未发秋政，则民弗敢草也。"

"记"，古礼经传记文。"发公室"者，土田皆统于公，民之归田及大夫士绝者之禄田皆收于公室，至此而更发以授新命者也。"草"者，五谷之茎也。"艾"，与"刈"通，获也。"墨"，黥刑；时可以用薄刑也。"弗敢草"者，君未荐新则未下收获之令，民不敢获也。引《记》以证上文出田邑、发秋政之制，而禘之发爵、赐服可类知矣。

故曰：禘尝之义大矣，治国之本也，不可不知也。明其义者，君也；能其事者，臣也。不明其义，君人不全；不能其事，为臣不全。

阴阳者，万化之本，其盛衰先后尊卑名实之别，裁成以得宜而治道备矣。君明其义以制，而臣尽其职，乃能各全其分义之所当为也。

右第九章。

夫义者，所以济志也，诸德之发也。夫，防无反。

"济"，成也。"诸"，众也。有得于心之谓"德"，欲行其德之谓"志"，行焉而各适其宜之谓义。"发"，谓由此而见于用也。此承上章而推言之，言祭之各有取义，皆德之所由著而志之所自成，为不可苟也。

是故其德盛者其志厚，其志厚者其义章，其义章者其祭也敬；祭敬，则竟内之子孙莫敢不敬矣。竟，居影反。

"厚"者，敦笃详慎之意。"章"，明审也。义所以济志而发德，而必德盛志厚者，乃能积于中以著于外而明审其义。义章而礼明乐备，自益生在庙者恭肃之心，而化行于下，民皆喻于尊亲以敬其君父矣。

是故君子之祭也，必身亲莅之。有故则使人可也。虽使人也，君不失其义者，君明其义故也。

身亲莅之而后德志之盛厚者可尽也。"有故"，谓疾病。"不失其义"，谓必明审其义以行，无阙失也。君职制义，义自己立，必慎于德以行其志，非臣下之所可代也。

其德薄者其志轻。疑于其义而求祭使之必敬也，弗可得已。祭而不敬，何以为民父母矣。

"疑"者，心不喻也。心不喻于其义则见为虚设，而徒束于法制以强行之，志衰气荼，敬必弛矣。尊亲之义不著，民皆不亲其上，危亡之阶也。反复推言以申上章"治国之本"之意。

右第十章。

夫鼎有铭，铭者自名也，自名以称扬其先祖之美，而明著之后世者也。为先祖者莫不有美焉，莫不有恶焉。铭之义称美而不称恶，此孝子孝孙之心也，惟贤者能之。

"莫不有恶"，谓历世非一，不皆善也。孝子孝孙莫不欲扬其先之美，惟贤者以功德受爵命，乃有铭。

铭者，论撰其先祖之有德善、功烈、勋劳、庆赏、声名列于天下，而酌之祭器，自成其名焉，以祀其先祖者也。显扬先祖，所以崇孝也。身比焉，顺也。明示后世句，教也。夫铭者壹称而上下皆得焉耳矣。比，毗至反。

"德善"，德行之善者。有功于民曰"功烈"，有功于国曰"勋劳"。有德、有功、有勋而受庆赏立声名，斯不诬矣。"列"，著也。"酌"，斟酌其美而记述之也。"比"，次也，谓次列己名于后也。"顺"，谓子孙承祖考，其义顺也。"教"者，使人兴起于善之道。"壹"，与"一"通。"上"以称祖德，"下"以垂世教也。

是故君子之观于铭也，既美其所称，又美其所为。为之者，明足以见之，仁足以与之，知足以利之，可谓贤矣。贤而勿伐，可谓恭矣。与，羊洳反。知，珍义反。

"所称"，谓祖考之善。"所为"，孝子之能铭之也。"见"，谓知祖德之所当称者。"与"，及也。仁孝之思上及祖考也。"利"，成也。能善文辞，精制造，以成器用传后世也。"勿伐"，不自居功而归之祖考也。

故卫孔悝之鼎铭曰："六月丁亥，公假于大庙。公曰：叔舅！乃祖庄叔左右成公，成公乃命庄叔随难于汉阳，即宫于宗周，奔走无射。启右献公，献公乃命成叔纂乃祖服。乃考文叔，兴旧耆欲，作率庆士，躬恤卫国，其勤公家，夙夜不解，民咸曰休哉。公曰：叔舅，予女铭，若纂乃考服。悝拜稽首，曰：对扬以辟之，勤大命，施于烝彝鼎。"此卫孔悝之鼎铭也。假，古伯反。大，他盖反。左，侧个反。右，于救反。难，奴案反。射，羊益反。耆，时利反。率，所类反。解，居隘反。予，余吕反。女，人诸反。辟，必益反。

孔悝，卫大夫。"六月"，夏正四月，夏祠时也。"丁亥"者，内事用柔日。"公"，卫庄公蒯聩也。"假"，至也，至庙而祭也。异姓谓之"舅"。庄叔，孔达。成公，卫侯郑。汉阳，楚也。成公为晋所逐，出奔楚，达随之。"即"，就也。"宫"，舍也。晋执卫成公，归之于京师，达又随往焉。献公，卫侯衎。成叔，孔烝钼。"服"，位也。文叔，孔圉。"兴"，复也。"旧"，谓先世。"耆欲"，志也。"作率庆士"，谓身为表率，庆奖群士，与立功也。再称"公曰"者，前述往事，此乃命辞也。"予"，命也。"若"，顺也。"对"，答。"扬"，举也。"辟"，君也。"忝"，大也。"彝"，尊彝。言己答君之赐而举行之，以君之命勒于彝及鼎。此鼎铭而并言"彝"者，二器同铭，传者鼎耳。孔悝不能正己以靖难，被劫而受赏，其先世达则干伯致讨，圉则犯义首祸，皆无足称，鼎铭类皆诬辞。记者因其器之存，举以为征，以见铭之体制如此耳，所谓"不以人废言"也。

古之君子论撰其先祖之美而明著之后世者也，以比其身以重其国家如此。 比，毗至反。

承上文而推古人之为铭类如此也。兼言"国"者，通诸侯而言，《宣和博古图》有齐侯、宋公之钟鼎是已。

子孙之守宗庙社稷者，其先祖无美而称之，是诬也；有善而弗知，不明也；知而弗传，不仁也。此三者君子之所耻也。

"守宗庙"，大夫也。"社稷"，诸侯也。鼎彝祭器而铭系焉，以著于庙中，亦祭义之推，仁孝之事也。

右第十一章。

昔者周公旦有勋劳于天下，周公既没，成王、康王追念周公之所以勋劳者而欲尊鲁，故赐之以重祭。外祭则郊社是也，内祭则大尝禘是也。

兼言康王者，或成王赐之，鲁公不敢受，康王复命之。然因此可见鲁之郊禘不知始于何时，记者传闻，亦疑之矣。"所以勋劳"，明其皆为王室也。"大尝禘"，谓当夏而禘。

夫大尝禘，升歌《清庙》，下而管《象》，朱干玉戚以舞《大武》，八佾以舞《大夏》，此天子之乐也。康周公，故以赐鲁也。子孙纂之，至于今不废，所以明周公之德而又以重其国也。 夫，防无反。

"下"，堂下之乐。"管《象》"，笙奏《象》之曲，因以舞《大武》，笙舞盖并作之。《大夏》，禹乐，周用之为文舞。"康"，褒大之也。

右第十二章。此章亦明世守之义，而推本于成、康之赐，又以见其非诸侯之恒礼也。

《礼记章句》卷二十五终

礼记章句卷二十六

经解

此篇首明《六经》之教，化民成俗之大，而归之于《礼》，以明其安上治民之功而必不可废。盖《易》《诗》《书》《乐》《春秋》皆著其理，而《礼》则实见于事，则《五经》者《礼》之精意，而《礼》者《五经》之法象也。故不通于《五经》之微言，不知《礼》之所自起；而非秉《礼》以为实，则虽达于性情之旨，审于治乱之故，而高者驰于玄虚，卑者趋于功利，此过不及者之所以鲜能知味而道不行也。后世惟横渠张子能深得此理以立教，而学者惮其难为，无有能继之者，于是而"良知"之说起焉，决裂藩维以恣其无忌惮之诐行，而圣教泯。学者诚有志于修己治人之道，不可不于此而加之意也。凡四章。

孔子曰："入其国，其教可知也。"

教行自上而习成于下，贞淫醇疵之本，不可不慎也。

其为人也，温柔敦厚，《诗》教也；疏通知远，《书》教也；广博易良，《乐》教也；絜静精微，《易》教也；恭俭庄敬，《礼》教也；属辞比事，《春秋》教也。 絜，与潔通，古屑反。属，之欲反。比，毗至反。下同。

"为人"，谓学者言行趣向之别也。"温柔"，情之和也；"敦厚"，情之固也。"疏通"，达于事；"知远"，辨于古也。"广"，量有容也；"博"，志不狭也。"易"，心无险也；"良"，行不暴也。"洁静"，安吉凶之正也；"精微"，察性命之理也。"恭"，不傲也；"俭"，有制也。"庄"，不狎也；"敬"，不懈也。"属辞"，连属以成文，谓善为辞命也；"比事"，比合事之初终彼此以谋其得失也。记者引孔子之言而释之，言自圣人删定以后，立教之道尽于《六经》。为君师者以此为教，俾学者驯习而涵泳之，则变化气质以成其材之效有如此矣。

故《诗》之失，愚；《书》之失，诬；《乐》之失，奢；《易》之失，贼；《礼》之失，烦；《春秋》之失，乱。

此上疑有阙文。为粗举其教而不达其理者言也。《六经》之教，本中正互成而无过，顾《易》言天人之际，不可以闻见征索；《礼》《乐》由文生情，文显而情隐；《诗》《书》《春秋》则因昔人之辞与事而备存，以待学者之自择，倘立教者未察于圣人之旨而徒倚其文，使学者莫得其归趣，则其失有如此者。"愚"者，懦茸而不能断之谓。"诬"，因史官之辞而谓先圣有已甚之行，以自成其妄也。"奢"，乐而无节也。"贼"，害也；言性命而不得其实，则反以贼害人心也。"烦"，苛细也。"乱"，谓习战争游说之术。

其为人也，温柔敦厚而不愚，则深于《诗》者也；疏通知远而不诬，则深于《书》者也；广博易良而不奢，则深于《乐》者也；洁静精微而不贼，则深于《易》者也；恭俭庄敬而不烦，则深于《礼》者也；属比辞事而不乱，则深于《春秋》者也。

"深"者，择之精而得其实之谓。《六经》之教，皆穷理尽性，本无有失，立教者得其精意以导学者于大中至正之矩，则人皆兴起子至善而风俗完美，盖经正而庶民兴，异端曲学不得窃而乱之矣。

右第一章。

天子者，与天地参，故德配天地，兼利万物，与日月并明，明照四海而不遗微小。

"天子"，谓圣人在天子之位而制作典礼者也。德盛位尊，建极于上以立其本，又能体察事物之宜以曲成万物，故创制显庸而为礼教之所自立也。

其在朝廷则道仁圣礼义之序，燕处则听《雅》《颂》之音，行步则有环佩之声，升车则有鸾和之音，居处有礼，进退有度，百官得其宜，万事得其序。《诗》曰："淑人君子，其仪不忒。其仪不忒，正是四国。"此之谓也。朝，直遥反。道，徒到反。

"道"，顺由之也。"圣"，通明也。"序"，德之条理也。"环"，所以系佩者。"忒"，差也。"四国"，四方之国。此承上文而言王者动必以礼，故德盛配天地而为立教之本也。

发号出令而民说，谓之和；上下相亲，谓之仁；民不求其所欲而得之，谓之信；除去天地之害，谓之义。义与信，和与仁，霸王之器也。有治民之意而无其器，则不成。说，弋雪反。去，邱矩反。

发言曰"号"，书命曰"令"。"信"者，循物无违之谓。"除去天地之害"，谓裁成六府以利用而无所伤也。义，宰制之宜也。此承上文而言王者兼利万物，明照四海，则民莫不尊亲，而治定制礼，乃以有所制作而无不成也。

右第二章。此章承上章立教之意，推礼为教之大体，而其所自制本于圣王之德盛治隆，故以建中和之极为化民成俗之至教，而人不可废也。

礼之于正国也，犹衡之于轻重也，绳墨之于曲直也，规矩之于方圆也。故衡诚县，不可欺以轻重；绳墨诚陈，不可欺以曲直；规矩诚设，不可欺以方圆；君子审礼，不可诬以奸诈。县，胡涓反。

"诚"，苟也。"审"，亦诚也。"陈"，施也。承上章而言先王本身议道以制礼，为治国之器垂之后世，君子奉之以正国，则天则定而邪正明，虽有邪说诐行附仁义以行其私者，莫之能乱矣。

是故隆礼、由礼，谓之有方之士；不隆礼、不由礼，谓之无方之民。

"隆"，崇尚而习之也。"由"，行也。"方"，道也。"有方之士"上所举，"无方之民"上所惩，公论明，刑赏定，而国无不正矣。

右第三章。

敬让之道也。故以奉宗庙则敬，以入朝廷则贵贱有位，以处室家则父子亲、兄弟和，以处乡里则长幼有序。孔子曰："安上治民，善莫于礼。"

此之谓也。朝，直遥反。长，丁丈反。下同。处，昌与反。

章首当有"夫礼者"三字，盖阙文也。恭敬辞让，人性固有之德，而礼以宣著其节文以见之行者也。敬让之用行而道达于天下矣。"入"，谓即朝位也。"位"，序也。"安上"，谓上下辨、民志定而上安其位也。

故朝觐之礼，所以明君臣之义也；聘问之礼，所以使诸侯相尊敬也；丧祭之礼，所以明臣子之恩也；乡饮酒之礼，所以明长幼之序也；婚姻之礼，所以明男女之别。夫礼禁乱之所由生，犹坊止水之所自来也；故以旧坊为无所用而坏之者，必有水败；以旧礼为无所用而去之者，必有乱患。故婚姻之礼废，则夫妇之道苦，而淫辟之罪多矣；乡饮酒之礼废，则长幼之序失，而争斗之狱繁矣；丧祭之礼废，则臣子之恩薄，而倍死忘生者众矣；聘觐之礼废，则君臣之位失，诸侯之行恶，而倍畔侵陵之败起矣。别，必列反。夫，防无反。坏，古外反。辟，匹亦反。苦，公户反。行，胡孟反。

诸侯春见天子曰"朝"，秋曰"觐"。小聘曰"问"。婿曰"婚"，谓娶也。妇曰"姻"，谓嫁也。"坊"，堤也。"水之所自来"，谓决口也。"旧礼"，先王不易之礼。"去"，违也。"乱患"，败乱之患。"苦"，与"楛"通，不良也。"倍死忘生"，谓倍死之渐必至忘生而不孝养也。

故礼之教化也微，其止邪也于未形，使人日徙善远罪而不自知也，是以先王隆之也。《易》曰："君子慎始，差若毫氂，缪以千里。"此之谓也。远，于愿反。氂，里之反，俗本作釐者误。缪与谬同，眉救反。

"微"，深至也。《六经》皆圣人之教而尤莫尚于《礼》，以使人之实践于行，则善日崇而恶自远。盖易知简能而化民成俗之妙，至于迁善而不知为之者，则圣神功化之极，不舍下学而得之矣。《易》，古《易》，传文引之，以明君子之教慎之于微，不离日用动静之间，而善恶之几、治乱之效，皆自此而分也。

右第四章。

《礼记章句》卷二十六终

礼记章句卷二十七

哀公问

凡《哀公问》《仲尼燕居》《孔子闲居》诸篇，文词复缛，与《论语》《易翼》为夫子之言者迥异，故论者疑为伪作。然《大戴记》亦载《哀公问》一篇，又其他篇夫子与哀公问答不一，体制皆与此篇相类，要其中正深切，非后儒之所能作，但当时坐论之际，以口说答问，门弟子递传而后笔之于书，则其演饰引伸，而流为文词之不典者有之矣，固不可以其词而过疑之也。当哀公之时，夫子老而致政，与诸弟子讲说于鲁，哀公闻其风而就教，故夫子卒而公诔之曰"无自律"，则公之及于夫子之门，征矣。观公问答之间，亦若知有道者，而夫子以君臣之礼对之较详，盖圣人尊君而急于明道，乐与人善，而不以不足与言薄之，斯圣道之所以大也。若公之说而不绎，从而不改，圣人亦末如之何，而岂预亿其不足有为而拒之乎？抑公之失信无礼，兴戎辱国，夫子际其分崩离析之时，不即摘其极敝之端以绳纠之，而所陈说者犹是百王不易之大道，岂徒为迂阔而亡当哉！孟子曰："夫道一而已矣。"以为尧、舜而无不足者，以救败亡而不能离此以为道。圣人之教初无因人因事之异，后儒不察，乃有就病施药之说，变其彀率，以枉己而思正人，此教之所由圮，道之所由晦，而岂圣人之若是哉！此篇所问答皆谨礼之论，故记者采焉。凡二章。

哀公问于孔子曰：“大礼何如？君子之言礼，何其尊也？”孔子曰：“丘也小人，不足以知礼。”君曰：“否，吾子言之也。”

“大礼”，谓礼之大者。“尊”，重也。“小人”，无位之称。非天子不议礼，故夫子让，而公劝之言也。

孔子曰：“丘闻之，民之所由生，礼为大。非礼无以节事天地之神也，非礼无以辨君臣上下长幼之位也，非礼无以别男女父子兄弟之亲，婚姻疏数之交也。君子以此之为尊敬然。长，丁丈反。数，所免反。“然”字衍，《大戴记》“敬”字断句，下云“夫然后”，当从大戴为止。

人生于天地，而名分以安其生，亲爱以厚其生，皆本之不可忘者也。“节”者，不僭不怠之谓。“上下”，官长之相莅者也。“男女”，夫妇也。妇党曰“婚”，婿党曰“姻”。“疏数”，其往来之礼也。“以此”，用此故也。“尊敬”，崇尚之也，崇尚礼也。

“然后以其所能教百姓，不废其会，节有成事，然后治其雕镂文章黼黻句，**以嗣其顺之。**

“所能”者，百姓之所可能也。“会”者，五伦交接之谊。“节有成事”，谓逐节而皆有定制也。“雕镂”，器皿之饰。“文章黼黻”，衣裳之饰。“嗣”，继也，继成事而增之美也。“顺”者，顺人心之安也。礼者，人心之所共安，百姓之所与能者也，既尽其质，又备其文，以利导人情使之相长，而非有所强于天下，故极其盛美而非过也。

“然后言其丧算，备其鼎俎，设其豕腊，修其宗庙，岁时以敬祭祀，以序宗族。

“言”，论定之也。“算”，丧服粗细久近之差也。“豕”者，太牢、少牢、特牲之所通用。“腊”，干麋兔也。“序宗族”者，因祭而合族于庙中，序其昭穆也。丧祭于礼为尤重，故特申言之，要以厚其所由生，而以所可能者立教也。

“即安其居节，丑其衣服，卑其宫室，车不雕几，器不刻镂，食不贰味，以与民同利。昔之君子之行礼者如此。”即，当从《大戴记》作“则”。节，当从《大戴记》作“处”，音昌吕反。几，渠希反。

“安其居处”者，各安其分位而不愿外以妄争也。“丑”，恶也。“几”，附缠为垠鄂也。“贰”，重也。礼极于文，君子不以用物为惜，要以备礼为正。至于礼文无缺，则力崇节俭，以澹泊止争而恤民，礼之所为行而不匮也。

公曰："今之君子胡莫之行也？"孔子曰："今之君子好实无厌，淫德不倦，荒怠敖慢，固民是尽，午其众以伐有道，求得当欲，不以其所。昔之用民者由前，今之用民者由后，今之君子莫为礼也。" 好，呼报反。厌，一监反。敖，五到反。当，丁浪反。

"君子"，以位言。"实"，利也。"淫德"，沉湎淫乐，心安而自得也。"午"，《大戴记》作"忤"，谓逆众心而穷兵也。"求得"，希冀侵掠之利。"当欲"，遂所欲也。"所"，方也。"莫为礼"者，纵欲败度，民劳物匮，而志不在行礼也。

右第一章。此章之旨，大要以居俭为主。林放问礼之本而夫子答之以俭，其意略同。盖奢者俭之反而奢者礼之贼，天理人欲之消长，民力物产之盈虚，有余于彼则不足于此，一自然之理也。

孔子侍坐于哀公，哀公曰："敢问人道谁为大？"孔子愀然作色而对曰："君之及此言也，百姓之德也，固臣敢无辞而对。人道政为大。" 愀，亲小反，下同。

"人道"，立人之道。"愀然"，变动貌。"固"，语词。"政"，教令也。教令设于上而民莫不从，是人道之统纪也。

公曰："敢问何谓为政？"孔子对曰："政者，正也。君为正，则百姓从政矣。君之所为，百姓之所从也。君所不为，百姓何从？"

"为正"，正其身以正人也。

公曰："敢问为政如之何？"孔子对曰："夫妇别，父子亲，君臣严。三者正，则庶物从之矣。" 物，《大戴记》作"民"。

"严"，敬也。《易》曰："有夫妇然后有父子，有父子然后有君臣。"三者之序也。

公曰："寡人虽无似也，愿闻所以行三言之道。可得闻乎？"孔子对曰："古之为政，爱人为大。所以治爱人，礼为大。所以治礼，敬为大。

"无似"，犹言不肖。"治"，善也。三者人伦之本，皆以爱为主，而爱而不狎，有礼而非虚文，则敬其至矣。

"敬之至矣，大婚为大。大婚至矣！矣，《大戴记》作"也"。

"大婚"，天子诸侯之婚礼也。君子行礼，无所不用其敬。而婚姻之际，易于狎昵而忘其敬，乃实则父子君臣之本、王化之基。惟发乎情、止乎礼以敦其敬，而后可以立人道之本，故尤为敬之至大者也。

"大婚既至，冕而亲迎，亲之也。亲之也者，亲之也。迎，鱼庆反。下同。

"既至"，承上而言其为敬之至也。上"亲之"，谓躬亲先施敬也。下亲之，谓相亲爱。

"是故君子兴敬为亲，舍敬是遗亲也。弗爱不亲，弗敬不正。爱与敬，其政之本与！"舍，书也反。与，以诸反。下同。

"兴"，起也。以敬为爱，所以敦其爱也。爱不以正，则徇欲而非真爱矣。"政之本"者，正己以正人之本，闺门为风化之始也。

公曰："寡人愿有言，然冕而亲迎，不已重乎？"

疑亲迎虽所当敬，然冕者人君之祭服，为过重也。

孔子愀然作色而对曰："合二姓之好，以继先圣之后，以为天地宗庙社稷之主，君何谓已重乎！"好，呼报反。

"先圣"，谓先世元德显功受命作祖者。"主"，祭主也。

公曰："寡人固。不固，焉得闻此言也。寡人欲问，不得其辞，请少进。"孔子曰："天地不合，万物不生。大婚，万世之嗣也，君何谓已重焉！""焉得"之"焉"，于虔反。

"固"，陋也。识陋故疑，疑则问之，乃闻圣人之言也。哀公虽喜于闻所未闻，而终以婚姻为男女之欲，而继嗣为其后起，不知人情之动即天地生物之理，亵之则从欲而流，重之则生生之德即此而在。盖天理人欲，同行异情，顺天地之化，而礼之节文自然行乎其中，非人欲之必妄而终远乎天理，此君子之道所以大中至正而不远乎人也。

孔子遂言曰："内以治宗庙之礼，足以配天地之神明；出以治直言之礼，足以立上下之敬。物耻足以振之，国耻足以兴之。为政先礼，礼其政之本与！"

"遂言"，不待问而更端推言之也。"配"，合也。"宗庙"而言"天地"者，谓魂升魄降，复合于天地也。"直言"之义未详，旧说以为当作"朝廷"。"物"，事也。"物耻"，行事过失而以为耻者。"振"，救。"兴"，复也。此承婚礼而推言之，见君子事神治民皆隆礼以自立，无所亵越以自强，为守身保国之大本而政无不行也。盖常人所易亵者，莫甚于男女居室之际，于此必尽敬以合爱，则宗庙朝廷之大，其率礼弗违愈可知矣。

孔子遂言曰："昔三代明王之政，必敬其妻子也有道。

"政"者，自正以正人也。"有道"，谓礼，礼所以行其敬之道也。大婚亲迎，敬妻之道；冠婚必醮，丧为长子斩衰三年之类，敬子之道也。

"妻也者，亲之主也，敢不敬与！子也者，亲之后也，敢不敬与！君子无不敬也，敬身为大。身也者，亲之枝也，敢不敬与！不能敬其身，是伤其亲；伤其亲，是伤其本；伤其本，枝从而亡。

"主"，谓生养没祭为内主也。"敬身"者，动必以礼也。动不以礼，则辱身以及其亲，而人道不立，动罹凶咎矣。敬身为敬妻子之本，敬莫大焉。身不行道，不行于妻子，虽尽其礼，徒为虚文，而况以身徇欲，则其于妻子必狎昵慢易，疑礼之为过情而欲去之，求其接妻子以敬，亦必不可得矣。

"三者，百姓之象也。身以及身，子以及子，妃以及妃。君行此三者，则忾乎天下矣，大王之道也。如此则国家顺矣。" 妃，与配字，滂佩反。大，如字。忾与既通，其冀反。

"百姓之象"，谓民之所取法也。"及"者，因君之敬而咸敬也。"忾"，遍及也。"大王"，谓王天下之大道也。"顺"，治也。

公曰："敢问何谓敬身？"孔子对曰："君子过言则民作辞，过动则民作则。君子言不过辞，动不过则，百姓不命而敬恭。如是则能敬其身，能敬其身则能成其亲矣。"

"辞"，称说也。"作辞"，民以为口实也。"作则"，民效其尤也。"命"，令也。"敬恭"，谨愿而寡过也。敬孚于民而民化之，乃以验敬德之成也。

公曰："敢问何谓成亲？"孔子对曰："君子也者，人之成名也。百姓归之名，谓之君子之子，是使其亲为君子也，是为成其亲之名也已。"

"归之名"，谓众乐推之也。此上四节承上文重大婚之义，而极言敬德之重，为诚身事亲之本，盖至化民成俗，极治道之盛，止以尽为人子者无忝所生之事，则与上章民所由生之意相发明，而尤为深切矣。学者所当深玩。

孔子遂言曰：“古之为政，爱人为大。不能爱人，不能有其身。不能有其身，不能安土。不能安土，不能乐天。不能乐天，不能成其身。”

“爱人”者，兴敬为亲，而后人可得而爱也。“有其身”，无所往而失己也。“安土”，随遇而处之有道也。“乐天”，天理在己，而无不顺也。“成其身”，尽人道也。承上文而详推之，言君子之修己应物，敬以为本，礼以为用，则外不失人，内不失己，而事物之变无逆于心，然后人道立而不失乎所由生之理；盖修己治人之统宗，而安身利用之枢机也。

公曰：“敢问何谓成身？”孔子对曰：“不过乎物。”

“过”，差也。“物”，如《诗》“有物有则”之“物”。天之所命，亲之所生，能践其形而性尽矣。

公曰：“敢问君子何贵乎天道也？”

尽人之道则身成矣，而君子尤贵天道而思法之，故哀公疑焉。

孔子对曰：“贵其不已，如日月东西相从而不已也，是天道也；不闭其久，是天道也；无为而物成，是天道也；已成而明，是天道也。”

“从”，循行也。“不闭”，施明于下也。“明”，物理昭著也。日月运行，循环不舍，而光晖下逮，久而不渝；生成万物，无有作辍，而功用昭著。此二者皆天体无息之大端，君子之法天者，法此而已。敬以成身，而不已其敬，则自强不息之实也。盖成身之理，敬以践形，取之人道而已足，惟其存敬之功，则法天之健，斯以为天人之合德，而非躐等希天，舍其必尽之物则，以弃礼而妄托于无为，卒至辱身捐亲，如异端之所为也。

公曰：“寡人憃愚冥烦，子志之心也。”憃，书容反。志，《大戴记》作“识”。

“憃”，粗也。“烦”，惑也。哀公以夫子所论甚大，谓己愚惑，夫子所知，欲求简要之旨以自勉。

孔子蹴然辟席而对曰：“仁人不过乎物，孝子不过乎物。是故仁人之事亲也如事天。事天如事亲，是故孝子成身。”

“不过乎物”者，成身之实，仁人之事天，孝子之事亲，一于此而已矣。盖身之所由生，惟天与亲，而授我以物者即授我以则，惟能战战栗栗，不敢纵恣以中其当然之节则身无不敬，而施诸物者，自能兴敬合爱，而明伦作则，以为为政之本也。

公曰："寡人既闻此言也，无如后罪何？"孔子对曰："君之及此言也，是臣之福也。"

哀公念行之之难，则若将有志于行矣。故夫子奖而进之。

右第二章。

《礼记章句》卷二十七终

礼记章句卷二十八

仲尼燕居

凡一章。

仲尼燕居，子张、子贡、言游侍，纵言至于礼。子曰："居，女三人者！吾语女礼，使女以礼周流，无不遍也。"女，人渚反。语，鱼钜反。下并同。

"周流"，谓泛应众事。"遍"，周详也。

子贡越席而对曰："敢问何如？"子曰："敬而不中礼谓之野，恭而不中礼谓之给，勇而不中礼谓之逆。"中，陟仲反。

"席"，坐次也。"越席"者，子贡少于子张而先问也。"敬"，谨恪也。"野"者，迫束无文之意。"恭"，庄逊也。"给"者，便捷足用而无实也。"勇"者，锐于有为之称。"逆"者，不顺事理。

子曰："给夺慈仁。"

再称"子曰"者，良久更端而申说之。"夺"者，本有是心而因之丧失之谓。"野""给""逆"，三者皆德之累，而"野"与"逆"其失易见，惟"给"近于敏，似习于礼者之为，而志气外流，交物不以其诚，则虽有慈仁之心且丧失之矣，是其为害最大，故特申言之。

子曰："师，尔过，而商也不及。子产犹众人之母也，能食之，不能教也。"食，详吏反。

"过""不及",以用情言。子产以惠养人,其用爱过矣,而不能教,未尽父母之道,则有所过者即有所不及,是过之终于不及也,非果有能过者也。

子贡越席而对曰:"敢问将何以为此中者也?"子曰:"礼乎,礼!夫礼所以制句**,中也。"**夫,防无反。

"礼乎"者,疑辞;再言"礼"者,决辞也。礼为天理人情之极至,斯无可过,而循之以行,自无不及也。所以然者,礼之所自制,因乎夫人性情之交,本有此喜怒哀乐大中适得之矩则而节文具焉,圣人因而显之尔。则率是以行,自与所性之大中合符,而奚过不及之有哉!

子贡退,言游进曰:"敢问礼也者,领恶而全好者与?"子曰:"然!"

"领",统也。"全",尽也。言人好恶之情万变不齐,而礼以通众情而斟酌之,使天下之人皆得以远所恶,遂所好,无所徇而自无不给,乃所以无过不及而得其中也。

"然则何如?"

子游欲悉知其大用,故问。

子曰:"郊、社之义,所以仁鬼神也;尝、禘之礼,所以仁昭穆也;馈、奠之礼,所以仁死丧也;射、乡之礼,所以仁乡党也;食、飨之礼,所以仁宾客也。"

天曰"神",人曰"鬼"。"郊社"言"鬼"者,以所配言之也。"昭穆",犹言祖考。"馈",虞祭。"奠",丧奠。"死丧",谓亡者。"射",乡射。"乡",乡饮酒。"食",以礼食宾;《礼》有《公食大夫》。飨,具礼饮宾。"仁"者,达其情而致爱敬之谓。礼行情达,则幽明遐迩好恶通而无有间隔矣。

子曰:"明乎郊、社之义,尝、禘之礼,治国其如指诸掌而已乎!

王道以人情为极,情深而文明,幽明无二礼也。此节之文屡见经传,所指各殊,而郊禘之义深远广大,随所引而义著,盖不可以一端尽也。

"是故以之居处句,下文放此。**有礼故长幼辨也;以之闺门之内,有礼故三族和也;以之朝廷,有礼故官爵序也;以之田猎,有礼故戎事闲也;以之军旅,有礼故武功成也**。处,昌与反。长,丁丈反。朝,直遥反。下并同。

"居"处，谓燕居坐立。"三族"，父族，母族，妻族。"闲"，进止闲习有法也。此节言事待礼以成，盖情达理得，则分定人和事叙而功成矣。周子曰："中也者，和也。"和则行之天下而无不达矣。

"是故宫室得其度，量鼎得其象，味得其时，乐得其节，车得其式，鬼神得其飨，丧纪得其哀，辨说得其党，官得其体，政事得其施，加于身而错于前，凡众之动得其宜。"错，仓故反。下同。

"度"，高卑深广之制。"量"，豆区釜斛。"鼎"，谓钟鼎盘盂之属。"时"，谓四时所宜，《周礼》所谓"视春""视夏"之类。"节"，洪细清浊之差。"式"，法制也。"飨"，谓尚臭、尚味、尚声之宜也。"得其哀"者，丧服丧礼与哀称也。"党"，类也，谓义类也。"体"，尊卑相临之分。"施"，政事之施各以时地也。"加于身"，被服之也。"错于前"，陈设之也。此节言物得礼以成，礼行而物皆得其宜也。盖物无定制，以人之好恶为则，违其所恶而成其所好，则人心安之而用无不宜矣。

子曰："礼者何也？即事之治也。君子有其事必有其治。治国而无礼，譬犹瞽之无相与，伥伥乎其何之？譬如终夜有求于幽室之中，非烛何见？若无礼，则手足无所错，耳目无所加，进退揖让无所制。""治也""其治"之"治"，直利反。相，息亮反。

"即事"，就事也。"伥伥"，罔昧之貌。"终夜"，长夜也。"手足无所错"，不能行也。"耳目无所加"，不能明也。"揖让无所制"，不知节也。人之好恶无恒，而事物之得失无据，非礼以为天则，则虽有欲善之心，而非过即不及，事不可得而治矣。

"是故以之居处，长幼失其别；闺门，三族失其和；朝廷，官爵失其序；田猎，戎事失其策；军旅，武功失其制。宫室失其度，量鼎失其象，味失其时，乐失其节，车失其式，鬼神失其飨，丧纪失其哀，辨说失其党，官失其体，政事失其施；加于身而错于前，凡众之动失其宜。如此，则无以祖洽于众也。"祖，盖相字之误。

"策"，军谋。"制"，节制也。"无以相洽"者，不能达好恶以仁之，而皆不适也。

子曰："慎听之，女三人者！吾语女，礼犹有九焉，大飨有四焉。苟知此矣，虽在畎亩之中事之，圣人已。两君相见，揖让而入门，入门而县

兴；揖让而升堂，升堂而乐阕；下管《象》《武》《夏》龠序兴；陈其荐俎，序其礼乐，备其百官，如此而后君子知仁焉。行中规，还中矩，和鸾中《采齐》，客出以《雍》，彻以《振羽》，是故君子无物而不在礼矣。入门而金作，示情也；升歌《清庙》，示德也；下而管《象》，示事也。是故古之君子不必亲相与言也，以礼乐相示而已。"县，古涓反。"行中""还中""鸾中"之"中"，俱陟仲反。还，似宣反。齐，疾资反。

"九"者，"入门县兴"一也，"升堂乐阕"二也，"升歌《清庙》"三也，"下管《象》《武》《夏》篇"四也，"行中规"五也，"还中矩"六也，"和鸾中《采齐》"七也，"出《雍》"八也，"《彻振羽》"九也。皆不言而以礼乐相示者也。"大飨"，诸侯相朝而主飨宾也。九者大飨皆有之，而言"四"者，行还之度、和鸾之节，人君之恒度；出《雍》、彻《振羽》，祭祀所通用，惟四者为大飨之独也。"事"，羽其仪而通其精意也。"圣人已"，谓道合于圣人也。"县兴"者，金奏作也，宾入奏纳夏。"阕"，止也。入门而兴，无先时者，升堂而阕，无后时者，揖让周还，疾徐应节也。"下"，堂下。管吹《象》而舞《大武》，龠吹而舞《大夏》，献酢时所奏也。"序兴"，《夏》继《武》而作也。"行"，周行。"还"，折行。"和鸾"，主君以车出迎送宾之车音也。"出"，宾出。《雍》，《雝诗》。"彻"，彻宾俎。《振羽》，《振鹭》之诗。此杂天子诸侯之乐，盖鲁礼也。"物"，事也。"示事"，以文德武功之事相劝进也。礼乐之实，中和之化，发见于法象，言不能及，默不能藏，所以达情昭德者，皆即此以为用；其翔洽于音容之表，熏陶人心以相喻而相浃，使人情自顺，至德自孚，事功之起，自鼓舞而不倦，则所谓"仁"也。《易》曰："显诸仁，藏诸用。"其是之谓也。身亲行之，自感通而喻其理，故曰"知仁"。至教之显，无非仁之发见，以移人性情，故曰"相示"。此与下篇"天有四时，地载神气，无非教也"之旨，其理本一，故曰"明则有礼乐，幽则有鬼神"，在学者体验而默识之尔。

子曰："礼也者，理也；乐也者，节也。君子无理不动，无节不作。

"理"者，事物始终循用之条理。"节"者，性情之所必至，无过不及而顺以相生者也。作，兴起也。事功皆成于动而始于作，而无理则不成，无节则不和，故礼乐者不言之至教也。

"不能诗，于礼缪；不能乐，于礼素；薄于德，于礼虚。" 缪，眉救反。

"能"者，学而有德也。"缪"，乖也，不达于情，与物相乖戾也。"素"，朴陋也。无得于欢欣畅豫之几，则拘迫无文也。诗、乐二者皆涵养性情之致，而尤必积行纯粹，使仪文皆载诚以行，而后非虚饰也。上文既极言礼之为用广大深微，此下二节乃推本躬行为修德凝道之原，盖一章之枢要也。

子曰："制度在礼，文为在礼，行之其在人乎！"

"人"，谓有德者。

子贡越席而对曰："敢问夔其穷与？" 与，以诸反，下同。

"穷"，尽也。子贡以夫子言能乐则礼不素，故问夔能审乐，当穷尽礼之意。

子曰："古之人与！古之人也。达于礼而不达于乐谓之素，达于乐而不达于礼谓之偏。夫夔达于乐而不达于礼，是以传于此名也，古之人也。" 夫，防无反。

"偏"，不中也。"传于此名"，谓独以乐名也。礼乐同原而互用，中非和不行，和非中不立，惟古者礼乐始制之时则专官以求其独至，后世礼明乐备，学者当旁通曲尽以交修于礼乐，不可以古人自恕也。

子张问政。

疑民不足以与于礼乐之教。

子曰："师乎，前吾语女乎，君子明于礼乐，举而错之而已。"

"前"，即上文所云。政虽有科条禁告之繁，皆本礼乐而推行之。

子张复问。 复，如字，扶又反。

问举错之实。

子曰："师，尔以为必铺几筵，升降、酌献、酬酢，然后谓之礼乎？尔以为必行缀兆，兴羽籥，作钟鼓，然后谓之乐乎？

此则民所不能与，而非可错以治民者也。

"言而履之，礼也；行而乐之，乐也。君子力此二者，以南面而立，夫是以天下大平也。诸侯朝，万物服体，而百官莫敢不承事矣。" "乐之"之"乐"，卢各反。夫，防无反。朝，直遥反。

"言"，论定当理也。"履之"，践其所言也。"乐之"，欣喜不倦也。

"物"，事也。"服体"，谓如衣服之附体，委顺而安也。"承事"，听顺也。人君履中蹈和以躬修于上而天下景从，是即礼乐之大原可以昭示臣民者，盖即上文归本于德之意而切言之也。

"礼之所兴，众之所治也；礼之所废，众之所乱也。目巧之室则有奥阼，席则有上下，车则有左右，行则有随，立则有序，古之义也。室而无奥阼，则乱于堂室也；席而无上下，则乱于席上也；车而无左右，则乱于车也；行而无随，则乱于途也；立而无序，则乱于位也。昔圣帝明王诸侯辨贵贱、长幼、远近、男女、外内，莫敢相逾越，皆由此途出也。"长，丁丈反。

"众"者，尽人之辞。"治"，谓心安事理。混"乱"者，心不安、言不顺，而事不成也。"目巧之室"，筑土缚木，不劳规矩准绳，以目力视之而成也。"古之义"者，谓自有室席车涂以来即显其义也。"远近"，宾主也。礼为治乱之原，而无物不有、无事不著，故极其用之极致，虽非愚贱之所可与；而先王推其躬行之实，以务民义，必举夫人所可知可能而不可斯须离者立为大纲，以使民率由之，而政理兴焉，则益可无疑于政与礼之有殊用矣。

三子者既得闻此言也于夫子句，**昭然若发矇矣。**

发，开也，谓若矇者之明复开也。

右第一章。

《礼记章句》卷二十八终

礼记章句卷二十九

孔子闲居

此篇之义与上篇相为表里。上篇言其用之大，而此篇言其体之微，学者参观而有得焉，则体用同原之理亦可见矣。凡一章。

孔子闲居，子夏侍。子夏曰："敢问《诗》云'凯弟君子，民之父母。'何如斯可谓民之父母矣？"孔子曰："夫民之父母乎，必达于礼乐之原，以致五至而行三无，以横于天下；四方有败，必先知之。此之谓民之父母矣。" 弟，特计反。夫，防无反。

"凯""恺"通。《诗》作"岂"，乐也。"弟"，易也。"乎"，咏叹之词。礼乐者，君子所以化成天下而为元后父母之实者也。然非达于其原，则积之不厚而用之不弘；五至三无之道，所以达其原而深体之也。"至"，以存诸中者而言，谓根极周洽而诚尽其理也。"无"，以发诸用者而言，谓未有其文而德意旁通，无不遍也。"横"者，弥纶充满之意。"败"，谓人情之缺陷。"知之"，察识而警于心也。

子夏曰："民之父母既得而闻之矣，敢问何谓五至？"孔子曰："志之所至，诗亦至焉；诗之所至，礼亦至焉；礼之所至，乐亦至焉；乐之所至，哀亦至焉，哀乐相生。是故正明目而视之，不可得而见也；倾耳而听之，不可得而闻也。志气塞乎天地，此之谓五至。" "哀乐"之"乐"，卢各反。

"正"，凝视也。"塞"，充周也。"天地"，两间之尽辞。人君以四海万民为一体，经纶密运，迩不泄，远不忘，志之至也。乃于其所志之中，道全德备，通乎情理而咸尽，故自其得好恶之正者，则至乎诗矣；自其尽节文之宜者，则至乎礼矣；自其调万物之和者，则至乎乐矣；自其极恻怛之隐者，则至乎哀矣。凡此四者之德，并行互致，交摄于所志之中，无不尽善。凡先王敦诗、陈礼、作乐、饰哀之大用传为至教者，其事虽赜，而大本所由和同敦化者，皆自此而出，程子所谓"有《关雎》《麟趾》之精意，而后周官之法度，可行"，此之谓也。乐非侈物，则和乐之中；恻怛不昧，或值其哀，哀可生而不相夺也。哀非丧志，则悲戚之当，心理交得，逮其为乐，乐可生而不复滞也，而诗与礼之交相成者愈可知矣。盖志之至者，尽心者也，尽心则尽性；故情有异用，而所性之德含容周遍，此天德王道之枢，大本之所自立，而达道由之以行者也。存于中而未发，固不可得而见闻矣，乃函之为志而御气以周乎群动，天地之间，物之所宜，事之所成，经纶尽变而不遗，则与父母于子存注周密而使各得其所之道同，抑所谓"能尽其性则能尽人物之性"者也。

子夏曰："五至既得而闻之矣，敢问何谓三无？"孔子曰："无声之乐，无体之礼，无服之丧。此之谓三无。"

"体"，制度文为之成体者。君子中和恻怛之德周遍流行，无所间断，虽声容缘饰因事而隆，而盛于有者不息于无，故文有所替而德无不逮，其以酬酢群有于日用之间者，无非此也。

子夏曰："三无既得略而闻之矣，敢问何《诗》近之？"

"近"，似也。诗以道性情，而先王之治理在焉，故欲以为征而知其为德之实也。

孔子曰："'夙夜其命宥密'，无声之乐也。 其，居之反。《诗》本作"基"。

"宥"，宽也。"密"，详审也。王者夙夜肇基以凝天命，惟务行宽大之政以周悉百姓，则德意旁流，上下忻洽，不必弦歌钟鼓而始为乐也。

"'威仪逮逮，不可选也'，无体之礼也。 逮，《诗》作"棣"，特计反。

"逮逮"，盛貌。"不可选"，言初终一度，不能选择其执肆而执敬也。君子庄敬日强，无时而懈，不待宾祭之节有体制之可修而始成乎礼也。

"'凡民有丧，匍匐救之'，无服之丧也。"

君子心存恻怛，遇死斯哀，虽在五服之外，礼制有穷而哀遽不舍，不待衰麻而始为丧也。

子夏曰：“言则大矣，美矣，盛矣！言尽于此而已乎？”孔子曰：“何为其然也？君子之服之也，犹有五起焉。”

“大”者，体之广。美者，善之纯。“盛”者，用之博。“服”，谓修行之也。“起”，发也。发而见诸用，必尽其善也。

子夏曰：“何如？”孔子曰：“无声之乐，气志不违；无体之礼，威仪迟迟；无服之丧，内恕孔悲。

和生于志而动物者气，志未敦笃则无以调御其气，虽欲和而不得矣。“不违”者，气从志顺，无所乖忤也。“迟迟”，从容自得之意，安于礼也。“恕”者，如心之谓，乐生恶死，人之常情，以己揆物而悲自甚矣。三者根心达外而足于用也。

“无声之乐，气志既得；无体之礼，威仪翼翼；无服之丧，施及四国。

施，羊吏反。下同。

“既得”者，宽和之发，行之皆顺也。“翼翼”，盛貌。“施及四国”，皆有恩恤以及之也。三者皆言发之盛，用足而能扩充之，则发之盛矣。

“无声之乐，气志既从；无体之礼，上下和同；无服之丧，以畜万邦。

畜，许六反。

“从”者，与民宜也。志气之发，皆顺合民情而无所拂也。“上下和同”，威仪宣著，人敬而亲之也。“畜”，驯养也。万邦之众，逆顺异情，而悯恤之无间也。三者施行之宜，必厌群心，不特尽于己而抑无不洽于众矣。

“无声之乐，日闻四方；无体之礼，日就月将；无服之丧，纯德孔明。

闻，亡运反。

“日闻”者，道日盛而令闻日广也。“就”，成也。“将”，进也。“纯德”，恻怛之德纯一不间也。“孔明”，天下皆知其慈也。三者谓贞久而不渝也。

“无声之乐，气志既起；无体之礼，施及四海；无服之丧，施于孙子。”

“起”，动也，谓和气感孚，天人交动而应之也。“施及四海”者，声律身度为万方之表率也。“施于孙子”，谓慈恤之政垂及后世也。三者言其德盛化行之广远也。

子夏曰："三王之德参于天地，敢问何如斯可谓参于天地矣？"孔子曰："奉三无私以劳天下。"劳，即到反。

"参"者，并建而互相为用之谓。"劳"，安集之也。圣人体五至三无之德，笃实光辉，曲备万物之至经纬，不因事物之至而乘好恶以为用，故周遍天下而非有所私也。

子夏曰："敢问何谓三无私？"孔子曰："天无私覆，地无私载，日月无私照，奉斯三者以劳天下，此之谓三无私。其在《诗》曰：'帝命不违，至于汤齐。汤隆不迟，圣敬日齐。昭假迟迟，上帝是祗。帝命式于九围。'是汤之德也。"日齐"之"齐"，《诗》本作"跻"，祖稽反。假，古柏反。祗，旨夷反。

天至高明，故无不覆；地至博厚，故无不载；日月有明，容光必照；此天体之无私也。圣人志函天下，而诗礼乐哀之全体发己自尽者，一皆无妄流行之实，而天下之情理尽焉，何私之有哉？"齐"，备也。"日齐"，日升也。"昭"，明。"假"，孚也。"迟"，安和貌。"祗"，敬奉也。引《诗》而言商之先君皆奉若天道，至于汤而德盛于躬，无所不备，而奉天以行者益敏于行，以充其敬德之量，日升于高明，与上帝之德委曲相应，乃以受命而王天下，为民父母。此言圣人之德与天地同体，以申上文五至之义。

"天有四时，春秋冬夏，风雨霜露，无非教也；地载神气，神气风霆，风霆流形，庶物露生，无非教也。

四时之成，因乎天道之运。运乎东西则为春秋，运乎南北则为冬夏；寒暑温凉于是而序，温暑则为风雨，凉寒则为霜露。"神气"者，五行生化之撰。"载"者，承受推行之谓。神气之推行，舒而广则为风，专而迫则为霆，以流荡翕聚，使万物自微至著而形成焉。"露"，谓萌芽发露也。"教"者，道之秩叙，显以示人者也。天地之化，推移流动，不间于有无，时行物生，普遍恒久，行于声色象数之中，而不待声色象数而始有，即中和恻怛之原，礼乐哀戚之藏也。此天用之无私也。

"清明在躬，志气如神；耆欲将至，有开必先；天降时雨，山川出云。其在《诗》曰：'嵩高惟岳，峻及于天。惟岳降神，生甫及申。惟申及甫，惟周之翰，四国于蕃，四方于宣。'此文武之德也。"耆，时利反。

"清明在躬"，合天之化也。"志气如神"，合地之化也。"耆欲"，民情之欲得者也。"至"，其相待之时也。"开"，利导之也。"先"，未求而得也。王者礼乐哀戚之德恒施不倦，则天地之神化皆备于己，不俟人情之既启而蚤有以给民之求，以同其忧乐，是如天之降雨，地之出云，行乎其无所待而泽流焉，则民之敬信以悦，不召而孚矣。"嵩"，高大貌。申，申伯；甫，仲山甫；皆宣王之贤臣。"翰"，翼也。"四国"，以诸侯言。"蕃"，卫也。"四方"，以民言。"宣"，播上之德也。引《诗》而言周道之盛通于山川，契于天地，故天地之化，效其大顺，施于孙子而收作人之效，则惟文武之德，不显亦临，无斁亦保，中和恻怛之施，不倚声容缘饰而推行皆在，是以周遍广远无所私，而父母之道配于天地也。此二节言圣人之德与天地同用，以申上文三无之义。

"三代之王也，必先其令闻。《诗》云：'明明天子，令闻不已'，三代之德也；'弛其文德，协此四国'，大王之德也。""之王"之"王"，于放反。闻，亡运反。

"令"，善也。闻，名也。"弛"，《诗》本作"矢"，陈也。文德，礼乐之精意。"大王"，王道大行也。总结上文，言王者之兴必德盛于己，体立于至善而用彻于无文，则为天下后世所景从，斯以为民父母而与天地参矣。《书》曰："天地万物父母，元后作民父母。"诚能尽凯弟之实，为民父母，即与天地合其德，非有异也。

子夏蹶然而起，负墙而立，曰："弟子敢不承乎！"蹶，居术反。

"蹶然"，忻跃貌。"负墙"，问毕退也。"承"，膺服之也。此章推本礼乐之原，乃天地中和洋溢充塞之化，为喜怒哀乐未发中之天则，而大用流行，无有间断。达于此者，惟尽性诚身以修之于己，乃以征诸庶民，建诸天地，皆由此而推行之，其义与《中庸》"中和位育"之旨相为发明，至深切矣。

右第一章。

《礼记章句》卷二十九终

礼记章句卷三十

坊记

此篇与《表记》相为表里。"坊"者，治人之道。"表"者，修己之道。修己治人之实，礼而已矣。性之所由失者，习迁之也。坊习之流则反归于善，而情欲之发皆合乎天理自然之则矣。习俗泛滥以利其欲者，为凡民之所乐趋，故坊之也不容不严。是以篇内多危急之辞而疑于人之难与为善，然苟达其立言之旨以与《表记》参观之，则《易》所谓"遏恶扬善，顺天休命"之理于此著焉；而不与荀卿之说相类，不然且将疑礼之犹不足以坊民，而老、庄、名、法之说且由此而兴，是所贵于读者之善择也。篇内所引夫子之言，皆单词片语，而记者杂引《诗》《书》参以己意以引伸之。石梁王氏乃以是而疑其非圣人之书，则固矣。凡二十二章。

子言之："君子之道，辟则坊与！坊民之所不足者也。" 辟，匹赐反。与，以诸反。

此三句孔子之言，以下则记者所绎，后放此。"言之"者，谓尝有此言，可引以为征也。"道"，正己率物之教，盖即礼也。民性至善，天理人情自有其节，惟不足于善斯恶矣。"坊"者，使足乎善以止恶也。

大为之坊，民犹逾之。故君子礼以坊德，刑以坊淫，命以坊欲。

"坊德"者，坊德之过、不及而制之中，所以坊君子之失也。"命"，令也，制也。中人以下者不能自强于礼，徇情而淫泆，徇形而从欲，故为之刑法禁制以辅礼而行，盖因人情之下流，不得已而以维礼之穷者也。

右第一章。此章乃一篇之纲领，其下二十一章皆以详著此篇之意。

子云："小人贫斯约，富斯骄，约斯盗，骄斯乱。"

此一节孔子之言。"约"者，困束不自得之意。"乱"，谓僭越犯上也。

礼者，因人之情而为之节文，以为民坊者也。故圣人之制富贵也，使民富不足以骄，贫不至于约，贵不慊于上，故乱益亡。慊，盖"嫌"字之误，户兼反。

"制富贵"者，分田、制禄、班爵之法也。财各称其所用，则不足以骄而不至于约矣。"嫌"，疑也。贵贱有等，不相疑似也。"益"，渐也。"亡"，消也。

子云："贫而好乐，富而好礼，众而以宁者，天下其几矣。"好，呼报反。乐，卢各反。几，居稀反。

此一节又孔子之言。"好乐"，谓尚志求乐。"宁"，辑众不为暴乱。"几"，鲜也。贤者之行，不可轻望之常人。

《诗》云："民之贪乱，宁为荼毒。"

"贪乱"，以贪而乱也。"荼"，苦。"毒"，害也。志欲不厌，虽自陷于祸而不恤。

故制国不过千乘，都城不过百雉，家富不过百乘。乘，绳证反。

"制"，建也。"千乘"者，六万四千井之赋，为地方二百五十一里有奇，盖周制大国地方五百里，公食其半，余以为卿大夫之采地也。"都城"，大夫之邑城。"雉"者，以雉飞之高下远近为准，高则一丈，长则每雉三丈。"百雉"，以周围言之，凡三百丈为五百步，径一百二十五步，于诸侯之城参之一也。"百乘"，六千四百井之赋，为地方八十里。

以此坊民，诸侯犹有畔者。

"畔"，谓违背王制，兼并犯上。"诸侯"，谓侯国，兼大夫而言。言"犹有"者，谓坊民而民犹然，使不为之坊，其乱愈亟，见先王不得已之深意也。余章放此。

右第二章。

子云：“夫礼者，所以章疑别微，以为民坊者也。”夫，防无反。别，皮列反。

此一节孔子之言。“章”，显也。两贵相疑，其辨甚微，为之差等以明之，而夫人皆喻其别也。

故贵贱有等，衣服有别，朝廷有位，则民有所让。

“位”，班次也。“让”，谓不敢逾分而争。

子云：“天无二日，土无二王，家无二主，尊无二上，示民有君臣之别也。”

此一节又孔子之言。“土”，中国也。“尊”者，因事之所特敬，如祭之尸、燕之宾之类。“上”，亦尊也。

《春秋》不称楚、越之王。丧礼，君不称天，大夫不称君，恐民之惑也。

“不称王”，善则子之尔。“君”，诸侯。天子称天以诔，诸侯则否。诸侯嗣子称主君，大夫则否。时或有僭之者，夫子定丧礼而正之，名正言顺，而上下之辨民无不知矣。后世欧阳永叔创为不没其实之论，以文其濮议之邪，而司马君实、苏子由不察，而以说经修史，惑耳目，乱正统，奖僭逆，亦异于圣人之教矣。

《诗》云：“相彼盍旦，尚犹患之。”相，息亮反。盍，苦遏反。

《诗》，逸诗。“盍旦”，一名鹖鴠，组夜鸣不已，如求旦然。“患之”，恶其聒也。反静而躁，求非所得，臣干其君之象也。乱人耳目，必见恶矣。

子云：“君不与同姓同车，与异姓同车不同服。”

此一节又孔子之言。“同车”，参乘也。不同服者，《礼》：车右虎裘，御者狼裘；又：御者恒朝服是也。同姓有相代为君之道，故分别尤严。

示民不嫌也。

记者释夫子之言也。“嫌”者，仓猝不辨，属目或误也。

以此坊民，民犹得同姓以弑其君。

“得”者，言惑民得众以成乎弑也。同姓弑君，其恶尤酷，故防之必严。

右第三章。

子云：“君子辞贵不辞贱，辞富不辞贫，则乱益亡。”

此一节孔子之言。“贱”者，位之卑。“贫”者，禄之薄。安卑处约，争怨不作，已乱之道也。

故君子与其使食浮于人也，宁使人浮于食。

“食”，禄也。“浮”，过也。“人”，谓己之才能品诣。

子云：“觞酒豆肉，让而受恶，民犹犯齿。衽席之上，让而坐下，民犹犯贵。朝廷之位，让而就贱，民犹犯君。” 朝，直遥反。

此一节又孔子言。“恶”，粗恶。“齿”，谓长者。“位”，禄位。“就贱”，辞尊居卑也。此节即他章“以此坊民，民犹逾之”之意，下复引《诗》及夫子之言以申之，属词参差，读者勿泥之。

《诗》云：“民之无良，相怨一方。受爵不让，至于已斯亡。”

“相怨一方”，背憎也。“已”，穷极也。“亡”，谓覆家倾国。“不让”，则争妒兴而祸乱作，推其所自，皆惟自谓能堪而不知人浮于食之道也。

子云：“君子贵人而贱己，先人而后己，则民作让。”

此一节又孔子之言。“贵人”，谓尊奖之。“贱己”，自逊不能也。“先”“后”，以受利禄言。

故称人之君曰君，自称其君曰寡君。

于君犹然，况己乎？于名犹然，况实乎？

右第四章。

子云：“利禄先死者而后生者，则民不背；先亡者而后存者，则民可以托。”

此一节孔子之言。“不背”，谓不弃恩忘死。“亡者”，出疆在外。“存者”，在国者也。“托”，如《孟子》云“托其妻子而之楚游”之托。

《诗》云：“先君之思，以畜寡人。” 畜《诗》本作“嘼”，吁欲反。

“寡人”，孤嫠之称。引《诗》卫庄姜之言，谓戴妫勉己以思先君，不背死也。

以此坊民，民犹背死而号无告。 号，胡刀反。告，古沃反。

“号无告”，谓死者之子孙见虐而无所诉也。

右第五章。

子云：“有国家者，贵人而贱禄则民兴让，尚技而贱车则民兴艺。”

此一节孔子之言。“人”，成人有德者。“技”“艺”，皆言才也。“车”，谓家富有车乘。以德才为贵而不以富贵相尚，则人皆退务进修而不争荣宠矣。

故君子约言，小人先言。

“言”，所以自衒而求禄者。君子务进修而不急人知，故其言若不足。小人饰言以干禄，故行能未逮而先言之。有国家者，贵德而不以爵禄为尚，则小人无所售而君子进矣。然以此立教，而先言之小人犹竞进不已，则亦大为之坊，而民犹逾之。苟夸禄位以奔走天下，如汉帝所云“从我游者，吾能尊显之”，则廉耻道丧，不可复挽。眉山苏氏权术笼驭之说，其为世道人心之害，岂浅鲜哉。

右第六章。

子云：“上酌民言，则下天上施。”

此一节孔子之言。“酌”，择取也。“天”，戴也。人君发政施仁，议道自己，然必参酌众论之宜而后民知戴焉。盖民虽愚而不自愚，以贵与贤加之，则虽政得其理而民情若抑；惟贵不自贵，贤不自贤，有善必取于民，而后民情皆顺也。

上不酌民言则犯也，下不天上施则乱也，故君子信让以莅百姓，则民之报礼重。《诗》云：“先民有言，询于刍荛。”

“犯”，逆也。“信让”，谓诚能让也。酌民言而扬其善也。“有言”，谓有所谋议也。“刍荛”，樵苏者。

子云：“善则称人，过则称己，则民不争。善则称人，过则称己，则怨益亡。”

此一节又孔子之言。“人”，臣民也。“不争”，不与上竞善也。“怨”，怨不见用。

《诗》云：“尔卜尔筮，履无咎言。”

“履”，《诗》本作“体”，谓占兆也。谋已定，而犹取决于占兆，则争怨息而无有咎之者矣。

子云：“善则称人，过则称己，则民让善。”

此一节又孔子之言。谓民化之，亦归美于君也。

《诗》云:"考卜惟王,度是镐京。维龟正之,武王成之。"度,徒落反。

"考",稽也。"度",营也。"正",定也。武王迁镐,既询众庶而犹决之以卜,乃民终归成功于武王,民之不敢不让也。此上六节,皆言人君让善于臣民之道。

子云:"善则称君,过则称己,则民作忠。"

此一节又孔子之言。"作",兴也。臣能尽礼于君而民化之也。

《君陈》曰:"尔有嘉谋嘉猷,入告尔君于内,女乃顺之于外,曰'此谋此猷,惟我君之德。'于乎!是惟良显哉!"告,古沃反。女,人渚反。于,袁都反。乎,荒乌反。

君陈者,周公之子,伯禽之弟,为周大宗;此《书》篇名乃王命其尹东郊之辞也。"顺",逊也。"显",明也,言是为明良之臣也。此二节言人臣让善于君之道。

子云:"善则称亲,过则称己,则民作孝。"

此一节又孔子之言。

《大誓》曰:"予克纣,非予武,惟朕文考无罪。纣克予,非朕文考有罪,惟予小子无良。"大,他盖反。

"克",胜也。"无罪",谓不获罪于天地人民。

子云:"君子弛其亲之过而敬其美。"

此一节又孔子之言。"弛",忘也。"敬",尊尚之也。

《论语》曰:"三年无改于父之道,可谓孝矣。"高宗云:"三年其惟不言,言乃谨。"论,卢混反。

凡篇内所述"子云",皆夫子之逸言,辑《论语》者所未收,故此以篇名别之。三年其惟不言,"言乃谨"见《周书·无逸》,而曰"高宗云"者,谓记高宗之事也。"不言"者,因先君之政不自出命令也。"谨",民悦之也。此四节言人子让善于亲之道。让善者,教让之本,以坊民之争者也。然臣子之于君亲,引咎推美,自其天性之不容已,而人君之取善于下,亦其好善之诚,初非以坊民故而矫为之,但让道行而争自止,则亦有坊之道焉,故此章不言"以此坊民",其旨微矣。此之不察,则将为老氏"善下"之说,以济其"欲取固与"之术,以愚诱其民,而道裂矣。

右第七章。

子云：“从命不忿，微谏不倦，劳而不怨，可谓孝矣。”

此一节孔子之言。“忿”，旧说以为“怠”字之误，是也。“微谏”，见微而谏。“不倦”，谓谏而不从，起敬起孝，又复谏也。“劳”，任劳事也。

《诗》云：“孝子不匮。”

“匮”，穷也。心常在亲，无有穷已，则怠倦劳怨之情自不作矣。此二节孝道之本。

子云：“睦于父母之党，可谓孝矣。”

此一节又孔子之言。“睦”，和辑也。“党”，亲属也。

故君子因睦以合族。《诗》云：“此令兄弟，绰绰有裕，不令兄弟，交相为瘉。”

“合族”，合之于祭燕也。昭穆咸在，所以合一本之本合者也。“令”，善也。病间曰“瘉”。“交相为瘉”者，如病乍瘳乍剧，此欲解而彼又争也。“兄弟”者，本一人之身也。惟孝子之不忘此，则如耳目口体不相妨而互相爱有余裕矣。不孝者情不相恤而更为嫌隙，如首欲寒而足欲温，肝欲补而肺欲泻，则一人之身而不相为容，终亦必亡而已矣。

子云：“于父之执，可以乘其车，不可以衣其衣，君子以广孝也。”“衣其”之“衣”，于既反。

“执”，执友也。此谓与父执爵位相等者，时往见之，可以乘己所得乘之车而往，而必降服不敢与之相拟，盖车行于道路以章贵贱之别，而止于门外，不逼主人；衣则侍坐之顷两贵相临，非以崇敬矣。凡车之制：卿夏缦，大夫墨车，士栈车。衣之制，如玄裳，杂裳之类。此及下二节皆孔子之言，三称“子云”者，言非一时，杂引之也。此上三节言孝道之推。

子云：“小人皆能养其亲，君子不敬何以辨？”

小人之养，直情径行之爱，非所以爱其亲也。

子云：“父子不同位，以厚敬也。”

“位”，吊丧、助祭俱为宾，而必异其列也。“厚”者，无在不然之意，子必退而父必不屈也。

《书》云：“厥辟不辟，忝厥祖。”辟，必益反。

“辟”，君也。人君于子有君之尊，有父之亲，若自简媟，失君父之道，则辱其先矣。此二节申上文而言人子于亲不可不敬，而为人父者必示之以敬，乃以敬身而孝于其先，盖孝道之极致也。

子云："**父母在，不称老，言孝不言慈。闺门之内，戏而不叹。**"

"言"，论说也。"闺门"，内寝门。"戏"，欢嬉也。此又引夫子之言以申上文之意。父子虽各尽其道，而子不敢以慈望其父，虽主于敬而真爱不忘，非矜庄严厉以为敬也。

君子以此坊民，民犹薄于孝而厚于慈。

厚于慈者必薄于孝也。夫父子之亲，其为天性之爱一也。而亲始者所以敦其本，逐爱者乃以流于私，而善恶分矣。人之常情昵而骄，待养而期报，则惟知有子而忘其亲。禽兽铺卫其子，生死以之，而不知有父母。是盖人禽之界，不但君子野人之别也。盖人之用爱也易而用敬也难，谋利者多而顾义者少，则于子不患其不慈，而非果恻隐之真心所发见也。记者以厚慈为恶之大，其于天理人欲之辨严矣，而近世旴江罗氏论《大学》"如保赤子"之义，轻孝悌而重言慈，其灭裂天理，驱斯人于禽兽之行，可胜罪哉！

右第八章。

子云："**长民者朝廷敬老，则民作孝。**"长，丁丈反。

"长民"，谓有天下国家者。人君嗣立，无父可事，以老近于父而敬之，亦追孝之思也。

子云："**祭祀之有尸也，宗庙之有主也，示民有事也。修宗庙，敬祀事，教民追孝也。**"

"主"，练主，木用栗。"有事"，言有所尊事，不使托于无也。此二节杂引孔子之言，互明追孝之义。

以此坊民，民犹忘其亲。

没而忘之。

右第九章。

子云："**敬则用祭器。**"

此一节孔子之言。"敬"，谓飨食大宾。"祭器"，笾豆簠簋之属。以祭器为重，不在华美也。

故君子不以菲废礼，不以美没礼。菲，敷尾反。

"菲"，薄也。"没"，掩也。礼所必行，不以物为损益也。

故食礼，主人亲馈则客祭，主人不亲馈则客不祭。故君子苟无礼，虽美不食焉。食，祥吏反。

"亲馈"者，黍稷牲肺。"不亲馈"者，鱼腊酱湆。"不祭"，则亦不食矣。"无礼"，谓非礼所重。

《易》曰："东邻杀牛，不如西邻之禴祭，寔受其福。"

"寔"，《易》作"实"，义同。"禴祭"，春祀，物不备者。"受福"，谓神享之。诚敬斯享，不在物也。

《诗》云："既醉以酒，既饱以德。"

"德"，惠意也。

以此示民，民犹争利而忘义。

"示"者，示义之所重轻，使民推之。

右第十章。

子云："七日戒，三日齐，承一人焉以为尸，过之者趋走，以教敬也。醴酒在室，醍酒在堂，澄酒在下，示民不淫也。尸饮三，众宾饮一，示民有上下也。因其酒肉，聚其宗族，以教民睦也。"齐，侧皆反。醍，他礼反。

此一节孔子之言。"戒"，散齐。"齐"，致齐。"承"，奉也。"醴酒"，醴齐。"醍酒"，缇齐。"澄酒"，清酒。"在室"，以献尸。"在堂"，以献宾。"下"，堂下，以酬士。三酒厚者在下，薄者在上，不贵厚味，戒淫湎也。"尸饮三""宾饮一"者，主人、主妇、宾长，三醋而后献宾。"上下"，尊卑也。"因"者，即祭之尊酒牢肉也。族人同出于一本，与共食先德也。

故堂上观乎室，堂下观乎上。

室中主人事尸，堂上之宾观之以为礼节，堂下众士观堂上之宾以为礼节，上下齐壹而致敬也。

《诗》云："礼仪卒度，笑语卒获。"卒，子律反。

"卒"，尽也。"笑语"，谓于旅也。"获"，谓相得也。此下盖有阙文。

右第十一章。

子云：“宾礼每进以让，丧礼每加以远。”

此一节孔子之言。“让”，当作“上”，谓自门升阶而登堂也。“加”，益也。“自始死至葬”，益远之以安之也。

浴于中霤，饭于牖下，小敛于户内，大敛于阼，殡于客位，祖于庭，葬于墓，所以示远也。饭，扶晚反。

“中霤”，当室中。“客位”，西阶。

殷人吊于圹，周人吊于家，示民不偝也。子云：“死，民之卒事也，吾从周。”卒，子律反。

“吊”，既葬而吊也。“偝”，逆也。吊以哀慰生者，非送死之事，故于家为顺也。“卒事”，谓死而归土则事已竟，礼不赘设，所以奠幽明之位而安死者也。

以此坊民，诸侯犹有薨而不葬者。

诸侯有之，则其下可知矣。

右第十二章。

子云：“升自客阶，受吊于宾位，教民追孝也。未没丧，不称君，示民不争也。”

此一节孔子之言。“升自客阶”，谓反哭时。“宾位”，西阶上。“不争”，谓无汲汲于得国之心。

故《鲁春秋》记晋丧曰：“杀其君之子奚齐及其君卓。”杀，与“弑”通，武吏反。

《鲁春秋》，谓孔子未修时。鲁秉周礼，所书必谨。奚齐未逾年，故称子，卓逾年，称君。

以此坊民，子犹有弑其父者。

右第十三章。

子云：“孝以事君，弟以事长。”弟，特计反。长，丁丈反。

“长”，谓官之正长。

示民不贰也。故君子有君不谋仕，惟卜之日称二君。

“贰”，如“郑伯贰于楚”之“贰”，有异心也。以事父兄之道事君长，不容有贰矣。"不谋仕"者，不预忧其不合而谋他仕也。"卜之日"者，有故当去，义不可留，卜其所往然后命龟之辞。"称二君"，以决从违也。

丧父三年，丧君三年，示民不疑也。父母在，不敢有其身，不敢私其财，示民有上下也。故天子四海之内无客礼，莫敢为主焉。故君适其臣，升自阼阶，即位于堂，示民不敢有其室也。父母在，馈献不及车马，示民不敢专也。

"不疑"者，不疑父之亲而不尊、君之尊而不亲也。"有其身"，谓惜劳役也。"上下"者，父子之间有君臣之义也。此节反复申明尊亲一致，忠孝一理，以明孝以事君之义。

以此坊民，民犹忘其亲而贰其君。

孝衰而忠亦薄矣。

右第十四章。

子云："礼之先币帛也，欲民之先事而后禄也。""先币"之"先"，苏佃反。

此一节孔子之言。"礼"者，相见之礼。既相见，乃奉币帛以修好。尽乎己者之谓"事"。利禄，外也。

先财而后礼则民利，无辞而行情则民争。故君子于有馈者，弗能见则不视其馈。《易》曰："不耕获，不菑畬，凶。"

"利"，贪也。"无辞"，谓无处之馈。"情"，以私爱相赠遗也。相尚以利，不得则怨，怨则争矣。"弗能见"，谓不能修相见之礼以见己。"不视"，甚绝之之辞。田间二岁耕，一岁曰菑。岁常可耕者曰"畬"。古者授田，田莱相半，以均劳逸，不受灾而尽取畬，好逸而贪也。

以此坊民，民犹贵禄而贱行。行，胡孟反。

"贱"，轻也。

右第十五章。

子云："君子不尽利以遗民。"

此一节孔子之言。"尽"，尽取之。"遗"，忘也。

《诗》云："彼有遗秉，此有不敛穧，伊寡妇之利。"故君子仕则不稼，田则不渔。

"秉"，禾把。"秸"，禾穗。谓获敛所遗忘。"利"，赖也。田畯敛其余以赐寡妇也。"田"，谓有禄田可任人民田猎以供宾祭者。"不稼""不渔"，不与民争利也。

食时不力珍，大夫不坐羊，士不坐犬。

"食时"，因四时之常膳。"力珍"，谓力求珍异。此句疑脱"故国君"三字。"坐"，谓燕居常食也。宾祭则俎用羊，羹用犬，燕食则不杀，盖奢则必吝，俭者不夺人也。

《诗》云："采葑采菲，无以下体。德音莫违，及尔同死。"菲，敷尾反。

"葑""菲"，皆菜名。"下体"，叶也。草木逆生，根为首，叶为尾。葑菲之叶嫩可茹，老则粗恶，而根常可食，喻不当以衰老见弃也。惟相恤之德始终能践其言，则可以托死生矣。此贫妇见弃于人之诗，引之以明不当趋利而弃义也。

以此坊民，民犹忘义而争利以亡其身。

"忘义""争利"，亡身之道也。

右第十六章。

子云："夫礼，坊民所淫，章民之别，使民无嫌，以为民纪者也。"夫，防无反。

此一节孔子之言。男女之际，不大明其别则无往而非嫌，章其别则无嫌矣。"纪"者，父子君臣之所自正，以维系人道而别于禽兽也。

故男女无媒不交，无币不相见，恐男女之无别也。

婚礼，纳币，先以使往，亲迎，婿乃见女父母。

以此坊民，民犹自献其身。

"自献"，如鲁庄公、楚子颊之事。

右第十七章。

《诗》云："伐柯如之何？匪斧不克。娶妻如之何？匪媒不得？艺麻如之何？横从其亩。娶妻如之何？必告父母。"取，七句反。下同。从，即容反。

此节陈氏序于上章"之无别也"之下，今从古本。

"横从"，一南一东，喻礼之必有经理也。"告父母"者，父母在，受命而行；父母没，则告庙。若娶同姓，则不可以告宗庙，而命媒氏矣。

子云："娶妻不娶同姓，以厚别也。故买妾不知其姓，则卜之。"

此一节孔子之言。"厚"者，远而不忘之意。

以此坊民，《鲁春秋》犹去夫人之姓曰吴，其死曰孟子卒。去，邱矩反。卒，子律反。

鲁之旧史称吴孟子，孔子删去"吴"字，内以讳为贬。

右第十八章。

子云："礼，非祭，男女不交爵。"

此一节孔子之言。"交爵"，谓相献酢。祭则主妇献尸，尸酢之。

以此坊民，阳侯犹杀缪侯而窃其夫人，故大飨废夫人之礼。缪，莫六反。

阳，国名。《春秋》"齐人迁阳"，地盖近齐。河东又有古阳侯国。二者未知孰是。缪，谥也，其国未闻。"大飨"，诸侯相朝而飨也。古礼，"夫人亚裸"，因阳侯之乱，遂使宗伯摄之。

右第十九章。

子云："寡妇之子，不有见焉，则弗友也。"

"见"，其亲戚与俱见者。

君子以辟远也。辟，毗义反。远，于愿反。

以辟嫌故而远之。此记者释夫子所言之意。

故朋友之交，主人不在，不有大故则不入其门。

"大故"，谓水火死丧。

以此坊民，民犹以色厚于德。

于色厚，则于德薄矣。

右第二十章。

子云："好德如好色。"好，呼报反。

详见《论语》，盖隐括孔子之言而引之，以知篇内所述皆节取圣言以为征，非夫子之意本云然也。

诸侯不下渔色，故君子远色以为民纪。远，于愿反。

"渔色"，谓内取于国中也。今制禁以部民子女为妻妾，盖本诸此。

故男女授受不亲；御妇人则进左手；姑姊妹女子子已嫁而反，男子不与同席而坐；寡妇不夜哭；妇人疾，问之，不问其疾。

"男子"，所亲者。"不问其疾"，不问其何疾，嫌相媚也。

以此坊民，民犹淫溢而乱于族。

右第二十一章。

子云："婚礼，婿亲迎，见于舅姑，舅姑承子以受婿，恐事之违也。"

迎，鱼庆反。见，胡甸反。

"舅姑"，女父母，谓吾甥者吾谓之舅，其妻亦谓之姑也。"承"，奉也。"恐事之违"者，欲及时成礼也。

以此坊民，妇犹有不至者。

谓已纳币而更有所许，逮亲迎而背之，不随夫行也。

右第二十二章。此篇所论皆言君臣父子夫妇之大伦。其第十章、第十五章、第十六章，明义利之重轻，则兄弟友朋厚薄合离之本，皆人之大伦而先王所以立民极者也。

《礼记章句》卷三十终

礼记章句卷三十一

中庸

[衍]《中庸》《大学》自程子择之《礼记》之中，以为圣学传心入德之要典，迄于今，学宫之教，取士之科，与言道者之所宗，虽有曲学邪说，莫能违也，则其为万世不易之常道允矣。乃中庸之义，自朱子之时，已病夫程门诸子之背其师说而淫于佛、老，盖此书之旨，言性、言天、言隐，皆上达之蕴奥，学者非躬行而心得之，则固不知其指归之所在，而佛、老之诬性命以惑人者，亦易托焉。朱子《章句》之作一出于心得，而深切著明，俾异端之徒无可假借，为至严矣，然终不能取未涉其域者之蓬心而一一喻之也。当时及门之士得体其实于言意之表者亦寡矣。数传之后，愈徇迹而忘其真；于是朱门之余裔，或以钩考文句、分支配拟为穷经之能事，仅资场屋射覆之用，而无与于躬行心得之毫末；其偏者则抑以臆测度，趋入荒杳，暗堕二氏之郛郭而不自知，其为此书之累，不但如游、谢、侯、吕之小有所疵而已也。明兴，河东、江右诸大儒既汲汲于躬行而立言之未暇，为干禄之学者纷然杂起而乱之。降及正、嘉之际，姚江王氏出焉，则以其所得于佛、老者强攀是篇以为证据，其为妄也既莫之穷诘，而其失之皎然易见者，则但取经中片句只字与彼相似者以为文过之媒，至于全书之义详略相因，巨细毕举，一以贯之而为天德王道之全者，则茫然

置之而不恤。迨其徒二王、钱、罗之流，恬不知耻，而窃佛、老之土苴以相附会，则害愈烈，而人心之坏、世道之否，莫不由之矣。夫之不敏，深悼其所为而不屑一与之辨也，故僭承朱子之正宗而为之衍，以附诸《章句》之下，庶读者知圣经之作，朱子之述，皆圣功深造体验之实，俾学者反求自得，而不屑从事于文词之末，则亦不待深为之辨，而驳儒淫邪之说亦尚息乎！凡此二篇，今既专行，为学者之通习，而必归之《记》中者，盖欲使《五经》之各为全书，以见圣道之大，抑以知凡戴氏所集四十九篇，皆《大学》《中庸》大用之所流行，而不可以精粗异视也。凡三十三章。

［注］"中"者，不偏不倚、无过不及之名。［衍］情未有偏，事未有倚，而合宜得正，无过不及之天则存焉。

［注］"庸"，平常也。［衍］平常所用，无所往而可离者也，盖即不易之义。

［注］子程子曰："不偏之谓中，不易之谓庸。中者天下之正道，庸者天下之定理。"［衍］"正道"，体也。"定理"，用也。"正道"，性也，道也。"定理"，道也，教也。

［注］此篇乃孔门传授心法，子思恐其久而差也，故笔之于书，以授孟子。其书始言一理，中散为万事，末复合为一理，放之则弥六合，卷之则退藏于密。［衍］就其言功用者谓之"放"，就其言存主者谓之"卷"，非谓君子之放而卷之也。"退"者，求之己。"密"，详缜无间之谓。

［注］其味无穷，皆实学也。善读者玩索而有得焉，则终身用之有不能尽者矣。

天命之谓性。率性之谓道。修道之谓教。

［注］"命"，犹令也。［衍］董子曰："天令之谓命。"

［注］"性"，即理也。［衍］"即"者，但此无他之谓。

［注］天以阴阳五行化生万物，气以成形而理亦赋焉，犹命令也。于是人物之生，因各得其所赋之理，以为健顺五常之德，所谓"性"也。"率"，循也。"道"，犹路也。人物各循其性之自然，则其日用事物之间，莫不各有当行之路，是则所谓"道"也。［衍］兼言"物"者，人既自循其性，则皆备之实，遇物而各循其性，以得其所当行者也。"自然"，有自而然之谓。

［注］"修"，品节之也。性道虽同而气禀或异，故不能无过不及之差。圣人因人物之所当行者而品节之，以为法于天下，则谓之"教"，若礼乐刑政之属是也。盖人之所以为人，道之所以为道，圣人之所以为教，原其所自，无一不本于天而备于我。学者知之，则其于学知所用力而自不能已矣。故子思于此首发明之，读者所宜深体而默识也。［衍］自"盖人之所以为人"以下，乃元本，精醇警切，至矣。今世所传乃祝氏附录，盖以答问语附入之耳。

道也者，不可须臾离也，可离非道也。是故君子戒慎乎其所不睹，恐惧乎其所不闻。离，力智反。

［注］"道"者，日用事物当然之理，皆性之德而具于心，无物不有，无时不然，所以不可须臾离也。若其可离，则为外物而非道矣。［衍］此句亦从元本，较今改本为明切，暗破异端外义之说。

［注］是以君子之心常存敬畏，虽不见闻，亦不敢忽，所以存天理之本然而不使离于须臾之顷也。［衍］"所不睹"者，所不睹耳，非无所睹也。"所不闻"者，所不闻耳，非无所闻也。遇物而感，触意而兴，则睹之闻之，独知之几也。万事万物之理持于心而不忘，不待睹闻而后显见，此则所谓"所不睹""所不闻"也。"戒慎""恐惧"者，持其正而弗失之谓，此即《大学》之所谓"正心"也。"敬畏"，以言其功尔。无所睹闻而有所敬畏，盖赫然天理之森著矣。盖尝论之，遏人欲者，物诱欲动而后能施其遏，物之未构，欲之未动，不睹奸色而豫拟一奸色以绝之，不闻淫声而豫拟一淫声以远之，徒劳而无可致其功，未有能济者也。且尽古今之为学者，纯疵利钝之不一，未有如是之迂谬以为功者也。惟夫天理之本然，浑沦一理而万殊皆备，仁者见仁，智者见智，君子见其参前而倚衡，圣人见其川流而敦化，至大而不易举也，至密而不易尽也，至变而不可执也，非豫存诸心而敬畏以持之，则物至事起，虽欲袭取以为义而动乖其则，此则无物不有，无时不然，而不待既睹其形，既闻其声，乃以拣是非而施戒惧者也。君子之道至此而至矣，为异端者未有能与焉者也。不知有此，乃始求之于感应，求之于缘起，陷溺终身而不拔，不亦宜乎！

莫见乎隐，莫显乎微，故君子慎其独也。见，贤遍反。

［注］"隐"，暗处也。"微"，细事也。"独"者，人所不知而己所独知

之地也。言幽暗之中，细微之事，迹虽未形而几则已动，人虽不知而己独知之，则是天下之事无有著见明显而过于此者，是以君子既常戒惧，而于此尤加谨焉。［衍］既常戒惧，天则炯然，而后善者审，不善者著，加谨之功起焉。若未尝戒惧，则一念之恶未有凶危之象，昏然莫察其是非，至于人之视己如见其肺肝，而后悔而思掩，初无有所谓独知，则亦无从致其慎也。盖庸人后念明于前念，而君子初几捷于后几，遏人欲所以全天理，而惟存天理者，乃可以遏人欲，是存养为圣学之本，而省察其加功，固有主辅之分也。

［注］所以遏人欲于将萌，而不使其潜滋暗长于隐微之中，以至离道之远也。［衍］"以至"者，因之有害之辞，谓意欺其心，不能自慊，虽欲正其心而不能也。

喜怒哀乐之未发谓之中。发而皆中节谓之和。中也者，天下之大本也。和也者，天下之达道也。乐，卢各反。"中节"之"中"，陟仲反。

［注］"喜怒哀乐"，情也；其"未发"，则性也。［衍］"未发"奚以遂谓之性？君子所性，仁义礼智根于心，未发者喜怒哀乐耳。故程子曰："中者，在中之谓。"

［注］无所偏倚故谓之"中"。［衍］"无所偏倚"，非偏倚为不美之辞也。假令偏于哀而倚之，其可参以乐而调之为不偏乎？太极于五行无所偏倚，迨其为五行，水偏于润下，火偏于炎上，倚润下炎上以为用矣。然而五行各一太极，于德不损也。故知偏倚非不美之辞也。"无所偏倚"，言其时凝聚保合之气象耳。无所偏倚而无不存，然后其发也有所偏倚而仍无所乖戾，是以谓之"大本"。

［注］"发皆中节"，情之正也。无所乖戾，故谓之和。"大本"者，天命之性，天下之理，皆由此出，道之体也。"达道"者，循性之谓，天下古今之所共由，道之用也。此言性情之德，以明道不可离之意。

致中和，天地位焉，万物育焉。

［注］"致"，推而极之也。"位"者，安其所也。"育"者，遂其生也。［衍］定时正岁，秩敍百神，所以位天也。体国经野，奠山治水，所以位地也。尽物之性，所以育物也。皆受化裁于中和之道。

［注］自戒惧而约之，以至于至静之中，无少偏倚而其守不失。［衍］

无所偏倚则易失之。无所偏倚而不失，则仁义礼智根心笃实，而大本深固矣。

[注] 则极其中而天地位矣。自谨独而精之，以至于应物之处，无少差谬而无适不然，则极其和而万物育矣。盖天地万物本吾一体，吾之心正则天地之心亦正矣，吾之气顺则天地之气亦顺矣，故其效验至于如此。此学问之极功，圣人之能事，初非有待于外，而修道之教亦在其中矣。是其一体一用，虽有动静之殊，然必其体立而后用有以行，则其实亦非有两事也。[衍] 天地位焉，亦达道也。原其所自，则万物育焉，亦大本之固有也。惟存养而后可以省察，惟致中而后可以致和，用者用其体也；惟省察而后存养不失，惟致和而后中无不致，体者用之体也。若不察此，徒以法象分配，为戏论而已。

[注] 故于此合而言之，以结上文之意。

右第一章。子思述所传之意以立言，首明道之本原出于天而不可易。[衍] "出于天"，谓与天同此一理。泾阳顾氏谓 "此所言天，于流行见主宰"，其说得之。

[注] 其实体备于己而不可离。[衍] "实体"，诚也。诚者，天之道也。"备于己"者，人之天道也。

[注] 次言存养省察之要，终言圣神功化之极。盖欲学者于此反求诸身而自得之。[衍] 求之之实，求诸三近而已。诚之者，人之道也。自得之，则天道复矣。

[注] 以去夫外诱之私而充其本然之善，杨氏所谓 "一篇之体要" 是也。其下十章，盖子思引夫子之言以终此章之义。[衍] 此章之义，中为体，和为用，存养为主，省察为辅。体用主辅合一以为道，而内外本末历然自分，圣学所以为万善之统宗而非异端之所可冒也。《章句》之开示切矣。世教衰，邪说逞，于是而有并戒惧于慎独以蔑存养之说者出焉。"道之不行，我知之矣：知者过之，愚者不及也。"夫见为过者，岂能过哉，不及而已矣。一念之起，介然有觉，是非粗辨，桎亡者亦有之也。未之感应，天理森然，万物皆备，非君子莫之能得也。念之始萌，是非甚细，权衡之审，即念而明，非君子莫之能著也。未尝实致其力于静存之学，则茫然无得。因其未得，不信君子之有，乃据一念介然之觉以为极致，是其不及者远矣。而自谓能过于君子之道，不已诞乎！且惟然，而其所谓介然之

觉，是非之果辨与否焉，吾不能保也。抑其乘天机之未泯以为介然之觉者，自谓独知，而天下之人则已如见其肺肝也。故人欲之不可肆，乡党自好者而知之矣，佛、老而先知之矣，即夫纵欲败度而思返者亦知之矣，非特知之，且遏之矣。乃佛、老之知之，无殊于纵欲而疲者之知之也，则惟其无大本存焉，而听志气之息以敛者也。迨志气之疲，而乃知人欲之非，所当逐焉，故曰人已见其肺肝而始有介然之觉也。则专言慎独者，盖终身而未尝有其独也。于是为邪说者益叛而为遁辞曰："独者无对之体，是不与非对，善不与恶对，己不与物对，事不与理对，即吾性也。"则其窃佛氏真空不二之说，以洸瀁浮游于人心之危，而本心尽失。是其终身之久，以至于终食之间，求其痛痒之自知，乃至一念而不可得。信乎终日言独，而不知何者之为独，而况可得而慎乎！斯所以昏然长迷，为鲜能之民，而终之以无忌惮。故曰：其不及者远矣，奚过之有哉！

仲尼曰："君子中庸，小人反中庸。

［**注**］"中庸"者，不偏不倚，无过不及而平常之理，乃天命所当然，精微之极致也。惟君子为能体之，小人反是。

"君子之中庸也，君子而时中；小人之中庸也，小人而无忌惮也。"

［**注**］王肃本作"小人之反中庸也"。程子亦以为然。今从之。君子之所以为中庸者，以其有君子之德，而又能随时以处中也。［**衍**］"处"，犹制也。

［**注**］小人之所以反中庸者，以其有小人之心，而又无所忌惮也。

［**注**］盖中无定体，随时而在，是乃平常之理也。［**衍**］无定体则亦无定用，然不可谓无定用，盖用虽至赜而其趋一也。若无定用，则庄周"两行"之说归于无忌惮而已。

［**注**］君子知其在我，故能戒谨不睹，恐惧不闻，而无时不中。［**衍**］虽无定体，而在我则有皆备之实体，可固执也。于此独言戒慎恐惧，则存养为圣功之主，亦可见矣。

［**注**］小人不知有此，则肆欲妄行而无所忌惮矣。［**衍**］凡以私意为邪说诐行者，必以徇其所欲而使得肆；若无所欲，其行虽妄，犹将有所忌惮也。

右第二章。此下十章皆论"中庸"，以释首章之义。文虽不属而意实相承也。变"和"言"庸"者，游氏曰"以性情言之则曰中和，以德行言之则曰中庸"是也。然中庸之"中"，实兼"中和"之义。

子曰："中庸其至矣乎！民鲜能久矣。" 鲜，息浅反，下同。

[注] 过则失中，不及则未至，故惟中庸之德为至。[衍] 失中则亦不及于中，故必不得至。至未有能过之者，皆不及尔。

[注] 然亦人所同得，初无难事，但世教衰，民不兴行，故鲜能之，今已久矣。《论语》无"能"字。

右第三章。

子曰："道之不行也，我知之矣，知者过之，愚者不及也。道之不明也，我知之矣，贤者过之，不肖者不及也。" "知者"之"知"，珍义反。

[注] "道"者，天理之当然，中而已矣。[衍] 中者道之体，道者中之用。自此以下篇内言道者，皆修道之教也。

[注] 知愚贤不肖之过不及，则生禀之异而失其中也。知者知之过，既以道为不足行，愚者不及知，又不知所以行，此道之所以常不行也。贤者行之过，既以道为不足知，不肖者不及行，又不求所以知，此道之所以常不明也。[衍] 明行相互而言者，理之固然，诚则明，明则诚也。诚明相资以为体，知行相资以为用，惟其各有致功而亦各有其效，故相资以互用，则于其相互，益知其必分矣。同者不相为用，资于异者乃和同而起功，此定理也。不知其各有功效而相资，于是而姚江王氏知行合一之说得藉口以惑世；盖其旨本诸释氏，于无所可行之中，立一介然之知曰悟，而废天下之实理，实理废则亦无所忌惮而已矣。

"人莫不饮食也，鲜能知味也"。

[注] 道不可离，人自不察，是以有过不及之弊。

右第四章。[衍] 无忌惮之小人，贼道者也。鲜能之民，昧道者也。过不及者，学道而不至者也。

子曰："道其不行矣夫。" 夫，防无反。

[注] 由不明故不行。

右第五章。此章承上章而举其不行之端，以起下章之意。

子曰："舜其大知也与！舜好问而好察迩言，隐恶而扬善，执其两端，用其中于民，其斯以为舜乎！"知，珍义反。与，以诸反。好，呼报反。

[注]舜之所以为大知者，以其不自用而取诸人也。"迩言"者，浅近之言。[衍]明非左右近习之言。

[注]犹必察焉，其无遗善可知。然于其言之未善者则隐而不宣，其善者则播而不匿，其广大光明又如此，则人孰不乐告以善哉！"两端"，谓众论不同之极致，盖凡物皆有两端，如小大厚薄之类。于善之中又执其两端而量度以取中，然后用之，则其择之审而行之至矣。然非在我之权度精切不差，何以与此。此知之所以无过不及，而道之所以行也。[衍]忽学问为无益于知，而专己求明是为过。怠于学问则不及矣。凡言过者，皆经过涉略而不入于室之谓。

右第六章。

子曰："人皆曰予知，驱而纳诸罟擭陷阱之中而莫之知辟也。人皆曰予知，择乎中庸而不能期月守也。"知，珍义反。期，居之反。

[注]"罟"，网也。"擭"，机槛也。"陷阱"，坑坎也。皆所以掩取禽兽者也。"择乎中庸"，辨别众理以求所谓中庸，即上章"好问""用中"之事也。"期月"，匝一月也。言知祸而不知避，以况能择而不能守，皆不得为知也。

右第七章。承上章"大知"而言，又举不明之端以起下章也。

子曰："回之为人也，择乎中庸，得一善则拳拳服膺而弗失之矣。"

[注]回，孔子弟子，颜渊名。"拳拳"，奉持之貌。"服"，犹著也。"膺"，胸也。奉持而著之心胸之间，言能守也。颜子盖真知之，故能择能守如此。此行之所以无过不及，而道之所以明也。[衍]行之不力，志大而不能掩，是为过。不力于行，则不及矣。舜之智，好学故大。回之仁，力行故弗失。人皆曰予知，亦有知焉而不能好学也；不能期月守，亦既行焉而不能力行也。好学，然后择之审而行之不疑；力行，则身体而喻之

深。好学力行，作圣之极功，虽圣人不能不资之，审矣。

右第八章。

子曰：“天下国家可均也，爵禄可辞也，白刃可蹈也，中庸不可能也。”

[注]“均”，平治也。三者亦知、仁、勇之事。[衍]“知、仁、勇”，天德也。好学、力行、知耻，人道也。人之道者，凝于人而为性，尽性则至于命，不徒恃天德而自达天德，君子不言命也。徒恃知、仁、勇之天德，则有倚于一偏之病，能三者而量止矣。

[注]天下之至难也，然皆倚于一偏，故资之近而力能勉者皆足以能之。至于中庸虽若易能，然非义精仁熟而无一毫人欲之私者，不能及也。[衍]好学则义精，舜之能用中也；力行则仁熟，颜子之能弗失也。知耻则不以胜人为勇而勇于自治，其人欲之私，耻一毫之尚存，君子之强而备中和之德也。

[注]三者难而易，中庸易而难，此民之所以鲜能也。[衍]能乎三者而尚不能乎中庸，况未能乎三者哉！

右第九章。亦承上章以起下章。

子路问强。

[注]子路，孔子弟子，仲由也。子路好勇，故问强。

子曰：“南方之强与？北方之强与？抑而强与？ 与，以诸反。

[注]“抑”，语辞。“而”，汝也。

“宽柔以教，不报无道，南方之强也，君子居之。

[注]“宽柔以教”，谓含容巽顺，以诲人之不及也。“不报无道”，谓横逆之来，直受之而不报也。南方风气柔弱，故以含忍之力胜人为强，君子之道也。

“衽金革，死而不厌，北方之强也。而强者居之。 厌，一监反。

[注]“衽”，席也。“金”，戈兵之属。“革”，甲胄之属。北方风气刚劲，故以果敢之力胜人为强，强者之事也。[衍]因风气者皆天胜人，而未尽乎人之所以为人之道也。

“故君子和而不流，强哉矫！中立而不倚，强哉矫！国有道，不变塞

焉，强哉矫！国无道，至死不变，强哉矫！”

[注] 此四者，汝之所当强也。“矫”，强貌。《诗》曰“矫矫虎臣”是也。“倚”，偏著也。“塞”，未达也。国有道，不变未达之所守；国无道，不变平生之所守也。此则所谓中庸之不可能者，非有以自胜其人欲之私，不能择而守也。[衍]“胜其人欲之私”，知耻之大者也。

[注] 君子之强，孰大于是。夫子以是告子路者，所以抑其血气之刚，而进之以德义之勇也。

右第十章。

子曰：“素隐行怪，后世有述焉，吾弗为之矣。素，少戟反。

[注]“素”，按《汉书》当作“索”，盖字之误也。“索隐行怪”，言深求隐僻之理而过为诡异之行也。然以其足以欺世而盗名，故后世或有称述之者，此知之过而不择乎善，行之过而不用其中，不当强而强者也，圣人岂为之哉！

“君子遵道而行，半途而废，吾弗能已矣。

[注]“遵道而行”，则能择乎善矣。“半途而废”，则力之不足也。此其知虽足以及之，而行有不逮，当强而不强者也。[衍]“不当强而强”，“当强而不强”，所以贵乎知耻。知耻者，知所当耻而耻之。

[注]“已”，止也，圣人于此非勉焉而不敢废，盖至诚无息，自有所不能止也。[衍] 发愤忘食，乐以忘忧，不知老之将至，此谓“至诚无息”。

“君子依乎中庸，遁世不见知而不悔，惟圣者能之。”

[注] 不为索隐行怪，则依乎中庸而已。不能半途而废，是以遁世不见知而不悔也。此中庸之成德，知之尽。[衍] 好学则“尽”。

[注] 仁之至。[衍] 力行则“至”。

[注] 不赖勇而裕如者。[衍] 虽不赖勇，自赖知耻。圣人之于人也，匹夫匹妇之不获，若己推而纳之沟中；于身也，不能如舜，则以为未免为乡人。斯以于天德王道之全，不待勇往而自裕如者。

[注] 正吾夫子之事，而犹不自居也，故曰“惟圣者能之”而已。

右第十一章。子思所引夫子之言以明首章之义者止此。盖此篇大旨以知、仁、勇三达德为入道之门，故于篇首即以大舜、颜渊、子路之事明之。舜，知也；颜渊，仁也；子路，勇也。三者废其一，则无以造道而成德矣。余见第二十章。

君子之道费而隐。

[**注**]"费"，用之广也。"隐"，体之微也。[**衍**]"君子之道"，君子所修而为教者也。天地之道普万化，而宰之者鬼神之德，诚也。诚体物而不可见闻，微也。君子之道备众理，而宰之者性情之德，诚之者也。戒慎恐惧于所不睹不闻，慎于独知，体中和于喜怒哀乐之未发，微也。自存者为体、发者为用而言之，则用广而体微；自道教为体，修之为用而言之，则体广而用微也。

夫妇之愚，可以与知焉，及其至也，虽圣人亦有所不知焉；夫妇之不肖，可以能行焉，及其至也，虽圣人亦有所不能焉。天地之大也，人犹有所憾。故君子语大，天下莫能载焉；语小，天下莫能破焉。与，羊洳反。

[**注**]君子之道，近自夫妇居室之间，远而至于圣人天地之所不能尽，其大无外，其小无内，可谓费矣。然其理之所以然，则隐而莫之见也。盖可知可能者，道中之一事，及其至而圣人不知不能，则举全体而言，圣人固有所不能尽也。侯氏曰："圣人所不知，如孔子问礼、问官之类；所不能，如孔子不得位、尧舜病博施之类。"愚谓人所憾于天地，如覆载生成之偏，及寒暑灾祥之不得其正者。[**衍**]言天地之大，人犹有憾，见君子之道，极物之理，尽人之情，人无所憾焉。按自"人犹有所憾"以上，皆言君子之道，故"君子语大"以下，通下节则言道之固然。惟道之固然，故君子之道必然也。

《诗》云："鸢飞戾天，鱼跃于渊。"言其上下察也。

[**注**]《诗》，《大雅·旱麓》之篇。"鸢"，鸱类。"戾"，至也。"察"，著也。[**衍**]"著"，存也，昭也。存则实有，昭则无隐。

[**注**]子思引此诗以明化育流行，上下昭著，莫非此理之用，所谓"费"也。然其所以然者，则非见闻所及，所谓"隐"也。故程子曰："此一节子思吃紧为人处，活泼泼地，读者其致思焉。"[**衍**]化育流行之所至，理必至之。目所未见，非无色也；逮其有色，则色昭著，信未有色者之有色矣。耳所不闻，非无声也，逮其有声，则声昭著，信未有声者之有

声矣；事虽未形，非无理也，逮其有事，则理昭著，信未有理者之非无理矣。色从何凝，声从何合，理从何显，皆太虚一实者为之，是两间无太虚也，一实而已矣。假令未有鸢，则天之可飞而戾者，人不可得而见；未有鱼，渊之可入而跃者，人不可得而知。从其目之穷于见，耳之穷于闻，心之无据以测者，遂谓之太虚尔。故云"活"者，富有日新之谓也。云"泼泼"者，发散未凝而充满之象也。以此致思，庶几无弄精魂之病。

君子之道，造端乎夫妇；及其至也，察乎天地。造，昨到反。俗读七到反者，误。

[**注**] 结上文。[**衍**]"夫妇"，夫妇所与知能也。《章句》前云"居室"，犹言家庭之事耳。朱门学者或泥居室之文而立男女阴阳之解，又何怪乎姚江之徒以《参同契》附入之！

右第十二章。子思之言，盖以申明首章道不可离之意也。其下八章杂引孔子之言以明之。[**衍**]自此章以下至第二十章，皆言依乎中庸之道。自第二十一章至篇末，皆言惟圣者能之之德。言道则见其不可离，言德则所以不离之也。

子曰："道不远人。人之为道而远人，不可以为道。

[**注**]"道"者率性而已，固众人之所能知能行者也，故常不远于人。若为道者厌其卑近以为不足为，而反务为高远难行之事，则非所以为道矣。[**衍**]惮存养省察之难，则托于高远以自覆，而借口于卑近之可厌，此异端之通病也。

"诗云：'伐柯伐柯，其则不远。'执柯以伐柯，睨而视之，犹以为远，故君子以人治人，改而止。

[**注**]《诗》，《豳风·伐柯》之篇。"柯"，斧柄。"则"，法也。"睨"，邪视也。言人执柯伐木以为柯者，彼柯长短之法在此柯耳，然犹有彼此之别，故伐者视之犹以为远也。若以人治人，则所以为人之道各在当人之身，初无彼此之别。故君子之治人也，即以其人之道还治其人之身，其人能改，即止不治，盖责之以其所能知能行，非欲其远人以为道也。张子所谓"以众人望人则易从"是也。

"忠恕违道不远，施诸己而不愿，亦勿施于人。施，式智反。

［注］尽己之心为"忠"，推己及人为"恕"。"违"，去也；如《春秋传》"齐师违谷七里"之"违"，言自此至彼相去不远，非背而去之之谓也。"道"，即其不远人者是也。［衍］此云"违道不远"者，从上"犹以为远"生义，盖教则即人而治之，政则以我之好恶而推之，故微有自此达彼之别耳。泥者不察，遂有圣人忠恕、学者忠恕之分，不知安、勉虽别，而为道则一，使学者而不以圣人之忠恕为忠恕，则直不可谓之忠恕矣。故曰："道二，仁与不仁而已矣。"

［注］施诸己而不愿，亦勿施于人，忠恕之事也。［衍］无忠不可为恕，故尽己推己，合而为"不愿""勿施"，此王道之权衡也。

［注］以己之心度人之心未尝不同，则道之不远于人者可见。故己之所不欲则勿以施之于人，亦不远人以为道之事，张子所谓"以爱己之心爱人则尽仁"是也。

"君子之道四，丘未能一焉：所求乎子以事父未能也；所求乎臣以事君未能也；所求乎弟以事兄未能也；所求乎朋友先施之未能也。庸德之行，庸言之谨，有所不足，不敢不勉，有余不敢尽；言顾行，行顾言，君子胡不慥慥尔！""顾行""行顾"之"行"，胡孟反。

［注］"求"，犹责也。道不远人，凡己之所以责人者，皆道之所当然也，故反之以自责而自修焉。"庸"，平常也。"行"者，践其实；"谨"者，择其可。德不足而勉则行益力，言有余而切则谨益至。谨之至则言顾行矣，行之力则行顾言矣。"慥慥"，笃实貌。言君子之言行如此，岂不慥慥乎，赞美之也。凡此皆不远人以为道之事，张子所谓"以责人之心责己则尽道"是也。

右第十三章。"道不远人"者，夫妇所能；"丘未能一"者，圣人所不能，皆费也。而其所以然者，则至隐存焉。下章放此。［衍］以人治人，不愿勿施，庸德庸言之中有至隐者，何也？动之体密而静之几微也。以下二章，皆可以此推之。

君子素其位而行，不愿乎其外。

［注］"素"，犹见在也。言君子但因见在所居之位而为其所当为，无慕乎其外之心也。

素富贵，行乎富贵；素贫贱，行乎贫贱；素夷狄，行乎夷狄；素患难，行乎患难。君子无入而不自得焉。

[注] 此言素其位而行也。[衍]"行"者，为所当为。为其所当为，则不失己而自得矣。若富贵无忧勤之心，患难无冰渊之戒，夷狄无羞恶之志，忻然自得，则亦小人而无忌惮矣。

在上位不陵下，在下位不援上，正己而不求于人，则无怨。上不怨天，下不尤人。

[注] 此言"不愿乎其外"也。

故君子居易以俟命，小人行险以侥幸。易，以豉反。

[注] "易"，平地也。"居易"，素位而行也。"俟命"，不愿乎外也。"侥"，求也。"幸"，谓所不当得而得者。

子曰："射有似乎君子，失诸正鹄，反求诸其身。"正，诸盈反。

[注] 画布曰"正"，栖皮曰"鹄"，皆侯之中，射之的也。子思引此孔子之言，以结上文之意。

右第十四章。子思之言也。凡章首无"子曰"字者放此。

君子之道，辟如行远必自迩，辟如登高必自卑。

[注] "辟"譬同。

《诗》曰："妻子好合，如鼓瑟琴。兄弟既翕，和乐且耽。宜尔室家，乐尔妻帑。"好，呼报反。乐，卢各反。帑与孥通，乃都反。

[注] 《诗》，《小雅·常棣》之篇。"鼓瑟琴"，和也。"翕"，亦合也。"耽"，亦乐也。"帑"，子孙也。

子曰："父母其顺矣乎！"

[注] 夫子诵此诗而赞之曰：人能和于妻子、宜于兄弟如此，则父母其安乐之矣。子思引《诗》及此语，以明行远自迩、登高自卑之意。

右第十五章。

子曰："鬼神之为德，其盛矣乎！

[注] 程子曰："鬼神，天地之功用，而造化之迹也。"[衍]天地之功用，造化之迹，谓之"鬼神"。

［注］张子曰："鬼神者，二气之良能也。"［衍］妙于生化曰"良"。

［注］愚谓以二气言，则鬼者阴之灵也，神者阳之灵也。以一气言，则至而伸者为神，反而归者为鬼，其实一物而已。［衍］就其所自来而为魂为魄各成其用，与其所既往而魂升魄降各反其本，则为二物；自其既凝为人物者和合以济，无有畛域，则为一物矣。虽死而为鬼神，犹是一物也，实一物也。以祭祀言之，求之于阳者神也，求之于阴者鬼也，是所谓阴阳之灵也。思成而翕聚者神也，未求之先与求已而返于漠者鬼也，是所谓"至而伸""反而归"也。

［注］"为德"，犹言性情功效。［衍］有气斯有理，理气合则有性情，有性情则有变有成，与人物相效则有功效。

"视之而弗见，听之而弗闻，体物而不可遗。

［注］鬼神无形与声，然物之终始莫非阴阳合散之所为，是其为物之体而物所不能遗也。其言"体物"，犹《易》所谓"干事"。［衍］既为物之体，则经营之、辟阖之，富有日新，充塞见闻，特人欲以有穷之目力视之，有穷之耳力听之，则不见不闻尔。人不自知其耳目之力有穷，而于闻见不及之地狂妄卜度，斯异端之所自炽也。

"使天下之人齐明盛服以承祭祀，洋洋乎如在其上，如在其左右。 齐，侧皆反。

［注］"齐"之为言齐也，所以齐不齐而致其齐也。"明"，犹洁也。"洋洋"，流动充满之意。能使人畏敬奉承而发见昭著如此，乃其"体物而不可遗"之验也。［衍］鬼神之德非耳目之所可及，而独与心相感。使人畏敬者心之动，发见昭著者心之喻。盖鬼神者二气之良能，而心者人之良能也。心为大体，无所遗，故不可遗。耳目则知性情之发而不知性情之藏，知功效之迹而不知功效之由，小体也，其遗多矣。故自耳目言之，则为隐；自心言之，则为不可掩也。

［注］孔子曰："其气发扬于上为昭明，焄蒿凄怆，此百物之精也，神之著也。"正谓此尔。

《诗》曰：'神之格思，不可度思，矧可射思。' 度，徒落反。射，羊益反。

［注］《诗》，《大雅·抑》之篇。"格"，来也。"矧"，况也。"射"，厌也。言厌怠而不敬也。"思"，语辞。

"夫微之显，诚之不可掩，如此夫！" 夫，防无反。

［注］"诚"者，真实无妄之谓。［衍］诚则无妄矣。凡妄之兴，因虚故假。流动充满，皆其实有，妄奚从生哉！

［注］阴阳合散无非实者，故其发见之不可掩如此。［衍］阴阳合散之际，无心而有理。昧者不察其有理而但见其无心，则谓之沤合而沤散矣。沤之散合无其理，则合之散之无性情，故沤亦无性情；为合为散无功效，故沤亦无功效。若二气之良能，其动满盈，其理各得，其信无毫发之爽，其妙曲尽而微至，其灵赫然昭著而感物之哀乐也深，性情功效粲然不欺，而岂沤之类哉！故知空虚无物之中，冲漠无朕之际，乃仁义礼智之都，哲谋肃乂之府，特耳目穷而昧者不察尔。不然，天下之性情功效恶从而盛，以贞之万世而合符不爽如此哉！

右第十六章。不见不闻，隐也。体物如在，则亦费矣。此前三章以其费之小者而言，此后三章以其费之大者而言，此一章兼费隐、包小大而言。

子曰："舜其大孝也与！德为圣人，尊为天子，富有四海之内，宗庙飨之，子孙保之。与，以诸反。

［注］"子孙"，谓虞思、陈胡公之属。

"故大德必得其位，必得其禄，必得其名，必得其寿。

［注］舜年百有十岁。

"故天之生物，必因其材而笃焉。故栽者培之，倾者覆之。

［注］"材"，质也。"笃"，厚也。"栽"，植也。气至而滋息为"培"，气反而游散则"覆"。［衍］于此益见阴阳合散之几，无心而有理矣。

《诗》曰：'嘉乐君子，宪宪令德。宜民宜人，受禄于天。保佑命之，自天申之'。宪，呼典反。乐，卢各反。

［注］《诗》，《大雅·假乐》之篇。"假"，当依此作"嘉"；"宪"，当依《诗》作"显"。"申"，重也。

"故大德者必受命。"

［注］"受命"者，受天命为天子也。

右第十七章。此由庸行之常推之以极其至，见道之用广也。而其所以然者，则为体微矣。后二章亦此意。［衍］大德以受命，莫之致而自至，天之微也。舜之夔夔齐栗尽孝以凝命，圣人之微也。下二章备论幽明礼乐之故，推及于义之难明，皆以著君子道用之隐。

子曰："无忧者，其惟文王乎！以王季为父，以武王为子，父作之，子述之。

［注］此言文王之事。《书》言："王季其勤王家"，盖其所作亦积功累仁之事也。

"武王缵大王、王季、文王之绪，壹戎衣而有天下，身不失天下之显名，尊为天子，富有四海之内，宗庙飨之，子孙保之。大，他盖反。

［注］此言武王之事。"缵"，继也。大王，王季之父也。《书》云："大王肇基王迹。"《诗》云："至于大王，实始翦商。""绪"，业也。"戎衣"，甲胄之属。"壹戎衣"，《武成》文，言壹著戎衣以伐纣也。

"武王末受命，周公成文、武之德，追王大王、王季，上祀先公以天子之礼。斯礼也，达乎诸侯大夫及士庶人：父为大夫，子为士，葬以大夫，祭以士；父为士，子为大夫，葬以士，祭以大夫。期之丧达乎大夫，三年之丧达乎天子，父母之丧无贵贱一也。""追王"之"王"，于放反。"大王"之"王"，他盖反。期，居之反。

［注］此言周公之事。"末"，犹老也。"追王"，盖推文、武之意以及乎王迹之所起也。"先公"，组绀以上至后稷也。上祀先公以天子之礼，又推大王、王季之意以及于无穷也。制为礼法以及天下，使葬用死者之爵，祭用生者之禄，丧服自期以下，诸侯绝，大夫降，而父母之丧上下同之，推己以及人也。［衍］三年之丧：天子为王后、世子；诸侯为天子，自为其夫人、世子。然虽俱三年，而居食之节有不同者，惟达焉不降尔，父母之丧则一也。父在为母服齐衰期，十三月而祥，十四月而禫，十五月而除。

右第十八章。

子曰："武王、周公，其达孝矣乎！

［注］"达"，通也。承上章而言武王、周公之孝乃天下之人通谓之孝，犹孟子之言达尊也。［衍］通谓之孝，得乎人心之同然，斯为孝之至也。

"夫孝者，善继人之志，善述人之事者也。夫，防无反。

[注] 上章言武王缵大王、王季、文王之绪以有天下，而周公成文、武之德以追崇其先祖，此继志述事之大者也。下文又以其所制祭祀之礼通于上下者言之。

"春秋修其祖庙，陈其宗器，设其裳衣，荐其时食。

[注]"祖庙"，天子七，诸侯五，大夫三，适士二，官师一。[衍] 一庙者，就祢庙以祭祖。

[注]"宗器"，先世所藏之重器，若周之赤刀、大训、天球、河图之属也。"裳衣"，先祖之遗衣服，祭则设之以授尸也。"时食"，四时之食，各有其物，如春行羔、豚、膳、膏、香之类是也。

"宗庙之礼，所以序昭穆也；序爵，所以辨贵贱也；序事，所以辨贤也；旅酬下为上，所以逮贱也；燕毛，所以序齿也。为，于伪反。

[注] 宗庙之次，左为昭，右为穆，而子孙亦以为序。有事于太庙，则子姓兄弟群昭群穆咸在而不失其伦焉。[衍] 言太庙者，著其咸在耳。虽群庙之祭，兄弟子姓助祭者亦以昭穆序之。

[注]"爵"，公、侯、卿、大夫也。"事"，宗祝有司之职事也。"旅"，众也。"酬"，导饮也。"旅酬"之礼，宾弟子、兄弟之子各举觯于其长而众相酬，盖宗庙之中以有事为荣，故逮及贱者使亦得以申其敬也。[衍] 下上，以堂言；贱者，位在堂下。

[注]"燕毛"，祭毕而燕，则以毛发之色别长幼为坐次也。"齿"，年数也。

"践其位，行其礼，奏其乐，敬其所尊，爱其所亲，事死如事生，事亡如事存。孝之至也。

[注]"践"，犹履也。"其"，指先王也。[衍] 释"其所尊""其所亲"。

[注]"所尊""所亲"，先王之祖考、子孙、臣庶也。始死谓之"死"，既葬则曰"反而亡"焉，皆指先王也。此结上文两节，皆继志述事之意也。

"郊社之礼，所以祀上帝也。宗庙之礼，所以祀乎其先也。明乎郊社之礼，禘尝之义，治国其如示诸掌乎！"

[注]"郊"祀天，"社"祭地，不言后土者，省文也。[衍]"郊"，祭

上帝之专名。祭后土，则"社"是已。后土即地之祇也。言"郊社"者，惟此最为显明。五峰胡氏谓无北郊祭地之礼，与经文为合。北郊方泽皇地祇之说，其为淫祀明矣。

［注］"禘"，天子宗庙之大祭，追祭太祖之所自出于太庙，而以太祖配之也。"尝"，秋祭也。四时皆祭，举其一耳。礼必有"义"，对举之，互文也。"示"，与"视"同。"视诸掌"，言易见也。此与《论语》文意大同小异，记有详略耳。

右第十九章。

哀公问政。

［注］哀公，鲁君，名蒋。

子曰："文、武之政，布在方策。其人存则其政举，其人亡则其政息。

［注］"方"，版也。"策"，简也。"息"，犹灭也。有是君，有是臣，则有是政矣。

"人道敏政，地道敏树。夫政也者，蒲卢也。 夫，防无反。

［注］"敏"，速也。"蒲卢"，沈括以为"蒲苇"，是也。以人立政，犹以地种树，其成速矣，而蒲苇又易生之物，其成尤速也。言人存政举，其易如此。［衍］"人道"者，人之所以为人，有其性，有其情，有其才，而能择能执者也。

"故为政在人，取人以身，修身以道，修道以仁。

［注］此承上文"人道敏政"而言也。为政在人，《家语》作"为政在于得人"，语意尤备。"人"谓贤臣。"身"，指君身。"道"者，天下之达道。"仁"者，天地生物之心而人得以生者，所谓"元者善之长也"。言人君为政在于得人，而取人之则，又在修身。能仁其身。［衍］备仁之理于身也。

［注］则有君有臣而政无不举矣。

"仁者人也，亲亲为大。义者宜也，尊贤为大。亲亲之杀，尊贤之等，礼所生也。 杀，所戒反。

［注］"人"，指人身而言。具此生理，自然便有恻怛慈爱之意，深体味之可见。［衍］此言"仁"者，爱之理，仁之用也，道也。知仁勇之仁，

言心之德，仁之体也，性也。立体以致用，而后用无不行，率性而道乃可修也。

[注]"宜"者，分别事理各有所宜也。"礼"，则节文斯二者而已。

"在下位不获乎上，民不可得而治矣。

[注]郑氏曰："此句在下，误重在此。"

"故君子不可以不修身，思修身不可以不事亲，思事亲不可以不知人，思知人不可以不知天。

[注]为政在人，取人以身，故不可以不修身。修身以道，修道以仁，故思修身不可以不事亲。欲尽亲亲之仁，必由尊贤之义，故又当知人。亲亲之杀，尊贤之等，皆天理也，故又当知天。[衍]此节既结上文，抑与"知斯三者"一节相为终始。此但言举政之道不可以不然，乃知其不可以不然而终不能然者，未得所以能然之实而致功也。知以吾三近之德修身而治人，则天人皆知，而诚身顺亲，仁义礼之无不举矣，人道之所以能敏政也。

"天下之达道五，所以行之者三，曰君臣也，父子也，夫妇也，昆弟也，朋友之交也。五者天下之达道也。知、仁、勇三者，天下之达德也。所以行之者一也。知，珍义反。

[注]"达道"者，天下古今所共由之路，即《书》所谓"五典"，孟子所谓"父子有亲，君臣有义，夫妇有别，长幼有序，朋友有信"是也。[衍]亲、义、别、序、信，仁义礼而已。

[注]"知"，所以知此也。"仁"，所以体此也。勇，所以强此也。[衍]"所以"者，取之身而加彼之辞。

[注]谓之"达德"者，天下古今所同得之理也。"一"，则诚而已矣。达道虽人所共由，然无是三德则无以行之。达德虽人所同得，然一有不诚，则人欲间之，而德非其德矣。[衍]诚则人欲自不能间。但遏人欲而未即能诚，德亦终非其德也。

[注]程子曰："所谓诚者，止是诚实此三者，三者之外更别无诚。"[衍]"诚实此三者"，言三者之皆充实也。一有不诚，未至乎充实，断而不恒，小而不扩，偏而不全也。若夫伪者后起之妄，小人之所为无忌惮，非一有不诚而即伪也。三者之未实，则必为欲所乘；然虽人欲间之，亦尚

未至于伪，惟不仁不知不勇之极，而济之以无忌惮之才，然后伪生。诚不与伪对，但去伪亦未能诚。而先儒或言去伪存诚者，乃为陷溺梏亡深重者示自新之路，去伪而不自恕，不自恕则愧怍而反求诸道，庶几可得而诚也。乡党自好者其伪亦鲜，何况君子而岂但无伪之即诚哉！然则君子之存诚也，惧三者之未充实，则以好学充其知，力行充其仁，知耻充其勇而已矣。

"或生而知之，或学而知之，或困而知之，及其知之，一也。或安而行之，或利而行之，或勉强而行之，及其成功，一也。 强，其尔反。

［注］知之者之所知，行之者之所行，谓"达道"也。以其分而言，则所以知者"知"也；所以行者"仁"也；所以至于知之成功而一者，"勇"也。以其等而言，则生知安行者，"知"也；学知利行者，"仁"也；困知勉行者，"勇"也。［衍］总以见知仁勇之交相为功，而生安、学利、困勉，皆资所性之达德以知行耳。学者不得其立言之旨而效其分配，为无益而已矣。

［注］盖人性虽无不善，而气禀有不同者，故闻道有蚤莫，行道有难易，然能自强不息，则其至一也。［衍］困勉者亦有能自强不息之资，惟其三近之德足于性也。

［注］吕氏曰："所入之涂虽异，而所至之域则同"，此所以为中庸。［衍］绳墨之不可改，彀率之不可变也。

［注］"若乃企生知安行之资为不可几及，轻困知勉行谓不能有成，此道之所以不明不行也。"

子曰："好学近乎知，力行近乎仁，知耻近乎勇。 好，呼报反。"乎知"之"知"，珍义反。

［注］"子曰"，二字衍文。此言未及乎达德而求以入德之事，通上文三知为知，三行为仁，则此三近者勇之次也。［衍］三者皆性之德也。知、仁、勇，天德也。天德者，天之道。此三者人之性，人之道也。"近"者，天人之辞，人以是而近天，所谓"达天德"也。天人于此而相接，所谓"继之者善"也。盖尝论之，天之明于人为知，天之纯于人为仁，天之健于人为勇，是其主宰之流行化生，人物为所命之理而凝乎性焉。然人之与物，虽有偏全、大小、明暗、醇疵之不同，而皆有之矣，惟此好学、力

行、知耻之心，则物之所绝无而人之所独也。抑天之所未有，而二气五行之精者凝合为人而始有也。天地之生人为贵，贵此而已。天有道而人能弘之，弘此而已。以向于学而好之不舍者，孰为诱之？以务于行而力之不吝者，孰为勉之？以有所耻而知其所当耻，以不昧于耻者，孰为区别而警之？触而用之，有其几焉；反而求之，有其实焉。发之不知，存之不忘，用之不倦，不学而能，不虑而知，非所性固有之德哉？诚之者，人之道也。人之道者，人之性也。故以此三者修身而身修，以此三者治人而人治，不可胜用也。尽其心则性尽而道弘矣。不知用此，则虽知知而知有所穷，不能复通；知仁而仁有所间，不能相保；知勇而勇有所竭，不能复振。无他，上用天德，则形器所域，固不能与天同其理；下用与物同有之性，则且与物同其偏而一往必穷也。故子曰："不如丘之好学也。"又曰："发愤忘食，不知老之将至。"圣人之性焉，安焉者；性此、安此而已矣。其曰"勇之次"者，则以见圣人以至于愚柔之资，皆有此三者尔，所谓"人皆可以为尧舜"也。

[注] 吕氏曰："愚者自是而不求，自私者徇人欲而忘返，懦者甘为人下而不辞。故好学非知，然足以破愚；力行非仁，然足以忘私；知耻非勇，然足以起懦。"

"知斯三者则知所以修身，知所以修身则知所以治人，知所以治人则知所以治天下国家矣。

[注] "斯三者"，指三近而言。"人"者，对己之称。"天下国家"，则尽乎人矣。[衍] 人道之所以能敏政也。

[注] 言此以结上文"修身"之意，起下文"九经"之端也。

"凡为天下国家有九经，曰：修身也，尊贤也，亲亲也，敬大臣也，体群臣也，子庶民也，来百工也，柔远人也，怀诸侯也。

[注] "经"，常也。"体"，谓设以身处其地而察其心也。"子"，如父母之爱其子也。"柔远人"，所谓"无忘宾旅"者也。此列"九经"之目也。吕氏曰："天下国家之本在身，故修身为九经之本。然必亲师取友，然后修身之道进，故尊贤次之。道之所进莫先其家，故亲亲次之。由家以及朝廷，故敬大臣、体群臣次之。由朝廷以及其国，故子庶民、来百工次之。由其国以及天下，故柔远人、怀诸侯次之。此九经之序也。"视群臣

犹吾四体，视百姓犹吾子，此视臣视民之别也。

"修身则道立，尊贤则不惑，亲亲则诸父昆弟不怨，敬大臣则不眩，体群臣则士之报礼重，子庶民则百姓劝，来百工则财用足，柔远人则四方归之，怀诸侯则天下畏之。

［注］此言九经之效也。"道立"，谓道成于己而可为民表，所谓"皇建其有极"是也。"不惑"，谓不疑于理。"不眩"，谓不迷于事。敬大臣则信任专而小臣不得以间之，故临事而不眩也。来百工则通工易事，农末相资，故"财用足"。柔远人则天下之旅皆悦而愿出于其途，故"四方归"。怀诸侯则德之所施者博而威之所制者广矣，故曰"天下畏之"。

"齐明盛服，非礼不动，所以修身也。去谗远色，贱货而贵德，所以劝贤也。尊其位，重其禄，同其好恶，所以劝亲亲也。官盛任使，所以劝大臣也。忠信重禄，所以劝士也。时使薄敛，所以劝百姓也。日省月试，既禀称事，所以劝百工也。送往迎来，嘉善而矜不能，所以柔远人也。继绝世，举废国，治乱持危，朝聘以时，厚往而薄来，所以怀诸侯也。 齐，侧皆反。去，邱矩反。远，于愿反。好，呼报反。恶，乌路反。敛，力验反。既，许亮反。禀，力稔反。称，昌孕反。朝，直遥反。

［注］此言九经之事也。"官盛任使"，谓官属众盛，足任使令也；盖大臣不当亲细事，故所以优之者如此。"忠信重禄"，谓待之诚而养之厚，盖以身体之而知其所赖乎上者如此也。"既"，读曰"饩"。"饩禀"，稍食也。"称事"，如《周礼》稿人职曰"考其弓弩，以上下其食"是也。往则为之授节以送之，来则丰其委积以迎之。"朝"，谓诸侯见于天子；"聘"，谓诸侯使大夫来献。《王制》："比年一小聘，三年一大聘，五年一朝。""厚往薄来"，谓燕赐厚而纳贡薄。

"凡为天下国家有九经，所以行之者一也。

［注］"一"者，诚也。［衍］"一"，犹言无异道。择善而后知所诚，固执而后无不诚，《大学》所谓"无所不用其极"也。

［注］一有不诚，则是九者皆为虚文矣，此九经之实也。

"凡事豫则立，不豫则废。言前定则不跲，事前定则不困，行前定则不疚，道前定则不穷。 行，胡孟反。

［注］"凡事"，指达道、达德、九经之属。"豫"，素定也。［衍］立天

下之大本而后素无不定，所以戒慎乎其所不睹，恐惧乎其所不闻也。

［注］"跲"，蹶也。"疚"，病也。此承上文言凡事皆欲先立乎诚，如下文所推是也。

"在下位不获乎上，民不可得而治矣。获乎上有道，不信乎朋友，不获乎上矣。信乎朋友有道，不顺乎亲，不信乎朋友矣。顺乎亲有道，反诸身不诚，不顺乎亲矣。诚身有道，不明乎善，不诚乎身矣。

［注］此又以在下位者推言素定之意。"反诸身不诚"，谓反求诸身而所存所发未能真实而无妄也。［衍］"所存"者，一于存真；"所发"者，加之察妄。

［注］"不明乎善"，谓未能察于人心天命之本然，而真知至善之所在也。［衍］"天命"，天之命我者也。凝乎心而至善有恒，万物皆备于我，于己取之而已，故格物致知，非逐物而失己也。

"诚者，天之道也。诚之者，人之道也。诚者，不勉而中，不思而得，从容中道，圣人也。诚之者，择善而固执之者也。从，七恭反。中，陟仲反。

［注］此承上文"诚身"而言。"诚"者，真实无妄之谓。［衍］"妄"者，无本而动之谓，天理不实，人欲间之以动也。

［注］天理之本然也。［衍］天下之事，其本然无非天理，不随妄动，无不诚也。

［注］"诚之"者，未能真实无妄而欲其真实无妄之谓，人事之当然也。［衍］既其当然，抑其能然；惟其能然，是以当然。

［注］圣人之德，浑然天理，真实无妄，不待思勉而从容中道，则亦"天之道"也。［衍］德，已成之德也。如孔子"七十而从心所欲不逾矩"是已。

［注］未至于圣，则不能无人欲之私，而其为德不能皆实。故未能不思而得，则必择善，然后可以明善；未能不勉而中，则必固执，然后可以诚身，此则所谓"人之道"也。［衍］"未至于圣"，圣功尚未成也。"此则所谓人之道"，既已为人则必务乎此，虽圣人亦以此而尽其人道，好问好察，拳拳服膺，皆圣功也。

［注］不思而得，生知也。［衍］义精则"不思而得"。

［注］不勉而中，安行也。［衍］仁熟则"不勉而中"。

［注］择善，学知以下之事；固执，利行以下之事也。

"博学之，审问之，慎思之，明辨之，笃行之。

［注］此"诚之"之目也。学问思辨所以择善而为知，学而知也；笃行所以固执而为仁，利而行也。程子曰："五者废其一，非学也。"

"有弗学，学之弗能，弗措也；有弗问，问之弗知，弗措也；有弗思，思之弗得，弗措也；有弗辨，辨之弗明，弗措也；有弗行，行之弗笃，弗措也。人一能之，己百之；人十能之，己千之。

［注］君子之学，不为则已，为则必要其成，故尝百倍其功，此困而知、勉而行者也，勇之事也。

"果能此道矣，虽愚必明，虽柔必强。"

［注］"明"者，择善之功；"强"者，固执之效。吕氏曰："君子之所以学者，为能变化气质而已，德胜气质，则愚者可进于明，柔者可进于强；不能胜之，则虽有志于学，亦愚不能明、柔不能立而已矣。盖均善而无恶者，性也，人所同也。昏明强弱之禀不齐者，才也，人所异也。诚之者，所以反其同而变其异也。［衍］欲反其同，即以其所同者反之。好学、力行、知耻，人之与圣人同者也。以此三者合而用之，则弗措矣。气质者与生而俱，非性之德无以变之，则终于愚柔矣。愚柔者以变化气质，圣人以驯至圣功而达天德，不可有二用，有二用则终不可得而同也。

［注］"夫以不美之质求变而美，非百倍其功不足以致之。今以鲁莽灭裂之学，或作或辍，以变其不美之质，及不能变，则曰天质不美，非学所能变，是果于自弃，其为不仁甚矣。"

右第二十章。此引孔子之言以继大舜、文、武、周公之绪，明其所传之一致，举而措之，亦犹是尔。［衍］格天配命，创制显庸，皆一实之理，人或知之，而要诸至德之原，皆自好学、力行、知耻而生。呜呼，知此者鲜矣！

［注］盖包费隐、兼小大，以终十二章之意。章内语"诚"始详，而所谓"诚"者，实此篇之枢纽也。［衍］以道而言，"诚"为枢纽；以功而言，诚之为枢纽。

［注］又按《孔子家语》亦载此章，而其文尤详。"成功一也"之下，有"公曰子之言美矣至矣，寡人实固，不足以成之也"，故其下复以"子

曰"起答辞。今无此问辞而有"子曰"二字，盖子思删其繁文以附于篇，而所删有不尽者，今当为衍文也。"博学之"以下，《家语》无之，意彼有阙文，抑此或子思所补也与？

自诚明，谓之性；自明诚，谓之教。诚则明矣，明则诚矣。

[注]"自"，由也。德无不实而明无不照者，圣人之德，所性而有者也，天道也。先明乎善而后能实其善者，贤人之学，由教而入者也，人道也。[衍]"圣人之德"，要其成而言也。"贤人之学"，推其始而言也。圣人行造其极，而以明为德之盛，故伯夷、伊尹、柳下惠集义之力均于孔子，而孔子知言之功为生民以来之未有，自诚而明，其明同于天矣。贤人之学以格物致知为始，而以修其身，格致皆以修也。盖格物致知者至善之极则，圣人以此为德之至盛，而学者之始事必自此始焉，所谓知止为始也。下学上达，其致合一，无绳墨之可改，彀率之可变也。

[注]诚则无不明矣，明则可以至于诚矣。

右第二十一章。子思承上章夫子天道、人道之意而立言也。[衍]"天道"，命也；"人道"，性也。"天道"，命之理；人道，性之德也。命之理者，知、仁、勇，凝乎性矣。性之德者，好学、力行、知耻，生乎心矣。知、仁、勇之足乎性，故好学、力行、知耻之不厌不倦，圣人之同天不息也。好学、力行、知耻之尽其心，而知、仁、勇以之充实而无妄，贤人之心能尽性也。人道之始未至于天道，而天道之极致必不舍乎人道。

[注]自此以下十二章，皆子思之言，以反复推明此章之意。[衍]此章之意本以明诚明之合。此下十二章皆互相呼应，以著天人合德之理，作圣之功。

惟天下至诚为能尽其性，能尽其性则能尽人之性，能尽人之性则能尽物之性，能尽物之性则可以赞天地之化育，可以赞天地之化育则可以与天地参矣。

[注]"天下至诚"，谓圣人之德之实，天下莫能加也。"尽其性"者，德无不实，故无人欲之私，而天命之在我者，察之由之，巨细精粗无毫发之不尽也。[衍]"察之"，亦择也。"由之"，亦执也。乃其别者，善恶杂

而待拣则谓之择，无恶而审乎至善之所在则谓之察；存去不恒而持之无失则谓之执，无所去则存者健行之而已则谓之由。言至诚者惟此为实，其他神明幻异之说不足取也。不勉而中，行之之时无勉强之难耳，非不待夫健行也；不思而得，事物当前不待更思耳，当其审至善之理，非不察也。要之圣人无所过防于私欲之蔽，贤者必慎防之而已。

［注］人物之性，亦我之性，但以所赋形气不同而有异耳。能尽之者，谓知之无不明而处之无不当也。［衍］“知”，知其可知与其当知者。“处”，则使尽其材以成其用耳。“无不明”，明之至也；“无不当”，当之至也；非博察而遍施之也。亲亲、仁民、爱物，形气既异，差等不迷。异端但知物我同性，而不知形气之异，以穷大而无实，究以逆人物之性而自逆。

［注］“赞”，犹助也。“与天地参”，谓与天地并立为三也。此自诚而明者之事也。

右第二十二章。言天道也。［衍］省文也，具云“言自诚而明者之合于天道也”，后放此。

其次致曲，曲能有诚，诚则形，形则著，著则明，明则动，动则变，变则化。惟天下至诚为能化。

［注］“其次”，通大贤以下凡诚有未至者而言也。［衍］诚之未至，人欲间之也。然为“曲能有诚”者言尔，又其下者从不与天地相亲，则虽人欲不蔽，诚亦不存，所谓鲜能知味者。惟陷溺未深，则三近之德犹有存者。

［注］“致”，推致也。“曲”，一偏也。“形”者，积中而发外；“著”，则又加显矣；“明”，则又有光辉发越之盛也。“动”者，诚能动物。“变”者，物从而变。“化”，则有不知其所以然者。［衍］为所化者不自知耳。熏陶移易，条理不爽，君子自知之。

［注］盖人之性无不同而气则有异，故惟圣人能举其性之全体而尽之，其次则必自其善端发见之偏，而悉推致之以各造其极也。曲无不致，则德无不实，而形著动变之功自不能已。积而至于能化，则其至诚之妙亦不异于圣人矣。

右第二十三章。言人道也。［衍］亦省文也，具云“言自明而诚者之尽人道而可合于天道也"，后放此。

至诚之道，可以前知。国家将兴，必有祯祥；国家将亡，必有妖孽。见乎蓍龟，动乎四体。祸福将至，善必先知之，不善必先知之。故至诚如神。见，贤遍反。

[注]"祯祥"者，福之兆；"妖孽"者，祸之萌。"蓍"，所以筮；"龟"，所以卜。"四体"，谓动作威仪之间，如执玉高卑，其容俯仰之类。凡此皆理之先见者也。然惟诚之至极，而无一毫私伪留于心目之间者，乃能有以察其几焉。[衍]愚按：今《章句》本有"神，谓鬼神"一句，兴国本无之，今从兴国本。"神"者，即祯祥、妖孽、蓍龟、四体所见之天几，虽无非造化之迹，而未可谓之鬼神也。

右第二十四章。言天道也。

诚者，自成也；而道，自道也。"道也"之"道"，徒到反。

[注]言"诚"者，物之所以自成；"而道"者，人之所当自行也。[衍]"物"，犹言人也。虽曰天地万物无非诚之所成，而皆备于我，则人统之矣。

[注]"诚"以心言，本也；"道"以理言，用也。[衍]就其凝于虚灵知觉之中，故谓之心。诚既居体而彻乎用，故不以体对用而言本。既曰"诚以心言"，则"自诚"之专为人言审矣。"心"者，人之心也。

诚者物之终始，不诚无物，是故君子诚之为贵。

[注]天下之物皆实理之所为，故必得是理，然后有是物。所得之理既尽，则是物亦尽而无有矣。[衍]此言"物"者，事物也。有其物，有其事，则必有其实理彻乎初终，直至事物之成，无可增益，而后此理亦终而无余，盖诚与物相为终始也。

[注]故人之心一有不实，则虽有所为亦如无有。[衍]"有所为"，言为仁、为知、为勇。"如无有"，言与不仁、不知、不勇者同也。孟子所谓"杯水救车薪之火，终亦必亡"者也。既无仁知勇，事皆不成矣。

[注]而君子必以诚为贵也。盖人之心能无不实，乃为有以自成，而道之在我者，亦无不行矣。

诚者，非自成己而已也，所以成物也。成己，仁也；成物，知也。性之德也，合内外之道也，故时措之宜也。知，珍义反。

［注］诚虽所以成己，然既有以自成，则自然及物，而道亦行于彼矣。［衍］己之有事皆不能绝物而孤行，物必有受之者，而所成之物皆与己酬酢而非疏远强附者，故成己之德自然及物，非若异端之离物为己而不能及，与不论情势之当及与否而概欲摄度之，非即其自成者而自然及也。

［注］"仁"者体之存，"知"者用之发，是皆吾性之固有而无内外之殊，既得于己，则见于事者以时措之而皆得其宜也。

右第二十五章。言人道也。

故至诚无息。

［注］既无虚假，自无间断。［衍］存诸中者未能充实，物至事起乃仿理以行，谓之虚假。

不息则久，久则征。

［注］"久"，常于中也。"征"，验于外也。［衍］动静一致，斯"不息"。"常于中"，谓仁之熟也。

征则悠远，悠远则博厚，博厚则高明。

［注］此皆以其验于外者言之。郑氏所谓"至诚之德著于四方"者是也。存诸中者既久，则验于外者益悠远而无穷矣。"悠远"，故其积也广博而深厚；"博厚"，故其发也高大而光明。

博厚，所以载物也；高明，所以覆物也；悠久，所以成物也。

［注］"悠久"即"悠远"，兼内外而言之也。本以悠远致高厚，而高厚又悠久也。此言圣人与天地同用。

博厚配地，高明配天，悠久无疆。

［注］此言圣人与天地同体。

如此者不见而章，不动而变，无为而成。见，贤遍反。

［注］"见"，犹示也。"不见而章"，以配地而言也。"不动而变"，以配天而言也。"无为而成"，以无疆而言也。［衍］"无为"者，谓其所成者不见其为也。雷雨之动满盈，循其理而不劳，理至气顺，非有翕辟转造之者，而孰能测其何以为之？

天地之道可一言而尽也，其为物不贰，则其生物不测。

[注] 此以下复以天地明"至诚无息"之功用。天地之道可一言而尽，不过曰诚而已。"不贰"，所以诚也。[衍]"贰"，间也。"不贰"，即不息也。在至诚则曰"既无虚假，自无间断"，在天地则云"不贰所以诚"。盖此际无截然先后之别，可互以体用功效言之。而在人则先言无虚假，而后言无间断，无息者不息其诚也，立体致用之辞当然也。在天则先言不贰，后言所以诚；不贰，天之实也。诚则就人之德以言天也，凡其不贰者皆诚也，于用见体之辞当然也。实则一而已矣。

[注] 诚故不息，而生物之多，有莫知其所以然者。[衍] 物生之盛，其所以然者，视不可见，听不可闻，斯莫测矣；若物之品汇条理，则至信不爽而皆可以预期之。

天地之道，博也，厚也，高也，明也，悠也，久也。

[注] 言天地之道诚一不贰，故能各极其盛而有下文生物之功。

今夫天，斯昭昭之多，及其无穷也，日月星辰系焉，万物覆焉。今夫地，一撮土之多，及其广厚，载华岳而不重，振河海而不泄，万物载焉。今夫山，一卷石之多，及其广大，草木生之，禽兽居之，宝藏兴焉。今夫水，一勺之多，及其不测，鼋鼍蛟龙鱼鳖生焉，货财殖焉。夫，防无反。华，胡化反。卷，巨缘反。藏，组浪反。

[注]"昭昭"，犹耿耿，小明也，此指其一处而言之。"及其无穷"，犹十二章"及其至也"之意，盖举全体而言也。"振"，收也。"卷"，区也。此四条皆以发明由其不贰不息以致盛大而能生物之意，然天地山川实非由积累而后大，读者不以辞害意可也。

《诗》云："维天之命，于穆不已。"盖曰天之所以为天也。"于乎不显，文王之德纯。"盖曰文王之所以为文也。纯亦不已。于，袁都反。乎，荒乌反。

[注]《诗》，《周颂·维天之命》篇。"于"，叹辞。"穆"，深远也。"不显"，犹言岂不显也。"纯"，纯一不杂也。引此以明"至诚无息"之意。程子曰："天道不已，文王纯于天道亦不已。纯则无二无杂，不已则无间断先后。"[衍]"无先后"者，天而已矣。《易》曰"群龙无首"，人不得以首尾测天也。圣人合天，合其无间断者耳。虽云无二，而本末始终，条

理不紊，因其条理一以贯之，斯无二矣。倘亦以先后为碍而去之，凌躐浮游，必不能至于天而只失其人理，此异端之所以贼道，不可不察也。

右第二十六章。言天道也。

大哉圣人之道！

［注］包下文两节而言。

洋洋乎发育万物，峻极于天。

［注］峻，高大也。此言道之极于至大而无外也。［衍］"发育"，广大也。"峻极"，高明也。

优优大哉！礼仪三百，威仪三千。

［注］"优优"，充足有余之意。"礼仪"，经礼也。"威仪"，曲礼也。此言道之入于至小而无间也。［衍］"至小无间"，精微中庸也。

待其人而后行。

［注］总结上两节。

故曰：苟不至德，至道不凝焉。

［注］"至德"，谓其人。"至道"，指上两节而言也。"凝"，聚也，成也。

故君子尊德性而道问学，致广大而尽精微，极高明而道中庸，温故而知新，敦厚以崇礼。 道，徒到反。

［注］"尊"者，恭敬奉持之意。"德性"者，吾所受于天之正理。［衍］理而言"正"，卓然不与万物同流。

［注］"道"，由也。"温"，犹燖温之温，谓故学之矣，复时习之也。［衍］"故学之""复习之"，虽格物之功，而心恒识乎理而不忘，则实存心之切务也。孔子之默识，伊尹之克念，颜子之服膺，皆此也。非此而言存心，释氏所谓"三唤主人"者耳。君子之学尽人道以异于禽兽者，此而已矣。禽兽有新而无故，故犬牛皆谓之性，而为不德之性。德者，得于心也。释氏不知，谤之曰法执，曰我所，曰知见杂毒，欲毁人而禽尔。姚江王氏讥"传不习乎"为曾子未闻道之言，其率兽食人久矣。

［注］"敦"，加厚也。"尊德性"，所以存心而极乎道体之大也。"道问学"，所以致知而尽乎道体之细也。二者修德凝道之大端也，不以一毫私意自蔽。［衍］廓然达天德之公。

［注］不以一毫私欲自累。［衍］纯然养天理之正。

［注］涵泳乎其所已知，敦笃乎其所已能，此皆存心之属也。析理则不使有毫厘之差，处事则不使有过不及之谬，理义则曰知其所未知，节文则曰谨其所未谨，此皆致知之属也。［衍］"存心之属"，正心诚意也。"致知之属"，致知格物也。此《大学》《中庸》合符之教也。"去私意之蔽而涵泳其所已知"，正心也。"去私欲之累而敦笃其所已能"，诚意也。盖心未感发，欲固未萌，所正者正其私意之偏耳。已知而涵泳之，程子所谓"持其志"也。去私欲者，意动欲兴，于独加慎也。所已能者存养之，所不昧者于意之发必允蹈之，一于善也。析理曰知，未有事之辞，而理则可知也。事即物也，格物者非记诵词章区区于名物象数之迹，穷年不殚，亦身所有事之物必格之也。曰知其所未知，析理益精，知之至也。节文曰谨，虑事益察，物之格也。故下云"入德之方"，即程子所云"初学入德之门"也。

［注］盖非存心无以致知，而存心者又不可以不致知。故此五句，大小相资，首尾相应，圣贤所示入德之方莫详于此，学者宜尽心焉。［衍］此篇首章先存养而后省察，末章先省察而后存养，《大学》既云"欲正其心者先诚其意，欲诚其意者先致其知，致知在格物"，是修身之功以正心为主，三者为辅矣。又云"格物而后知至，知至而后意诚，意诚而后心正"，是身修之功以物格为始，心正为成，此学者之所疑也。乃《大学》固云"在止于至善"，而《章句》云"知止为始，四者一之未尽，不可谓至善，学焉而偏有主，不可谓知止"，故于此云"大小相资，首尾相应"，其义著矣。夫四者于入德之始，求备而不偏，固学者之所难，而夫子已曰"先难"，孟子已曰"大匠不为拙工改废绳墨，羿不为拙射变其彀率"，未有恤其难而故为之偏致者也。"学者所宜尽心"，尽此之谓也。然则学之固无其序乎？非无序也，四者自各以渐而进，而非急其一而姑置其三也。

是故居上不骄，为下不倍；国有道其言足以兴，国无道其默足以容。《诗》曰："既明且哲，以保其身。"其此之谓与。与，以诸反。

［注］"兴"，谓兴起在位也。《诗》，《大雅·烝民》之篇。［衍］此节所谓"道凝"也。"凝"者，保聚于己而不轻动之意，德盛待位与时而后行也。骄倍而不足兴，不足容，则虽习于圣人之道，而凉德之躬不足以载

之。汲黯曰：“陛下内多欲而外行仁义，欲望先王之治难矣。”惟其骄也。王仲淹之删六艺，王介甫之行《周官》，惟其倍也。道不与之相保，身将不保矣。

右第二十七章。言人道也。[衍] 言人道者至此章而归于德，言天道者至三十章而归于德。盖前此诸章之归墟而君子之道近里切己之实际也。

子曰：“愚而好自用，贱而好自专，生乎今之世，反古之道，如此者灾及其身者也。”好，呼报反。

[注] 以上孔子之言，子思引之反复也。

非天子不议礼，不制度，不考文。

[注] 此以下子思之言。“礼”，亲疏贵贱相接之体也。“度”，品制。“文”，书名。

今天下车同轨，书同文，行同伦。

[注] 今，子思自谓当时也。“轨”，辙迹之度。“伦“，次序之体。三者皆同，言天下一统也。

虽有其位，苟无其德，不敢作礼乐焉；虽有其德，苟无其位，亦不敢作礼乐焉。

[注] 郑氏曰：“言作礼乐者，必圣人在天子之位。”

子曰：“吾说夏礼，杞不足征也。吾学殷礼，有宋存焉。吾学周礼，今用之，吾从周。”

[注] 此又引孔子之言。杞，夏之后。“征“，证也。宋，殷之后。三代之礼，孔子皆尝学之而能言其意，但夏礼既不可考证，殷礼虽存又非当世之法，惟周礼乃时王之制，今日所用，孔子既不得位，则从周而已。

右第二十八章。承上章“为下不倍”而言，亦人道也。[衍] 圣人备百王之道而必守为下之义以从时，于此而可见凝道者之气象，亦可以知至德之藏矣。

王天下有三重焉，其寡过矣乎！王，于放反。

[注] 吕氏曰：“三重，谓议礼、制度、考文；惟天子得以行之，则国不异政，家不殊俗，而人得寡过矣。”

上焉者虽善无征，无征不信，不信民弗从。下焉者虽善不尊，不尊不信，不信民弗从。

[注]"上焉者"，谓时王以前，如夏、商之礼，虽善而皆不可考。"下焉者"，谓圣人在下，如孔子，虽善于礼而不在尊位也。

故君子之道本诸身，征诸庶民，考诸三王而不缪，建诸天地而不悖，质诸鬼神而无疑，百世以俟圣人而不惑。

[注]此"君子"，指王天下者而言。其"道"，即议礼、制度、考文之事也。"本诸身"，有其德也。"征诸庶民"，验其所信从也。"建"，立也，立于此而参于彼也。"天地"者，道也。"鬼神"者，造化之迹也。[衍]理一而所指殊，故言各有端，于此不得云二气之良能，而用程子之说，盖以其撰言也。

[注]"百世以俟圣人而不惑"，所谓"圣人复起不易吾言"者也。

质诸鬼神而无疑，知天也；百世以俟圣人而不惑，知人也。

[注]"知天""知人"，知其理也。

是故君子动而世为天下道，行而世为天下法，言而世为天下则，远之则有望，近之则不厌。

[注]"动"，兼言、行而言。"道"，兼法、则而言。"法"，法度也。"则"，准则也。

《诗》曰："在彼无恶，在此无射，庶几夙夜，以永终誉。"君子未有不如此而蚤有誉于天下者也。

[注]《诗》，《周颂·振鹭》之篇。"射"，厌也。所谓"此"者，指"本诸身"以下六事而言。

右第二十九章。承上章"居上不骄"而言，亦人道也。[衍]有其德，有其位，可以行矣，而必谨之言、行、动，慎之夙夜，以先自治而后治人，所以为不骄而凝道也。鲁两生曰："礼乐必百年而后兴"，深于言凝道者与！

仲尼祖述尧、舜，宪章文、武，上律天时，下袭水土。

[注]"祖述"者，远宗其道。"宪章"者，近守其法。"律天时"者，法其自然之运。"袭水土"者，因其一定之理。皆兼内外、该本末而言也。

辟如天地之无不持载，无不覆帱，辟如四时之错行，如日月之代明。辟，音譬。

[注]"错"，犹迭也。此言圣人之德。[衍]德如天地故无不覆载，如四时故错行而相成，如日月故代明而不匮，广大神化，德至则自然。若以此为道，将有荒远亡实，权术杂用之忧，学者不可不察。

万物并育而不相害，道并行而不相悖，小德川流，大德敦化，此天地之所以为大也。

[注]"悖"，犹背也。天覆地载，万物并育于其间而不相害，四时日月错行代明而不相悖。所以不害、不悖者，"小德之川流"；所以并育、并行者，"大德之敦化"。"小德"者，全体之分；"大德"者，万殊之本。"川流"者，如川之流，脉络分明而往不息也。"敦化"者，敦厚其化，根本盛大而出无穷也。此言天地之道，以见上文取譬之意。[衍]尽精微，道中庸，则可以致川流之盛矣。极高明，致广大，则可以厚敦化之藏矣。此章本言圣德之合天，而君子作圣之功自此可推也。

右第三十章。言天道也。

惟天下至圣，为能聪明睿智，足以有临也；宽裕温柔，足以有容也；发强刚毅，足以有执也；齐庄中正，足以有敬也；文理密察，足以有别也。知，珍义反。齐，侧皆反。别，彼列反。

[注]"聪明睿智"，生知之质。"临"，谓居上而临下也。其下四者，乃仁义礼智之德。[衍]德者，性之撰，诚之实也。待事而德显，仁义礼智之名乃立焉，而此诸德者静不昧而动资之用，具诸性而生于心者也。故能知发强刚毅为义之德，则知义之非外矣；能知齐庄中正为礼之德，则知礼之非后起矣。故喜怒哀乐未发之时，仁义礼智无象可见，无功可名，而此诸德者并育并行于中，昭澈具在，所谓"活泼泼地"者也。

[注]"文"，文章也。"理"，条理也。"密"，详细也。"察"，明辨也。

溥博渊泉，而时出之。

[注]"溥博"，周遍而广阔也。"渊泉"，静深而有本也。"出"，发见也。言五者之德，充积于中而以时发见于外也。

溥博如天，渊泉如渊。见而民莫不敬，言而民莫不信，行而民莫不

说。见，贤遍反。说，弋雪反。

[注]言其充积极其盛而发见当其可也。

是以声名洋溢乎中国，施及蛮貊，舟车所至，人力所通，天之所覆，地之所载，日月所照，霜露所坠，凡有血气者莫不尊亲，故曰配天。施，羊吏反。坠，直类反。

[注]"舟车所至"以下，盖极言之。"配天"，言其德之所及广大如天也。

右第三十一章。承上章而言"小德之川流"，亦天道也。

惟天下至诚，为能经纶天下之大经，立天下之大本，知天地之化育。夫焉有所倚！夫，防无反。焉，于虔反。

[注]"经纶"，皆治丝之事。"经"者，理其绪而分之；"纶"者，比其类而合之也。"经"，常也。"大经"者，五品之人伦；"大本"者，所性之全体也。惟圣人之德极诚无妄，故于人伦各尽其当然之实，而皆可以为天下后世法，所谓"经纶之"也。其于所性之全体，无一毫人欲之伪以杂之。[衍]但人欲即伪。

[注]而天下之道千变万化皆由此出，所谓"立之"也。其于天地之化育，则亦其极诚无妄者有默契焉。[衍]语不能显，但默契之，非可言而故秘之也。阴阳变合盈虚消息之几，取之当体，知其所以然而不能言其必然，言其必然而造化固又有不然者，先知之说所以妄也。圣人之所以必知者，道之所自察，裁成辅相之所自起，有默契则有默成，其功大矣。若无端而取天地之化，强欲知之以浮其志而恣为汗漫，则异端之诞而已矣。

[注]非但闻见之知而已。此皆至诚无妄，自然之功用，夫岂有所倚著于物而后能哉！[衍]如三重之待时位，犹有倚也。人伦即日用之理，立本知化皆默成之功，诚至而自与天地合其德矣。

肫肫其仁，渊渊其渊，浩浩其天。

[注]"肫肫"，恳至貌，以"经纶"而言也。"渊渊"，静深貌，以"立本"而言也。"浩浩"，广大貌，以"知化"而言也。"其渊""其天"，则非特如之而已。[衍]"仁"者，天地生物之心。"渊"者，天地不已之藏。"天"者，天地神变之用。天即其主宰以为流行，流行降命而为人之

性，则性之与命，命之与天，有先后大小之别，而其实一也，尽其理之至则通复而合于主宰，故不但如之而已。

苟不固聪明圣知达天德者，其孰能知之。 "圣知"之"知"，珍义反。

［注］"固"，犹实也。郑氏曰："惟圣人能知圣人也。"［衍］有其德，乃能知其德。

右第三十二章。承上章而言"大德之敦化"，亦天道也。前章言至圣之德，此章言至诚之道，然至诚之道非至圣不能知，至圣之德非至诚不能为，则亦非二物矣。此章言圣人天道之极致，至此而无以加矣。

《诗》曰："衣锦尚绚。"恶其文之著也。故君子之道，黯然而日章；小人之道，的然而日亡。君子之道，淡而不厌，简而文，温而理，知远之近，知风之自，知微之显，可与入德矣。 衣，于既反。恶，乌路反。下同。

［注］前章言圣人之德，极其盛矣。此复自下学立心之始言之，而下文又推之以至其极也。《诗》，《国风·卫·硕人》、郑之《丰》皆作"衣锦褧衣"，褧、绚同，禅衣也。"尚"，加也。古之学者为己，故其立心如此"尚绚"故"黯然"，"衣锦"故有"日章"之实。［衍］"日章之实"，笃实光辉，道皆备矣。无其锦而以文为恶，异端之所以贼道，君子弗为也。静而天理存焉，动而节文具焉，无非章也。小人而无忌惮者，见为黯然而已矣。有其实而日章，诚之不可掩也。

［注］"淡""简""温"，绚之袭于外也。不厌而文且理焉，锦之美在中也。小人反是，则暴于外而无实以继之，是以"的然而日亡"也。"远之近"，见于彼者由于此也。"风之自"，著乎外者本乎内也。"微之显"，有诸内者形诸外也。有为己之心而又知此三者，则知所谨而可入德矣。故下文引《诗》言谨独之事。

《诗》云："潜虽伏矣，亦孔之昭。"故君子内省不疚，无恶于志。君子之所不可及者，其惟人之所不见乎！

［注］《诗》，《小雅·正月》之篇。承上文言"莫见乎隐，莫显乎微"也。"疚"，病也。"无恶于志"，犹言无愧于心。［衍］"志"者，素所欲正之心。心欲正而意不诚以欺其心，则心恶其意矣。故于此而知《大学》之言"心"，程子之言"持其志"，皆以静所存者言之，非异端之以觉了能知

者为心也。

[注] 此君子谨独之事也。

《诗》云："相在尔室，尚不愧于屋漏。"故君子不动而敬，不言而信。相，息亮反。

[注]《诗》，《大雅·抑》之篇。"相"，视也。"屋漏"，室西北隅也。承上文又言君子之戒谨恐惧无时不然，不待言动而后敬信，则为己之功益加密矣。故下文引《诗》，并言其效。[衍] 功之密至此而无可加矣，下文皆其效尔。笃恭而天下平，以此不息之敬信临之而已矣。"密"者，无间之谓。立则见其参于前，在舆则见其倚于衡，是之谓"益密"。据于德则不动而敬，恒于理则不言而信，释其心而使有间断，斯不动无敬，不言无信矣。不动不言，静存有主，圣功之极致也。敬信之外而别求无言不显之道，则索隐行怪，终亦的然而日亡矣。

《诗》曰："奏假无言，时靡有争。"是故君子不赏而民劝，不怒而民威于鈇钺。"假，古伯反。

[注]《诗》，《商颂·烈祖》之篇。"奏"，进也。承上文而遂及其效，言进而感格于神明之际，极其诚敬，无有言说而人自化之也。"威"，畏也。"鈇"，莝斫刀也。"钺"，斧也。

《诗》曰："不显惟德，百辟其刑之。"是故君子笃恭而天下平。辟，必益反。

[注]《诗》，《周颂·烈文》之篇。"不显"说见二十六章，此借引以为幽深玄远之意。承上文言天子有不显之德而诸侯法之，则其德愈深而效愈远矣。"笃"，厚也。"笃恭"，言不显其敬也。[衍] 于不言不动之际，其敬无间，不待显而始敬也。

[注]"笃恭而天下平"，乃圣人至德渊微，自然之应，中庸之极功也。

《诗》曰："予怀明德，不大声以色。"子曰："声色之于以化民，末也。"《诗》云："德𬨎如毛。"毛犹有伦，"上天之载，无声无臭"，至矣。

[注]《诗》，《大雅·皇矣》之篇，引之以明上文所谓"不显之德"者，正以其"不大声与色"也。又引孔子之言以为声色乃化民之末务，今但言不大之而已，则犹有声色者存，是未足以形容"不显"之妙，不若《烝民》之诗所言"德𬨎如毛"，则庶乎可以形容矣，而又自以为谓之毛则犹

有可比者，是亦未尽其妙，不若《文王》之诗所言"上天之载，无声无臭"，然后乃为不显之至尔。盖声臭有气无形，在物最为微妙，而犹曰无之，故惟此可以形容"不显笃恭"之妙，非此德之外，又别有是三等，然后为至也。［衍］无声无臭之中有载焉，天之所以为天也。川流之小德，敦化之大德，澈于无声无臭之中而无间也。无声无臭而载存焉，斯以为至矣，非以无声无臭为载而可谓之至也。呜呼！世教衰，邪说兴，而以无声无臭为载之害烈矣！尝试嗒然而居，颓然而休，息之微殆至于无息，念之生乃几于无生。于斯时也，吾之与天地万物相酬酢者，不得其端而皆为瓦合矣，则天地万物之森然者不得其端，而几疑为吾之妄见矣，则吾之视听言动歘然而兴、謦然而止者亦莫得其端，而几疑为气机之驱使矣，至于此而蔑以加矣，至矣！故为佛、老之说者自谓其至而无可复尚也。于是儒之驳者窃其说而文之，以为无善无恶之体遍乎心意知而恒一者，亦谓其至而无可复尚也。此以为至，则顽石至也，浮云至也，疲牛之休于荫，奔马之息于枥至也；道殣之委于途、殰兽之靡于邱至也；纣酣于酒池之旁，跖寝于既旦之后至也。于是知其穷而又为之说曰："吾将以是应天下，感而应、如而施而无不各得，则无不至矣。"然而不得其理者不可胜计也。盖其欲不以成心为师而师其所自感，则亦师耳之听、目之视而已矣。耳目者，小体也，嗜欲之役而声色之党也。由是而狂荡灭裂之行倡，天下乃疾叛其君亲而偷以自便，此邪说诐行生心害政之本原，惟无之一言以为其藏，可勿惧哉。

　　右第三十三章。子思因前章极致之言反求其本，复自下学为己谨独之事推而言之，以驯致乎"笃恭而天下平"之盛，又赞其妙至于"无声无臭"而后已焉。盖举一篇之要而约言之，其反复叮咛示人之意，至深切矣。学者其可不尽心乎。

　　《礼记章句》卷三十一终

礼记章句卷三十二

表记

"表"者，植木为标，以测高下浅深之度者也。凡为坊者，必先立表以为之则，表虽无与于坊，而为坊之所自出，是坊末而表本也。以礼坊民，民犹逾之，既不可以坊为无益而废之，亦不可更峻其坊而束民以不堪，则惟反躬自治以正其表，斯正己之尽而物可得而正矣。故三代以礼坊民，而逾之也率在末君失德之世，则知表之为重，而亦不可咎坊之徒劳矣。二篇皆游、夏之徒引所传闻夫子之言以发端，而杂引《诗》《书》以证之。其辞悉得之口授，断章櫽括，文或不纯，要为修己治人之显道，不可以辞害之也。凡五十一章。

子言之："归乎！君子隐而显，不矜而庄，不厉而威，不言而信。"

称"子言之"者，挈其大纲，谓圣人之言如此，而凡所引伸皆斯言之义也。"隐""显"，以出处言。"矜"，以庄示人。"厉"，以威加物也。夫子周流而道不行，乃反而信其自，得之理不必施之政教，而但尽其躬行之实，自强不息，合于天德时行物生之妙，默成于己，而天下万世之兴起变化皆自此出，所谓"不疾而速，不行而至"也。

右第一章。此章言修身存诚之德，为表正万物之本。其下八章杂引孔子之言，以申此章之意。

子曰："君不失足于人，不失色于人，不失口于人。"

以上孔子之言。"不失"者，人不得而摘其过也。"足"，进退之节也。"口"，言也。君子之言貌，非徒欲示人以无失，而纯于敬者自无过之可议也。

是故君子貌足畏也，色足惮也，言足信也。

"貌"，身容。"色"，面容。敬尽于己，则人自敬信之。

《甫刑》曰："敬忌而罔有择言在躬。"

"甫"，《书》作"吕"。甫，国也。吕，姓也。"忌"，惮也，惮人之见讥。"罔有择言"者，言皆中理，人不能拣择其得失也。"在躬"，犹居身。

右第二章。

子曰："禓袭之不相因也，欲民之毋相渎也。"

一事而各有节，或禓或袭，不偷循其便而必中于礼，民不得而亵之矣。言君子之于敬，无斯须之或乱也。

右第三章。

子曰："祭极敬，不继之以乐。朝极辨，不继之以倦。"乐，卢各反。朝，直遥反。

"极"，尽也。"继"，终也。"辨"，治也。祭虽献酬交错而意不在欢，朝廷之事虽烦劳而威仪必整，皆笃敬以厚其终也。

右第四章。

子曰："君子慎以辟祸，笃以不掩，恭以远耻。"辟，毗义反。远，于愿反。

"掩"，盖覆也。立志敦笃，所行皆实，直行而无盖覆，以辟讥非也。君子于祸患毁谤耻辱之至，无规避之术，惟尽其诚敬而已，盖处变而惟不失其敬也。

右第五章。

子曰："君子庄敬日强，安肆日偷。君子不以一日使其躬儳焉如不终日。"

"儳"，弱貌。"如不终日"，如不能待一日之终也。庄敬则志严，志严摄气，气以充体，斯日强矣。安肆而偷，则耳目堕，筋骸弛，终日之间如无所措手足，而恹恹以待尽。故敬者，王者以之祈天永命，君子以之修身立命，学者能体验而有得焉，则近世儒者窃道士胎息之说以言学，其陋见矣。

右第六章。

子曰："齐戒以事鬼神，择日月以见君，恐民之不敬也。"_{齐，侧皆反。}见，贤遍反。

"择日月"者，初委贽见君，筮吉日也。二者皆先事为期，豫戒以蓄敬，而专致之一日也。

右第七章。

子曰："狎侮，死焉而不畏也。"

下习玩之，则虽杀人立威而人亦不畏之，言御下之必以敬也。

右第八章。

子曰："无辞不相接也，无礼不相见也。欲民之毋相亵也。"

此一节孔子之言。"辞"，主人请事而客答也。"接"，谓摈介相传。"礼"，客执贽，主人拜辱也。君子尽礼以相敬于上，民乃尊严而不敢玩。

《易》曰："初筮告，再三渎，渎则不告。"告，如字，古沃反。三，苏暂反。

"渎"，则接神不以礼而神厌之，言神人一理，不可不敬也。

右第九章。凡上八章皆言君子立敬之道，以申首章之义而为一篇之纲领。《传》曰："敬者，德之舆也。"存敬以立本，则涵德于中，而仁义忠信之大用逢原而日生，君子建极以为民表之道备矣。周子曰："圣王以敬为修身立政之本。"此之谓也。

子言之："仁者，天下之表也。义者，天下之制也。报者，天下之利也。"

"表"者，物所望而归之之谓。"利"，谓交相劝以趋于善也。宜民之道必体民情，故仁以绥之，义以裁之，而尤敦报施之义以达人情而使获为善之利，斯王道之所以易从而教无不行也。

右第十章。前九章既言坊民之本，立敬以作则，此又言施于民者必尽其理而达其情，而后教化可行。盖前以君德言，而此以君道言。其下四章皆以申明此章之意。

子曰："以德报德，则民有所劝；以怨报怨，则民有所惩。"

此一节孔子之言。"以怨报怨"，如其怨而报之，即所谓直也。君子之于怨，审其可怨不可怨而已矣。义之所得怨者而矫情以忘之，斯匿怨之所以可耻也。

《诗》曰："无言不仇，无德不报。"

"仇"，答也。此虽人情之常而亦理之所不爽，君子不拂人情而顺行之，所以维礼教之穷而使自劝惩也。

《大甲》曰："民非后无能胥以宁，后非民无以辟四方。"_{大，他盖反。}

"辟"，为之君也。上之惠下，下之奉上，仁义之理也，而报施之道存焉，则报为天下之利，益可见矣。

子曰："以德报怨，则宽身之仁也；以怨报德，则刑戮之民也。"

"仁"，当从郑氏作民。"宽身"，谓安身求容。"刑戮"，谓众叛亲离而陷刑戮也。二者虽有过不及之分，要皆不酌报施之宜而悖人情以遏天下之利也。

右第十一章。

子曰："无欲而好仁者，无畏而恶不仁者，天下一人而已矣。是故君子议道自己，而置法以民。"_{好，呼报反。恶，乌路反。}

"天下一人"，惟体仁之君子能之，非民所及也。承上章而言报以顺民情而利劝惩之用。君子通愚贱之志以置法，不以己之不望报而欲施仁者概如之，则亦义之所宜而广兴仁之效也。

右第十二章。

子曰："仁有三。

安仁、利仁、强仁也。

"与仁同功而异情。与仁同功，其仁未可知也。与仁同过，然后其仁可知也。

强仁者，时与仁者同功而情系利害，则与仁者无欲无畏之情异矣。安仁、利仁者，虽以仁得过而不辞。故过而与仁者同，然后信其仁也。

"仁者安仁，智者利仁，畏罪者强仁。" 知，珍义反。强，其两反。

"安仁"者，知仁为性之德而恒存无逆也。"利仁"者，歆仁道之美而顺行之也。"强仁"者，心非其所悦而矫情以从厚也。

右第十三章。此章引孔子之言以申上章"天下一人"之意，言君子议道自己，必安利于仁而虽过不辞；若其置法以治民，则俾其畏罪强仁而亦与仁同功矣。此所以通报施而利劝惩也。

仁者，右也；道者，左也；仁者，人也；道者，义也。

"仁"者，爱之施。道者，责人以所当尽者也。"右"，顺而利之也。"左"，屈而成之也。"仁"者，体人之情而因民以置法，民之所顺也。"道"者，议之自己以裁物而匡其不义，民之所难也。

厚于仁者薄于义，亲而不尊；厚于义者薄于仁，尊而不亲。

"厚""薄"，犹言过、不及也。仁义并行，则尊亲兼得矣。

道有至句，义有考。至道以王，义道以霸，考道以为无失。 旧说"道有至"下阙一"有"字，今从本文。王，于放反。

道以制天下，义之事也。然义之至者仁亦至焉，则顺民之情而法在其中，斯仁义兼至矣，如报施顺情而劝惩寓焉是已。若道壹于义，则名为义而不得为道之至矣。既专于义，则有率义而行者，亦有不能喻义而依仿考据以立法者，道愈降矣。王者以仁行义，并行不悖。霸者声义正物，以义为道而已。其下者考于义以为道，几以寡过而过卒不可免，故坊民而民犹逾之也。

右第十四章。

子言之："仁有数，义有长短小大。中心憯怛，爱人之仁也。率法而强之，资仁者也。" 强，其两反。

此一节孔子之言。"憯"，隐痛。"怛"，惊悼。"资"，借也。仁义之施，所及各有量。惟根心以出，则立之有原，行之委曲详尽，斯所及者广而可久。若资成法勉强而率循之，则不能远及矣。

《诗》云："丰水有芑，武王岂不仕。诒厥孙谋，以燕翼子，武王烝哉！"数世之仁也。翼，羊吏反。俗本无"武王烝哉"句。

丰水，在今陕西渭南县。芑，枸杞。"仕"，事也。言武王勤于立国安民之事也。"燕"，安也。"翼"，覆也。"烝"，君也，言得君天下之道也。武王中心仁爱，故泽及后世也。

《国风》曰："我今不阅，皇恤我后。"终身之仁也。

《国风》，《邶风》。"今"，《诗》作"躬"。"阅"，顾也。"皇"，暇也。勉强资仁则终身为虑，而况及后世乎？

右第十五章。此章承第十章"仁者天下之表"而言。其下四章皆以申明此章之意。章首兼言"义之长短大小"，则又以起第二十章以下之意。读者参观之，而此篇之脉络贯通者可知矣。

子曰："仁之为器重，其为道远，举者莫能胜也，行者莫能致也。取数多者，仁也。夫勉于仁者，不亦难乎！"胜，书蒸反。夫，防无反。

此一节孔子之言。仁以函载万物而无有间断，统四端，兼万善，是以难也。

是故君子以义度人则难为人，以人望人则贤者可知已矣。度，徒落反。"以人"之"人"，盖"仁"字之误。

"度"，较量也。"望"，犹观也。义有成制，考道者可以不失。难为人，言难于知人也。仁则必根心之恻怛以立爱，而后可以任重而行远。若但率法以施惠，则虽勉为之而终有莫能胜、莫能致者。以此观人，而贤者乃见也。

右第十六章。上章以仁义并言，而此章之词有抑扬者，盖仁者君道之极而为天下之表，义则犹近乎坊之事也。

子曰："中心安仁者，天下一人而已矣。"

此一节孔子之言。安仁则私欲净尽，天理流行，中心恻怛，自行乎其所不容已，圣人仁覆天下之本也。

《大雅》曰："德輶如毛，民鲜克举之。我仪图之，惟仲山甫举之，爱莫助之。"鲜，息浅反。

"辖"，轻也。"仪"，想像也。"图"，思维也。"爱"，谓爱之者。仁含于性之德而不倚于物，故言其轻，犹《书》言"道心惟微"也。举是德者一由其中心之安，故虽有爱之者莫能相助也。

《小雅》曰："高山仰止，景行行止。"子曰："《诗》之好仁如此，乡道而行，中道而废。"好，呼报反。乡，许亮反。

"景行"，大路也。"如此"，谓仅能如此也。夫子论《诗》，而言以仁为高山景行而仰且行之，亦可谓好仁矣。然非其中心之安，则高不易登，远不易至，中道而必废，此资仁者之不能至于仁也。

忘身之老也，不知年数之不足也。俯焉日有孳孳，毙而后已。

记者引夫子之言而伸之，以为苟能如此，则虽勉仁之事亦可驯至乎安，所谓"力行近乎仁"也。

右第十七章。

子曰："仁之难成久矣，人人失其所好，故仁者之过易辞也。"好，呼报反。

"所好"，谓可好者，孟子所谓"民之秉夷"也。仁难成而人不能成，故所行皆拂乎人心而无往非过。苟能自勉于仁，则虽有过而非天下之公恶，易于免矣。

子曰："恭近礼，俭近仁，信近情。敬让以行此，虽有过，其不甚矣。"

此一节又孔子之言。"俭"，节制也，不侈欲而放其心，近于仁矣。"情"，实也。"礼"者，仁之用；"情"者，仁之体。行此三者而尤以敬让将之，或有时施非所当，而成乎过恭、过俭、过信，亦不大违于道，此所以其过易辞也。

夫恭寡过，情可信，俭易容也。以此失之者，不亦鲜乎？夫，防无反。鲜，息浅反。

"过"，谓失人情也。"情可信"者，信近情而人亦可信谅之也。"易容"，谓不为物所忌。释夫子之言而明其有过之易免也。

《诗》云："温温恭人，惟德之基。"

"温温"，敬让之容。能恭则行自有节而无所欺伪，则又俭与信之基也。凡此皆勉仁之事，虽未至于安仁而固可以寡过，志于仁者所以忘年而日孳孳也。

右第十八章。

子曰：“仁之难成久矣，惟君子能之。”

此一节孔子之言。

是故君子不以其所能者病人，不以人之所不能者愧人。是故圣人之制行也，不制以己，使民有所劝勉愧耻以行其言。"制行"之"行"，胡孟反。

"病"，迫责之使行也；"制行"，制民之行。"言"，教令也。仁难成，故不以急责之民；惟君子能之，则不可不自尽于己。故制民之行，不期其即仁，而特敦仁于躬，任重致远，使民见上之所为，根心达外，因以感发兴起，耻为不仁，则教令大行而坊不逾矣。

礼以节之，信以结之，容貌以文之，衣服以移之，朋友以极之，欲民之有壹也。

"容貌"，仪度也。"文"，饰也。"移"者，易其耳目肢体之观以变其淫陋也。极，聚也，如屋之聚于栋也。"壹"，纯也，身心内外无非善道，以为之涵养而无杂也。君子仁成于己，而推致仁道之用以熏陶涵泳其民，则虽不急责以心德之事，而默移潜化，必世之仁自此而臻矣。

《小雅》曰："不愧于人，不畏于天。"是故君子服其服则文以君子之容，有其容则文以君子之辞，遂其辞则实以君子之德。是故君子耻服其服而无其容，耻有其容而无其辞，耻有其辞而无其德，耻有其德而无其行。是故君子衰绖则有哀色，端冕则有敬色，甲胄则有不可辱之色。《诗》云："维鹈在梁，不濡其翼。彼记之子，不称其服。"行，胡孟反。衰，仓回反。称，昌孕反。

"遂"，成也。"端冕"，宾祭之服。"鹈"，鹈鹕鸟，食鱼。"梁"，鱼栿。鹈贪鱼，虽不濡翼，不可以为洁也。"记"，《诗》作"其"，指词也。此言人君能动民愧耻之心，则即其衣服言动之间，皆有以反躬自省而远于不仁，而可进于君子之道矣。然必躬行于上者根心仁爱而德孚于下，乃足以入之深而感之至；不然，则虽衣服容止辞令授之以制，而民之不称者多矣。此"维鹈"之诗所以刺也。

右第十九章。

子言之："君子之所谓义者，贵贱皆有事于天下。天子亲耕，粢盛秬鬯，以事上帝，故诸侯勤以辅事于天子。" 盛，是证反。

"义"之体，敬也；其用，宜也。尽其职分之所当为以敬其所尊，乃所以为天下之制也。人君以义制天下，必先自修其义于上，故天子、诸侯各尽敬于所尊以为民极，而非徒立法制以防民也。

右第二十章。此章承第十章"义者，天下之制"而言。其下二章皆以申明此章之意。

子曰："下之事上也，虽有庇民之大德，不敢有君民之心，仁之厚也。"

此一节孔子之言。仁之用爱，故为君道。义之体敬，故为臣道。"仁之厚"者，谓爱君之至也。

是故君子恭俭以求役仁，信让以求役礼。

"役"，为也。"信让"，诚乎让也。"恭俭"、信让，皆义之事；义以为质，而仁礼行矣。

不自尚其事，不自尊其身，俭于位而寡于欲。

"尚"，犹先也。"不自尚其事"，先公而后私也。"俭于位"，辞尊而就卑也。此恭俭之德也。

让于贤，卑己而尊人，小心而畏义。

此信让之德也。

求以事君，得之自是，不得自是，以听天命。

"求"，自求也，言但求尽其事君之道而无求也。"自"，由也。"是"，此也。谓此恭俭信让之道，穷通一致，无所改易，而得失皆安于命，惟其义而已。

《诗》云："莫莫葛藟，施于条枚。凯弟君子，求福不回。"其舜、禹、文王、周公之谓与！有君民之大德，有事君之小心。" 施，羊吏反。弟，特计反。与，以诸反。

"莫莫"，茂密貌。"条"，枝。"枚"，干也。"回"，邪也。葛藟缘木，而木无望缘之心；福自集于君子，而君子无贪福之志。舜、禹终受禅让，文王、周公之老于臣服，其心一也。

《诗》云："惟此文王，小心翼翼。昭事上帝，聿怀多福。厥德不回，以受方国。"

"翼翼"，敬也。"昭事"者，心迹昭著，可对于天，无徼福之志也。"聿"，语辞。"怀"者，上帝所眷也。帝命已集而文王终无欲得之志，三分有二，率以事殷，文王所以厚其仁而尽其义也。

右第二十一章。

子曰："先王谥以尊名，节以壹惠，耻名之浮于行也。"行，胡孟反。

此一节孔子之言。"尊"，崇也。"节"，谓节取之。壹，与"一"通。"惠"，善也。"浮"，过也。谥虽以崇奖荣名，而即有众善，节取其一行之大者，不为繁称，盖欲使行有余而名不足也。死而尊之者且然，则生而不敢猎誉，益可知也。

是故君子不自大其事，不自尚其功，以求处情，过行弗率，以求处厚；彰人之善而美人之功，以求下贤。是故君子虽自卑而民敬尊之。行，胡孟反。下，胡驾反。

"情"，实也。"过行"，过高绝俗之行。"率"，循也，为也。"处厚"者，不欲以己之高形人之短。"美"，赞美之也。凡此皆信让之德。

右第二十二章。

子曰："后稷天下之为烈也，岂一手一足哉！惟欲行之浮手名也，故自谓便人。"行，胡孟反。

"烈"，功烈也。"便人"，谓习熟便为之，《诗》所谓"诞实匍匐，以就口食"也。后稷之德言德行见于《虞书》，则所以赞襄舜、禹化成天下者，岂仅勤手足以躬稼哉？乃欲致实行而不居盛美，故自谓为便习稼穑之人，而典树艺之教以居一官，此则恭俭信让而为义之至也。

右第二十三章。

子言之："君子之所谓仁者，其难乎！《诗》云：'凯弟君子，民之父母.'凯以强教之，弟以说安之，乐而毋荒，有礼而亲，威庄而安，孝慈而敬，使民有父之尊，有母之亲，如此而后可以为民父母矣。非至德其孰能如此乎？"弟，特计反。强，如字，旧音其两反者，非。说，弋雪反。

此一节孔子之言。"强教"，刚克之意。"毋荒""有礼""庄""敬"，强教之效也。"乐""亲""孝慈"，说安之效也。奉其教则父道也，蒙其安则母道也。君道以仁为主，而仁之至者义必尽焉，并行不悖而经纬咸宜矣。至德，即第十四章"至道"之意。

今父之亲子也，亲贤而下无能；母之亲子也，贤则亲之，无能则怜之。母亲而不尊，父尊而不亲。水之于民也，亲而不尊；火尊而不亲。土之于民也，亲而不尊；天尊而不亲。命之于民也，亲而不尊；鬼尊而不亲。

"下"，抑也。水为功于人而可狎，母道也。火明照万物而不可近，父道也。土利万有而人践之，母道也。天覆物而与人远，父道也。尊亲之道并至为难，父母、水火、天地不能兼备，惟王者爱敬合德，因时而利导之，体生成化育之理，发政施令以说安之，尊鬼施敬以强教之，仁义并行，迭相主辅，而其末流所趋犹不能无偏，如下章所云者，宜君子之于仁难言之也。

右第二十四章。前章以上既分言君臣仁义之道，此章因君道之仁而广言之，推质文之同异，以明仁义合而仁斯至，乃能尽君道而为天下之表。其下五章杂引孔子之言，以申此章之意。

子曰："夏道尊命，事鬼敬神而远之，近人而忠焉，先禄而后威，先赏而后罚，亲而不尊。其民之敝：蠢而愚，乔而野，朴而不文。远，于愿反。近，其谨反。乔，举娇反。

"尊命"，勤民事也。"鬼"者，神之魄。"神"者，鬼之灵。祭祀之事，尽人道以事鬼，至于灵爽之降吉凶者则远之，不用之以立教也。"近人"，达人情也。"忠"，尽爱也。常颁曰"禄"，特赐曰"赏"；责怒曰"威"，刑赎曰"罚"。盖仁先而义后也。"民之敝"，谓政教衰失之后。"蠢"，戆也。"乔"，傲也。"朴"，质也。勤人事而不恤敬忌，故其敝如此。

"殷人尊神，率民以事神，先鬼而后礼，先罚而后赏，尊而不亲。其民之敝：荡而不静，胜而无耻。

事鬼者邀其已往而致其爱敬，事神者迎其方来而尊其向威，率民事神所以尊而不亲也。"礼"，谓人相接之礼。"荡"者，崇无而流。"不静"，多惧而不宁也。"胜"，犹竞也，尚刑罚则民竞于争。"无耻"，刑罚不能格心也。

"周人尊礼尚施，事鬼敬神而远之，近人而忠焉。其赏罚用爵列，亲而不尊。其民之敝，利而巧，文而不惭，贼而蔽。"

"尚施"，即第十章之所谓"报仁之尤近人情"者也。赏罚用爵列者，赏先于亲与贵而罚则议减也。"利"，便利，谓娴习仪节。"巧"，饰也。"文而不惭"，情不称文，行之无惭也。"贼"，害也，刑赏厚于亲贵，人生忮害也。"蔽"，欺蔽，不畏刑罚故相欺蔽也。三代王者备至德于躬，推行立法，仁义质文初无偏用，但以因时制宜，微示先后，而后世德衰，成法存而失其精意，则其弊必至于此。盖大道含弘而理致微妙，低昂之间稍有所移，则势必旁趋而背其相通之妙，此舜所以极言道心之微，非精一不能执中，而上章以君子之仁为难，皆此理也。

右第二十五章。

子曰："夏道未渎辞，不求备，不大望于民，民未厌其亲。殷人未渎礼，而求备于民。周人强民，未渎神，而赏爵刑罚穷矣。" 强，其两反。

"渎"，用之频而亵也。"辞"，命令也。夏道尊命，政令一成而不数为更易，故政简而无过求于民，虽亲过于尊而民犹不厌。殷人后礼，其礼不烦而政令频数，责民严重，则虽尊之而实厌矣。周礼繁重，有非民所任而强之者，特其敬神而远之，犹未渎也，乃强民而民不能率，则赏罚频用而穷矣。仁义本无偏胜之弊，因频用而失之。二代惩前事之弊，而不渎于彼者且穷于此，所以屡降愈下，盖矫枉过直，其势然也。

右第二十六章。

子曰："虞、夏之道，寡怨于民。殷、周之道，不胜其敝。" 胜，书烝反。

渎则敝，敝则民归咎于法之不善，而怨由之以生矣。

右第二十七章。

子曰："虞、夏之质，殷、周之文，至矣。虞、夏之文不胜其质，殷、周之质不胜其文。"胜，书孕反。

先王创制显庸，皆仁至义尽而酌乎时之宜，或质或文，于道俱至，而法制已立。后人承之，能用其数而不能体其德，故崇质者文不能副，尚文者质不能充，则成乎偏敝矣。然文不胜质，质有余而文无难于继起，质不胜文则文具而质伪矣，此夫子抑扬之旨也。夏尚忠，殷尚质，周尚文，而此云夏质而殷文者，盖忠非无质之忠而特其质未备。殷人制度文为皆已备尽，周人非有增益，而殷人崇用，周人崇饰，所以自周言之则殷为质，自虞、夏言之则殷为文也。

右第二十八章。

子言之曰："后世虽有作者，虞帝弗可及也已矣。""言之"二字衍文。

作者，谓三王也。此一节孔子之言。而下则记者推其弗可及之实也。

君天下，生无私，死不厚其子，子民如父母，有憯怛之爱，有忠利之教，亲而尊，安而敬，威而爱，富而有礼，惠而能散。

"利"，顺也。"忠利"，谓尽于己而顺于民。"安"，不扰也。"敬"，不渎也。"富而有礼"，富有天下而能以礼制之也。"惠而能散"，惠不偏也。帝舜之德大公无私，故仁义之发皆根所性之实，斯以尊亲道合而为德之至也。

其君子尊仁畏义，耻费轻实。"耻费轻实"上阙"其小人"三字。

"费"，奢也。"实"，利也。"耻费轻实"，则俭以寡过而非吝于利也。帝舜大公至正之德，施于教爱而臣民化之也。

忠而不犯，义而顺。

"忠"，尽爱敬之实以事上也。"义"，以制自裁而不逾节也。此化之行于小人者也。

文而静，宽而有辨。

"文而静"，则有礼而不烦；"宽而有辨"，则相亲而不渎；此化之行于君子者也。惟舜之德教以至仁函大义，故其化如此。

《甫刑》曰："德威惟威，德明惟明。"非虞帝其孰能如此乎！

德至而教自行，仁所以为天下之表也。

右第二十九章。

子言之："事君先资其言，拜自献其身，以成其信。是故君有责于其臣，臣有死于其言，故其受禄不诬，其受罪益寡。"

"资其言"者，自陈其所能为，以为受禄之资也。"拜"，进见于君也。"献其身"，致其身也。"成其信"，践其所陈也。君因其所陈而责之，则非强其所不能而受罪益寡。臣必践其言，不足则以死继之，则受禄于君非诬矣。君子之所以立身事君者，忠信而已。忠以事君而必敦其信，信以交友而必本于忠，皆所以实尽其义也。

右第三十章。此章因臣道之义而极言以发明忠信之理。义者，忠信之则，忠信所以尽义也。盖居上而立表以正民，乃君与大臣之事，故道异，而先于正己则一也。其下十六章杂引孔子之言，皆以申明此章之意。

子曰："事君大言入则望大利，小言入则望小利。故君子不以小言受大禄，不以大言受小禄。"

此一节孔子之言。"大言"，陈国家之大道。小言，一官一职之议也。"利"，谓行之而利于国也。小言所望于见功者小，不敢受大禄而旷其大。大言所望者大，苟受小禄则志道不行而徒为枉己尔。

《易》曰："不家食，吉。"

禄如其望，则出必有功而吉矣。

右第三十一章。

子曰："事君不下达，不尚辞，非其人弗自。"

此一节孔子之言。"下达"，谓君求贤之令达于下也。"尚"，进也。"辞"，先资之言也。君不下达，则不进言以求仕也。自，所由以进也。"非其人"，谓因嬖幸以进。

《小雅》曰："靖共尔位，正直是与。神之听之，式谷以女。"共，九容反。女，人渚反。

"靖"，安也。"共"，敬也。"式"，用也。"谷"，善也。安位无求，自虔其职而不交匪人，则忠直孚于鬼神而无不善矣。君子之义，难进易退而已。难进易退，则自不屑与佞幸通，而所交者无非正人，其迹虽若疏远于君以自树声气，而实乃忠爱之至。庸主不察，斥为朋党，则小人得以肆其攻击，而国之败亡必由是而起。汉、唐以下二千年间，覆轨相因，如出一辙，诵是诗者不能不为之潸然流涕也。

右第三十二章。

子曰："事君远而谏则谄也，近而不谏则尸利也。"调，与谄同。

"远"，官守在外者。"近"，廷臣也。"谄"，谓恐君忘己，因事自达以结知也。"尸"，如祭之尸，无事而坐食君之利禄也。

右第三十三章。

子曰："迩臣守和，宰正百官，大臣虑四方。"

"迩臣"，近侍之臣。"守和"，谓从容调和君德。"宰"，冢宰。"正"者，疏其流品，审其殿最。"大臣"，六官之长。"虑"，谋也。人臣各修其职而无越思，忠信以事君之道也。

右第三十四章。

子曰："事君欲谏不欲陈。"

"欲"，犹当也。"陈"，谓扬君之过于外。

《诗》云："心乎爱矣，瑕不谓矣，中心藏之，何日忘之？"

"瑕"，何也。"谓"，告也。爱则必忠告之，不容已于谏矣。然必藏之心而不暴之于外，非但以为君讳过，抑其忧深思切，自不欲以言语谢其责也。

右第三十五章。

子曰："事君难进而易退则位有序，易进而难退则乱也。"

此一节孔子之言。"有序"，无躐等也。"乱"，谓紊乱礼制。

故君子三揖而进，一辞而退，以远乱也。远，于愿反。

此即入朝之礼言之。出入升降之间而不苟进之义寓焉，则进而受禄，退而致政，其为礼义之大者愈可知矣。

右第三十六章。

子曰："事君三违而不出竟，则利禄也。人虽曰不要，吾弗信也。" _{竟，}
_{居影反。}

"违"，已也。"利禄"，利其禄也。"要"，干求也。

右第三十七章。

子曰："事君慎始而敬终。"

"慎始"，不轻进也。"敬终"，虽不见用，必尽臣礼而去也。

右第三十八章。

子曰："事君可贵可贱，可富可贫，可生可杀，而不可使为乱。"

不以废黜死亡之故而怼君以从逆也。

右第三十九章。

子曰："事君军旅不辟难，朝廷不辞贱。处其位而不履其事，则乱也。" _{辟，毗义反。难，奴案反。朝，直遥反。}

此一节孔子之言。"乱"，谓逆命干法。

故君使其臣，得志则慎虑而从之，否则孰虑而从之，终事而退，臣之厚也。

"得志"，谓己所当为与可为者。"慎虑"，不自谓能，犹必加慎也。
"否"，谓强己以非所堪也。"孰"，与熟通。"孰虑"者，素非所习，尤须
详审也。"终事而退"，君不见知，且毕其事，不辞劳而已，义不可留也。
全身而不逆君命，厚之至也。

《易》曰："不事王侯，高尚其事。"

终事而退，则可以高尚矣。

右第四十章。

子曰："惟天子受命于天，士受命于君。"

此一节孔子之言。"命"，贵贱生杀之制也。"士"，自诸侯达于士也。

君代天而司命，臣皆受焉，故君尊如天，不可违也。

故君命顺则臣有顺命，君命逆则臣有逆命。

命之顺逆，惟君所制，顺则承之，逆亦安之，顺逆莫非命也。

《诗》云："鹊之姜姜，鹑之贲贲，人之无良，我以为君。" 贲，博昆反。

"姜"，《诗》作"彊"。"贲"，《诗》作"奔"。"姜姜"、"贲贲"，刚正不乱匹偶也。君之淫乱虽不如禽鸟，而已为之臣，则固君矣，虽怨刺之，徒失其厚而已矣。

右第四十一章。此上十一章皆言忠以事君之道，而以实之信亦存其间矣。

子曰："**君子不以辞尽人，故天下有道则行有枝叶，天下无道则辞有枝叶。**"

此一节孔子之言。"辞尽人"者，极其辞以待人也。"枝叶"，旁博有余之意。世治俗淳则人务实而行余于言，否则言有余而行不逮也。

是故君子于有丧者之侧，不能赙焉，则不问其所费；于有病者之侧，不能馈焉，则不问其所欲；有客不能馆，则不问其所舍。

皆不为枝叶之辞，以全其忠信也。

故君子之接如水，小人之接如醴。君子淡以成，小人甘以坏。

"接"，谓以辞色酬人也。"淡"者，众味之所成。"甘"，则必变而坏矣。

《小雅》曰："盗言孔甘，乱是用餤。"

"盗言"，谗谀贼害之言。"餤"，进也。

右第四十二章。

子曰："**君子不以口誉人，则民作忠。**" 誉，以诸反。

好贤必以实，则民相劝以敦实行矣。

故君子问人之寒则衣之，问人之饥则食之，称人之美则爵之。 衣，于既反。食，祥吏反。

行必践其言也。

《国风》曰："心之忧矣，于我归说。" 说，输内反。

《国风》，《曹风》。"说"，舍息也。忧人之无依而令就己舍息，不徒言也。

右第四十三章。

子曰：“口惠而实不至，怨菑及其身。”

此一节孔子之言。“口惠”，以言许人也。许而不惠，君子恶其欺诈，小人望而不得，皆致祸灾之道也。

是故君子与其有诺责也，宁有已怨。责，侧买反。

“责”，负也。“已”，拒也。拒人之请而致怨，过不在己。诺而负之，误人而怨深矣。

《国风》曰：“言笑晏晏，信誓旦旦，不思其反。反是不思，亦已焉哉！”

《国风》，《卫风》。“晏晏”，和也。“旦旦”，明也。“反”，覆践其言也。“已焉哉”，绝之之辞。

右第四十四章。

子曰：“君子不以色亲人。情疏而貌亲，在小人则穿窬之盗也与！”与，以诸反。

君子虽所亲厚，庄敬愿恪不失其度。若令色悦人而心不然，使其为小人则必为穿窬，以其用心之阴贼也。

右第四十五章。

子曰：“情欲信，辞欲巧。”

“巧”，当作“考”，谓征实以立言也。

右第四十六章。此上五章皆言信以接众之道，而尽己之忠亦存其间，盖忠信本合以成用而为尽义之本，非是则假义制物，而义非其义矣。

子言之：“昔三代明王皆事天地之神明，无非卜筮之用，不敢以其私亵事上帝。”

此一节孔子之言。“卜”，谓卜日及牲以承祭。兼言“筮”者，小祀用筮。“私”，谓己之私意。非卜筮，则惟己之便而妄亿神明之享，不敬甚矣。

是故不犯日月，不违卜筮，卜筮不相袭也。大事有时日，小事无时日。有筮，外事用刚日，内事用柔日，不违龟筮。

“日”，刚日、柔日。“月”，如冬至郊之类。“不犯”，不过也；因气至之类而求之也。"不违"者，从则祭，不从则免。"不相袭"者，卜则不筮，不敢渎也。"大事"，郊、禘。"小事"，群小祀。"有时日"，以其时日卜也。"无时日"，即卜筮以为时日也。"外事"，天神地祇。"内事"，宗庙。"刚日"，甲丙戊庚壬；"柔日"，乙丁己辛癸。"不违龟筮"者，言虽有时日犹必卜筮，若上辛不吉，则用次辛也。

右第四十七章。此章承第二十五章"敬神事鬼"之义而言。君子主敬以敦行仁义，用为民表，其道既尽，而王者父天母地以为天下君，大观在上，神道设教，幽明之治，初无二理。故殷人尊神以为道，虽过则偏，而实为本天治人者之所不可废，故就祭祀卜筮以明之。其立言之旨虽若视以上诸章之义为缓，而明之礼乐，幽之鬼神，本为一致，乃尽性致命承天子民之至德，非末世妖妄术数之可与，诚不可以为迂而置之也。其下四章杂引孔子之言，皆以申明此章之意。

子曰："牲牷礼乐齐盛，是以无害乎鬼神，无怨乎百姓。"齐，即夷反。盛，是征反。

"害"，违也。此章盖有阙文。谓备物尽敬，动不违时而神人咸宜也。陈氏合前章第二节以曲为之说，于义未通。

右第四十八章。

子曰："后稷之事易富也，其辞恭，其欲俭，其禄及子孙。"

此一节孔子之言。"事"，祀事。"富"，备也。君耕藉养牲，夫人亲桑，诚尽于己而不求多于臣民，故易备也。"辞"，祝辞。"恭"，不侈备物也。"欲俭"者，无徼福之心也。"禄"，犹福也。"及子孙"者，所谓"子孙勿替引之"也。盖后稷立国之始其制如此，而周人世遵用之也。

《诗》曰："后稷兆祀，庶无罪悔，以迄于今。"

"兆"，《诗》作"肇"，始也。"庶无"，慎言之之辞。"迄于今"，谓至今因之。此周道尊神而事之，不敢以私亵也。

右第四十九章。

子曰："大人之器威敬。"

此一节孔子之言。"大人"，居大位者。"器"，所守以交于神明者，如元龟、泰蓍、祭器之类。"威"，与"畏"通。"威敬"，尊重之，不亵用也。

天子无筮。

龟惟神谋而筮参人谋，故《春秋传》曰："筮短龟长。"天子有事则卜而不筮。

诸侯有守筮。

在国曰"守"。诸侯大事卜，小事筮，兼用其短者，于器为轻矣。

天子道以筮。

"道"，在途也。"以"，用也。天子守龟不出，在道惟用筮。

诸侯非其国不以筮。

守筮藏之大庙，视天子之守龟，不以出疆，在道不筮。

卜宅寝室，天子不卜处大庙。大，他盖反。

"宅"，居也。"寝室"，内寝。改作移居则卜之。"处大庙"者，宾祭大事处之，不卜而行也。凡此皆威敬而不亵也。

右第五十章。

子曰："君子敬则用祭器，是以不废日月，不违龟筮，以敬事其君长。"
"是以"二字衍文。长，丁丈反。

此一节孔子之言。"敬"，所敬也；谓飨大宾及冠礼。"祭器"，尊彝俎豆之属。"不废日月"，始见君必择日也。"不违龟筮"，卜筮吉而后仕也。"长"，谓家臣于大夫。日月、龟筮，祭则用之，出事君长，等之于事鬼神，所以为敬，二者皆通敬神之道以敬人也。

是以上不渎于民，下不亵于上。

尊所事而敬之如神，则示民以不可渎而民莫敢不敬矣。

右第五十一章。

《礼记章句》卷三十二终

礼记章句卷三十三

缁衣

《缁衣》者，盖《表记》之下篇，其以《缁衣》名篇者，因篇内之文，犹《士丧礼》之下篇以《既夕》名也。旧说以为公孙尼子所作，使然；则《坊》《表》二记亦同出于尼子矣，未知是否。《表记》续《坊记》而作，以敬为本，以仁义为纲，修身以立民，极之道尽矣。此篇所述则以好恶言行为大旨，盖好恶者仁之端，言行者义之实，君子之居仁由义以正己而物正者，于此焉慎之，则不待刑赏而民自从矣。《坊记》以下至此三篇，本末相资，脉络相因，文义相肖，盖共为一书，而杂《中庸》于《坊记》之后，则传者乱之尔。大抵《礼记》一书，戴氏随采而辑之，初无先后之序，故宋贤升《大学》于《中庸》之前，诚得意而忘其迹。乃近世姚江之徒，谓《中庸》在《大学》之前，学者当以《中庸》为入德之门，其亦陋矣。凡二十五章。

子言之曰："为上易事也，为下易知也，则刑不烦矣。"

好恶定，则所求于民者有恒而易事，为之下者晓然具知上之所求于我者在此，则兴起于为善去恶而不疑，何烦刑之有！

右第一章。此章首明好恶之理，以终前篇"仁者天下之表"之旨。其下五章，杂引孔子之言以申此章之意。

子曰："好贤如《缁衣》，恶恶如《巷伯》，则爵不渎而民作愿．刑不试而民咸服。"好，呼报反。"恶恶"，上乌路反。

此一节孔子之言。《缁衣》《巷伯》，好贤恶恶之至者也。好恶笃至而善恶别白，此以易事易知不待刑赏而民自化也。"愿"，谨厚也。

《大雅》曰："仪刑文王，万邦作孚。"

"仪"，与"宜"通。"刑"，法也。"作"，起也。"孚"，信也。万邦起信，无事刑赏矣。

右第二章。

子曰："夫民教之以德，齐之以礼，则民有格心。教之以政，齐之以刑，则民有遁心。"夫，防无反。

此一节孔子之言。盖即《论语》之言而传之小异，引之以申上章不用刑赏之意。"遁"，幸逃苟免也。

故君民者，子以爱之，则民亲之；信以结之，则民不倍；恭以莅之，则民有孙心。子，祥之反。孙，苏困反。

三者皆德之事。德立于上，为教之本，而后礼可兴也。

《甫刑》曰："苗民匪用命，制以刑，惟作五虐之刑曰法。"是以民有恶德而遂绝其世也。

"苗民"，谓有苗之君。"命"，《书》作"灵"，善也。三苗不用善化而虐于用刑，故民益顽而国遂亡。引此以证尚刑者之失。

右第三章。

子曰："下之事上也，不从其所令，从其所行。上好是物，下必有甚者矣。"好，呼报反。下同。

此一节孔子之言。"物"，事也。

故上之所好恶，不可不慎也，是民之表也。恶，乌路反。

"惟仁者能好人，能恶人"，斯为天下之表矣。

右第四章。

子曰："禹立三年，百姓以仁遂焉，岂必尽仁？"

此一节孔子之言。"立",即天子位也。"遂",成也。"岂必尽仁"者,谓非其民质性之皆仁也。禹好仁恶不仁,好恶大明于天下,而民化矣。

《诗》云:"赫赫师尹,民具尔瞻。"《甫刑》曰:"一人有庆,兆民赖之。"《大雅》曰:"成王之孚,下土之式。"

"赫赫",位高望盛也。"师",大师。尹,尹氏。"成王",谓成王者之德。"孚",德喻于民而民信之也。杂引《诗》《书》以证君为民表之意。

右第五章。

子曰:"上好仁,则下之为仁,争先人。" 好,呼报反。

此一节孔子之言。

故长民者章志贞教,尊仁以子爱百姓,民致行己以说其上矣。长,丁丈反。子,祥之反。说,弋雪反。

"长民",为民上也。"章"著也,"贞",壹也。"章志"者。章明其好恶以示民。"贞教"者,教之专壹于仁也。"致",自尽也。"行己",谓力行于躬。"说"者,求合于上所好也。盖上之所好惟仁;则用人行政莫匪德教,而为民表者在是矣。

《诗》云:"有梏德行,四国顺之。" 梏,当依《诗》作"觉"。行,胡孟反。

"觉",直也。好恶正则所行皆直遂而民从之矣。

右第六章。

子曰:"王言如丝,其出如纶。王言如纶,其出如绋。"

此一节孔子之言。"纶",绶也。"绋",大索。"出",谓臣民传之也。王者言之于内而臣民传之,附益益广,得失宣著,不可掩也。

故大人不倡游言。可言也,不可行,君子弗言也。可行也,不可言,君子弗行也。则民言不危行而行不危言矣。《诗》云:"淑慎尔止,不愆于仪。" "危行""行不"之"行",胡孟反。愆,与愆同。

"游",浮也,不实之言也。"不可行",过高难行之言也。"不可言",幽暗不可告人之行也。"危",过也。"止",容止。"仪",礼也。上节述夫子之言专言慎言,此引《诗》专言慎行,互文以相发明也。

右第七章。此章明言行当慎之理,以终前篇"义者天下之制"之旨。

其下二章皆以申明此章之义。

子曰："君子道人以言而禁人以行。"道，徒到反。行，胡孟反。

此一节孔子之言。"道"者，引人于善，言之美者歆动人而从之也易。"禁"者，止人之恶，必躬行无邪，而民乃知格也。

故言必虑其所终而行必稽其所敝，则民谨于言而慎于行。《诗》云："慎尔出话，敬尔威仪。"

言虽美，行虽善，然或偏有所过，则其末流之弊至于诐淫诡异者有矣。君子虑之于始而慎之，所以寡民之过也。

右第八章。

《大雅》曰："穆穆文王，于缉熙敬止。"于，荒乌反。

"缉熙"者，继续其明德而始终若一也。德一而纯，则无不敬而皆止于至善矣。此章言君子威仪容止之有恒，而先引《诗》以见威仪之成皆根心以为符，必其德纯于内而后动壹于外，足为民制也。

子曰："长民者衣服不贰，从容有常，以齐其民，则民德壹。"长，丁丈反。从，七恭反。

此一节孔子之言。"不贰"，服有恒制无厖奇也。"从容"，进退之节。"壹"，均而有恒也。

《诗》云："彼都人士，狐裘黄黄。其容不改，出言有章。行归于周，万民所望。"行，胡孟反。

"都"，周西都。"彼"云者，从东都而忆之之辞。"归"，犹趋也。忠信为"周"，容貌言行皆有常度，所以为天下之制也。

右第九章。

子曰："为上可望而知也，为下可述而志也，则君不疑于其臣而臣不惑于其君矣。"

此一节孔子之言。好恶以诚而达于外者有常，则可望而知矣。言行有恒而无隐情之不可见，则可称述而传记之矣。"不疑""不惑"，交相信也。

尹吉曰："惟尹躬及汤，咸有壹德。"《诗》云："淑人君子，其仪不忒。”

“吉”，盖“诰”字之误。《尹诰》者，伊尹告大甲之书，今篇名《咸有一德》。“壹”，专致而纯全也。“忒”，差贰也。

右第十章。此章承上章“德壹”而推言之，见好恶言行之德皆以纯一为归。能行好恶者，君道也。修其言行以事上者，臣道也。故君以仁司好恶为天下之表，臣以义立言行为天下之制，其道分而君臣合德以定上下之交，而表制天下者则以纯一有恒为好恶言行之本，盖即《表记》言忠信之旨。其下二章皆以申明此章之意。

子曰：“有国家者章善瘅恶以示民厚，则民情不贰。”

此一节孔子之言。“章”，明也，明扬之在位也。“瘅”，病也，以刑罚病之也。“厚”，深至也。章善不贰，瘅恶不移，昭示好恶于民者深切笃至也。

《诗》云：“靖共尔位，好是正直。”共，九容反。好，呼报反。

好恶者，人君之大用，而臣之定交以事上，亦必慎而有恒，乃能安敬其职也。

右第十一章。

子曰：“上人疑则百姓惑，下难知则君长劳。”长，丁丈反。

此一节孔子之言。“人疑”，谓遇人而疑之，好恶无定也。“惑”，不信上也。“难知”，烦辞诡行，心不可知也。“君长劳”者，无可倚任，须自勤劳也。

故君民者章好以示民俗，慎恶以御民之淫，则民不惑矣。好，呼报反。恶，乌路反。

“俗”，习也。“御”，止也。坦然示人以所好而不妄于恶，则民志定矣。

臣仪行，不重辞，不援其所不及，不烦其所不知，则君不劳矣。重，直龙反。

“仪”，法也。凡所行者，皆即所言以为则，行顾言也。“重辞”，言之不能行而又言之也。所言则必思其可行，言顾行也。“援”，称引也。“所不及”者，所不能也。不言其所不能行，言之必可行也。烦者，徒劳无益之意，所不知者而强行之，徒劳而已。不行其所不知，行之必可言也。言行相顾，心迹明白，无难知也。

《诗》云："上帝板板，下民卒瘅。"<small>卒，子律反。</small>

"上帝"，喻君也。"板板"，反也，好恶无恒，自相反覆也。"卒"，尽也。"瘅"，病也。此上人疑而百姓惑也。

《小雅》曰："匪其止共，惟王之邛。"<small>共，九容反。邛，渠房反。</small>

"止"，居也。"共"，敬也。"邛"，病也。臣不止于敬，徒为诈谖以病上，此下难知而君劳也。

右第十二章。

子曰："政之不行也，教之不成也，爵禄不足劝也，刑罚不足耻也。"

此一节孔子之言。好贤不笃，则爵禄不足劝；恶恶不严，则刑罚不足耻；斯政不行，而教不成矣。

故上不可以亵刑而轻爵。《康诰》曰："敬明乃罚。"《甫刑》曰："播刑之不迪。"<small>"不"字衍反。</small>

"播"，布也；"迪"，道也；谓施刑布法必以道也。刑罚不可轻亵，则爵禄可知矣。

右第十三章。此章承上好恶之旨而推言之，明君道也。人君之好恶必征之于刑赏，其下者好恶偏而刑赏滥，其次则好而不能赏，恶而不能罚，故曰"惟仁人能爱人，能恶人"，惟其刑赏之审而决也。其下四章皆以申明此章之意。

子曰："大臣不亲，百姓不宁，则忠敬不足而富贵已过也，大臣不治而迩臣比矣。"<small>比，毗至反。</small>

此一节孔子之言。大臣不亲上，则政无纲纪而下无法守，民不安其生矣。所以然者，惟不以忠敬待大臣而徒崇其爵位，使不得志修职，而迩臣比党以乱政也。国家之权不归于大臣则归于近侍，祸乱覆亡皆由此而兴，此千古之通患，不可不鉴也。

故大臣不可不敬也，是民之表也。迩臣不可不慎也，是民之道也。

"表"，谓从违所视。"慎"，精选而严御之也。道，所趋之径也。迩臣持权，则上之好恶偏移而民皆奔走于私门矣。

君毋以小谋大，毋以远言近，毋以内图外，则大臣不怨，迩臣不疾，而远臣不蔽矣。

“小臣”，近侍。“远臣”，疏贱新进之士。近臣，廷臣也。“内臣”，居中而侈空言者。“外臣”，任民社封疆之守者也。疾，忌媚也。“蔽”，有所陈请壅于上闻也。

叶公之顾命曰：“毋以小谋败大作，毋以嬖御人疾庄后，毋以嬖御士疾庄士大夫卿士。” 叶，失涉反。

“顾命”，临终之遗教。“庄”，正也。称“后”、称“大夫卿士”者，楚人之僭辞。忠敬不足而近幸间之，则爵禄不足劝也。

右第十四章。

子曰：“大人不亲其所贤而信其所贱，民是以亲失而教是以烦。”

此一节孔子之言。“所贱”，幸臣也。“亲失”，不亲上也。“烦”者，下不服从，数施教令也。

《诗》云：“彼求我则，如不我得。执我仇仇，亦不我力。”《君陈》曰：“未见圣，若己弗克见；既见圣，亦不克由圣。”

“彼”，谓君。“我”，贤者自言也。“则”，语助，起下之辞。“我得”，得我也。“执”，不得志欲去而留之也。“仇仇”，不相释也。“不我力”，礼数烦重而心不属也。“见”，谓君臣相遇。“由”，用也。好贤不笃而虚拘之，爵禄不足劝矣。

右第十五章。

子曰：“小人溺于水，君子溺于口，大人溺于民，皆在其所亵也。”

此一节孔子之言。“溺”，为其所陷也。“君子”“大人”，以位言。

夫水近于人而溺人，德易狎而难亲也，易以溺人。 夫，防无反。

此释“溺于水”之义。“德”者，水之性情功效。“易狎”，谓柔和。“难亲”，入之则死。

口费而烦，易出难悔，易以溺人。

此释“溺于口”之义。“费”者，广给之意。“烦”，谓苟引其端，遂不能自止也。喜怒乘之，口不自禁，兴戎召辱，皆口之所生也。

夫民闭于人而有鄙心，可敬不可慢，易以溺人。夫，防无反。

此释"溺于民"之义。"闭于人"者，各恤其私而不通大义也。"鄙心"，苟免而无耻也。敬以莅之则礼达分定，慢之则愔固忿狠而诬上行私，怨畔起矣。

故君子不可以不慎也。

慎于民，犹其慎于口，慎于水也。

《大甲》曰："毋越厥命以自覆也，若虞机张，往省括于度，则释。"大，他盖反。覆，如字，芳服反。

"越"，颠蹶也。"命"，令也。"覆"，倾败也。"虞"，虞人，主田猎者。"机"，弩牙。"张"，张弦也。"省"，详视。"括"，箭筈。"度"，所拟射之处。"释"，发机舍矢也。言当敬慎临民，审所命令，若射者已张，必参视箭括与所射者相当而后发也。

《兑命》曰："惟口起羞，惟甲胄起兵，惟衣裳在笥，惟干戈省厥躬。"兑，盖"说"字之误，失热反。

言以求伸，而辨失其理则召辱；甲胄以御难，而防非所当疑则致寇；衣裳以宠命贤者，而予非其人则不如藏之于笥；干戈以讨叛，而必无诸己而后非诸人，当先省之于躬。四者皆言敬慎而不可亵用也。

《大甲》曰："天作孽，可违也；自作孽，不可以逭。"

"天作孽"，谓水旱灾变。"可违"者，修政捍灾。"逭"，逃也。此言不敬民而必溺也。

《尹吉》曰："惟尹躬天见于西邑夏，自周有终，相亦惟终。""吉"本"诰"字之误。"天"本"先"字之误。相，息亮反。

"先见"，犹言追考其故事也。夏都安邑在亳之西，故曰"西邑"；古称王都曰"邑"。"自"，由也，用也。忠信曰"周"。"有终"，谓克享天命。"相"，相臣也。此言敬民则不溺也。

右第十六章。此章谓狎溺小人而不以敬临之，则刑罚不足耻也。

子曰："民以君为心，君以民为体。"

此一节孔子之言。"心"者，体所受命。"体"者，心所托也。

心庄则体舒，心肃则容敬。心好之身必安之，君好之民必欲之。好，呼报反。

"庄"，正也。"舒"，自得也。"安"，与相宜也。此释民以君为心而体必从心也。

心以体全，亦以体伤。君以民存，亦以民亡。

耳目手足从心效职而心之用乃全，然蹶趋疾痛则心气亦为之不宁，伤其心矣。君得民则富庶而国愈固，失民则徒为寇雠。此释君以民为体而心依体也。

《诗》云："昔吾有先正，其言明且清，国家以宁，都邑以成，庶民以生。谁能秉国成，不自为正，卒劳百姓。" "能"字衍文。卒，子律反。

"庶民以生"上五句，孔子所删之逸句，余见《小雅·节南山》篇。"吾有"，吾国家有此人也。"先正"，犹言先贤。通达事理曰"明"，分别义类曰"清"。大曰"都"，小曰"邑"。"成"，定也。"以"生，安其生也。"国成"，国是也。"不自为正"，上自邪也。"劳"，病也。好恶得正则民治，失正则民劳。引此以申上文民从君好之意。

《君雅》曰："夏日暑雨，小民惟曰怨资。冬祈寒，小民亦惟曰怨。" 雅，当依《书》作"牙"。

君牙，周穆王司徒，亦《尚书》篇名。"暑雨"，溽蒸热湿也。"资"，当依《书》作咨。"祈"，是也，语助词。小民猥众而有鄙心，天之寒暑过则必怨，君之好恶偏而刑罚骤加，其怨叛必矣。引此以申上文"君以民存亡"之意。

右第十七章。此章言君民一体，以见好恶之必慎，而非爵赏刑罚之可劝惩也。

子曰："下之事上也，身不正，言不信，则义不壹，行无类也。"

"身不正"，以行言。"壹"，专也。"类"，得其朋类也。"义不壹"，君不以为忠。"行无类"，友不以为信也。

右第十八章。此章承上言行之旨而推言之，明臣道也。臣子之言行所施，以事君交友为大端，君臣朋友皆义也，而以忠信为体。言行征于君友而孚于君友者，必其积之有素，亦犹好恶行于赏罚而必以敬为本。盖敬也，忠信也，乃立德以为民表之枢，而二篇之旨归也。其下四章杂引圣言以申此章之意。

子曰："言有物而行有格也，是以生则不可夺志，死则不可夺名。"

此一节孔子之言。射者所履之位谓之"物"，法则所在，不可越者。"格"，式也。"不可夺名"者，舍生取义以成名，忠臣之节也。

故君子多闻，质而守之；多志，质而亲之；精知，略而行之。

"质"，简朴也。"志"，与识通，见而记之也。"亲"者，切己领略之意。"知"，知其义也。"略"，亦简也。"笃信"者，守死之本，故虽博学深知而不敢托于道以自宽，必择其心之所安者据以为德。其确乎不拔之理立之有本，则可以生死不移而无有能夺之者矣。

《君陈》曰："出入自尔师虞句，庶言同。"

"出入"，出纳也。"师"，众也。"虞"，虑也。"庶言同"，上下皆谐允也。出而告民，入而告君，皆斟酌众虑，不为游言而允，合众心也。引此以释"言有物"之义。

《诗》云："淑人君子，其仪一也。"

"仪"者，所行之节。"一"，谓纯固不渝也。引此以释"行有格"之意。

右第十九章。此章言义之一也。

子曰："惟君子能好其正，小人毒其正。"好，呼报反。

此一节孔子之言。"毒"，忮害也。君子言行壹于正则气类相孚，小人反是。

故君子之朋友有乡，其恶有方。是故迩者不惑而远者不疑也。《诗》云："君子好仇。"恶，乌路反。

"乡""方"，皆类也。君子立身一于正，故乐交君子而恶小人，则近远皆白其志行而乐与之为类矣。"仇"，匹也。言君子必得良友也。

右第二十章。此下三章皆言行之有类也。

子曰："轻绝贫贱而重绝富贵，则好贤不坚而恶恶不著也。人虽曰不利，吾不信也。"好，呼报反。"恶恶"，上乌路反。

此一节孔子之言。"不利"，谓不以利故。

《诗》云："朋友攸摄，摄以威仪。"

"摄"，约束整齐之意。"威仪"，正身之事。君子以言行威仪切己之事望益于朋友，而曾何利之足以易其心乎？

右第二十一章。

子曰："私惠不归德，君子不自留焉。"

此一节孔子之言。"归德"，谓倾注而感其德也。私惠非君子所屑，只见为辱而何德之有？既不足以为德，则弗与久处以自辱。

《诗》云："人之好我，示我周行。"好，呼报反。

"周行"，大道也。君子之所归德而以为好我者，惟示己以道者而已。

右第二十二章。

子曰："苟有车，必见其轼；苟有衣，必见其敝；人苟或言之，必闻其声；苟或行之，必见其成。"

此一节孔子之言。"苟"，诚也。"轼"，车前横木。驾车以行则人见其轼，若非己车，己不得驾，不必于见轼矣。"见其敝"者，惟为己衣，故服之至敝也。"声"，言之响也。即三者以喻行言诚有可行之实，则行之有恒而必底于成也。

《葛覃》曰："服之无射。"射，羊益反。

"射"，厌也。惟其实有，是以终始守之而不渝，如《诗》之言衣缔绤者，以己所自为，故不厌也。不然，亡而为有，难乎有恒矣。

右第二十三章。此章总承上下二篇而结正之，言仁义忠敬之发于好恶言行者，一皆以恒为主。恒者，修己治人之本，天德王道之枢，君以之仁，臣以之忠，而示民以常，则涵泳熏陶，不恃刑赏而自定，《易》所谓"圣人久于其道而天下化成"，岂复有坊民而民逾之忧哉？记者以此终二篇之旨，其义切矣，尤学者所宜服膺也。其下二章皆以申明此章之意。

子曰："言从而行之，则言不可饰也。行从而言之，则行不可饰也。"

此一节孔子之言。言行一致，实有诸己而无所容其饰，有恒之道也。**故君子寡言而行以成其信，则民不得大其美而小其恶。**

"成其信"，始终如一也。"大"，张大之。"小"，掩饰之也。尚行而耻为饰，则民化之。

《诗》云："白圭之玷，尚可磨也。斯言之玷，不可为也。"

"玷"，缺也。"为"，改作也。引此以证上文"寡言"之意。

《小雅》曰："允也君子，展也大成。"

"允"，信也。"展"，诚也。君子言行纯一，而大成其德也。

《君奭》曰："在昔上帝周田观文王之德，其集大命于厥躬。"

"君"，尊称。奭，召公名。此周公告召公之书。"周"，遍也。"田"，当作"申"，详也。上天鉴观文王之德，周详省视，终始如一，而后降以大命也。此上二节，引以证上文"行成其信"之意。

右第二十四章。

子曰："南人有言曰：'人而无恒，不可以为卜筮。'古之遗言与？" 为，于伪反。与，以诸反。

此一节孔子之言。为卜筮，为之卜筮也。志有定向，而后卜筮以决其从违。无恒者志数迁改，为之卜筮，徒贻不验之讥尔。

龟筮犹不能知也，而况于人乎？

"筮"，谓蓍也。"知"，决其休咎也。神不能知，人不能为之谋矣。

《诗》云："我龟既厌，不我告犹。"

"犹"，谋也。无恒则必渎，渎则不告矣。

《兑命》曰："爵无及恶德。民立而正，事纯而祭祀，是为不敬。事烦则乱，事神则难。" "兑"本"说"字之误，失热反。

此引《说命》之文，杂乱脱缺，殆不可读。大抵谓渎人而人乱，渎神而神厌，无恒之人不正不纯，无往而不穷也。

《易》曰："不恒其德，或承之羞。恒其德，偵，妇人吉，夫子凶。"

"承"，进也。"羞"，辱也。"或承之"者，无恒则人得而辱之，无定之辞也。"偵"，当依《易》作"贞"。"恒其德"者，必正而后可恒。妇人从一，恒则正矣，丈夫而从妇，不能制之以义，难于有恒矣。

右第二十五章。

《礼记章句》卷三十三终

礼记章句卷三十四

奔丧

"奔丧"者，身在异国，闻讣而归服丧也。"奔"者，急遽疾驰之辞。孔氏曰："此逸礼之正文。汉兴，于鲁淹中得古礼五十七篇，其十七篇与《仪礼》同，其四十篇藏于秘府，惟此与《投壶》二篇，记者收之《记》中。"此篇所记，大率皆士奔丧之礼，而天子诸侯大夫要亦即此而节文之尔。凡十四章。

奔丧之礼。

一篇之总目。

始闻亲丧，以哭答使者，尽哀。问故，又哭尽哀，遂行。 使，疏利反。

"亲"，父母也。"使者"，家人所遣赴告。"故"，疾病所由也。"遂行"，不为位，不成服。

日行百里，不以夜行。惟父母之丧，见星而行，见星而舍。

古者吉行五十里，哀迫故倍之。然非亲丧则止于百里，不冒宵旦，用避危害。若奔亲丧，则将晓先行，逮夕乃止，逾于百里矣。不复记里者，冬夏昼长短殊。

若未得行，则成服而后行。

"未得行"者，为君使未致命，或将在军须候代也。"成服"，亦以三日，其始括发袒，至家则不复袒括矣。齐衰以下，或终不得行，则服丧终事而后归可也。

过国至竟，哭，尽哀而止。哭，辟市朝。望其国竟，哭。竟，居影反。辟，毗义反。朝，直遥反。

此通已、未成服者而言。"过国至竟"，中间更历他国，每至两国疆界，阅历更新，哀怆益至，故尽哀同于始闻丧也。"望其国竟"者，望其本国之竟，从此哭不绝声，以至于家，惟避市朝，恐惊众耳。

至于家，入门左，升自西阶，殡东西面坐，哭尽哀。括发，袒，降堂东即位，西乡哭，成踊，袭绖于序东，绞带。反位，拜宾成踊。送宾，反位。有宾后至者，则拜之，成踊，送宾皆如初。众主人兄弟皆出门。出门哭止，阖门，相者告就次。于又哭，括发袒成踊。于三哭，犹括发袒成踊。三日成服，拜宾送宾皆如初。乡，许亮反。相，息亮反。

此皆记适子为父之礼。"左"者，据南面而言，视生时随行之礼也。"升自西阶"，不忍当主阶也。"殡东西面"者，如初丧哭尸之位。括发袒而不笄纚，以丧日远，异初丧之望其生而不纯凶，用小敛之节也。非袒括时，则素委貌深衣。"降堂东""西乡哭踊，袭绖于序东"，皆主位也。"序东"，在堂下，值堂上序墙之东。"绞带"，下不散垂，示异于初丧之节也。"宾"，闻其归而来吊者。此终言三日以内拜宾之礼。"如初"，如初至家时。"众主人"，父之庶子。"兄弟"，从兄弟以下同姓有服者，皆先出门已各有定次也。"次"，倚庐。"又哭"，至之明日。"三哭"，其又明日。皆谓朝哭也。"括发成踊"，视小敛、大敛之节也。夕哭则不括袒成踊，《杂记》所谓"士三踊"也。"如初"，亦谓初至时。

奔丧者非主人，则主人为之拜宾送宾。为，于伪反。

此亦谓奔父之丧。"非主人"，庶子不得为丧主也。宾虽吊己，而庶子不敢受吊，必主人代之也。其余皆与主人同，惟位异耳。

右第一章。此章记奔父丧之礼。其有与奔母丧通用者，亦于此统言之。下章但记其异者耳。

奔丧者自齐衰以下入门左，中庭北面，哭尽哀；免麻于序东，即位袒，与主人哭，成踊。于又哭、三哭，皆免袒。有宾，则主人拜宾送宾。

丈夫妇人之待之也，皆如朝夕哭，位无变也。齐，即夷反。衰，仓回反。免，亡远反。篇内并同。

"齐衰以下"，同姓之服下至缌同于齐衰，一本之谊也。中庭，在堂下，二分庭而居其南北之一也。不升堂者，时主人已位于阶下，非奠不升堂，已非丧主，统于主人，不得独升也。"北面"，乡殡也。"麻"，绖带也。"免麻"，亦未成服之丧饰也。先麻而后袒，所以异于主人也。"即位"，在主人之南，各以其服为位也。"与主人哭"者，中庭之哭已为主，已即位则统乎主人，主人倡哭踊而已从之。"又哭、三哭"，亦小敛、大敛之节也。"皆免袒"者，三日而后成服也。"丈夫妇人待之"者，奔丧者至则入哭，不必当主人朝夕哭之时，主人丈夫妇人特为即位以待之，此又通奔父丧而言。适子奔丧至，众主人兄弟亦各即其位以待之也。凡哭皆主人先入，余以亲疏序入，惟奔丧则先入门而主人随入。其已哭于中庭而后各即位。"位无变"者，以亲故异于宾，虽即位以待之而不为之改位，主人不拜不送也。

奔母之丧，西面哭尽哀，括发，袒，降堂东，即位，西乡哭，成踊，袭免绖于序东。拜宾送宾皆如奔父之礼。于又哭，不括发。乡，许亮反。

为母亦齐哀，故系于此而殊之于他齐衰耳。不言"入门左，升自西阶"者，父在则不敢入门右升自阼，非为母也；父没则入门右升自阼矣。"西面"，堂上殡东也。奔父不言免，于此互见之。"拜宾送宾如奔父"者，丧主则成踊拜送，庶子则主人为之拜送也。"于又哭、不括发"，亦为父在而言，括发之日数如丧服之年数，父没为母三年，则又哭、三哭，皆括发矣。

右第二章。此章记齐衰以下奔丧之礼。

妇人奔丧，升自东阶，殡东西面坐，哭尽哀。东髽即位，与主人拾踊。拾，极业反。

"妇人奔丧"，谓子妇时或归宁异国而舅姑殁及女子嫁异国而返奔父母之丧者。妇人入自闱门，升由侧阶。"东阶"者，东面之旁阶也。始死之哭，妇人侠床东面，今"西面"者，主人位于堂下，不嫌相乱，而殡在西阶，西面为顺也。"东髽"者，髽于堂上东序，髽犹免也，髽斯绖矣；"即位"，即其堂上之位也。"与主人"者，主人倡也。"拾踊"者，男子、妇人不相袭，主人倡踊，妇人继之，主人又踊也。

右第三章。此章记妇人奔丧之礼，惟自异国来者在既殡之后则然，其在本国闻丧而赴者，不用此礼。

奔丧者不及殡。

此言既葬乃奔父之丧也。大夫、士三月而葬，或远出有故不得归，庶子以期其葬之。

先之墓，北面坐，哭尽哀。主人之待之也，即位于墓左，妇人墓右。成踊尽哀，括发，东即主人位，绖绞带，哭成踊。拜宾，反位成踊，相者告事毕。相，息亮反。篇内同。

"北面"，乡墓也。"主人"，摄主治葬者。然庶子奔丧，丧主待之亦同，但位异耳。"成踊""尽哀"，于此终言之，实则待奔丧者踊而后与俱成踊也。"括发"则"袒"，不言"袒"者，文略。"反位成踊"，与宾踊也。"事毕"，哭墓之事毕。

遂冠，归，入门左，北面哭尽哀。括发，袒，成踊。东即位，拜宾成踊。宾出，主人拜送。有宾后至者，则拜之成踊，送宾如初。众主人兄弟皆出门，出门哭止，相者告就次。

"冠"，素委貌，不冠不可行于涂也。"北面"者，中庭北乡。不升堂西面者，阶无殡也。既葬卒哭，众主人在家者朝夕已不哭矣，为奔丧者始至即位哭以待之也。主人已归，摄主不得复称主人，统谓之"众主人"，反其常也。

于又哭，括发成踊。于三哭，犹括发成踊。三日成服。于五哭，相者告事毕。

"又哭""三哭"，皆谓朝哭。夕哭不括发也。凡括必袒，不言"袒"者，文略。"三日"，所谓生与来日，连始至则四日也。成服之日哭，明日又哭，则"五哭"矣。时在家者已卒哭，此五哭皆为奔丧者具位成踊。至于五哭后，众主人无更哭之礼，故告事毕。奔丧者自哭于次，不即位矣。若奔丧者归在未卒哭之前，众主人至卒哭而止，不但五也。此上记适子奔丧之礼，而庶子亦然，特适子为之拜宾送宾耳。

为母所以异于父者，壹括发，其余免以终事，他如奔父之礼。为，于伪反。

"壹"，与"一"通。"一括发"，初归哭日也。"其余"，谓五哭。

齐衰以下，不及殡，先之墓，西面哭尽哀。免麻于东方，即位，与主人哭，成踊，袭。有宾，则主人拜宾送宾。宾有后至者，拜之如初。相者告事毕。遂冠，归，入门左，北面哭尽哀。免祖成踊，东即位，拜宾成踊。宾出，主人拜送。于又哭，免祖成踊。于三哭，犹免祖成踊。三日成服。于五哭，相者告事毕。

"西面"者，主人位在东，统于主人也。"袭"者，齐衰亲者亦祖，即位乃袭也。"归"，归于丧者之宫也。"拜宾成踊"，主人为之拜宾而奔丧者成踊也。"三日成服"，据大功以上税服及小功服日未满者而言。缌不税，在服限之外则不复成服矣。"不成服"，其不复五哭与？

右第四章。此章记葬后奔丧之礼。

闻丧不得奔丧。

此谓如卫公子鲌，鲁子家羁之类，从君淹恤在外及有故出奔不得返者，后世割据分争，亦恒有之也。

哭尽哀，问故，又哭尽哀，乃为位，括发，祖，成踊。袭，绖绞带，即位。拜宾，反位，成踊。宾出，主人拜送于门外，反位。若有宾后至者，拜之成踊，送宾如初。于又哭，括发祖成踊。于三哭，犹括发祖成踊。三日成服。于五哭，拜宾送宾如初。

此亦为父母之丧也。"为位"者，具哭位于其门外，如朝夕哭位，子姓宗族或有从者及宾客各继而南以西也。言"袭"者，先此祖也。为位，则宾吊之矣。五哭而止者，殡不在，兄弟子姓不具，不得成礼。五哭已，主人自哭于次也。不言次者，或于馆不得具倚庐，宿于外寝可也。三括发为父也，母亦一括发而再免。凡言"五哭"者，以不得与于葬，准既夕二哭也。

若除丧而后归，则之墓，哭成踊。东括发，祖，绖，拜宾成踊。送宾，反位，又哭尽哀，遂除，于家不哭。主人之待之也，无变于服，与之哭，不踊。

"则"，急辞，未至家先之墓也。"东括发"者，先北面哭已，乃即墓东之位也。"除",除其绖也。"于家不哭"者,闻丧时已即所馆备行居丧之礼矣。"主人",谓在家者。"无变于服",深衣素委貌可也。哭而不踊,哀已杀也。此及上节,拜宾皆不论适庶,其礼并同,盖在外则不嫌于丧主,除丧而归则丧主已释服,不以吉干凶,故奔丧者自拜送也。

自齐衰以下,所以异者,免麻。

谓自齐衰以下服除而奔哭于墓者,免而麻绖,不袒括而已。若己虽除丧而主人犹未除,则主人服其受服,为之拜宾送宾。主人已除,则一如上文。

右第五章。此章记在外不得奔丧,服除而后归之礼。非奔丧也,而附于奔丧者,其情事同也。

凡为位,非亲丧,齐衰以下。

此言自齐衰以下闻丧不得奔,而就己所居处哭而成服之礼。或身居异国,而死者没于其家,或死者先在异国,因而身没不得归殡,己居本国而遥哭之,其礼并同。哭必为位,三日哭而后成服。

皆即位,哭尽哀,而东免绖,即位,袒,成踊,袭。拜宾,反位,哭,成踊。送宾,反位,相者告就次。三日五哭,卒。卒,子律反。

"次",所居寝门外为次也。"三日五哭"者,杀于亲丧,初闻丧夕一哭,余二日各朝夕哭。"卒",哭止也。

主人出送宾,众主人兄弟皆出门。哭止,相者告事毕。

"众主人"者,己之子。所以有"众主人兄弟"者,或己在外而兄弟子姓从己,或己本在国与兄弟同国而居,遥哭在外亡者,己亲且长,皆就己而哭之也。

成服,拜宾。

五哭之明日乃成服,哭止矣。宾至则即位,哭而拜之。"拜宾"者,非殡宫不嫌为丧主。

若所为位家远,则成服而往。

此专言死者在外,兄弟群居本国,于中惟亲且长者为主而为位于其家,众兄弟皆往哭。若所为位者家远,不一日可至,则闻丧必哭,更自为位焉可也。然成服必往亲长者之家,同居于次,盖丧必聚处而厚亲疏之别也。

右第六章。此章记齐衰以下不得奔丧之礼，惟为母齐衰则不用此礼。

齐衰，望乡而哭，大功，望门而哭。小功，至门而哭。缌麻，即位而哭。

"齐衰"，通三月而言。"乡"，闾门。"哭"，则不绝声以至于位，亲者哀弥重也。"即位"，北面之位。哭者举哀以成礼，若情至涕泣，或有过此者，固不禁也。

右第七章。此章记奔丧之哭节。

哭父之党于庙，母妻之党于寝，师于庙门外，朋友于寝门外，所识于野张帷。

"父子党"，同姓无服者也。"于庙"者，一本之谊。"于寝"者，私恩也。师尊而友亲，故各于寝、庙门之外。"所识"，谓尝以礼相见者。"张帷"为位，则非野哭矣。此哭次与《檀弓》小异。旧说以为殷、周礼异，未知是否。

凡为位不奠。

为位以成礼，灵所不依，不设奠也。

右第八章。自此以下六章皆记不得奔丧而遥哭之礼。疏属虽有服，不奔可也。

哭天子九，诸侯七，卿大夫五，士三。

凡遥哭皆准殡前之哭数，天子七日而殡，诸侯五日而殡，大夫、士三日而殡，每加二者，小敛、大敛也。惟朝哭括袒备礼，夕哭不数。"士三"者，通大、小敛朝哭为一，前云"三日五哭"者，兼夕哭数之。

大夫哭诸侯，不敢拜宾。

哭其旧君也。"不敢拜宾"，己不敢为主也。

诸臣在他国，为位而哭，不敢拜宾。

"在他国"，使于邻国也。

与诸侯为兄弟，亦为位而哭。

此公子出亡及诸侯之姑姊妹嫁于诸侯者。大夫哭诸侯不言"为位"，此节不言"不敢拜宾",互文见之。

凡为位者壹袒。

"壹",与"一"通。"一袒",初哭也。再哭则免而不袒。

右第九章。

所识者吊,先哭于家而后之墓,皆为之成踊,从主人北面而踊。为,
于伪反。

"所识",通朋友而言。亦谓死时已有他适,归不及殡而追吊之。不谓
之奔者,非以奔故归也。朋友之道礼为重,吊必于宫,后之墓,礼胜情
也。"皆",谓家与墓也。从主人,主人倡踊也。"北面"者,位虽在东,
踊时必北面,因此见凡踊必北面,在宫乡殡,在墓乡墓。

右第十章。

凡丧,父在父为主,父没兄弟同居,各主其丧。

谓妻子之丧也。"为主"者,拜宾送宾。

亲同,长者主之;不同,亲者主之。长,丁丈反。

此谓兄弟之丧也。非宗子莫相为长,就其亲而序长耳。此以申释第六
章"若所为位家远"之义,虽遥哭必有主也。

右第十一章。

闻远兄弟之丧,既除丧而后闻丧,免袒成踊。拜宾则尚左手。

"闻",在他国闻之也。"远兄弟",小功以下者。凡丧礼言"兄弟"
者,上兼诸父,下兼子姓之辞。小功、缌虽不税服,然必为之袒免成踊,
笃于一本也。"尚左手"者,左手在上,吉拜也。以不税,故不备凶。

右第十二章。

无服而为位者惟嫂叔及妇人降而无服者,十七字句。**麻。**

"为位",亦闻丧于异国也。"妇人降而无服者",谓为父后者,为出母
及族姑姊妹女子出嫁者。"麻",吊服加牡麻绖。

右第十三章。

凡奔丧，有大夫至，袒拜之，成踊而后袭。于士，袭而后拜之。

"凡"者，通斩衰以下之辞，谓主人为士者言之也。"袒拜之"者，时方袒踊，绝踊而拜之也。"成踊"，更复终踊也。"袭而后拜"，终踊节；袭，即位乃拜也。

右第十四章。此章记奔丧拜宾之礼与初丧同；若奔丧者非主人，主人为之拜宾，奔丧者亦绝踊，待主人拜已而后成踊也。

《礼记章句》卷三十四终

礼记章句卷三十五

问丧

"问"者，设为问答以发明《丧礼》之意。盖先儒读《丧礼》而原其礼之所自生一出于人心之不容已，先王特为著明之以尽孝子之所固有，则不能由乎是者，必迷失其本心之仁爱，而非勉强难企之可原也。其言深切婉至，能传孝子之心以达于典礼，盖有非秦、汉以后诸儒之所能及者。凡此类，其七十子之徒受自圣门而述之者与？凡八章。

亲始死，鸡斯徒跣，扱上衽，交手哭。恻怛之心，痛疾之意，伤肾干肝焦肺，水浆不入口三日，不举火，故邻里为之糜粥以饮食之。 "鸡斯"当作"笄纚"，字之误也。上古奚反。下所蟹反。干，古寒反。饮，于禁反。食，详吏反。

"始死"，谓小敛以前。"笄"，骨簪，所以固髻。"纚"，韬发帛，以成髻者。"笄纚"者，去冠也，未敛不忍成凶，但去冠括发，乃并去笄纚而露髻矣。"徒"，空也。"徒跣"，不袜屦也。"扱上衽"者，纳深衣下裳之前幅于带间。"交手"，两手相交而拊膺。凡此皆冀其生而不得，哀迷奔迫之状也。"恻"，警也。"怛"，惊也。在中曰"心"，举念曰"意"。"肾"，主志；"肝"，主魂；"肺"，主魄；心神愦盈，五藏皆伤也。"邻里"，邻长里宰。为糜粥以食，在三日之后。此士礼也，大夫则君命食之。

夫悲哀在中，故形变于外也。痛疾在心，故口不甘味，身不安美也。

夫，防无反。

"形变于外"，内伤而色墨也。"口不甘味"，故水浆不入口。"身不安美"，故去冠屦，扱袵。承上文而释礼之所自生，皆下章所谓人情之实也。

右第一章。此章明始死变服废食之义。

三日而敛，在床曰尸，在棺曰柩。动尸举柩，哭踊无数。恻怛之心，痛疾之意，悲哀志懑气盛。故袒而踊之，所以动体安心下气也。

"尸"之为言陈也，谓陈列形体以告正终也。"柩"之为言久也，谓藏之深固使可久也。"动尸"，谓举尸就敛。"举柩"，通启殡至葬言之，于时皆袒踊也。"懑"，烦菀也。"盛"，愤盈也。烦菀愤盈则激而动体，不然则心不安、气不下，盖有不期然而然者也。

妇人不宜袒，故发胸击心爵踊。

"发胸"，开外衣前襟。"爵踊"，双足踊。

殷殷田田，如坏墙然，悲哀痛疾之至也。 <small>殷，于谨反。坏，古外反。</small>

"殷殷田田"，声也。通言男子妇人踊擗之状。

故曰：辟踊哭泣，哀以送之。 <small>辟，必益反。</small>

通结上文。

右第二章。此章明辟踊之义。自小敛括发而袒，袒乃踊，至既葬反哭，哭踊皆如初，此通释之。

送形而往，迎精而反也。

"送形"，葬也。"迎精"，反哭而虞也。"精"者，煮蒿凄怆，昭明之实也。

其往送也，望望然，汲汲然，如有追而弗及也。其反哭也，皇皇然，若有求而弗得也。故其往送也如慕，其反也如疑。

"慕"者，恋而不舍之意。"疑"者，冀其反而虞其未必反也。此言孝子之情形于容色者。

求而无所得之也，入门而弗见也，上堂又弗见也，入室又弗见也，亡矣！丧矣！不可复见已矣！故哭泣辟踊，尽哀而止矣。心怅焉，怆焉，惚焉，忾焉，心绝志悲而已矣。 <small>丧，苏浪反。复，如字。下同。辟，必益反。忾，苦盖反。</small>

此专言反哭时。"止"，亦已也；谓人子之情虽欲更致而不能也。"怅"，自失貌。"怆"，惊悼也。"惚"，瞀乱也。"忾"，叹恨也。上二章皆自丧礼之外见者反推孝子之情，此章则极孝子悲哀之情，而推之于哭泣辟踊，以写其无可如何而止自伤之隐。其言体悉深切，尤为人子者之不忍卒读，而反念之，则当父母幸存之日，其爱日而不忍须臾违离者，又当何如邪？

祭之宗庙，以鬼享之，徼幸复反也。

"祭之宗庙"，祔于祖也。"以鬼享之"，谓虞而以祭易奠乃始有尸，事鬼之道也。"徼幸"者，知其不可复反而致哀尽诚以冀之也。

右第三章。此章明反哭虞祔之义。

成圹而归，不敢入处室，居于倚庐，哀亲之在外也；寝苦枕块，哀亲之在土也。 枕，之任反。

"不敢"，犹言不忍。"苫"，结草。"块"，土墼。

故哭泣无时，服勤三年，思慕之心，孝子之志也，人情之实也。

"勤"，忧劳也。感念曰"心"，不忘曰"志"。"实"固有之也。三年之哀，尽人而皆固有之，孝子为能不昧耳。

右第四章。此章明居庐及垩室终丧之事。以上四章虽无问答之辞，而陈其义以释疑，则亦待问之道也。

或问曰："死三日而后敛者，何也？"

"敛"，大敛。三日敛者士礼，问其近者则远者可推已。然此惟北方地气高寒而方夏颁冰者能之，南方卑湿，或时值暑雨，固不能也。

曰："孝子亲死，悲哀志懑，故匍匐而哭之，若将复生然，安可得夺而敛之也？故曰：三日而后敛者，以俟其生也。三日而不生，亦不生矣，孝子之心亦益衰矣，家室之计、衣服之具亦可以成矣，亲戚之远者亦可以至矣。是故圣人为之断决，以三日为之礼制也。" 复，如字。为，于伪反。断，丁贯反。

"匍匐"，伏地依尸，未就哭位也。"心益衰"者，无复望也。此盖理之所无，而人子之心不可以理论，姑待之以不拂其情也。然因是而亲戚至，丧具成，则事理亦顺焉，道之所以兼成也。天子七日而敛，诸侯五日，孝子之情虽同，而用冰多、代哭者众，可以久延；丧具丰，奔哭者远，非三日可齐，则益得以慰孝子之心矣。

右第五章。此章以下杂取《丧礼》《丧服》之疑义而设问答以明之，则《问丧》所由名篇也。义虽未备，而举其大纲则余可推矣。

或问曰："冠者不肉袒，何也？"

谓袒者不冠也。凡有服者自五世祖免以上，皆当哭则袒，袒则免，袒免而后踊。宾吊者虽踊不袒，则皆冠也。

曰："冠至尊也，不居肉袒之体也，故为之免以代之也。"

惟为父母始死括发而袒，余则免。免状如冠，但狭耳。

然则秃者不免，伛者不袒，跛者不踊，非不悲也，身有锢疾不可以备礼也。故曰："丧礼惟哀为主矣。"

不袒则亦不免，不踊则亦不袒。"锢"，废也。"惟哀为主"，则致乎哀而止，不强所不能以为文也。

女子哭泣悲哀，击胸伤心；男子哭泣悲哀，稽颡触地无容。哀之至也。

"触地"，头触地也。此承上文而推言之，惟致乎哀而止，故若男女击胸稽颡各成其礼，而哭泣悲哀以哀为主则一也，皆所以尽人情之实而无所强也。

右第六章。

或问曰："免者以何为也？"曰："不冠者之所服也。"

"不冠"，谓本已冠而去之。若固未冠，则亦不免。

《礼》曰："童子不缌，惟当室缌。"

《礼》，《仪礼》文。童子不备礼，情不能及于疏远，小功以上乃服之。"当室"，谓适子父没而主家政者，则礼视成人。

缌者其免也，当室则免而杖矣。

当室则缌、则免、则杖，备成人之礼也。

右第七章。

或问曰："杖者，何也？"

问以何物为之。

曰："竹、桐一也。故为父苴杖；苴杖，竹也。为母削杖；削杖，桐也。"为，于伪反。

"一也"，谓各用其一也。"苴"，粗恶也。杖大一槛，竹则任质为之，桐则必削治乃圆匀条直。哀弥至者事弥质。

或问曰："杖者以何为也？"

问所取义。

曰："孝子丧亲，哭泣无数，服勤三年，身病体羸，以杖扶病也。"

杖不止于子，而言子者举其重也。

则父在不敢杖矣，尊者在故也。

为母、为妻、为长子皆杖，父在则否。杖以扶病，有逸之道焉。尊者临之，虽病不敢不自力也。

堂上不杖，辟尊者之处也。堂上不趋，示不遽也。辟，毗义反。处，昌据反。

"尊者之处"，言殡在也。"趋"，丧趋也。"不杖""不趋"，哀虽至不忘敬焉，所以事死如事生也。

此孝子之志也，人情之实也，礼义之经也，非从天降也，非从地出也，人情而已矣。

此节总结一篇，而言礼之既定，有如天降地设然者。然天经地义皆即人情而显，尽人情之实，则亦无非天则矣。

右第八章。

《礼记章句》卷三十五终

礼记章句卷三十六

服问

"服问"，犹言问服也。《记》未尝有问答之文而言问者，条析疑义，以待问也。《仪礼·丧服》一篇相传以为周公所制，其条列五服之施详矣。先儒既为之传，而有所疑者又为分别而发明之，虽略而未尽，而礼之以义为节文者，皆自此而可类推矣。凡七章。

《传》曰："有从轻而重。"公子之妻为其皇姑。传，直恋反。为，于伪反。篇内并同。

《传》者，《仪礼·丧服》之《传》也。先儒以为子夏所作，今《仪礼》间采附每章之后，然略而不备，此盖《仪礼》所采之逸文也。此章所引上四句皆《传》文，下四句记者之所释也。"从"，谓所从者。从之为言属也。丧服之制皆由己所尊亲，然有不正与己为尊亲者，则以己所尊亲者之既服之，于情义不得有吉凶之异，故属从而服之也。凡所从者有五：君也，父也，母也，夫也，妻也。自此以外不从之服矣。"从轻"，谓所从者以降而轻。"而重"，谓不从之降而仍其重也。"公子"，诸侯之妾子。"皇"，没者之尊称。"皇姑"，妾姑，别于適姑之称君姑者。公子厌于君，不得为其生母服齐衰，君在则练冠麻衣縓缘，既葬除之，君没则小功；其妻不论君之存没皆齐衰，舅不厌妇，庶妇无贵道，从夫之情而不从其文也。

"有从重而轻"，为妻之父母。

妻为其父母，以夫故不贰，斩降而齐衰期，本至重也。夫为妻之父母缌而已，相去绝等也。盖夫尊妻卑，从之服已厚矣，不可更重于缌也。

"有从无服而有服"，公子之妻为公子之外兄弟。

凡小功以降之亲皆谓之兄弟，以其服必相报，有兄弟之义也。"外兄弟"者，外祖父母及从母也。"无服"，公子体君之尊，不敢服其私亲，厌降而无服。其妻无所厌，仍以夫服小功之差，从而服缌也。

"有从有服而无服"，公子为其妻之父母。

公子之妻无所厌，得服其父母齐衰期。公子体尊，虽当服缌，降尽无服也。

右第一章。此章记从服降、不降之异。

《传》曰："母出则为继母之党服，母死则为其母之党服。"

此二句《传》文。"党"，外祖父母，从母及舅也。"母出"则以父命为重而以继母为主，故服继母之党。"母死"而父再娶，母党之恩不可替也。因此而推知前母之党无服矣，所谓所从亡则已也。

为其母之党服，则不为继母之党服。

此二句记者申《传》文之意。统不可二，恩不可渎也。然则母出而为继母之党服，亦不为其母之党服矣。

右第二章。此章记从母服其党之异。

三年之丧既练矣，有期之丧既葬矣，则带其故葛带，绖期之绖，服其功衰。期，居之反。衰，仓回反。篇内并同。

"三年之丧"，通为父、父没为母、为适长子而言。"期"，则自父在为母而下通言之也。"既练""既葬"，时相值也。"有"，又逢之也。"故葛带"者，三年之丧练后所变之带，博四寸百二十五分寸之七十六，与期既葬所变之葛带同也。"绖"，首绖也。三年之丧练除首绖，期之丧既葬而葛绖首空，故可以服"期之绖"也。若妇人则首服三年之故绖而带期之带也。"功"，粗也。"功衰"者，三年既练之衰七升，期既葬则为母七升，正服八升，义服九升，皆不服期之衰而从三年之粗也。服重于三年之受服，则从期之服，与三年之受服等或较轻者则服练服。各从其重者，不以所轻者替其重也。

有大功之丧亦如之。

"有"，亦既练而有也。"亦"，亦既葬也。"如之"者，带练之葛带，绖大功之绖，服练之衰也。大功既葬之绖四寸有奇，妇人则绖其故绖而带大功之葛带。

小功无变也。

亦谓既葬也。小功既葬，虽有葛绖，益轻小不可加于练衰之上，故宁空首而不服之。非独三年，虽齐衰期即葛者亦皆不变，小功服轻，不以轻易重也。

麻之有本者，变三年之葛。

"有本"，谓不断去近根粗者及不澡也。小功以下澡而断其本，此谓大功以上。未葬以前未受葛，而三年之丧既练变葛，则绖带皆服轻服之麻而不服三年之葛，从其重者也。若小功、缌则其麻既澡治断本，则虽麻而轻，不变葛之重也。

既练，遇麻断本者，于免绖之，既免去绖。每可以绖必绖，既绖则去之。 断，都管反。免，亡远反。下同。去，邱矩反。

"遇"，值其丧也。"麻断本"者，小功、缌也。"于免"，谓初死及葬当免时也。"绖之"，加首绖仍要绖也。"既"，毕也。小功、缌之麻，虽不变三年之葛，然当其免之时，哀新丧者重则姑变之以终事；免，事毕则仍练冠葛带矣。"每可以绖"者，与其虞卒哭之事虽不免，而必加绖于练冠之上以即位，当其哀变之尤，必伸其情也。然皆当事而易，毕事而反其练服，此皆谓同姓之服必往哭者，若异姓则不与不易。

小功不易丧之练冠，如免则绖其缌、小功之绖，因其初葛带。

"因"，加也。"初"，亦故也，谓练所本服之带也。"不易冠"者，前已言不绖断本之麻而未言丧冠之变否，故申言之也。惟免则去冠，非免则冠其练冠自若也。当免之时，则绖亦必为之变以成轻服，初死之节冠则反其重矣，然加小功、缌之绖于葛带之上而不去葛，故上节言"去绖"而不言易"绖"初带未去明矣。此言绖者，皆兼首、要而言，练而后要谓之带也。下兼言缌、小功而上不言缌者，盖脱字。

緦之麻不变小功之葛，小功之麻不变大功之葛，以有本为税。税，吐外反。下同。

"不变"，谓非当免时，重服虽已受葛，轻服虽新丧必服重服之受也。功不变则期不变可知矣。"税"，亦变也。"有本"，谓大功之麻要绖也。"以有本为税"，言惟大功之麻则可变齐、斩之葛也。盖即上文所谓"大功亦如之"者，绖有本之麻绖，服其功衰也。此申言以见緦、小功之不然耳。

殇：长、中，变三年之葛，终殇之月算，而反三年之葛。是非重麻，为其无卒哭之税。下殇则否。长，丁丈反。

此谓大功之亲，殇而降服五月三月者也。緦、小功之麻不变重服之葛，而惟殇之降者则变，其本服大功也。言"反"则变者去其故带矣。"无卒哭之税"，承"终丧之月算"而言，盖正服大功三月即葛，而反其故葛带，今殇无卒哭变葛之事，故因终其殇之月而后反。"下殇则否"者，礼愈轻，不变重也。

右第三章。此章记两服轻重同时变、不变之异。

君为天子三年，夫人如外宗之为君也。世子不为天子服。为，于伪反。下同。

"君"，诸侯。"外宗"，外亲之妇，谓姑姊妹从母之子妇之类。外宗之夫为国君服斩，其妻服齐衰期，诸侯之夫人为天子亦如之，从夫之所尊而服重也。世子疑于从父之所尊均于夫人，而不为天子服，此所异也。盖世子纯乎人子之道，不敢以天子为君，故与畿外之庶人同。

君所主，夫人妻、大子、适妇。大，他盖反。适，都历反。下同。

"主"，主其丧也。"夫人妻"，犹言适妻也。大子不敢主其母妻之丧，而君主之尊统于一，与不敢为天子服之义同。

大夫之适子，为君、夫人、大子如士服。

为君斩，夫人、大子齐衰期。大夫不世爵而子恒为士，故得伸君臣之义，无所嫌也。

君之母非夫人，则群臣无服。惟近臣及仆、骖乘从服，惟君所服服也。乘，食证反。

"母非夫人"，妾子也。君为其妾母服緦，群臣无服，尊统于适也。

"近臣"，内小臣之属。"仆"，御。"骖乘"，右也。御、右与君同车，吉凶不可杂。近臣君之私臣，无社稷之事，得从其私恩也。"惟君所服"者，推广言之，谓近臣、仆，右举凡君服则服，与君服同终始，君除乃除，不若从服者之降也。

右第四章。此章记从尊者服从不从、降不降之异。

公为卿大夫，锡衰以居，出亦如之，当事则弁绖。大夫相为亦然。为其妻，往则服之，出则否。为，于伪反。衰，仓回反。

"公"，亦君也。"锡"之为言易也，谓涷治之滑易也。"锡衰"，有事其布，无事其缕，如十五之缕而抽其半，成布七升半，细而疏也。"居"，谓当吊之日未行而先服之以处也。"出"，吊毕而出也。"服之"，终日也。当事，正当吊也。"弁绖"，皮弁加环绖，吊毕则释之。大夫恩重，其妻则成礼而已。不言母者，母亦前乎为卿大夫之妻者也。

右第五章。此章言君吊于臣，男女异制之别。

凡见人无免绖，虽朝于君无免绖，惟公门有税齐衰。免，如字，美遍反。朝，直遥反。税，他活反。齐，即夷反。衰，仓回反。

"免"，税也。谓三年之丧未练及齐衰以下未变受服，恒服绖，虽见于尊者不免也。"有"者，不恒有之辞。"税"，亦免也。齐衰，谓不杖者问疾于君及金革之事，税之可也。其齐衰杖者及斩衰，君吊之往拜则亦不税.他事则不入。

《传》曰："君子不夺人之丧，亦不可夺丧也。"

死生之故，天性之哀，夺人从吉而有丧者听之，皆戕其性而不仁之尤也。引《传》以释上文之意。

右第六章。此章记丧服亲疏税、不税之异。

《传》曰："罪多而刑五，丧多而服五，上附下附，列也。"

"罪多"者，言人之所犯情事差异也。"刑五"，墨、劓、剕、宫、大辟。"丧多"，谓有正、有义、有从、有报、有降也。"服五"，斩、齐、大功、小功、缌。"上附"者，罪情重而事轻，服分疏而恩重，则从重也。

"下附"者，罪事重而情轻，服分亲而恩杀，则从轻也。"列"者，比类而为之等，言先王之制礼，法易简而天下之理皆得矣。

右第七章。此章通论义从报降之等，皆以正服为之准也。

《礼记章句》卷三十六终

礼记章句卷三十七

间传 间，如字，古闲反。

"间"，际也，别也。《间传》者，释丧纪轻重之差，五服降受之节，以为《丧礼》《丧服》二经之传也。读者通于其义而类推之，则知礼非虚设，而自然之节文一因乎人情之实而不可损益矣。凡二章。

斩衰何以服苴？苴，恶貌也，所以首其内而见诸外也。斩衰貌若苴，齐衰貌若枲，大功貌若止，小功、缌麻容貌可也。此哀之发于容体者也。 衰，仓回反。齐，即夷反。篇内并同。见，贤遍反。

"苴"，麻之有实者，今方书所谓"火麻"也。"服苴"者，苴麻绖也。"恶"，枯黵也。"首"，本也。"内"，貌也。"外"，服也。"枲"，牡麻，今谓之"蒜"。"若枲"者，枯槁而黑白杂也。经亦称其容，故齐衰麻绖也。"止"者，无旁营之意，谓一于哀也。"容貌"者，哀见于容，变其和而已。"发"，谓有诸心而不容已于着也。

斩衰之哭若往而不反，齐衰之哭若往而反，大功之哭三曲而偯，小功、缌麻哀容可也。此哀之发于声音者也。 偯，于虑反。

"往"者，极气一发也。"不反"，余气不敛也。"往而反"，一发尽气，末稍敛也。"三曲"，气三易也。"偯"，余声。"哀容"者，声无常度，任气消息，惟垂涕蹙额之容恒在也。

斩衰唯而不对，齐衰对而不言，大功言而不议，小功、缌麻议而不及乐。此哀之发于言语者也。唯，以水反。乐，卢各反。

"惟而不对"，人以事问己，然则惟之，否则不应，不对以可否也。"言"，己意有所告谕，不待问而自言也。"议"，旁及政事学问之类。"及乐"者，言可乐之事。此上三者，大功以下居次则然，斩衰则终丧之期无所变易，外有除受而内情则一也。凡言"齐衰"者，妻子兄弟之丧也，为母则同于斩衰。

斩衰三日不食，齐衰二日不食，大功三不食，小功、缌麻再不食，士与敛焉则壹不食。故父母之丧既殡，食粥，朝一溢米，莫一溢米，齐衰之丧疏食水饮，不食菜果，大功之丧不食醯酱，小功、缌麻不饮醴酒。此哀之发于饮食者也。与，羊洳反。莫，漠故反，"疏食"之"食"，祥吏反。下同。

"三日"，通殡为第四日，殡后乃食也。为母齐衰与斩衰同。"二日"，小敛后也。"三不食"者，日再食，凡日半也。"士"，公有司为治敛者。"壹"，与"一"通。"一不食"，当敛日不夕食也。二十两为一"溢"，为米一升零二十四分升之一。"水饮"，不饮浆也。齐衰以下不食之节，皆谓既殡后。"不食醯酱"，菜用盐酪耳。"醴酒"，醴及酒也。不饮酒则亦不食肉矣。

父母之丧既虞卒哭，疏食水饮，不食菜果。期而小祥，食菜果。又期而大祥，有醯酱。中月而禫，禫而饮醴酒。始饮酒者先饮醴酒，始食肉者先食干肉。卒，子律反。期，居之反。下并同。干，古寒反。

"中月"，间一月也，二十五月而祥，二十七月而禫也。父在为母，十三月而祥，十五月而禫。"醴酒"，以醴为酒也。饮醴始食肉矣。此言饮食变复之渐也。齐衰以下亦渐变以复初，详见《丧大记》。

父母之丧，居倚庐，寝苫枕块，不说绖带；齐衰之丧，居垩室，苄翦不纳；大功之丧，寝有席；小功、缌麻，床可也。此哀之发于居处者也。枕，之任反。说，他活反。苄，胡加反。

"倚庐"，在殡宫门外，倚木于墙而垂茅下覆于地，出入自两侧。"垩室"，亦在寝门外，屋两下者当楣为门，以垩涂壁。苄，蒲苹，以之为席。"翦不纳"者，斩除令齐，不反纳为边缘也。"席"，则如常所寝席。

父母之丧既虞卒哭，柱楣翦屏，苄翦不纳。期而小祥，居垩室，寝有

席。**又期而大祥，居复寝。中月而禫，禫而床**。复，芳服反。

"拄"，撑也。"拄楣"者，举倚庐之木，别用木撑之，雷不垂地，有一檐，从正面檐下出入也。"翦屏"者，翦齐当檐之草而别以草为屏，绕三周，蔽风雨也。居垩室则毁其庐矣。"复寝"，寝于内适寝。此居处变复之渐也。

斩衰三升；齐衰四升、五升、六升；大功七升、八升、九升；小功十升、十一升、十二升；缌麻十五升，去其半，有事其缕，无事其布，曰缌。此衰之发于衣服者也。去，邱矩反。

皆谓衰也，其冠则与衰之受同。八十缕曰"升"，幅广二尺二寸，而经二百四十缕，疏则必粗，三升为尤粗矣。"斩衰三升"，正服也，义服则三升半。齐衰为母四升，正服五升，义服六升。降而在大功者七升，大功正服八升，义服九升。降而在小功者十升，小功正服十一升，义服十二升。"缌麻十五升"者，其缕之细与朝服等。"去其半"者，成布之经七升半，细而疏也。"事"，涷治也。"缕"，经缕也。"无事其布"，成布后不复涷治，盖经缕熟而纬缕生也。

斩衰三升，既虞卒哭，受以成布六升、冠七升。为母疏衰四升，受以成布七升、冠八升。去麻服葛，葛带三重。期而小祥，练冠缑缘，要绖不除，男子除乎首，妇人除乎带。男子何为除乎首也？妇人何为除乎带也？男子重首，妇人重带，除服者先重者，易服者易轻者。又期而大祥，素缟麻衣。中月而禫，禫而纤，无所不佩。为，于伪反。去，邱矩反。"三重"之"重"，直容反。缘，俞绢反。

此衣服变除之渐也。"受"，承也，相承而渐减也。六升以上为"成布"，言成乎布也。未成布为"疏衰"。其正服齐衰以下受各降其服一等，缌则经带变而衰无受矣。去麻即葛，谓经也。即，就也。葛带，要带。"三重"，凡为四股纠结之也，其围四寸。首经则虽易葛而仍两股，妇人要带亦如之，不三重也。"练冠"，练麻为之。"缑缘"者，练为中衣而以浅绛布缘之，衣于衰之内，其衰则视卒哭后冠之升数也。"要绖不除"，要之葛经不除，陈其首经也。妇人则除要而首经不除也。"除先重者"，为变吉故先所重也。"易服"，谓为新有轻丧而变易本服以服之。"易轻"者，男子要，妇人首也，义详下章，此因类而及之尔。"素缟"，《玉藻》所谓

"缟冠素纰"也。"麻衣"，十五升布深衣，纯用素，无采饰者，至是而绖带衰杖皆除矣。"纤"，黑经白纬，谓冠也。其服素端黄裳，当禫祭则玄冠朝服而祭，后服此以终月数，不纯吉也。"无所不佩"，言无所往而去"佩"也。"佩者"，玉及纷帨之属。

右第一章。此章记丧服轻重之别及其变除之节。

易服者何为易轻者也？为，于伪反。

承上章"易服易轻者"而详记先有重丧复遇新丧之节，以明轻重之别也。

斩衰之丧既虞卒哭，遭齐衰之丧，轻者包，重者特。卒，子律反。下同。

"轻"，男子带，妇人首。"重"，妇人带，男子首也。"包"，摄也。"特"者，表出之意。斩衰卒哭，首绖要带皆已受葛，遇齐衰之新丧，则男子麻带，妇人麻绖，而不服斩衰之葛，各于其轻者易新丧之麻，麻为重服，可以摄葛之轻也。若男子之首、妇人之带则自服斩衰受服之葛而不易齐衰之麻，表其故有重丧而非为新丧，麻虽重不以葛易也。重者从斩，轻者从齐，亲疏尊卑之等也。

既练，遭大功之丧，麻葛重。重，直容反。

练，则男子除首绖，妇人除要绖矣。大功初丧，男子妇人皆麻，于时男子空首，妇人空带，则服大功之绖带非易也。特男子之受葛带而易麻带，妇人则仍麻绖以服大功，此易其轻者也，是之谓"麻重"。及大功卒哭，又皆受葛，男子复其练之葛带而加以大功之葛绖，妇人复其斩衰练之绖而加以大功之带，是重者仍未易，惟加以大功之受服而已，是之谓"葛重"。

齐衰之丧既虞卒哭，遭大功之丧，麻葛兼服之。

此记大功易齐衰之节也。齐衰卒哭，绖带皆葛，而男子服其受服之葛绖，带大功初丧之麻带，妇人带其受服之带而服其大功初丧之绖，亦所谓"轻者包，重者特"，易轻不易重也。皆不言衰者，衰不易也。

斩衰之葛与齐衰之麻同，齐衰之葛与大功之麻同，大功之葛与小功之麻同，小功之葛与缌之麻同，麻同则兼服之。

"麻""葛"，皆谓绖带。"同"，谓粗细同也。斩衰之麻，绖围九寸，五分去一以为带。自此而递减之，齐衰之麻，经视斩衰之带，其围七寸二分，又五分去一以为带，其围五寸七分六厘。斩衰所受之葛，其经亦七寸二分，其带亦五寸七分六厘。余放此。"麻同则兼服之"者，谓重者不易轻者易，而易者粗细既同，则可与不易者兼服而无嫌也。若减至不同则不易矣。《艮问》言"缌不变小功之葛，小功不变大功之葛"，而此言"兼服之"者，旧说以为大功之长、中殇降而服缌、小功者是已。

兼服之服重者，则易轻者也。

"服重者"，谓重者因其故服。"易轻者"，易葛而麻也。此即"轻者包，重者特"之意，而申言之者，以明所谓"兼服"者即"易轻者"之义，且以见凡服皆然，不但斩衰易葛为然也。

右第二章。

《礼记章句》卷三十七终

礼记章句卷三十八

三年问

此篇设为问难，以见三年之丧不可短之意。其言深切激至，所以发人心固有之哀者至矣，自天子达于庶人一也。而后世杜预之流犹从而为之辞，盖不知其何心也！凡一章。

"三年之丧，何也？"曰："称情而立文，因以饰群，别亲疏贵贱之节而弗可损益也。故曰：无易之道也。称，昌孕反。别，笔列反。下同。

"三年之丧"，父母之丧也。"饰"，章表之也。"群"，伦也。殊父母之丧于五服之上，以别"亲疏"也。"贵贱"，犹言尊卑。"资于事父以事君而敬同，资于事父以事母而爱同"，莫尊于父而丧之三年，因以推之为君、为母、为正统者，以别"贵贱"也。"无易"，犹言不易。

"创巨者其日久，痛甚者其愈迟。三年者，称情而立文，所以为至痛极也。斩衰苴杖，居倚庐，食粥，寝苦枕块，所以为至痛饰也。创，初良反。衰，仓回反。枕，之任反。

"创"，伤也，外疾也。"痛"，内疾也。愈，瘳也。内外交伤，不可旦夕而已也。"极"，犹期也。此言三年之丧无可损也。

"三年之丧二十五月而毕，哀痛未尽，思慕未忘，然而服以是断之者，岂不送死有已、复生有节也哉？断，丁贯反。下同。复，苏服反。

二十五月祥祭则玄冠朝服、衰杖皆除矣。"复生",谓祭宾冠昏得行,反生人之常理。此言三年之丧无可益也。

"凡生天地之间者,有血气之属必有知,有知之属莫不知爱其类。今是大鸟兽,则失丧其群匹,越月逾时焉,则必反巡,过其故乡,翔回焉,鸣号焉,蹢躅焉,踟蹰焉,然后乃能去之。小者至于燕雀,犹有啁噍之顷焉,然后乃能去之。故有血气之属者莫知于人,故人于其亲也,至死不穷。丧,苏浪反。号,胡刀反。蹢,直双反。啁,职流反。噍,即油反。知,皆如字。

"巡",绕也。"故乡",所从失群匹之地。"蹢躅",跳跃也。"踟蹰",欲去复止貌。"啁噍",哀鸣声。"知",谓喻于爱而记忆不忘也。"至死不穷",终身思慕也。此节言天性之爱不可掩者,物亦得之以为情,盖与生俱生而为天理流行之实,于以警人心而使勿迷者至矣。读此而犹倡短丧夺情之说以惑世诬民,则不仁之尤而耻心亦荡然矣夫!

"将由夫患邪淫之人与?则彼朝死而夕忘之,然而从之,则是曾鸟兽之不若也,夫焉能相与群居而不乱乎?夫,防无反。"人与"之"与",以诸反。下"子与"同。曾,作滕反,俗读昨滕反者,误。焉,于虔反。

"由",因也,谓因之而立法也。"患邪淫"者,以邪淫害其心也。"曾",下比微末之词。此明先王制礼不为不肖而损也。

"将由夫修饰之君子与?则三年之丧二十五月而毕,若驷之过隙,然而遂之,则是无穷也。过,古禾反。

"修饰"者,私欲不行则诚自不掩也。"驷之过隙",谓从隙中窥驷马载车而过,倏已逝也。"遂",谓尽其情也。"穷",止也。此明先王制礼不为贤者而益也。

"故先王焉为之立中制节,壹使足以成文理,则释之矣。"为,于伪反。

"焉",语助辞,犹言于是也。"中"者,无过不及之理。"节",时也。"壹",一切也。"成文理"者,外致其文,内适其理也。"释",除也。总结上文。

"然则何以至期也?"曰:"至亲以期断。""是何也?"曰:"天地则已易矣,四时则已变矣,其在天地之中者莫不更始焉,以是象之也。"期,居之反。下同,更,古行反。

"至期",谓期之丧也。"至亲"者,孙为祖、为兄弟,夫为妻,父为众子，皆至亲也。惟其下于父母，故以期断。十二次之周，天之"易"也；四游之复，地之"易"也。"四时"，温暑寒凉之气。"天地之中"，谓草木生于两间者荣枯之复。天地万物法象皆变尽复起，可以为一终之期也。

"然则何以三年也？"曰："加隆焉尔也，焉使倍之，故再期也。"

父母之亲笃于至亲，加倍焉则已至矣。"焉使"者，于焉而使之也。三年之丧二十五月而祥，其实则再期也。

"由九月以下，何也？"曰："焉使弗及也。

亲不及于至亲者，故于焉而使服亦弗及也。

"故三年以为隆，缌、小功以为杀，期、九月以为间，上取象于天，下取法于地，中取则于人，人之所以群居和壹之理尽矣。杀，所界反。间，如字。

"间"，犹中也。"取则于人"者，恩之厚薄，哀之浅深，皆人心固有之则也。"和"者恩之遍，"壹"者情之专，谓"加隆"也。专致其隆于父母而推以和睦其亲，则秩叙咸宜而群居各得其理矣。

"故三年之丧，人道之至文者也。夫是之谓至隆，是百王之所同，古今之所壹也，未有知其所由来者也。夫，防无反，下同。

"文"，谓章饰，人群以别于禽兽也。"壹"，齐也。世移俗易而不能异者，尽古今而皆为人之子，其情必同，不待喻其所以然而自不容已也。

"孔子曰：'子生三年然后免于父母之怀。夫三年之丧，天下之达丧也。'"

子生三年而后免于父母之怀，天性之慈不知其然而自不容已，子之于父母不容已于三年之丧，亦如是而已矣，非谓其相报也。

右第一章。

《礼记章句》卷三十八终

礼记章句卷三十九

深衣

"深"之为言邃也。凡衣裳之制,各成齐而不相连,惟深衣裳连于衣,被体深邃,故谓之"深衣"。"深衣"者,自天子达于庶人皆服之,为之以布,缘之以采,天子诸侯服之以养老,大夫士夕深衣以燕居,庶人则以为祭服。古者衣冠之制皆有定式,著之为书,今皆佚而不传。惟此衣者,儒者以为燕居讲说之服,故垂及于周之末世,典礼沦废而其制犹可考,是以得传焉。夫一衣之制,又非朝祭之盛服,疑若琐细而不足纪,乃其以饰威仪而应法象者,其用如此之大,不得而稍逾越也。故《易》曰:"黄帝尧舜垂衣裳而天下治,盖取诸乾坤",是天之经,地之义,人之所以异于禽兽,君子之所以异于野人,而养其气体,使椎鄙淫冶駤戾之气潜移默化而不自知,诚人道之切要也。自晋以后,裤褶袍靴杂于朝祭之服,唐宋之主,因陋涂饰而无能涤正。而深衣一制独赖此篇之存,故司马、程、张诸大儒得以祖述而制之为服,至于朱子详考郑氏古注之文,折中至当,复古而为之式,俾学者得以躬被先王之法服,是知此篇之得不佚亡者,诚学者之大幸也。其篇内所未尽者,见于《玉藻》。今依朱子晚岁所定之制而参以郑注,为之详释,使来者庶有所考焉。凡一章。

古者深衣盖有制度,以应规矩绳权衡。

称"古者"，著其为先王之法服也。"制"，形式。"度"，尺度。"权"，秤也。"衡"，今之天平。此总论深衣所取法，为一篇之大指。

短毋见肤，长毋被土。见，贤遍反。

"肤"，谓踝骨。"被"，垂也。"土"，地也。衣之长四尺四寸，中屈而为二尺二寸，虽有定度，而裳则随人之长短令适及踝也。凡言"尺"者皆周尺，司马温公曰："周尺一尺当今省尺五寸五分弱。"

续衽钩边。

"续"，属也。"衽"，在裳旁者，属连之，前后不殊也。盖凡裳之制前后各殊，旁有两衽，深衣则缝合之，相续而四围周合也。边，续衽所缝合之缝也。既合缝之，又覆缝之，谓之"钩边"，以居体旁，劳而易绽，务令密致也。

要缝半下。要，于宵反。缝，扶用反。

"要"者，衣裳相接之处，当人之腰，故谓之"要"。"缝"，谓缝合成衣而其广然也。"下"，裳下齐也。此与《玉藻》"缝齐倍要"之义同。要缝七尺二寸，下齐丈四尺四寸也。衣四幅，幅各二尺二寸，凡八尺八寸，裂缝与领旁之襞积去四寸余为两袂者，每幅三寸，实去一尺六寸，得七尺二寸。而裳之十二幅斜裁之，狭头八寸，除缝二寸，实得六寸，十二其六为七尺二寸，与衣相等，便连缝也。其下齐则用斜裁之广头一尺四寸，除缝二寸，实得一尺二寸，十二其一尺二寸为丈四尺四寸，倍其下以便步趋。

袼之高下，可以运肘。袂之长短，反诎之及肘。袼，古落反。

"袼"，袖当腋之缝也。"高下"，其双屈之度也，凡二尺二寸，固可以运肘出入矣。"袂"，袖之通称，自袼向祛也。"反诎之及肘"者，长齐手而其余又可反诎之及肘也。衣袂之制，每边二幅，凡四尺四寸，去缝四寸，实得四尺，连衣正幅为袼者三寸，共四尺三寸，以中人为度，反诎之及肘矣。长令有余，则威仪裕也。

带，下毋厌髀，上毋厌胁，当无骨者。厌，乌甲反。

"带"，大带也。"厌"，当也。朝祭之服，其带当胁，此则稍下，为无革带须中身也。"髀"，臀上骨。"胁"，肋也。"无骨"，谓腰间软际也。

制十有二幅，以应十有二月。有，与"又"通。

"制"，裁也。裳六幅而裁之为十二，使广狭相倒以应一岁之月。则衣四幅其以应四时与？

袂圜以应规，曲袷如矩以应方，负绳及踝以应直，下齐如权衡以应平。齐，即夷反。下同。

"袂圜"者，袼二尺二寸，袪尺二寸，渐削之以至于袪，其中为偃月如半规，至袂而后敛之也。"曲袷"，交领也。裳前后各六幅，左襟掩右，两襟相交，曲领自如矩之方也。"负"，背缝也。"踝"，裳下齐所被之处也。衣二裳六，其缝皆当中，虽广狭不等而背缝如绳，自领直达于下齐也。"下齐"者，裳下缉也。十二幅之长相等，而在旁者斜摄而短，在中者直垂而长，然其衣之则两旁起处适与中长垂者均齐，如权衡之平矣。此申首节"皆有制度"之义。

故规者行举手以为容，负绳抱方者以直其政，方其义也。故《易》曰："《坤》六二之动，直以方也。"下齐如权衡者，以安志而平心也。政，盖"敬"字之误，居庆反。

"行"，动也。动以圜为用。"负绳"，缝在后。"抱方"，领在前。立身以直方为体，"直"者敬之质，"方"者义之制，《易》所谓"敬以直内，义以方外"也。"安"者，志不妄动。"平"者，心有定则。此言体方圆平直之道，可以修己而养德也。

五法已施，故圣人服之。

"五法"者，权衡二也。"施"犹立也。"服之"者，制之为法服也。此结上节而起下文之意。

故规、矩取其无私，绳取其直，权、衡取其平，故先王贵之。

"无私"，无邪曲也。"无私"者，王道之公。"直"者，王道之正。"平"者，王道之坦易也。此言体五者之法，可以建法而治人也。贵，谓君子之服。

故可以为文，可以为武，可以摈相，可以治军旅，完且弗费，善衣之次也。相，息亮反。

"摈相"，文也。"治军旅"，武也。谓皮弁韦弁玄端之服，皆以之为中衣也。有表则谓之中衣，无表则谓之深衣，其实一也。"完"，谓周身密致。"弗费"，质素易成也。"善衣"，弁冕之衣。"次"者，居里而为其副也，若燕居则为上服矣。

具父母、大父母，衣纯以缋。具父母，衣纯以青。如孤子，衣纯以素。大，他盖反。纯，之尹反。下同。

"纯"，度也。"衣"，盖通裳言之。"缋"，画文也。三十以下无父称"孤"。

纯袂、缘、纯边，广各寸半。缘，俞绢反。广，古旷反。

"纯"，缘也。"袂"，袖口缘也。"缘"，下齐缘也。"纯边"，襟领缘也。三者之纯，广各寸半，表里合用三寸也。

右第一章。

《礼记章句》卷三十九终

礼记章句卷四十

投壶

"投壶"者，燕而主人以之乐宾也。其器以壶，义主于饮酒也。按《燕礼》记"脱屦就席"之后云："若射，则大射正为司射，如乡射之礼。"言若射，则不必于射，或射或投壶，惟主人之意。故《春秋传》："齐侯如晋，燕而投壶"，是自天子、诸侯以至于士，苟有燕皆可以此乐宾焉。然则投壶之礼，在燕礼之中而别为一节而其礼虽视射为简，而内正外直、比礼比乐之意亦具焉。古人斯须不去礼乐之实，亦于此见矣。此篇盖古礼之逸篇，戴氏以其为礼之小，故不附于十七篇之末而杂之《记》中，说详《奔丧》。凡一章。

投壶之礼，主人奉矢，司射奉中，使人执壶。奉，芳勇反。

"矢"，所以投者，取象于射之矢。"奉"之者，本在下，其数四。"司射"，在士则主人之吏摄之，君则射人。"中"，所以盛算者，君间虎，大夫兕，士鹿，刻木如其兽而伏，背有圆孔，容八算。"使人"，不以官言，贱者也。奉之皆于西阶上，北面东上。

主人请曰："某有枉矢哨壶，请以乐宾。"宾曰："子有旨酒嘉肴，某既赐矣。又重以乐，敢辞！"主人曰："枉矢哨壶，不足辞也。敢固以请！"宾曰："某既赐矣。又重以乐，敢固辞！"主人曰："枉矢哨壶，不

足辞也。敢固以请！"宾曰："某固辞不得命，敢不敬从！"哨，七笑反。"乐宾"之"乐"，卢各反。重，直容反。

射则司射请，而此主人自请之，射不辞而此固辞，所以异者，射男子之有事，投壶主于饮酒而尽欢也。再辞而许者，礼成也。枉，不直也。"哨"，口不正也。"重"，申也。"乐"云者，备弦鼓也。

宾再拜受，主人般还，曰"辟"。主人阼阶上拜送，宾般还，曰"辟"。 般，薄官反。还，似宣反。辟，毗义反。

"宾拜受"，未受间先拜于西阶上北面，起乃受矢也。"般还"，足般辟侧身背拜者也。"曰辟"者，乃相者告拜者之辞也。"主人拜送"者，宾方受矢即反阼阶北面而拜，此礼之以速为敬者也。

已拜句，**受矢进即两楹间，退反位。**

"已拜"者，宾已拜也。"受矢进即两楹间"者，进即楹间受矢也。主人升堂而东，乃西行即东楹西，宾升堂进即西楹东，各南面相授受。"退反位"者，宾主各反其阶，主人于此时而拜送。其记主人拜送于前者，终言拜事而后详其授受之节也。既皆反位，惟奉中执壶者犹在西阶上。

揖宾就筵。

主人揖也。筵，席也，设于楹间，宾西主东为耦，中间相去一弓，射用物，投壶用筵，意者其坐投与？

司射进度壶间，以二矢半。 度，徒洛反。

"度"，量也。"壶间"者，壶去筵之间也。"二矢半"者，投壶之法，近者为难，矢之长短见下文。司射故位在西阶上，今乃置中于阶，随执壶者进，设壶于筵前。

反位，设中，东面执八算兴。

"反位"，反其西阶之位也。"设中"，设于西阶，当己之前也。"东面"，便视中否。"执八算"者，宾主各四矢，每矢一算，记其中否，将投，取诸中而执之，别实八算于中以俟后投者。凡执算皆复释之，投毕而中虚焉。未实之算，委于中西地上横之。"兴"者，设中取算皆坐也。

请宾，曰："顺投为入，比投不释，胜饮不胜者。正爵既行，请为胜者立马。一马从二马，三马既立，请庆多马。"请主人亦如之。 比，毗至反。饮，于禁反。"请为"之"为"，于伪反。

"请"，司射请也。"请宾"，就其筵而告之也。以射礼准之，宾为下耦，筵在右。顺投为入以下，皆告以投法及饮政也。"顺投"者，执矢扬之，末在手，本向上，激而投之，令本在下入壶底也。"入"，犹中也，谓必顺入而后得为中也。"比投"，不俟拾投也。"释"，释算于地以记中也。以射礼准之，上射先投，下射次投，更番发矢谓之拾，若急于争中，乘便利不待拾而继发，则虽中而不释算也。"饮"，酌而饮之也。"胜饮不胜者"，谓胜者之子弟酌酒奠于丰而不胜者取饮之也。正爵，饮不胜者之罚爵也。"马"，胜算也。投壶之礼既分宾主之党，每耦党各一人，以次并投，至再至三而毕，略与射同。其饮之法，则每投一番毕，即行罚爵，与射之初番不饮者异；盖投壶主于尽欢，非习艺比，故每投辄饮也。又于投毕而饮之际，为胜者立马，三投毕而通记之，凡三番皆胜之党则庆之以酒，其或一胜而两不胜，则以一胜之马与再胜者助成三马而受庆也。射惟饮不胜者而不庆胜者，投壶则有庆爵，亦以尽欢为主，令均饮也。正爵、庆爵，皆通其党而饮。必先请者，使知遵也。

命弦者曰："请奏《狸首》，间若一。"大师曰："诺。"大，他盖反。

"命"，亦司射命之也。"弦者"，乐工，鼓瑟者二人，歌工二人，当燕席西阶上北面，射则迁于堂下，投壶之迁否未闻。《狸首》，古诗；或曰即《射义》所载曾孙侯氏之诗，或曰盖原壤所歌"狸首之斑然"者，二说未知孰是。"间若一"者，谓乐节之前后中间必疏数如一也。《狸首》，诸侯之射节，而此通用之者，犹乡射之歌《驺虞》，摄盛乐也。歌而命弦者，弦歌和也，抑有鼓节焉。详见下文。

左右告矢具，请拾投。有入者，则司射坐而释一算焉。宾党于右，主党于左。拾，极业反。

"左右"者，主左宾右，其弟子各就筵告也。凡宾党为下筵在右，故算亦释于右，主党为上筵在左，故算亦释于左。司射东面，南右北左也。凡释算皆纵奠之于地，夹中为左右，其不释之算，终一耦则委于中西，横之。

卒投。卒，子律反，下同。

凡已投者退反位，次耦进投，司射更执中内八算以俟，又实八算于中。"卒"者，尽宾主之党皆投毕也。

司射执算，曰："左右卒投，请数。"二算为纯，一纯以取，一算为奇。

遂以奇算告，曰：“某贤于某若干纯。”奇则曰“奇”，钧则曰：“左右钧。”
数，所矩反。纯，疾缘反。奇，居宜反。

执算者既卒投，不更实算于中，亦不委不释之算于中西，而执其余算以告，示其有事于算也。既告乃委之。“纯”，与“全”通，双也。“一纯以取，一算为奇”者，谓所释之算各在一方，数之时则每取一双实于左手，先数右算，及十纯则缩而委之，又数左算，及十纯亦委之，每委异之，及数之将毕，不足于十纯，则每纯异之，横诸十纯之下，又不足于纯，则惟一算而为奇，缩诸纯下，两两以十纯相对，次以纯相对，次视其奇之有无，其相比对而有余者则所胜之算，所谓“奇算”也。某者，左若右也。“贤”，多也。假令宾党多六算，则曰“右贤于左三纯”；假令主党多七算，则曰“左贤于右三纯有奇”也。投者虽众，算虽多，然亦可以大概数之，而必如是纯纯而记，两两相比，古人之慎而不佻，以坦白而息争，意可见矣。分党以纪胜不胜，通其算而数之，假令一人四矢皆中，而其党不胜，则亦与受罚爵，盖虽以多中为贤，而不斥一人之得失以为赏罚，则胜者不足以骄，而不胜者不章其耻，所谓“其争也君子”也。

命酌，曰：“请行觞。”酌者曰：“诺。”当饮者皆跪奉觞，曰：“赐灌。”胜者跪，曰：“敬养。” 奉，芳勇反。养，余亮反。

“命酌”，司射命胜党之弟子酌也。“皆跪”，一党皆饮也。“灌”，溉也，谓饮已如灌溉也。“养”者，己所乐养也。跪而奉觞，已告而立饮，胜者亦跪答而立于饮者之东。饮皆于西阶上。

正爵既行，请立马。马各直其算，一马从二马以庆。庆礼曰：“三马既备，请庆多马。”宾主皆曰：“诺。”

马之制未详，盖亦算类；有白有黑，公孙龙所谓“白马非马”者，此也。今俗所立标记，亦谓之马模。“直”，当也，谓每当数算时辄为胜者立马也。每投而立马，三投毕而庆多马。饮庆爵者，其耦亲酌，不使弟子，手授，无丰。

正爵既行，请彻马。

“正爵”，庆爵也。“彻马”者，或更投如初，或不复投，则并壶中彻之，反位行燕礼之无算爵也。

算多少，视其坐。

"坐"，谓与于燕而坐者，人各四算，以次纳之中，若更投则敛而又设之。弟子立而酬者听执事，不与于投。

筹，室中五扶，堂上七扶，庭中九扶。扶，凤无反。

"筹"，矢也。"扶"，与"肤"通，《公羊传》曰："肤寸而合"，侧四指曰"扶"，古尺四寸。于室、于堂、于庭，各因其便，燕礼以堂为正也。室中狭，故矢短而壶近，堂次之，庭中阔，故矢长而壶远。凡壶去筵二矢半，室中则十二扶半，凡五尺。余放此算之。

算长尺二寸。长，直亮反。

凡三扶，与射算同。

壶颈修七寸，腹修五寸，口径二寸半，容斗五升。

"修"，长也。壶之形圆，下大上小，上如颈，下如腹，通长尺二寸。庭中之矢三尺六寸，入壶中者三分之一尔。口径二寸半，其围七寸半，劣容入矢，然则次投者必拔去前中之矢矣。"容斗五升"，以圆周积实开方法求之，腹径九寸有奇。

壶中实小豆焉。为其矢之跃而出也。壶去席二矢半。矢，以柘若棘，毋去其皮。为，于伪反。"毋去"之"去"，邱矩反。

"小豆"，豌豆。壶浅而矢长，故畏其跃出。"棘"，小枣。不去皮者，小枝天然之直，去皮则易折也。

鲁令弟子辞曰："毋怃，毋敖，母偝立，毋逾言。偝立、逾言有常爵。"薛令弟子辞曰："毋怃，毋敖，毋偝立，毋逾言。若是者浮。"敖，五列反。

鲁、薛者，传礼先儒之地，或其姓也。汉初有鲁《诗》、鲁《论》，有韩《诗》、毛《诗》，殆犹是与？二家所记令弟子之辞及鼓鼙之节小有异，记者以其皆有所本而并存之。"令"，戒也。弟子执事侍立，久则倦而外驰，故戒之。古人当欢不乱而无往非教，于此见矣。"怃"，荒也，谓视听荒逸也。"敖"，身容怠侨也。"偝立"，背人而立。"逾言"，非其所言而言也。"浮"，满酌罚之。

鼓：

通记二家之鼓节。

○□○○□○□○○□半○□○□○○□□○□○：**鲁鼓；**

以上鲁所传者。

○□○○○□○□○○○□○○○□○□**半**○□○○○○□□：
薛鼓。

以上薛所传者。圆者击鼙，方者击鼓。

取"半"以下为投壶礼，尽用之为射礼。

射之节长故用全，投壶之节短故用半。每鼓鼙一终则一投，凡四终而一耦毕。不按节而投者，《射礼》所谓"不鼓不释"也。方奏鼓顷，足以从容而审固。

司射、庭长及冠士立者皆属宾党，乐人及使者、童子皆属主党。 _{长，}
_{丁长反。冠，古玩反。使，疏吏反。}

此皆不与于投者也，而属其党则罚爵庆爵皆与。投壶以饮酒为主，均其欢也。"庭长"，司正也，司正位当庭中，北面，故谓之庭长。冠士与于坐，坐斯投矣，其立者，有父兄在也。"使者"，奉壶执事，主人之吏也。属，附也。

鲁鼓：

以下鲁所传者：

○□○○○□○○**半**○□○○□○○○○□○。

薛鼓：

以下薛所传者：

○□○○○○□○□○○○□○○□○**半**○□○□○○○○
□○。

二家所传又各不同，记者兼记之以俟考正。凡鼓鼙皆于歌《狸首》时奏之，与弦歌相应。鼓浊鼙清，间奏为节。

右第一章。

《礼记章句》卷四十终

礼记章句卷四十一

儒行 <small>行，胡孟反。</small>

《儒行》一篇，词旨夸诞，略与东方朔、扬雄俳谐之言相似。蓝田吕氏以谓"有矜大胜人之气，无从容深厚之风，与不知者力争于一旦，盖末世儒者将以自尊其教而托为圣人之言，有道者不为也"，其说是已。顾又曰，"然其言儒者之行，不合于义理者殊寡，学者果践其言，亦不愧于儒矣"，则亦不知其博而寡要，有枝叶而不知根本，使循是以为之而求其合，亦必不可得之道也。且其文句复乱险涩，似多脱误，有不可得而通者，益以知言由德立，非知德者，则欲其辞之安定必不可得，而况其深焉者乎？盖于《戴记》四十九篇之中独为疵戾，而不足与《五经》之教相为并列。今姑为通其训诂之可通者，而复者终不能为之序，窒者终不能为之疏，则亦姑阙之焉可矣。

鲁哀公问于孔子曰："夫子之服，其儒服与？"孔子对曰："丘少居鲁，衣逢掖之衣，长居宋，冠章甫之冠。丘闻之也，君子之学也博，其服也乡。丘不知儒服。" <small>与，以诸反。少，诗照反。"衣逢"之"衣"，于既反。逢，薄红反。"冠章"之"冠"，古玩反。</small>

"逢"，大也。"掖"，袂也。礼：大夫以上服侈袂，袂三尺三寸，袪尺八寸；士深衣则袂二尺二寸，袪尺二寸。逢掖者，无表禅衣，制如深衣而袚袡如大夫之侈也。"章甫"，殷冠。"博"，通也。"乡"，如其乡人而不立异也。

哀公曰："敢问儒行？"孔子对曰："遽数之不能终其物，悉数之乃留，更仆未可终也。"哀公命席，孔子侍，曰："儒有席上之珍以待聘，夙夜强学以待问，怀忠信以待举，力行以待取。其自立有如此者。"儒行"之"行"，胡孟反。数，所矩反。更，古行反。强，如字，巨良反。

"物"，事也。"留"，久坐。"更仆"，谓仆人侍立，待说难竟，久而且倦，须更代也。"席上之珍"，贵重之意。"强"，力也。"取"，亦举也。

"儒有衣冠中，动作慎，其大让如慢，小让如伪，大则如威，小则如愧，其难进而易退也，粥粥若无能也。其容貌有如此者。中，陟仲反。

"中"，合度也。"如慢"，终不受而如傲慢也。"如伪"，固辞而终听，如伪为之也。"威"，与"畏"同。"如威"、"如愧"，对人谦下之容。"难进易退"，逡巡让避之容。"粥粥"，柔貌。

"儒有居处齐难，其坐起恭敬，言必先信，行必中正，道途不争险易之利，冬夏不争阴阳之和，爱其死以有待也，养其身以有为也。其备豫有如此者。行，胡孟反。

"齐难"，未详。"不争险易之利"，不趋险以求径捷也。"不争阴阳之和"，不违犯寒暑以致疢疾也。"备豫"，备患之豫也。

"儒有不宝金玉，而忠信以为宝；不祈土地，立义以为土地；不祈多积，多文以为富；难得而易禄也，易禄而难畜也。非时不见，不亦难得乎？非义不合，不亦难畜乎？先劳而后禄，不亦易禄乎？其近人有如此者。畜，许六反。见，贤遍反。后，胡豆反。

"祈"，求也。"多积"，谓货财。"文"，当作"闻"。"劳"，功也。"近人"，义不可通。

"儒有委之以货财，淹之以乐好，见利不亏其义；劫之以众，沮之以兵，见死不更其守；鸷虫攫搏不程勇者，引重鼎不程其力；往者不悔，来者不豫；过言不再，流言不极；不断其威，不习其谋。其特立有如此者。淹，央炎反。乐，鱼教反。好，呼报反。沮，慈吕反。更，古行反。断，都管反。

"淹"，没也。"沮"，抑也。"鸷虫"，猛兽也。"程"，量也。"引"，举也，言不畏强、不避难也。"不悔"，必终所为也。"不豫"，见则行之也。

"流言"，讥非之者。"极"，止也。"断"，折也。"不习其谋"，谓不顾利害也。按此节所言皆刚愎冒昧之行，以此为特立，其妄明矣。

"儒有可亲而不可劫也，可近而不可迫也，可杀而不可辱也。其居处不淫，其饮食不溽，其过失可微辨而不可面数也。其刚毅有如此者。儒有忠信以为甲胄，礼义以为干橹，戴仁而行，抱义而处，虽有暴政，不更其所。其自立有如此者。数，所矩反。

"溽"，贪染也。"干"，小盾，步卒所持者，今之燕尾牌。"橹"，大盾，以守城者；今之挡箭牌。"所"，谓所守也。此上数节词繁意复，而其云"过失不可面数"，尤为谬妄。君子之过人皆见之，故子路之勇，告之以过则喜而已，怙过凌人以为刚毅，此椒邱䜣、灌夫之所为，而记为圣人之言，多见其不知量也。

"儒有一亩之宫，环堵之室，筚门圭窬，蓬户瓮牖，易衣而出，并日而食，上答之不敢以疑，上不答不敢以诐。其仕有如此者。此，毗至反。信，占"伸"用，失人反。行，胡孟反。思，相更反。上，时掌反。

"一亩"，为地积百步，纵广各方十步也。五版为"堵"。"环"，周回也，四围共五版之广也。"筚门"，以荆竹编为柴门。"窬"，窦也，门旁小户以通场圃者。"圭窬"，锐上方下如圭形，盖凿墙而上无板以止土，故必锐其上乃不圮也。"蓬户"，谓户当蓬蒿，不修除也。"瓮牖"，以破瓮纳墙内筑之，以止土而纳明也。答，谓以礼进之。"不疑"，不自疑其不堪。仕下当脱一"止"字。

"儒有今人与居，古人与稽，今世行之，后世以为楷；适弗逢世，上弗援，下弗推，谗谄之民有比党而危之者，身可危也，而志不可夺也；虽危起居，竟信其志，犹将不忘百姓之病也。其忧思有如此者。儒有博学而不穷，笃行而不倦，幽居而不淫，上通而不困；礼之以和为贵，忠信之美，优游之法，慕贤而容众，毁方而瓦合。其宽裕有如此者。"此，毗至反。信与"伸"同，失人反。行，胡孟反。思，相吏反。上，时掌反。

"稽"，考证也。"楷"，式也。"适"，值也。"援"，引用。"推"，荐也。"起居"，谓身也。"忧思"，谓忧世思治。"上通"，达而在位也。"幽居"当云"不困"，"上通"当云"不淫"，传写之讹也。"礼之以和为贵，忠信之美，优游之法"，十四字不可通。"毁方而瓦合"，未详，旧说以为取喻陶瓦之事，初为圆坯，剖则各方，若合之则复圆，谓方圆随时也。

"儒有内称不辟亲，外举不辟怨；程功积事，推贤而进达之，不望其报；君得其志，苟利国家，不求富贵。其举贤援能有如此者。儒有闻善以相告也，见善以相示也，爵位相先也，患难相死也，久相待也，远相致也。其任举有如此者。辟，毗义反。先，苏佃反。难，奴案反。

"称"，亦举也。"程"，课也。"程功积事"，谓稽考人之功绩而荐之也。"君得其志"，四字未详，旧说所荐之贤者辅助其君得遂其志，亦略通。"不求富贵"，不邀荐贤之赏也。"相先"，谓推人先己。"久相待"者，望贤者之切也。"远相致"者，虽远必招致之也。"任举"，保任荐举也。

"儒有澡身而浴德，陈言而伏；静而正之，上弗知也；粗而翘之，又不急为也；不临深而为高，不加少而为多；世治不轻，世乱不沮；同弗与、异弗非也。其特立独行有如此者。沮，慈吕反。

此节文义多不可晓。"伏"，退也。粗，约略之意。"翘"，举也。"不急为"，大意似谓言不欲尽，以避衒美邀功之失也。"轻"，轻进。"沮"，畏避也。"同弗与、异弗非"，或不立朋党之意。

"儒有上不臣天子，下不事诸侯，慎静而尚宽，强毅以与人，博学以知服近文章，砥砺廉隅，虽分国如锱铢，不臣不仕。其规为有如此者。砥，诸夷反。俗读丁礼反者，误。

"博学以知服近文章"，八字不可句。"分国"，谓分国授之。"如锱铢"者，不屑之意。二十四铢为两，十两为锱。"规为"，谓器量也。

"儒有合志同方，营道同术，并立则乐，相下不厌，久不相见，闻流言不信，其行本方立义，同而进，不同而退。其交友有如此者。温良者仁之本也，敬慎者仁之地也，宽裕者仁之作也，孙接者仁之能也，礼节者仁之貌也，言谈者仁之文也，歌乐者仁之和也，分散者仁之施也，儒皆兼此而有之，犹且不敢言仁也。其尊让有如此者。孙，苏困反。

"地"，质也。"作"，措施也。"能"，用也。"孙接"，谓孙以接人。"分散"，谓分财散人。此节备言众德而以仁为主，几于有本之言，而以温良为仁之本，不敢言仁为尊让，则固未尝知仁，而托于圣人之言，其妄甚矣。

"儒有不陨获于贫贱，不充诎于富贵，不慁君王，不累长上，不闵有司，故曰儒。今众人之命儒也妄，常以儒相诟病。"孔子至舍，哀公馆之，闻此言也，言加信，行加义，**"终没吾世不敢以儒为戏"**。长，丁丈反。行，胡孟反。

  "陨"，坠也。"获"，凋也。"充诎"，谓盈满而失节也。"愿"，扰也。"累""悯"，皆病也，言无损于人也。"命"，言也。此节立意鄙陋，文体俳谐，与汉王褒所戏作《僮约》相似，其侮圣人之言益剧矣。

  《礼记章句》卷四十一终

礼记章句卷四十二

大学 大，旧音泰，今读如字。

[衍]《大学》一书有郑氏《礼记》传本，其序次倒乱，朱子因程子所定而更为此篇。盖诸经之传皆有错阙，而《礼记》为尤甚，读者以意逆志而察夫义理之安，以求通圣人之旨，非为凿也。是篇按圣经之文以审为学之次第，令学者晓然于穷理尽性、守约施博之道，可谓至矣。愚谓十传之文，鳞次栉比，意得而理顺，即令古之为传者参差互发，不必壹皆如此，而其命意则实有然者，得朱子为之疏通而连贯之，作者之意实有待以益明，是前此未然而昉于朱子，固无不可之有，况《礼记》之流传舛误，郑氏亦屡有厘正而不仅此乎！是篇之序，万世为学不易之道也。自姚江王氏者出，而《大学》复乱，盖其所从入，以释氏不立文字之宗为虚妄悟入之本，故以《章句》八条目归重格物为非，而不知以格物为本始者经也，非独传也，尤非独朱子之意也。既不揣而以此与《章句》为难，乃挟郑氏旧本以为口实，顾其立说又未尝与郑氏之言合，鲁莽灭裂，首尾不恤，而百年以来天下翕然宗之，道几而不丧，世亦恶得而不乱乎？其以"亲民"之"亲"为"如字"者，则亦释氏悲愍之余沈而墨子二本之委波，至于训"格"为"式"，则又张九成与僧宗杲之邪说而已。其徒效之，猖狂益甚，乃有如罗汝芳之以"自谦"为"逊让"者，文义不通，见笑塾师，而恬不

知耻，斯其道听我途说而允为德之弃，固人心之所公非，不可诬已。大道之必有序，学之必有渐，古今之不能违也。特所谓先后者，初非终一事而后及其次，则经、传、章句本末相生之旨，亦无往而不著；王氏之徒特未之察耳。若废实学崇空疏，蔑规矩恣狂荡，以无善无恶尽心意知之用，而趋入于无忌惮之域，则释氏之诞者固优为之，奚必假圣贤之经传以为盗竽乎？今因《章句》之旨而衍之如左，以救什一于千百，能言距杨、墨者则以俟之来哲。

［注］子程子曰："《大学》，孔氏之遗书，而初学入德之门也。"［衍］以要言之，知止于至善乃入德之门。

［注］于今可见古人为学次第者，独赖此篇之存，而《论》《孟》次之。学者必由是而学焉，则庶乎其不差矣。

大学之道，在明明德，在亲民，在止于至善。

［注］程子曰："亲，当作新。"［衍］篇内屡言"新"，而经传从无有于民言"亲"者。孟子曰："亲亲而仁民。"一本万殊之差，圣学异端之大别也。"治国"章以成教为旨，"平天下"章以慎德忠信为体、爱恶并行为用，非取其民而呴沫之也。

［注］"大学"者，大人之学也。［衍］"大人"者，成人也。十五而入大学，乃学为内圣外王之道。"如字"及音"泰者"，义一而已。以大学为学宫名，非论学之道，故取义于大人。

［注］"明"，明之也。"明德"者，人之所得乎天，而虚灵不昧，以具众理而应万事者也。［衍］无欲曰"虚"，知善曰"灵"，初终相循表里相喻曰"不昧"。

［注］但为气禀所拘，人欲所蔽，则有时而昏，然其本体之明则有未尝息者。故学者当因其所发而遂明之，以复其初也。［衍］一志所发，心也；随念所发，意也；觉体所发，知也；而天下之物，其理著见，皆所以触吾之心意知而相为发者也。"遂明之"者，格致诚正以修其身。

［注］"新"者，革其旧之谓也。［衍］气禀习俗，渐染成旧。

［注］言既自明其明德，又当推以及人，使之亦有以去其旧染之污也。"止"者，必至于是而不迁之意。［衍］"必至于是"，学之笃也。"不迁"，守之固也。此其为功，惟患不及，而无太过之忧。

［注］“至善”，则事理当然之极也，言“明德”“新民”，皆当止于至善之地而不迁，盖必有以尽夫天理之极，而无一毫人欲之私也。［衍］“尽天理之极”，则人欲之得间之者鲜矣。“无一毫者”，加察于微细嫌疑者尔。

［注］此三者，《大学》之纲领也。［衍］“纲”者，目之纲；“领”者，条之领。详具“物格而后知至”节注。

知止而后有定，定而后能静，静而后能安，安而后能虑，虑而后能得。

［注］“止”者，所当止之地，即至善之所在也。［衍］文具则当云“知止于至善”。曰“知止”者，省文耳。此之不审，遂有以释氏“止观”之“止”乱之者。修身为本，格物为始，平天下为终，其善乃至。必至于是，不半途而废也。

［注］知之，则志有定向。［衍］“定向”者，必欲明明德于天下，乃至欲致其知而必格物以为始。

［注］“静”，谓心不妄动。［衍］“妄动”者，因游移而疑惑也。

［注］“安”，谓所处而安。［衍］物不能乱之也。

［注］“虑”，谓处事精详。［衍］“事”，即修、齐、治、平之事。

［注］“得”，谓得其所止。［衍］至善之理得于己，俟行而已。

物有本末，事有终始，知所先后，则近道矣。

［注］明德为“本”，新民为“末”。［衍］本末一致，而末自本生。

［注］知止为“始”，能得为“终”。［衍］知止至善者，内尽其心意知之功而外穷物理，善乃至也。心意不妄而物理未穷，虽善而不至，不践迹则亦不入于室矣。自其备美大之盛则曰“止”，自其初学即必以此入德则曰“始”。盖《大学》之始即以至善为始，故终以殊于后世俗儒异端之自暴弃也。

［注］“本”“始”，所先；“末”“终”，所后。［衍］夫子以“复礼”为仁，孟子以“知言”为圣功之极，皆此理尔。

［注］此结上文两节之意。

古之欲明明德于天下者，先治其国；欲治其国者，先齐其家；欲齐其家者，先修其身；欲修其身者，先正其心；欲正其心者，先诚其意；欲诚其意者，先致其知；致知在格物。治，直之反。后仿此。

［注］“明明德于天下”者，使天下之人皆有以明其明德也。［衍］“明

其明德"，非必欲其如君子之明，革其旧染之污而近性矣。如实言之则曰"新"，而浅深异致，性无二理，则亦可曰"明德"。审此益知"亲"当作"新"。

［注］"心"者，身之所主也。［衍］身以行言，志为行之主。

［注］"诚"，实也。［衍］实其心之所欲正者，存发如一，始终不妄，毋令所志为虚。

［注］"意"者，心之所发也。［衍］心于意而发用。

［注］实其心之所发，欲其一于善而无自欺也。［衍］祝氏本作"必自慊而无自欺"也，今从原本。一于善之言诚尽矣。

［注］"致"，推极也。"知"，犹识也。［衍］识其情实，乃识其善恶，分别义类之觉体也。异端则谤识为妄，而以无物之空明为知，此际辨之不可不严。

［注］推极吾之知识，欲其所知无不尽也。［衍］"尽"者，尽其理。

［注］"格"，至也。"物"，犹事也。穷至事物之理，欲其极处无不到也。［衍］事物者，身之所必应，天下之所待治于我，必知明而后处当者。理之极处，所谓天则，复礼者，复此也。

［注］此八者，《大学》之条目也。

物格而后知至，知至而后意诚，意诚而后心正，心正而后身修，身修而后家齐，家齐而后国治，国治而后天下平。治，直吏反。

［注］"物格"者，物理之极处无不到也。"知至"者，吾心之所知无不尽也。知既尽，则意可得而实矣。意既实，则心可得而正矣。［衍］"可得而实"，充其实也。"可得而正"，保其正也。

［注］"修身"以上，"明明德"之事也。"齐家"以下，"新民"之事也。物格知至，则知所止矣。［衍］穷理尽性而命可至，精义入神而用可利，善之至矣。

［注］"意诚"以下，则皆得所止之序也。

自天子以至于庶人，壹是皆以修身为本。

［注］"壹是"，一切也。"正心"以上，皆所以修身也。"齐家"以下，则举此而措之耳。［衍］"本"，茎也。本由根生，"正心""诚意""致知"，培其根也。"格物"者，水土之养也，根之所自滋也。舍水土之滋无生理，

舍格物而本亦不立，道亦不生矣。

其本乱而末治者否矣；其所厚者薄而其所薄者厚，未之有也。

［**注**］"本"，谓身也。"所厚"，谓家也。［**衍**］"厚"者，慎好恶以谨家教也。其家不可教而能教人者无之，不能于薄者厚矣。家为厚，国，天下为所薄，天理自然之序，益知民不可以言"亲"。

［**注**］此两节结上文两节之意。

右经一章，盖孔子之言而曾子述之，其传十章，则曾子之意而门人记之也。旧本颇有错简，今因程子所定，而更考经文，别为序次如左。凡传文杂引经传，若无统纪，然文理接续，血脉贯通，深浅始终，至为精密，熟读详味，久当见之，今不尽释也。［**衍**］《坊记》《表记》《缁衣》三篇皆同此体，知者通之尔。

《康诰》曰："克明德。"

［**注**］《康诰》，周书。"克"，能也。

《大甲》曰："顾諟天之明命。" 大，读作"泰"。諟，古"是"字。

［**注**］《大甲》，商书。"顾"，谓常目在之也。［**衍**］天道至教，无时不发现于日用之间，故曰"明明在上，赫赫在下"，阴骘变化，利用厚生正德，无非教也。心有不存，目有不在，则上天不已之命，至密之教，所失多矣。异端不察，乃疑有生生初物，终身在成形之内，求诸光景，冀得见之，其愚不可瘳也。

［**注**］"諟"，犹此也，或曰审也。"天之明命"，即天之所以与我，而我之所以为德者也。常目在之，则无时不明矣。

《帝典》曰："克明峻德。"

［**注**］《帝典》，《尧典》，虞书。"峻"，大也。

皆自明也。

［**注**］结所引《书》，皆言自明己德之意。

右传之首章，释"明明德"。［**衍**］具文当云"释大学之道在明明德"，此檃括记为耳。下二章同。

［**注**］此通下三章至"止于信"，旧本误在"没世不忘也"之下。

汤之《盘铭》曰："茍日新，日日新，又日新。"

［**注**］"盘"，沐浴之盘也。"铭"，名其器以自警之辞也。"苟"，诚也。汤以人之洗濯其心以去恶，如沐浴其身以去垢，故铭其盘，言诚能一日有以涤其旧染之污而自新，则当因其已新者而日日新之，又日新之，不可略有间断也。［**衍**］"明明德"者，君子作圣之全功，以存理为至。"新"者，自治治人之合德，故以遏欲为急。明明德于天下，岂能令民之行著习察于天理之微密，但不为人欲所陷溺斯得矣。君子所与民同功者，此而已也。己德民情之有本末，而为学之本末亦分焉。复性，本也；去恶，末也。

《康诰》曰："作新民。"

［**注**］鼓之舞之之谓"作"。［**衍**］躬行以生起其心，教导以辅掖其成。

［**注**］言振起其自新之民也。［**衍**］振起其民，使自新也。

《诗》曰："周虽旧邦，其命维新。"

［**注**］《诗》，《大雅·文王》之篇。言周国虽旧，至于文王，能新其德以及于民，而始受天命也。［**衍**］受天命则教化行于天下，而民无不新矣。

是故君子无所不用其极。

［**注**］自新、新民，皆欲止于至善也。［**衍**］自新以意诚为至密，新民以天下平为至大。

右传之二章，释"新民"。

《诗》云："邦畿千里，惟民所止。"

［**注**］《诗》，《商颂·玄鸟》之篇。"邦畿"，王者之都也。"止"，居也。言物各有所当止之处也。緍，《诗》作"绵"，弥延反。

《诗》云："缗蛮黄鸟，止于丘隅。"子曰："于止知其所止，可以人而不如鸟乎？"

［**注**］《诗》，《小雅·绵蛮》之篇。"缗蛮"，鸟声。"丘隅"，岑蔚之处。"子曰"以下，孔子说《诗》之词，言人当知所当止之处也。［**衍**］既能止之，而后信其知之，如黄鸟然，于其止乃见其知。故知者不必能止，而止者必知，异于异端之言妙悟者明矣。以此垂教，犹有以知行合一之淫辞乱之者。

《诗》云："穆穆文王，于缉熙敬止。"为人君止于仁，为人臣止于敬，为人子止于孝，为人父止于慈，与国人交止于信。"于缉"之"于"，袁都反。

［注］《诗》，《文王》之篇。"穆穆"，深远之意。"于"，叹美辞。"缉"，继续也。"熙"，光明也。"敬止"，言其无不敬而安所止也。［衍］朱子曰："缉熙，工夫；敬止，功效也。"明必续而后善，以至致知格物诚意正心，皆所以缉其熙，诚则明也。无不敬，一于敬也。"安所止"，得所止也。意诚心正则无不敬矣，身修而德明于天下，则安所止矣。以缉熙为作圣之功而驯至于敬止，"知止为始，能得为终"也。

［注］引此而言圣人之止无非至善，五者乃其目之大者也。学者于此究其精微之蕴。［衍］缉熙之功，其精微之蕴也。非然，则虽欲仁敬孝慈，其可得乎？

［注］而又推类以尽其余。［衍］"其余"者，第十章约略尽之。

［注］则于天下之事，皆有以知其所止而无疑矣。

《诗》云："瞻彼淇澳，菉竹猗猗。有斐君子，如切如磋，如琢如磨。瑟兮僩兮，赫兮喧兮。有斐君子，终不可喧兮。""如切如磋"者，道学也。"如琢如磨"者，自修也。"瑟兮僩兮"者，恂栗也。"赫兮喧兮"者，威仪也。"有斐君子，终不可喧兮"者，道盛德至善，民之不能忘也。 喧，本作"喧"，火远反。道，徒到反。僩，从郑氏读如"峻"，私闰反。

［注］《诗》，《卫风·淇澳》之篇。淇，水名。"澳"，隈也。"猗猗"，美盛貌，兴也。"斐"，文貌。"切"，以刀锯；"琢"，以椎凿；皆裁物使成形质也。"磋"，以𫓧锡；"磨"，以沙石；皆治物使其滑泽也。治骨角者既切而复磋之，治玉石者既琢而复磨之，皆言其治之有绪而益致其精也。［衍］无绪必不能精。

［注］"瑟"，严密之貌。"僩"，武毅之貌。"赫喧"，宣著盛大之貌。"喧"，忘也。"道"，言也。"学"，谓讲习讨论之事。［衍］格致之功。

［注］"自修"者，省察克治之功。［衍］致知诚意之功。

［注］"恂栗"，战惧也。［衍］持志之慎而不失也，正心之事。

［注］"威"，可畏也。"仪"，可象也。［衍］修身之事。修身者，修之于言、行、动。言行之善者，必其动之善而后为根心之美。

［注］引《诗》而释之，以明"明明德"者之止于至善。"道学""自修"，言其所以得之之由；"恂栗""威仪"，言其德容表里之盛，卒乃指其实而叹美之也。［衍］专以学、修为所得之由者，盖始终先后之意，为学

之绪，自然如此。

《诗》云："于戏！前王不忘。"君子贤其贤而亲其亲，小人乐其乐而利其利，**此以没世不忘也**。于，袁都反。戏，荒鸟反。乐，卢各反。

[注]《诗》，《周颂·烈文》之篇。"于戏"，叹辞。"前王"，谓文、武也。"君子"，谓其后贤后王。"小人"，谓后民也。此言前王所以新民者止于至善，能使天下后世无一物不得其所，所以既没世而人思慕之，愈久而不忘。此两节咏叹淫泆，其味深长，当熟玩之。[衍]学修恂栗威仪，德已成而进修之心不已，亲贤乐利，皆其诚意洋溢于后世而非但以法，故言之不足，必咏叹淫泆而后庶几尽之。程子曰："有《关雎》《麟趾》之精意，而后《周官》之法度可行。"此意味之深长而非熟玩不得者也。

右传之三章，释"止于至善"。此章内自引《淇澳》诗以下，旧本误在《诚意》章下。[衍]凡言误者，如旧本读之，反复求其条理而不可通，乃以决其为误。

子曰："听讼吾犹人也，必也使无讼乎！"无情者不得尽其辞。**大畏民志，此谓知本**。

[注]"犹人"，不异于人也。"情"，实也。引夫子之言，而言圣人能使无实之人不敢尽其虚诞之辞。盖我之明德既明，自然有以畏服民之心志，故讼不待听而自无也。观于此言，可以知本末之先后矣。[衍]"先"，以功言；"后"，以效言；不可舍本而求其末以图效之大，而本之既先，亦非无事于末，而末自治。读者当以意通之。天下之大，民事之众，非可尽如讼之可无也，传亦言本末相通之理而已。

右传之四章，释"本末"。此章旧本误在"止于信"下。

此谓知本。

[注]程子曰："衍文也。"

此谓知之至也。

[注]此句之上别有阙文，此特其结语耳。

右传之五章，盖释格物、致知之义，而今亡矣。此章旧本通下章，误在经文之下。间尝窃取程子之意以补之，曰："所谓致知在格物者，言欲致吾之知，在即物而穷其理也。"［衍］理因物而有，无物则无理矣，故欲穷理者必即物而穷之。老氏不知其合吾心之节，谓之"前识"；释氏不知其为显仁之体，谓之"法尘"。

［注］盖人心之灵莫不有知。［衍］"莫不"者，谓无物而不能知。其不能知者，非物本无之理，则可以不知者尔。

［注］而天下之物莫不有理。［衍］有物自为理者，不可知则亦不必知矣；有待吾之用而效于吾以为理者，则自具其理，而吾之所以应之，理亦存焉。

［注］"惟于理有未穷，故其知有不尽也"。［衍］物理皆得则知尽矣，过此以往未之或知，天德王道无损焉。

［注］是以大学始教。［衍］于天下之物无不知明而处当，是之谓至善，故知止为始，而格物为始教。

［注］必使学者即凡天下之物，莫不因其已知之理。［衍］"已知"者，性之所不学而知，与小学之所常习也。性之知，知其用，未知其体；小学之所知，知其粗表，未知其精里，故必益穷之。

［注］而益穷之，以求至乎其极。至于用力之久。［衍］"用力"者，循事省察以验其实，讲习讨论以精其义。

［注］"而一旦豁然贯通焉"。［衍］下学而上达，易简而天下之理得矣。

［注］"则众物之表里精粗无不到，而吾心之全体大用无不明矣。此谓物格，此谓知之至也。"［衍］经云："事有终始，知所先后，则近道矣。"递推其先，则曰"在格物"，物格而后知至而意诚，以及于天下平皆因焉，是事之始而为先所当知者明矣。故以格物为始教而为至善之全体，非朱子之言也，经之意也。盖尝论之。何以谓之德？行焉而得之谓也。何以谓之善？处焉而宜之谓也。何以谓之至善？皆得咸宜之谓也。不行胡得？不处胡宜？则君子之所谓知者，吾心喜怒哀乐之节，万物是非得失之几，诚明于心而不昧之谓尔，非君子之有异教也。人之所以为人，不能离乎君民亲友以为道，则亦不能舍夫人官物曲以尽道，其固然也。今使绝物而始静焉，舍天下之恶而不取天下之善，堕其志，息其意，外其身，于是而洞洞焉，晃晃焉，若有一澄澈之境置吾心而偷以安。又使解析万物，求物之始而不可得，穷测意念，求吾心之所可据而不可得，于是弃其本有，疑其本

无，则有如去重而轻，去拘而旷，将与无形之虚同体，而可以自矜其大。斯二者，乍若有所睹而可谓之觉，则庄周、瞿昙氏之所谓知者尽此矣。然而求之于身，身无当也；求之于天下，天下无当也。行焉而不得，处焉而不宜，则固然矣。于是曰：吾将不行，奚不得？不处，奚不宜？乃势不容已而抑必与物接，则又洸洋自恣，未有不蹶以狂者也。不然，则弃君亲、残支体而犹不足以充其操也。虽然，彼自为说，而为君子之徒者未有以为可与于圣人之教也。有儒之驳者起焉，有志于圣人之道而惮至善之难止也，且知天下之惮其难者之众，吾与之先，难而不能从，则无以遂其好为人师之私欲，以收显名与厚实也；于是取《大学》之教，疾趋以附于二氏之涂，以其恍惚空冥之见，名之曰此明德也；此知也，此致良知而明明德也；体用一，知行合，善恶泯，介然有觉，穨然任之，而明德于天下矣。乃罗织朱子之过而以穷理格物为其大罪，天下之畏难苟安，无所忌惮，以希冀不劳而坐致圣贤者，翕起而从之。呜呼，彼之为师者与其繁有之徒，其所用心，吾既知之矣。若其始为是说者，修身制行之间犹不远于君子，而试之事功者亦成，亦其蚤岁未惑之先，尝用力于讲习讨论之学，故虽叛即异端，而所畜犹存，可以给其终身之用，乃昧其所得力之本而疾攻之，则为诐亦甚矣。将问之曰：今子之所用以立言而制事者，为离物求觉以后而乃知之乎？抑故然已有所知而阴用之也？其口虽辩，而愧怍亦无以自释矣。况乎为之徒者，无其学问之积而早叛其规矩，天理无存，介然之觉不可恃，奚怪其疾趋于淫邪而莫之救与？补传之旨，与夫子博文约礼之教，千古合符，精者以尽天德之深微，而浅者亦不亟叛于道，圣人复起，不易朱子之言矣。

所谓诚其意者，毋自欺也，如恶恶臭，如好好色，此之谓自谦。故君子必慎其独也。"恶恶臭"，上"恶"字乌路反。"好好色"，上"好"字呼报反。"谦"，盖古与"慊"相通用，苦劫反。

[衍] 所谓诚其意者，一句总起通章。毋自欺也，如恶恶臭，如好好色，此之谓自慊，十七字当作一句，而四读读之。

[注]"诚其意"者，自修之首也。[衍] 准第三章格致为"学"、诚意正心、修身为"修"言之，则诚意为首；若以经"欲正其心先诚其意"言

之，则诚者诚其所正，正心为本，务诚意为加功矣。大抵经、传、章句所言先后首末不可泥文失理，学者当体验知之。

［注］"毋"者，禁止之辞。"自欺"云者，知为善以去恶，而心之所发有未实也。［衍］"致知"之"知"，知善知恶而已。"知为善去恶"，则欲正其心之心也。"自欺"者，欺其心也，欲为善去恶，持志已定，而意发不能自禁，背其心以趋恶也。"自慊"者，慊其心也，心欲正而诚实充之，无不正也。

［注］"谦"，快也，足也。"独"者，人所不知而己所独知之地也。［衍］正心者乃知之。若心安于恶而不知正，则恶已众著，人具知之彼犹不自知，况得有独知哉！

［注］言欲自修者，知为善以去其恶。［衍］此即经文"欲修其身""欲正其心"之谓。

［注］则当实用其力而禁止其自欺，使其恶恶则如恶恶臭，好善则如好好色，皆务决去而求必得之以自快足于己，不可徒苟且以徇外而为人也。然其实与不实，盖有他人所不及知而己独知之者，故必谨之于此以审其几焉。

小人闲居为不善，无所不至，见君子而后厌然，掩其不善而著其善。人之视己，如见其肺肝然，则何益矣。此谓诚于中，形于外。故君子必慎其独也。 后，俗本作"後"，误。厌，于琰反。

［注］"闲居"，独处也。"厌然"，消沮闭藏之貌。此言小人阴为不善，而阳欲掩之，则是非不知善之当为与恶之当去也。但不能实用其力以至此耳。［衍］"知善之当为恶之当去"，故犹有厌然掩著之心，盖人欲虽肆而天理未亡，心之不容昧者也。迨其梏亡之甚，则虽君子当前，亦无厌然之心矣。

［注］然欲掩其恶而卒不可掩，欲诈为善而卒不可诈，则亦何益之有哉！此君子所以重以为戒而必谨其独也。［衍］意累其心，心欲救之而无益；意如其心，则心之正者得以常伸。心意相关之理如此其切，故君子欲正其心，必慎于独以求诚也。

曾子曰："十目所视，十手所指，其严乎！"

［注］引此以明上文之意。言虽幽独之中而其善恶之不可掩如此，可畏之甚也。［衍］君子乃知其可畏。

富润屋，德润身，心广体胖，故君子必诚其意。 胖，薄官反。

[注]"胖"，安舒也。言富则能润屋矣，德则能润身矣，故心无愧怍则广大宽平而体常舒泰，德之润身者然也。盖善之实于中而形于外者如此，故又言此以结之。

右传之六章，释"诚意"。[衍]具文当云"释欲正其心者先诚其意之义"，云"释诚意"者，省文耳。云"自欺"，云"自慊"者，皆谓心也。又云"心广体胖"，皆以发明心意相关、诚正相因之理，熟玩章句，此意具已跃如，但引而未发耳。

[注]经曰："欲诚其意，先致其知"。又曰："知至而后意诚。"盖心体之明有所未尽，则其所发必有不能实用其力而苟焉以自欺者。然或已明而不谨乎此，则其所明又非己有，而无以为进德之基。故此章之指，必承上章而通考之，然后有以见其用力之始终，其序不可乱而功不可阙如此云。[衍]言致知诚意之相承者，以传阙脱，故再为申补耳。以实求之，又以下四章之义倒推之，此章自与正心相为终始。大抵格致诚正之序，为功效之条理言耳，非截然有毕此一事又进一事之分界，体验则知之，不可寻行墨以测度也。

所谓修身在正其心者，身有所忿懥则不得其正，有所恐惧则不得其正，有所好乐则不得其正，有所忧患则不得其正。 好，呼报反。乐，鱼教反。

[注]程子曰："身有之身，当作心。""忿懥"，怒也。盖是四者皆心之用而人所不能无者，然一有之而不能察，则欲动情胜，而其用之所行或不能不失其正矣。[衍]有四情而不得其正，惟其心之未正也。虽未有四情之时，亦无正之可得也，特未著耳。心未正，必察而正之。"正"者，正其体也，体正则用正，用正则行乃正，行正而身修矣。云"用之所行"，兼身心而言也。今人于四者之外更不知有所谓心者，尚恶从而察之而又奚其正哉！

心不在焉，视而不见，听而不闻，食而不知其味。

[注]心有不存则无以检其身，是以君子必察乎此而敬以直之，然后此心常存而身无不修也。[衍]"无以检其身"，身之所由不修也。视见，听闻，食知味，岂必能修？然不见不闻不知味，则茫然不知有身，而孰从

修之？由是，虽无恶而不可保，恶未有不乘之者，而身果于不修矣。敬以直之，存心之实功，持志勿忘之密用也。心常存，常存于正也。正者，仁义而已矣。常存者，不违仁而集义也。孔子曰："操则存"，此之谓尔。常存其正之心，则其有所忿懥、恐惧、好乐，忧患者无不得其正，而用之所行发于身者，内外贯浃，相喻而受命，亦奚至有不见不闻不知味，茫然使其身若异端之所谓如槁木死灰者，无所施正而并以废其修乎？

此谓修身在正其心。

右传之七章，释"正心修身"。[衍] 具文当云"释欲修其身先正其心之义"，此櫽括省文耳。后三章仿此。

[注] 此亦承上以起下章。盖意诚则真无恶而实有善矣，所以能存是心以检其身。然或但知诚意，而不能密察此心之存否，则又无以直内而修身也。[衍] 但知诚意而不能密察此心之存否，则其弊也为克伐怨欲之不行而不足以仁，其流且为异端之狂心乍歇而即为菩提。欲正其心而不能诚其意，其弊也为非不悦道而力不足。大本既正，虽有过而不流于邪，故自正心而益求之意知为善之至，而自诚意以进于正心修身为大学之本。抑尝推而论之。经传曰"正"，章句曰"敬"，盖亦稍殊矣，而非殊也。敬者，正之功也。正者，敬之事也。敬者，敬所正也。正者，敬以正也。敬以正而后正无怠忘勉强之病，敬所正而后敬非惺惺亡实之迷，此圣学异端之大界在正不正，而学者醇疵之别在敬不敬，要诸至善，则敬而正之，其实一也。乃淳熙以后之学者，于存养之功未有得焉，而不能笃信正心之有实，为之说曰"心之体如太虚"，曰"湛然虚静如鉴之明"，曰"四者不能无而亦不可有"，曰"如镜未有象方始照见事物"，则疾叛师说，堕于释氏之支说甚矣。夫其所谓太虚者，吾不知其何指也。两间未有器耳，一实之理，洋溢充满，吾未见其虚也。故张子曰："由太虚有天之名。"天者，理也，气之都也，固非空而无实之谓也。既与其言太虚者不侔，则彼所谓太虚者得之佛、老而非君子之言审矣。其曰"如镜未有象，不有四者，故四者有而不失其正"，则正传之所谓"不得"者尔。得之为言，岂仅不失之谓哉！惟镜本无象，故妍当前而妍，媸当前而媸，无有正而随物以移，然则逆吾者当前而忿懥忧惧，顺吾者当前而好乐交焉，则尽人而无不然者，而奚以为君子之正乎？惟镜本无象，妍当前而失天下之媸，媸当前而失天

下之妍，一影蔽之，更无自体，相映非实，两无所喻，则亦见如不见，闻如不闻，甘苦皆茹而固不知味，是正所谓心不在而无所施其修者也。庄周谓之止水，佛氏谓之"大圆镜智"，乃以是言《大学》正心之功，不已谬乎？至其云"不能无而亦不可有"，则确为了无实义之戏论，释氏以此立"啄啐同时，一见不再"之转语，玩天下于光景之中，学于圣人之门者如之何拾以自误而惑人也！呜呼，正心之学不讲久矣。朱子明言知诚意而不知存心之弊，以防学者之舍本而图末，重外而轻内，以陷于异端，乃一再传而其徒已明叛之而不知；又奚况陆子静、王伯安之徒不亟背圣教以入于邪哉！然正心之实功何若？孔子曰"复礼"，《中庸》曰"致中"，孟子"存心"，程子曰"执持其志"，张子曰"瞬有存，息有养"，朱子曰"敬以直之"，学者亦求之此而已矣。

[注] 自此以下，并以旧文为正。

所谓齐其家在修其身者，人之其所亲爱而辟焉，之其所贱恶而辟焉，之其所畏敬而辟焉，之其所哀矜而辟焉，之其所敖惰而辟焉，故好而知其恶，恶而知其美者，天下鲜矣。 辟，匹亦反。"贱恶""恶而"之"恶"，俱乌路反。敖，五到反。好，呼报反。鲜，息浅反。

[注]"人"，谓众人。"之"，犹于也。"辟"，犹偏也。五者在人本有当然之则，然常人之情随其所向而不加察焉，则必陷于一偏而身不修矣。[衍] 任情则偏，察其情之所偏而正之者，惟其心固有喜怒哀乐之节恒于中而不忘也，故曰"而身不修矣"，推本身之所自修于心之正也。

故谚有之曰："人莫知其子之恶，莫知其苗之硕。" 硕，本音"石"，旧叶音"芍"，自当如字读之。

[注]"谚"，俗语也。溺爱者不明，贪得者无厌，是则偏之为害，而家之所以不齐也。[衍] 好恶不审而偏以致惑，身之不修也，而家所以不齐即在此。盖好恶者身之大用，而家国天下受之，家其先受者尔。凡十传互相贯通，初无二理，读者勿滞可也。

此谓身不修不可以齐其家。

右传之八章，释"修身齐家"。

所谓治国必先齐其家者，其家不可教而能教人者无之，故君子不出家而成教于国。孝者，所以事君也；悌者，所以事长也；慈者，所以使众也。弟，特计反。长，丁丈反。

　　[注] 身修则家可教矣。孝、悌、慈，所以修身而教于家者也。然而国之所以事君、事长，使众之道不外乎此，此所以家齐于上而教成于下也。[衍] 修身而教于家，教家之道，修身而已。故曰："身不行道，不行于妻子。"又曰："父子之间不责善，藏身恕而人自喻。"君子之教家，如此焉耳。

　　《康诰》曰："如保赤子。"心诚求之，虽不中不远矣。未有学养子而后嫁者也。中，陟仲反。后，俗本作"後"者，误。

　　[注] 此引《书》而释之，又明立教之本不假强为，在识其端而推广之耳。[衍] 养子之事不待学而能，固有之端也。"识"，察识也。"推广之"，虽不待学而求尽其理，必有事焉，非恃其不学不虑之知能而无功也。孝以事父，弟以事长，皆不待学，而皆有诚求之事。故曰："直情径行者，夷狄之道也。"

　　一家仁，一国兴仁；一家让，一国兴让；一人贪戾，一国作乱；其机如此。此谓一言偾事，一人定国。

　　[注] "一人"，谓君也。"机"，发动所由也。"偾"，复败也。此言教成于国之效。[衍] 修齐之同德为孝悌慈，齐治之通理为仁让。孝悌慈也，仁让也，理一而分殊。

　　尧、舜帅天下以仁而民从之，桀、纣帅天下以暴而民从之，其所令反其所好而民不从。是故君子有诸己而后求诸人，无诸己而后非诸人。所藏乎身不恕而能喻诸人者，未之有也。帅，所律反。好，呼报反。

　　[注] 此又承上文"一人定国"而言，有善于己然后可以责人之善，无恶于己然后可以正人之恶，皆推己以及人，所谓"恕"也。[衍] "有善于己"，善为己之所欲，推以与人同欲之；"无恶于己"，恶为己之所恶，推以与人同恶之。所谓"恕"者，如此也。饮食居处，富贵安荣，人各有所嗜而分各有所应得，君子因物顺施而于此不言恕，况或所欲所恶有不合于道者乎！

　　[注] 不如是，则所令反其所好，而民不从矣。"喻"，晓也。

故治国在齐其家。

[**注**] 通结上文。

《诗》云:"桃之夭夭,其叶蓁蓁。之子于归,宜其家人。"宜其家人而后可以教国人。后,俗本作"後"误,后仿此。

[**注**]《诗》,《周南·桃夭》之篇。"夭夭",少好貌。"蓁蓁",美盛貌,兴也。"之子",犹言是子,此指女子之嫁者而言也。妇人谓嫁曰"归"。"宜",犹善也。

《诗》云:"宜兄宜弟。"宜兄宜弟而后可以教国人。

[**注**]《诗》,《小雅·蓼萧》篇。

《诗》云:"其仪不忒,正是四国。"其为父子兄弟足法,而后民法之也。

[**注**]《诗》,《曹风·鸤鸠》篇。"忒",差也。

此谓治国在齐其家。

[**注**] 此三引《诗》,皆以咏叹上文之事,而又结之如此,其味深长,最宜潜玩。

右传之九章,释"齐家治国"。

所谓平天下在治其国者,上老老而民兴孝,上长长而民兴弟,上恤孤而民不倍,是以君子有絜矩之道也。长,丁丈反。弟,特计反。

[**注**]"老老",所谓"老吾老"也。"兴",谓有所感发而兴起也。"孤"者,幼而无父之称。"絜",度也。"矩",所以为方也。言此三者上行下效,捷于影响,所谓"家齐而国治"也;亦可以见人心之所同,而不可使有一夫之不获矣。[**衍**] 人心之同孝悌慈也,天下之愿欲,虽至于不可纪极,而其心之所安者则无不可以理格,不待违道干誉以徇其好恶,而皆可以矩絜之矣。

[**注**] 是以君子必当因其所同,推以度物,使彼我之间各得分愿,则上下四旁均齐方正而天下平矣。

所恶于上,毋以使下;所恶于下,毋以事上;所恶于前,毋以先后;所恶于后,毋以从前;所恶于右,毋以交于左;所恶于左,毋以交于右。此之谓絜矩之道。恶,乌路反。下同。先,苏佃反。

［注］此复解上文"絜矩"二字之义。如不欲上之无礼于我，则必以此度下之心，而亦不敢以此无礼使之。不欲下之不忠于我，则必以此度上之心，而亦不敢以此不忠事之。至于前后左右无不皆然，则身之所处，上下、四旁、长短、广狭，彼此如一，而无不方矣。彼同有是心而兴起焉者，又岂有一夫之不获哉？所操者约而所及者广。［衍］"约"，本诸身之好恶也。"广"，及于天下也。

［注］此平天下之要道也。［衍］"道"，谓制法齐民。上絜矩以制道，使天下之为上下、前后、左右，率由之以寡过，所谓"均齐方正"也。

［注］故章内之意，皆自此而推之。

《诗》云："乐只君子，民之父母。"民之所好好之，民之所恶恶之，此之谓民之父母。乐，卢各反。好，呼报反。下同。

［注］《诗》，《小雅·南山有台》之篇。"只"，语助辞。言能絜矩而以民心为己心，则是爱民如子，而民爱之如父母矣。

《诗》云："节彼南山，维石岩岩。赫赫师尹，民具尔瞻。"有国者太可以不慎，辟则为天下僇矣。节，昨结反。辟，匹亦反。

［注］《诗》，《小雅·节南山》之篇。"节"，截然高大貌。师尹，周太师尹氏也。"具"，俱也。"辟"，偏也。言在上者人所瞻仰，不可不谨，若不能絜矩而好恶徇于一己之偏，则身弑国亡，为天下之大僇矣。

《诗》云："殷之未丧师，克配上帝。仪监于殷，峻命不易。"道得众则得国，失众则失国。丧，息浪反。道，徒到反。

［注］《诗》，《文王》篇。"师"，众也。"配"，对也。"配上帝"，言其为天下君而对乎上帝也。"监"，视也。"峻"，大也。"不易"，言难保也。"道"，言也。引《诗》而言此，以结上文两节之意。有天下者能存此心而不失，则所以絜矩而与民同欲者自不容已矣。［衍］有天下者受命于天，受国于先王，其存与亡为万民安危生死之枢，则位之所在即道之所在，故不容不恒存得失之心以自警于道，非若士大夫之于禄位祸福，修身俟命，不宜以丝毫得失系累其心，缘此而修德也。学者不可不知。

是故君子先慎乎德。有德此有人，有人此有土，有土此有财，有财此有用。

［注］"先谨乎德"，承上文"不可不谨"而言。德，即所谓"明德"。

［衍］修身以上皆"明德"之事，慎以修身则好恶自公矣。

［注］"有人"，谓得众。"有土"，谓得国。有国则不患无财用矣。

德者，本也。财者，末也。

［注］本上文而言。

外本内末，争民施夺。

［注］人君以德为外，以财为内，则是争斗其民而施之以劫夺之教也。盖财者人之所同欲，不能絜矩而欲专之，则民亦起而争夺矣。

是故财聚则民散，财散则民聚。

［注］"外本内末"，故"财聚"；"争民施夺"，故"民散"；反是则有德而有人矣。［衍］有德则不纵欲以崇货，民各有其恒产而财散。

是故言悖而出者，亦悖而入；货悖而入者，亦悖而出。

［注］"悖"，逆也。此以言之出入明货之出入也。自"先谨乎德"以下至此，又因财货以明能絜矩与不能者之得失也。

《康诰》曰："惟命不于常。"道善则得之，不善则失之矣。道，徒到反。

［注］"道"，言也。因上文引《文王》诗之意而申言之，其叮咛反复之意益深切矣。

《楚书》曰："楚国无以为宝，惟善以为宝。

［注］《楚书》，《楚语》。言不宝金玉而宝善人也。

舅犯曰："亡人无以为宝，仁亲以为宝。"

［注］舅犯，晋文公舅狐偃，字子犯。"亡人"，文公，时为公子，出亡在外也。"仁"，爱也。事见《檀弓》。此两节又明不外本而内末之意。

《泰誓》曰："若有一个臣，断断兮无他技，其心休休焉，其如有容焉。人之有技，若己有之，人之彦圣，其心好之，不啻若自其口出，寔能容之，以能保我子孙黎民，尚亦有利哉！人之有技，媢疾以恶之，人之彦圣，而违之俾不通，寔不能容，以不能保我子孙黎民，亦曰殆哉！"断，不贯反。寔，丞双反，俗读如"实"者误。

［注］《泰誓》，周书。"断断"，诚一之貌。"彦"，美士也。"圣"，通明也。"尚"，庶几也。"媢"，忌也。"违"，拂戾也。"殆"，危也。

惟仁人放流之，迸诸四夷，不与同中国。此谓惟仁人为能爱人，能恶人。迸，读为"屏"，古字通用，卑正反。

［注］“迸”，犹逐也。言有此媢疾之人妨贤而病国，则仁人必深恶而痛绝之，以其至公无私，故能得好恶之正如此也。

见贤而不能举，举而不能先，命也。见不善而不能退，退而不能远，过也。先，事细反。命，莫半反。远，于愿反。

［注］“命”，郑氏云当作“慢”，程子曰当作“怠”，未详孰是。若此者知所爱恶矣，而未能尽爱恶之道，盖君子而未仁者也。［衍］惟慎德者而后仁。

好人之所恶，恶人之所好，是谓拂人之性，菑必逮夫身。菑，与“灾”通，祖才反。夫，防无反。

［注］“拂”，逆也。好善而恶恶，人之性也。至于拂人之性，则不仁之甚者也。自《秦誓》至此，又皆以申言好恶公私之极，以明上文所引《南山有台》《节南山》之意。

是故君子有大道，必忠信以得之，骄泰以失之。

［注］“君子”，以位言之。“道”，谓居其位而修己治人之术。发己自尽为“忠”，循物无违为“信”。“骄”者矜高，“泰”者侈肆。此因上所引《文王》《康诰》之意而言。章内三言“得失”，而语益加切，盖至此而天理存亡之几决矣。［衍］“忠信”所以存天理也，“骄泰”则天理亡矣。天理存亡之几，国之存亡即于此而决。此修身之所以为本，而必根极于正心诚意也。

生财有大道，生之者众，食之者寡，为之者疾，用之者舒，则财恒足矣。

［注］吕氏曰：“国无游民则生者众矣，朝无幸位则食者寡矣，不夺农时则为之疾矣，量入为出则用之舒矣。”愚按：此因“有土有财”而言，以明足国之道在乎务本而节用，非必外本内末而后财可聚也。自此以至终篇，皆一意也。

仁者以财发身，不仁者以身发财。

［注］“发”，犹起也。仁者散财以得民，不仁者亡身以殖货。

未有上好仁而下不好义者也，未有好义其事不终者也。未有府库财非其财者也。

［注］上好仁以爱其下，则下好义以忠其上，所以事必有终而府库之

财无悖出之患也。

孟献子曰："畜马乘不察于鸡豚，伐冰之家不畜牛羊，百乘之家不畜聚敛之臣；与其有聚敛之臣，宁有盗臣。"此谓国不以利为利，以义为利也。畜，许六反。乘，食证反。

[注]孟献子，鲁之贤大夫仲孙蔑也。"畜马乘"，士初试为大夫者也。"伐冰之家"，卿大夫以上，丧祭用冰者也。"百乘之家"，有采地者也。君子宁亡己之财而不忍伤民之力，故宁有盗臣而不畜聚敛之臣。"此谓"以下，释献子之言也。

长国家而务财用者，必自小人矣。彼为善之。小人之使为国家，菑害并至，虽有善者，亦无如之何矣！此谓国不以利为利，以义为利也。长，上声。上"善"字，时战反。《章句》释音，非朱子所定，多所阙误，今重定之，《中庸》同。

[注]"彼为善之"，此句上下疑有阙文误字。"自"，由也，言由小人导之也。此一节申明以利为利之害，而重言以结之，其叮咛之意切矣。

右传之十章，释"治国平天下"。此章之义，务在与民同好恶而不专其利，皆推广絜矩之意也。能如是，则亲贤乐利各得其所而天下平矣。[衍]章内所言皆国也，而以为释"平天下"者，凡此皆国与天下之通理，治与平之同功，以施之国而治，以施之天下而平，则但言国而天下在矣。若夫平天下之事，命德讨罪，惇典庸礼，所以推广絜矩之道而行之者，传未之及，而要可以理通之矣。

[注]凡传十章。前四章统论纲领旨趣，后六章细论条目工夫。其第五章乃明善之要，第六章乃诚身之本。[衍]格物致知，"明善"也。正心诚意，"诚身"也。格物者格其所当知之物，诚意者诚其所必正之心，四者功用相资，而二者括之矣。盖所谓诚意者，一诚于善，则惟奉其存养不失之心，以察乎意而析善恶于微，因而慎之，俾意之动无不如其心之正，而始终一实，无有间断，乃令忿好惧忧咸得其当然之节，此诚正合一而为诚身之实功也。是则诚意者正心加警之功，格物者致知践实之学，不得专求之意知而忽于格正以流于异端之说，明矣。

[注]在初学尤为当务之急，读者不可以其近而忽之也。

《礼记章句》卷四十二终

礼记章句卷四十三

冠义 冠，古乱反，篇内并同。

《仪礼》之存者今有《士冠礼》，而此以言其义也。古无大夫冠礼，天子、诸侯之冠则见于《大戴记》《公符》篇，亦可以此义通之。

凡人之所以为人者，礼义也。礼义之始，在于正容体，齐颜色，顺辞令。容体正，颜色齐，辞令顺，而后礼义备，以正君臣，亲父子，和长幼。君臣正，父子亲，长幼和，而后礼义立。故冠而后服备，服备而后容体正，颜色齐，辞令顺。故曰：冠者，礼之始也。是故古者圣王重冠。长，丁丈反。

正言"人之所以为人"，明其为禽兽之大防也。"礼"者，义之文；"义"者，礼之干。"容貌"，身容。"颜色"，面容。"齐"，庄而一也。"顺"，适于人心也。"备"者，备其文。"立"者，立其本也。"圣王"，谓制冠礼者。

古者冠礼：筮日、筮宾，所以敬冠事，敬冠事所以重礼，重礼所以为国本也。

"宾"，主人僚友为加冠者。《冠礼》筮日于庙门外，无筮宾之文，略耳。"国本"，立国之本，谓君臣、父子、长幼之伦也。

故冠于阼，以著代也。醮于客位，三加弥尊，加有成也。已冠而字

之，成人之道也。

"字"，以表德，成人则德必成矣。余详《郊特牲》。

见于母，母拜之；见于兄弟，兄弟拜之；成人而与为礼也。玄冠玄端，奠挚于君，遂以挚见于乡大夫、乡先生，以成人见也。见，贤遍反。

"拜"，答拜也。"玄端"，夕见于君之服，其裳杂裳，前玄后黄。"奠"者，委之于地，不敢相授受也。"乡大夫"，六乡之长，掌其政教号令者。乡先生，其乡之老而致仕者也。按母答子拜，于礼为疑，意为父后者主宗庙之重，则母不敢不施敬焉，故承上文"冠于阼"而言。若非适长，则母可以不答与？

成人之者，将责成人礼焉也。责成人礼焉者，将责为人子、为人弟、为人臣、为人少者之礼行焉。将责四者之行于人，其礼可不重与？少，诗照反。"行于"之"行"，胡孟反。与，以诸反。

"成人之"，谓成之为人也。无冠裳之饰，则禽兽而已矣。"行焉"，谓皆践其实也。"冠于阼"以下，皆所以重之也。

故孝悌忠顺之行立而后可以为人，可以为人而后可以治人也，故圣王重礼。故曰：冠者，礼之始也，嘉事之重者也。弟，特评反。行，胡孟反。

"顺"，所以事长也。"治人"，谓委贽见君，则将仕而有治人之责也。"嘉"，善也，美也。冠、婚皆嘉礼，而冠为尤重也。

是故古者重冠，重冠故行之于庙。行之于庙者所以尊重事。尊重事而不敢擅重事。不敢擅重事，所以自卑而尊先祖也。

"尊"，崇也。"擅"，专也。冠子于祢庙而称"先祖"者，冠者之祖也。

《礼记章句》卷四十三终

礼记章句卷四十四

婚义

"婚"，阴礼也，其事用夕，故曰"婚"。《仪礼》有《士婚礼》，此明其义而推广之。其言天子、诸侯之婚礼与《哀公问》互相发明，考之亦可以备古礼之亡。凡四章。

婚礼者，将合二姓之好，上以事宗庙，而下以继后世也。故君子重之。

合，古沓反，下同。好，呼报反。

此一篇之大旨。

是以婚礼纳采、问名、纳吉、纳征、请期，皆主人筵几于庙，而拜迎于门外，入，揖让而升，听命于庙，所以敬、慎、重、正昏礼也。

"纳采"至"请期"，皆婚前之礼，与"亲迎"为六礼，详见《仪礼》。"纳"者，强致之辞，所以崇女节、厉廉耻也。"主人"，女之父也。"筵几"，为祖祢设，不敢擅也。"拜迎"以下，皆与使者为礼也。"听命"，听使者所将命。"敬"，恪也。"慎"，谨也。"重"，崇也。"正"，明也。以此四者之心行礼也。此节记昏前之礼，详女父之节，而婿受父命于庙，以命使者拜而送，亦可推矣。

父亲醮子而命之迎，男先于女也。子承命以迎，主人筵几于庙而拜迎于门外。婿执雁入，揖让升堂，再拜奠雁，盖亲受之于父母也。降出，御

妇车而婿授绥，御轮三周，先俟于门外。妇至，婿揖妇以入。共牢而食，合卺而酳，所以合体，同尊卑，以亲之也。_{"之迎""以迎"之"迎"，鱼庆反。}

"亲醮"云者，异于冠礼之宾醮也。贽用雁，摄大夫之盛礼也。"父母"，女父母也。"轮三周"者，轮碾地一周丈八尺八寸，三周五丈六尺四寸，约行五丈而止也。三周已，则御者代之，婿先归矣。"牢"，少牢。士用少牢，亦摄盛礼也。"卺"，剖瓠而各用其一。"合体"者，合牲与瓠之体。"同尊卑"者，皆摄盛礼，使从夫贵也。"亲"，爱也。此节记"亲迎"之礼。

敬、慎、重、正，而后亲之，礼之大体，而所以成男女之别，而立夫妇之义也。男女有别而后夫妇有义，夫妇有义而后父子有亲，父子有亲而后君臣有正。故曰：婚礼者，礼之本也。

"男女之有别"，谓各有匹偶，异于禽兽之无择也。"义"，恩礼之正者也。专于所从则恩礼以正而笃，父子之伦明，异乎鄙人之知母而不知父，则世次审，国本豫立，而君臣之分定矣。此节承上二节而申其义。

夫礼始于冠，本于婚，重于丧祭，尊于朝聘，和于乡射，此礼之大体也。_{夫，防无反。冠，古乱反。朝，直遥反。}

承上文"礼之本"而申释之，本立而序成，则体无不备也。"乡"，谓乡饮酒。

"夙兴，妇沐浴以俟见。质明，赞见妇于舅姑，妇执笲枣栗段修以见。赞醴妇，妇祭脯醢，祭醴。"成妇礼也。舅姑入室，妇以特豚馈，明妇顺也。"厥明，舅姑共飨妇以一献之礼。奠酬。舅姑先降自西阶，妇降自阼阶。"以著代也。_{见，贤遍反。段，丁贯反。}

此节所记皆详见《仪礼》。"质"，至也。"赞"，赞者。"段"，与腶同。"赞醴妇"者，赞代舅姑酌也。"厥明"，又明日。"特豚"，士朔食；不摄大夫者，不敢以摄加于尊者也。"奠酬"，虽酌酬爵，不举酬也。"先降"，成功者退之义。此节记见舅姑之礼，盖皆适妇之礼，故言"以著代也"。

成妇礼，明妇顺，又由之以著代，所以重责妇顺焉也。妇顺者，顺于舅姑，和于室人，而后当于夫，以成丝麻布帛之事，以审守委积盖藏。是故妇顺备而后内和理，内和理而后家可长久也。故圣王重之。_{当，丁浪反。委，于伪反。积，子赐反。藏，才浪反。}

"重责"者，待之隆者，任之至也。"室人"，娣姒及夫之姑姊妹。露堆曰"委"，困仓曰"积"，谓粟米。"盖藏"，果蔬脯醢之类。"和"，睦也。"理"，治也。"圣王"，制婚礼者。此节承上节而申释其义。

右第一章。此章皆以释《士婚礼》之义。惟"厥明飨妇"，旧说以为大夫之礼，然考《士婚礼》虽无"厥明"之文，而亦未言"馈""飨"之同日，则《仪礼》或有脱略而此补之尔。

是以古者妇人先嫁三月，祖庙未毁，教于公宫；祖庙既毁，教于宗室。教以妇德、妇言、妇容、妇功。教成，祭之，牲用鱼，芼之以蘋藻，所以成妇顺也。先，苏佃反。

此因婚礼而推言妇教之法，以明妇顺之所自成也。"先嫁三月而教"者，女子十年以后姆教已行，而未许嫁之前未可即以事舅姑相夫之道告之，是以即其将嫁，乃以素所习者而类通之，三月而教可成也。"祖庙未毁"，天子同六世之属籍，诸侯同四世之属籍者也。已毁，则天子六世之外，诸侯四世之外也。"公宫"，君宫内之别室。"宗室"，宗子之家也。教之之人未闻，公宫或世妇，宗室则宗妇与？"德"，贞顺也。"言"，应对也。"容"，庄饰也。"功"，中馈也。"祭"者，祭先保傅，犹大学释奠于先师。"芼"，铏羹之菜；"蘋"，状如葵，味如葱；"藻"，菱菜也；三者皆阴柔之品。不用牲者，妇礼杀也。此但记公族之女教，而异姓之卿、大夫、士不详。然古者莫不有宗，则亦各于其宗教之也。

右第二章。自此以下三章，皆申明妇道之重以明婚礼之必谨，而天子诸侯之后夫人所系尤大，则其礼必较士婚礼而更慗，愈可知矣。

古者天子后立六宫，三夫人，九嫔，二十七世妇，八十一御妻，以听天下之内治，以明章妇顺，故天下内和而家理。天子立六官，三公，九卿，二十七大夫，八十一元士，以听天下之外治，以明章天下之男教，故外和而国治。故曰：天子听男教，后听女顺；天子理阳道，后治阴德；天子听外治，后听内治。教顺成俗，外内和顺，国家理治，此之谓盛德。治，直吏反。

"六宫"，在天子六寝之后，后所主也。"天下之内治"者，谓内治修而天下化之也。"六官"，冢宰以下六署也。"男教"，臣民之政教。"女顺"，教媵御以妇顺也。施教以宜民曰"道"，阳之发也。修于己而人自化曰"德"，阴之敛也。教明于上而俗成于下，天下莫不和理，德之盛也。

是故男教不修，阳事不得，适见于天，日为之食；妇顺不修，阴事不得，适见于天，月为之食。是故日食则天子素服而修六官之职，荡天下之阳事；月食则后素服而修六宫之职，荡天下之阴事。故天子之与后，犹日之与月、阴之与阳，相须而后成者也。 适，与"谪"通，陟革反。见，贤遍反。为，于伪反。

"事"，道也。"得"，当也。"适"，谴告也。"荡"，涤逐而整理之也。日月之食本有常度，非因人为之感，而遇灾修省各因其类，则天人合一之符亦有不可诬者。此言后之与君并尊分治，征于法象，得其理则成盛德，失其理则干气化之和，斯大婚之所以必重也。

右第三章。

天子修男教，父道也；后修女顺，母道也。故曰：天子之与后，犹父之与母也。故为天王服斩衰，服父之义也；为后服资衰，服母之义也。 为，于伪反。衰，仓回反。资，本"齐"字之误，即夷反。

此言天子卿大夫士及诸侯为王及后之服也。列国之大夫已下则降矣。

右第四章。此章言天子与后同为天下所尊亲，故大婚之礼不得不重。士大夫虽不得比隆，而夫妻之体相亚，父母之道始焉，亦不得轻也。

《礼记章句》卷四十四终

礼记章句卷四十五

乡饮酒义

万二千五百家为"乡",其属有州、党、族、闾、比。州有序,乡有庠。天子置六乡,各有乡大夫掌其政教。诸侯三乡。"饮酒"者,其礼如燕而一献,以周之正月行之,一则乡大夫谋贤能于乡先生,而宾兴之升于司徒,以所升者为宾,其次为介,而乡之先生长者为僎,子弟皆与执事焉,所以尊贤也;一则谋齿德之优者为宾而行敬养之礼,所以养老也。二者事异而礼同。州长亦以其礼行于州,但言"乡"者,以尊统之也。《仪礼》存者有《乡饮酒礼》,而此释其义。凡三章。

乡饮酒之义:

通一篇而目言之。

主人拜迎宾于庠门之外,入三揖而后至阶,三让而后升,所以致尊让也。盥洗扬觯,所以致絜也。拜至、拜洗、拜受、拜送、拜既,所以致敬也。尊让、絜、敬也者,君子之所以相接也。君子尊让则不争,絜、敬则不慢,不慢不争则远于斗辨矣,不斗辨则无暴乱之祸矣。斯君子所以免于人祸也。

"主人",乡大夫。"庠",乡学。有室曰"庠",无室曰"序"。"三揖"者,将进揖,当陈揖,当碑揖。"三让",让升也。"盥",浣手。"洗",涤爵。"扬"，举。"觯"，酬器，容四升。"扬觯"者，将行酬而主人之吏一人举觯于宾。言自始献以至于扬觯，皆盥洗也。"絜"，古与"洁"通。"拜至"，宾升阶而主人当楣北面再拜，谢其至也。"拜洗"者，献酢而洗，互相拜也。"拜受"，将受爵而拜。"拜送"，既授爵而拜。"拜既"，卒爵而拜。四者宾主皆同。"辨"，讼也。"免于人祸"，言免人于祸。教行习移而成乎大顺，祸乱不兴矣。

故圣人制之以道。乡人士、君子尊于房户之间，宾主共之也。尊有玄酒，贵其质也。羞出自东房，主人共之也。洗当东荣，主人之所以自絜而以事宾也。"主人共之"之"共"，九容反。

"道"，谓陈设位置之宜也。"人士"，"宾"也。"君子"，有位之称，乡大夫，"主"也。"房"，东房；凡堂有三架，中架自后楣以北为室，东架与室并者为房，西架则空其后，惟诸侯而后有西房。"户"，室之户也，凡室户东牖西。"房户间"者，在室外户东房之西，当楣处也。宾席户西，主人席东阶上，尊设其间，宾主夹之，明此酒为礼而设，非主人之私敬，异于君燕臣而面尊，惠由君出也。"质"，本也，水者饮之本也。"羞"，荐醢。脱履升席乃进之。"东房"，值主人之北。羞以尽欢，故主人私之，明己所供具也。"洗"，盥洗水器。"东荣"，堂下当东檐尽处。宾主皆有盥洗之事而独设之东者，本为主人敬宾而设也。

宾主，象天地也。介僎，象阴阳也。三宾，象三光也。让之三也，象月之三日而成魄也。僎，踪伦反。

"冥"尊，象天。"主"以养为道，象地。"僎"者，宾兴之饮则乡先生为僎，养老之礼则六十者为宾，七十以上者为僎。"僎"之为言遵也，以其齿爵之尊，为四坐所遵法也。凡僎待一人举觯而后入，不与于献酢，以尊而逸之也。"介"次于宾，其礼劳，象阳动。"僎"逸，象阴静。"三宾"，众宾也。"三光"，日月星。"成魄"者，谓月始见于西方，见其全魄以受明也。月朔后三日而魄乃受明，让者三而受之象也。

四面之坐，象四时也。天地严凝之气，始于西南而盛于西北，此天地之尊严气也，此天地之义气也。天地温厚之气，始于东北而盛于东南，此天地之盛德气也，此天地之仁气也。主人者尊宾，故坐宾于西北而坐介于西南以辅宾。宾者，接人以义者也，故坐于西北。主人者，接人以仁，以

德厚者也，故坐于东南，而坐僎于东北以辅主人也。

"西南"申位，于时为秋。"西北"亥位，于时为冬。"东北"寅位，于时为春。"东南"巳位，于时为夏。夏正四孟，周正则四时之成也。宾席户牖间，僎在其东，介席西阶上，主人席阼阶上，有其象也。

仁义接，宾主有事、俎豆有数曰圣，圣立而将之以敬曰礼，礼以体长幼曰德。德也者，得于身也。故曰：古之学术道者，将以得身也。是故圣人务焉。 长，丁丈反。

"仁义接"，承上坐席而言。"有事"，献酬酢之事。"豆"数见下，"俎"各一也。"圣"，通明也，谓效法通于象数也。"圣立"者，以通明立法也。"体长幼"者，长幼之序，人心之所固有，而体之以达于用也。"得于身"，谓所行实践之，"将以得"下阙一"于"字。"务"，谓制礼而行之。

祭荐，祭酒，敬礼也。啐肺，尝礼也。啐酒，成礼也，于席末，言是席之正非专为饮食也，为行礼也，此所以贵礼而贱财也。卒觯，致实于西阶上，言是席之上非专为饮食也，此先礼而后财之义。先礼而后财，则民作敬让而不争矣。 为，于伪反。卒，子律反。先，苏佃反。后，胡豆反。

"荐"，脯醢也。"啐""啐"，皆少尝之也。"敬礼"者，敬重主人之惠，故以祭。"尝礼"者，示受主人之惠，以为礼也。"啐""啐"，皆尝礼，而"啐"言"成"者；酒者行礼之主，所以成献酢之礼也。"致"，尽也。"实"，觯中所实，谓酒也。告旨已，乃卒觯而尽之。凡此皆谓主人献宾而宾受之礼，言宾之一以礼为重也。"啐酒"，言"席之正"；"卒觯"，言"席之上"者；于席末则犹近席，特非正面，于西阶则远席矣。凡所资于口体之用者，皆曰"财"。

乡饮酒之礼，六十者坐，五十者立侍以听政役，所以明尊长也。六十者三豆，七十者四豆，八十者五豆，九十者六豆，所以明养老也。民知尊长养老而后乃能入孝悌；民入孝悌，出尊长养老，而后成教；成教而后国可安也。君子之所谓孝者，非家至而日见之也。合诸乡射，教之乡饮酒之礼，而孝悌之行立矣。 长，丁丈反。弟，特计反。"所谓孝者"之"孝"，盖"教"字之误。行，胡孟反。

此专言养老饮酒之礼。"六十"，五十以上也。五十，五十以下也。"政役"，执事也。谓摈赞举觯奠羞之事。"豆"，庶羞之豆。"入孝悌"，谓修孝悌于家。"日见"，谓召见而戒谕之。"合"，会也。

右第一章。此章正言乡饮酒之义。

孔子曰："吾观于乡而知王道之易易也。易，以豉反，下同。

"乡"，谓乡饮酒礼。"易易"，甚易之辞，谓众所能喻而无不可行也。

"主人亲速宾及介，而众宾自从之。至于门外，主人拜宾及介，而众宾自入。贵贱之义别矣。别，皮列反。

"速"，敦趋之也。宾介既戒而又速，众宾使人戒而不速，自人者揖而不拜，贵贱以齿德为尊卑也。

"三揖至于阶，三让，以宾升，拜至，献酬，辞让之节繁。及介，省矣。至于众宾，升受，坐祭，立饮，不酢而降。隆杀之义辨矣。省，所景反。杀，所戒反。下同。

"以宾升"者，主人先升，导之升也。"省"，减也，谓不拜洗，不唷肺，不啐酒，不告旨，不举酬也。"众宾升受"者，先立门左，主人揖而升之，不与揖让，不拜至，如自升也。"受"，受献也。宾介皆坐卒爵，众宾则坐祭立饮，不酢而降，礼愈省矣。"隆杀"者，敬有深浅，即以为节也。

"工入，升歌三终，主人献之；笙入三终，主人献之；间歌三终，合乐三终。工告乐备，遂出。一人扬觯，乃立司正焉。知其能和乐而不流也。间，古晏反。"和乐"之乐，卢各反。

"工"，歌工、瑟工也。"升歌"，堂上之歌。"三终"者，倚瑟和歌《鹿鸣》《四牡》《皇皇者华》。"献"，献工也。"笙"，谓笙工，在堂下。"三终"，奏《南陔》《白华》《华黍》。"间歌"者，一歌一笙，上下相间也。"三终"，歌《鱼丽》，笙《由庚》；歌《南有嘉鱼》，笙《崇邱》；歌《南山有台》，笙《由仪》。合乐，堂上堂下歌笙并作也。"三终"，《周南》则《关雎》《葛覃》《卷耳》，《召南》则《鹊巢》《采蘩》《采蘋》。"出"，降立西阶东北面，从此至终不复升堂，遂出也。"一人"，主人之吏；言"一人"者，别于旅酬之二人也。"扬觯"者，举觯于宾，将以行酬，主人虽已举酬于宾，宾仍不举，扬觯者再举一觯而后行，自此相酬以至于无算爵，以醉为度矣。于是留宾尽欢，更恐懈惰失仪，故使相为司正以治其威仪，皆所谓"和乐而不流"也。

"宾酬主人，主人酬介，介酬众宾，少长以齿，终于沃洗者焉。知其能弟长而无遗矣。 少，诗照反。长，丁丈反。弟，特计反。下同。

"沃"，浇也，浇水以供宾介主人之盥洗，有司之贱者也。酬及之，则坐立者咸遍而一终矣。"少长以齿"，弟长也。下逮"沃洗"者，不遗也。凡受酬皆于西阶上。

"降说屦，升坐，修爵无数。饮酒之节，朝不废朝，莫不废夕。宾出，主人拜送，节文终遂焉。知其能安燕而不乱也。 说，他活反。"废朝"之"朝"，直遥反。莫，漠故反。

"修"，犹行也。"无数"者，交酬无算爵也。晨出视政曰"朝"，日昳治事曰"夕"。"节文遂终"，谓终之以节文也。"安"，和而有度也。

"贵贱明，隆杀辨，和乐而不流，弟长而无遗，安燕而不乱，此五行者足以正身安国矣。彼国安而天下安，故曰：吾观于乡而知王道之易易也。" 行，胡孟反。

"彼"，犹其也。王道极于安天下而至矣。总结上文。

右第二章。此章引夫子之言以申上章未尽之意。

乡饮酒之义，立宾以象天，立主以象地，设介僎以象日月，立三宾以象三光。古之制礼也，经之以天地，纪之以日月，参之以三光，政教之本也。

"日月"，阴阳也。法天以治人，则政教有本也。

亨狗于东方，祖阳气之发于东方也。洗之在阼，其水在洗东，祖天地之左海也。 亨，披庚反。

"狗"，以为羞，下于特牲，示约也。"东方"，门外左。"祖"，法也。"阳气"，象主人致养之义，"发于东方"者，发于春也。"洗"，承盥洗淋下之余水器也。"水"用罍。"天地"，谓中国，海在东也。

尊有玄酒，教民不忘本也。

"本"，始也。

宾必南乡。东方者春，春之为言蠢也，产万物者圣也。南方者夏，夏之为言假也，养之、长之、假之、仁也。西方者秋，秋之为言愁也，愁之

以时，察守义者也。北方者冬，冬之为言中也，中者藏也。是以天子之立也：左圣，乡仁；右义，偝藏也。乡，许亮反。长，丁丈反。愁，子留反。

"蠢"，生动貌。"圣"，通也。生气通，物乃产也。"假"，大也。长养万物使之大者，仁之施也。"愁"，与"揫"同，敛也。敛之以时，知退而止，察于义以自守者也。"中"，犹内也，谓藏于内也。"偝"，犹依也。天子之尊，南面而立，以体四德，宾坐如之，尊之至矣。

介必东乡，介宾主也。

"介"，在宾主之间，通达情义也。

主人必居东方。东方者春，春之为言蠢也，产万物者也。主人者造之，产万物者也。

"造"，犹就也，谓就其位也。物之所自产皆资温和之气，宾之所自尊，礼之所自行，由主人诚意生发而以温和接之也。

月者三日则成魄，三月则成时，是以礼有三让。

"让"，阴道也，故取象于月。

建国必立三卿。三宾者，政教之本，礼之大参也。

"三宾"，取象于"三卿"，以其辅宾如卿辅君也。"三宾者"下有阙文。"政教之本"二句通结一章。"参"者，参天地人以立法也。

右第三章。此章申说第一章之义，盖记者以答疑问而详言之也。此篇惟第二章引夫子之言为义深长，前后二章配拟牵合，盖汉儒之习气，学者通其意而略之可也。

《礼记章句》卷四十五终

射义

射礼有五：一乡射，郑氏所谓"州长春秋以礼会民而射于州序"是也；二大射，诸侯与其臣习礼于国学，《王制》所谓"习射上功"是也；三燕射，君燕其臣，献毕而射，《燕礼》所谓"若射则大射正为司射，如乡射之礼"是也；四宾射，邻国之君大夫来觐聘，于燕而射，若《春秋》范鞅来聘而与射是也；五泽宫之射，天子将祭则先时搜苗狝狩，明日以其所获致之泽宫，会助祭之诸侯及卿大夫士射椹质，射中者得禽而射于射宫，又中则与于祭也。今《仪礼》存者有《乡射》《大射》二篇，此篇发明其义。燕射既同乡射，宾射当同大射，惟泽宫之射其义略异，故第二章、第五章特别言之。凡十章。

古者诸侯之射也，必先行燕礼；卿、大夫、士之射也，必先行乡饮酒之礼。故燕礼者，所以明君臣之义也；乡饮酒之礼者，所以明长幼之序也。 长，丁丈反。

"诸侯之射"，大射，宾射也。"卿、大夫、士之射"，乡射也。"先行"者，献酬毕举酬未旅而射也。"燕礼"，君劳其臣，所以惠臣，君不为主而臣拜稽首于下，所以尊君，君礼臣忠之义也。"乡饮酒"，六十者坐，五十者立，以少事长之序也。先礼而后射，德成而上、艺成而下之义。

故射者进退周还必中礼。内志正，外体直，然后持弓矢审固，持弓矢审固然后可以言中。此可以观德行矣。还，似宣反。中，陟仲反。行，胡孟反。

"进退"，言升降。"周还"，言取矢履物时之容。"正"，心不妄动也。"直"，凝立端定也。"审"，视之察；"固"，握之坚也。"言"，许也。"中礼"者，德之盛；"正直"者，行之表；此备其义矣。

其节：天子以《驺虞》为节，诸侯以《狸首》为节，卿大夫以《采苹》为节，士以《采蘩》为节。《驺虞》者，乐官备也；《狸首》者，乐会时也；《采苹》者，乐循法也；《采蘩》者，乐不失职也。是故天子以备官为节，诸侯以时会天子为节，卿、大夫以循法为节，士以不失职为节。故明乎其节之志以不失其事，则功成而德行立，德行立则无暴乱之祸矣。功成则国安，故曰：射者，所以观盛德也。乐，卢各反。

《驺虞》《采苹》《采蘩》，皆《召南》篇名。《狸首》，逸诗。"节"者，歌其诗，堂下奏鼓鼙，以其曲终为节也；略见《投壶》。《驺虞》九节，《狸首》七节，《采苹》《采蘩》五节。九节者射前五节，七节者射前三节，五节者射前一节，其发四矢，每矢一节则同也。射前之节所以使从容而熟审之，射中之节则使无越射也。"优尊"者，故射前之节多，使久审而易中。"乐"，谓以此为欣悦，故以为乐歌也。《驺虞》之为"备官"者，贾谊所谓"虞人翼兽以待获"，言百官各恪其职，下逮虞人而能敬共事上也。然其所自致，则惟天子能用贤而任职，故以之为乐而昭君德也。《采苹诗序》云"大夫妻能循法度"，《采蘩诗序》云"夫人不失职"，故取其义；卿、大夫议法于上，士守职于下，则其节也。"会时"者，以时勤王而修职贡。《狸首》诗亡，其义未详。"志"，意也；谓诗之大旨。"不失事"，言且听且射而又能中也。安其节，"德行立"矣，射事不失则"功成"矣，所以成乎治安之盛德也。凡射用乐皆于第三番射奏之，士与君、大夫为耦则从君、大夫之节。

右第一章。此章明乡射、大射之义。

是故古者天子以射选诸侯、卿、大夫、士。射者，男子之事也，因而饰之以礼乐也。故事之尽礼乐而可数为以立德行者莫若射，故圣王务焉。数，所角反。下同。行，胡孟反。

此谓射宫之射也。"选"者，选其德行以与于祭。"饰"，文也。"尽"，备也。"可数为"者，礼乐频用则渎，因射修之，示有事焉，故射于泽宫而又射于射宫也。

是故古者天子之制，诸侯岁献贡士于天子，天子试之于射宫。其容体比于礼、其节比于乐，而中多者，得与于祭；其容体不比于礼，其节不比于乐，而中少者，不得与于祭。数与于祭而君有庆，数不与于祭而君有让。数有庆而益地，数有让而削地。故曰：射者，射为诸侯也。是以诸侯君臣尽志于射，以习礼乐。夫君臣习礼乐而以流亡者，未之有也。比，毗义反。与，羊洳招。夫，防无反。

"士"，与"事"同，古字通用。"献贡士"者，献其职贡以供天子之祀事也。诸侯修职贡而朝天子，天子将留之助祭而射，以试其贤否而赏罚行为。"射为诸侯"，谓能射乃胜为诸侯也。"流"，失国出奔。"亡"，国灭也。凡泽及射宫之射，人自计中之多少，异于乡射、大射之合耦而通算之；盖彼以习礼远争，而此以选贤，所由异也。

故《诗》曰："曾孙侯氏，四正具举。大夫君子，凡以庶士，小大莫处，御于君所。以燕以射，则燕则誉。"言君臣相与尽志于射，以习礼乐，则安则誉也。是以天子制之而诸侯务焉。此天子之所以养诸侯而兵不用，诸侯自为正之具也。

《诗》，逸诗，盖以赋诸侯燕射之事；旧说以为《狸首》，则未见其然也。"曾孙"，言嗣为诸侯者。"正"，正爵；谓先行燕礼而献宾、献公、献卿、献大夫之四爵具行也。"处"，不来也。"御"，侍也。"则燕"，安也；"则誉"，有令名也。习于礼乐而养成其德行，则敖慢不行而守其侯度，乃以国安而致令名也。"制之"，谓选之射宫。"务"，谓习之宾燕。"养"者，育其德。"为正"，自勉于正也。引《诗》以证上文"天子以射为庆让而诸侯君臣尽志于礼乐"之意。

右第二章。此章言射宫以射试诸侯之义。

孔子射于矍相之圃，盖观者如堵墙。射至于司马，使子路执弓矢出延射，曰："贲军之将、亡国之大夫、与为人后者，不入，其余皆入。"盖去者半，入者半。相，息亮反。司，相吏反。贲，方问反。将，子亮反。与，羊洳反。

孔子之射，盖宰中都时，行乡射礼以询众庶而选贤以待宾兴者也。矍相，地名。"圃"，序宫也。堂上谓之"序"，堂下谓之"圃"。"观者"，众庶之待询者也。"射至于司马"者，射先饮酒，将饮则改司正为司马时也。子路，司马也。"执弓矢"者，挟弓乘矢，搢三而挟一个以示有事，司马之仪然也。"出"者，观者在门外，延之入也。"贲"，与"偾"通，败也。"与"，干也，参也；无子者已立后而己又参入之也。偾军亡国而不能死，贪利而弃其亲以从人，忠孝之道亡，不足与于礼乐矣。

又使公罔之裘，序点扬觯而语。公罔之裘扬觯而语曰："幼壮孝弟，耄耋好礼，不从流俗，修身以俟死者不？在此位也。"盖去者半，处者半。序点又扬觯而语曰："好学不倦，好礼不变，旄期称道不乱者不？在此位也。"盖廑有存者。 弟，特计反。好，呼报反。"者不"之"不"，方鸠反，又方九反。旄，与"耄"通，莫到反。道，徒到反。廑，与"仅"通，渠吝反。

射毕则酬行焉，使扬觯者以旅酬也。与于酬，则在众宾之列，而待宾兴之选矣。公罔，姓。"之"，语助辞。裘，名。序，姓；点，名；皆孔子吏也。"扬"，举也，于旅也。"语"，可以语也。礼失而有流俗之礼以曲附人情而违天理，惟能"好礼"则不为流俗所惑。"俟死"者，安命而无苟求也。此务本笃行之士，所谓"可与适道"者也。"学"，正学。"不变"，执礼坚固也。"道"，说也。"不乱"，不为异端所引也；此据德之事，所谓"可与立"也。二子受命于孔子而其所语如此，盖圣人论人亦以德行为本，而礼乐必待其人而后兴，则不但射之为末，而礼乐犹非其本。此乃先王观德之精意，非徒以文具而已也。"廑"，少也。"存"，留也。

右第三章。此章引夫子之事以明乡射询众庶之义。

射之为言者绎也，或曰舍也。绎者，各绎己之志也。故心平体正，持弓矢审固。持弓矢审固，则射中矣。故曰：为人父者以为父鹄，为人子者以为子鹄，为人君者以为君鹄，为人臣者以为臣鹄，故射者各射己之鹄。故天子之大射谓之射侯。射侯者，射为诸侯也，射中则得为诸侯，射不中则不得为诸侯。 舍，书也反。

"绎"者，寻思无已而必得之意。"舍"，释也，释于此而中于彼也。"鹄"，侯中栖皮也。射之为道，内正外直，审虑固执以寻求其中之理，以是调习其心，而遇事皆无妄发，则父子君臣之理得之于心，而无不中其当然之则者。故射之有鹄，虽非为一人而设，而自己射之，则即为己志中欲中之鹄，人所不得而与，犹人伦为尽人之达道，而己所处者即为己当中之理，切于身心而无所旁贷，其平正无邪而精义笃信，亦求之己而已矣。"射为诸侯"，谓即此而知侯度之当寻求也。中则庆，不中则让而不能安其位，先王之纳天下于正直精专者即大射而见，而乡射亦可推知矣。

右第四章。此章统论五射之义，其以父子君臣为言，与上章子路之说相合，狸射以观德，而惟仁敬孝慈为立德之本也。

天子将祭，必先习射于泽。泽者，所以择士也。已射于泽，而后射于射宫，射中者得与于祭，不中者不得与于祭。不得与于祭者有让，削以地。得与于祭者有庆，益以地。进爵绌地是也。与，羊洳反。

"泽"，泽宫，引水环宫，所谓"辟廱"是也。于泽射椹质，选其能也。于射宫则比礼乐而射侯，选其德也。诸侯助祭则称士，《诗》曰："殷士肤敏"，又曰："髦士攸宜"，皆谓诸侯也。"益地"，则爵亦进矣。

右第五章。此章申释第二章射宫选士之义，而以中为重，则亦上章之意。

故男子生，桑弧蓬矢六，以射天地四方。天地四方者，男子之所有事也。故必先有志于其所有事，然后敢用谷也，饭食之谓也。射，食亦反。饭要，扶晚反。食，祥吏反。

"生"，谓初生三日。始为弓矢者以桑为弧，以蓬为矢，故用之不忘其初也。"天地"，上下。"有事"者，仰察天时、俯尽地利，而经营四方也。"志"，谓射志中之。"谷"，乳也。"饭食"，始哺乳之。

右第六章。此章申明第二章男子之事之义，而见射之重也。

射者，仁之道也。射求正诸己，己正而后发，发而不中则不怨胜己者，反求诸己而已矣。

此孟子之言而记者橜括引之，以明射之义。"仁之道"，求仁之道也。为仁由己，而由人乎哉?

右第七章。此下三章皆杂引圣贤之言，以广明射礼之义也。

孔子曰："君子无所争，必也射乎！揖让而升，下而饮，其争也君子。"

此以乡大射第二、三番射而言。射之为道，正己无求，祈以免爵，故虽有胜负而礼让自行。若人己相轧，利害相推，则虽欲从容成礼而必不能，此君子之虽有争而必异于小人之所争也。

右第八章。

孔子曰："射者何以射？何以听？循声而发，发而不失正鹄者，其惟贤者乎！若夫不肖之人。则彼将安能以中？" 正，诸盈反。夫，防无反。

此以乡大射第三番射而言。"听"，听乐也。"循声而发"，因乐节而拾发矢也。贤者之用心，虽主一无杂而旁通不昧，所谓"安汝止而惟几"也。不能尽其心之材者，役于耳目，一往而蔽，则所忘者必甚，盖于此而可以知为学之大旨矣。

右第九章。

《诗》云："发彼有的，以祈尔爵。"祈，求也。求中以辞爵也。酒者，所以养老也，所以养病也。求中以辞爵者，辞养也。

"发"，发矢也。"的"，鹄也。"尔"，谓所与为耦者。祈尔受爵，则己不饮矣。惟老与病则道在宜养，受之不惭，非然，君子以受养为耻。故曰："养其小体为小人。"万钟之受于我何加，而失其本心者，惟不知有此理而已矣。

右第十章。此章引《诗》以明乡大射第二、三番射之义，义类深远，学者所宜玩味而身体之。

《礼记章句》卷四十六终

礼记章句卷四十七

燕义

《仪礼》存者有《燕礼》一篇，而此释其义也。郑氏曰："诸侯无事，卿大夫有勤劳之功，与群臣燕饮以乐之。"是为君燕本国之臣言也。乃《燕礼》篇有"公与客燕"之文而记曰："若与四方之宾燕，则公迎之于大门内，揖让升宾为苟敬，席于阼阶之西，北面，其介为宾。"则其燕他国之使臣礼亦略同，《聘礼》所云"燕无常数"是也。又诸侯朝于天子皆有燕焉，《周礼·典客》云："公三燕，侯伯再燕，子男一燕。"其礼亡考，要之不具牢鼎，而献酢酬旅，脱屦升席，行无算爵以尽君臣宾主之欢，则一也。此篇所论，则皆以君燕其臣而言尔。凡二章。

古者周天子之官有庶子官。庶子官职诸侯、卿、大夫、士之庶子之卒，掌其戒令与其教治，别其等，正其位。国有大事，则率国子而致于大子，惟所用之。若有甲兵之事则授之以车甲，合其卒伍，置其有司以军法治之，司马弗正。凡国之政事，国子存游卒，使之修德学道，春合诸学，秋合诸射，以考其艺而进退之。"之卒""游卒"之"卒"，《周礼》作"倅"，取内反。"大子"之"大"，他盖反。"合其"之"合"，古沓反。"卒伍"之"卒"，子律反。"正"，诸盈反。此节当在篇末，盖错简。以于文义无损，姑仍之。

此以后章言"献庶子"，而周末汉初已无其官，故详述其职以释之。

今《周礼》具有此文，当戴氏时《周礼》未出，师儒略记而传说之如此。周称"古者"，据作记时而言也。"庶子"，《周礼》作"诸子"，诸亦庶也。"庶子官"者，主领治庶子之官，燕所献者则此官所属之庶子也。"职"，掌也。"庶"，众也。诸侯卿大夫士之元子众子，均入大学，谓之"国子"，亦谓之"庶子"，均于此官领之，无适庶之别，皆曰"庶"也。"卒"，本作倅，副也，谓为其父之副贰也，父在斯为子，或已仕，或未仕，但未继父爵禄则皆以齿一也。"戒令"，期会齐祭之誓令。"教"，习其职事。"治"，行其赏罚也。"别其等"者，以父爵为等，《文王世子》有"上嗣"之别是也。"正其位"者，内朝以齿，外朝以父爵及其已仕与未仕也。"大事"，宿卫及丧祭也。"大子"，世子。"授以车甲"，则有步卒属之矣。百人为"卒"，五人为"伍"。有司，军有司。"以军法治之"，庶子之官司其赏罚号令也。"司马弗征"，不复受役于司马，盖别为王之亲军也。"国之政事"，司徒所征之甸役力征也。"存"，留也。"游倅"，未仕者，扣留之不与于政役，使之专于学也。游倅不与，则仕者可知已。"德"，《文王世子》所谓"孝悌睦友子爱"。"道"，所谓"父子之义，长幼之序"也。"合之"，汇而观其成也。学成于乐而射以观德，故于此考其贤否而进退之，"进"则《王制》所谓"升诸司马"，退则"不帅教之罚"是也。记此以明庶子以未仕故次当士下，而为国子之选，故得与于献酢也。

右第一章。

诸侯燕礼之义。

言"诸侯"者，据今《仪礼·燕礼》篇而言，其天子燕礼亦略同也。此为篇首发端之通例，上节之为错简可知已。

君立阼阶之东南，南乡，尔卿，大夫皆少进，定位也。君席阼阶之上，居主位也。君独升立席上，西面特立，莫敢适之，义也。 乡，许亮反。适，都历反。

"立阼阶之东南"者，小臣既纳，卿大夫皆入，君降阶延之也。卿大夫入门北面，故南乡乡之。"尔"，与"迩"通，近也，揖延之使近也。独"尔卿"者，卿贵。大夫不尔，自少进也。卿进而西面，大夫犹北面，是尊卑之位因尔不尔而定矣。"君独升"者，位既定而君升也。"适"，与

"敌"通。阼阶之上故为主位，君席于此，以主道自处，然君独升席特立，宾有事则升阶，无事则降立阶下，不敢与君亢宾主，则君下济而臣不敢上亢，义各尽矣。

设宾主，饮酒之礼也。使宰夫为献主，臣莫敢与君亢礼也。不以公卿为宾而以大夫为宾，为疑也，明嫌之义也。宾入中庭，君降一等而揖之，礼之也。"为疑"之"为"，于伪反。

"饮酒"者必有献酢，以明重礼而非饮食之为惠。君虽不与臣为宾主而必设之，故使宰夫焉，以酒食其所司也。"公"，孤也。少师、少傅、少保，大国或立其官。"疑"者，以其位尊而又尊之，疑与君敌体也。大夫卑，斯无嫌矣。推手曰"揖"。"礼之"，谓以其为行礼之主，故以礼隆之。

君举旅于宾及君所赐爵，皆降再拜稽首，升成拜，明臣礼也。君答拜之，礼无不答，明君上之礼也。稽，康礼反。

"举旅"者，君受献后初举媵爵者之觯以酬宾，宾受之而以旅于西阶上。"赐爵"者，既献大夫以后，公举觯，或宾或长，惟所酬以行旅也。"皆"者，谓宾若长。"降再拜稽首，升成拜"者，方降拜时，君命小臣升之，虽拜而辄升，复再拜稽首，以终拜之节也。"君上之礼"。君以礼使臣之义也。

臣下竭力尽能以立功于国，君必报之以爵禄，故臣下皆务竭力尽能以立功，是以国安而君宁。礼无不答，言上之不虚取于下也。上必明正道以道民，民道之而有功，然后取其什一，故上用足而下不匮也。是以上下和亲而不相怨也。和宁，礼之用也。此君臣上下之大义也。故曰：燕礼者，所以明君臣之义也。"道民""民道"之"道"，徒到反。

"道民"，启迪之也。"道之"，率由之也。"有功"，谓生养遂、风俗美也。"什一"，赋税也。此因答拜之礼而推言之，见上下交相报礼以成乎顺治，先王之于臣民无非此义也。

席，小卿次上卿，大夫次小卿，士、庶子以次就位于下。献君，君举旅行酬。而后献卿，卿举旅行酬。而后献大夫，大夫举旅行酬。而后献士，士举旅行酬。而后献庶子。俎豆、牲体、荐羞皆有等差，所以明贵贱也。

"席"，谓布席之次序。宾席户牖间，上卿继宾而东。"小卿"，下卿也，继宾而西。大夫又继而西。统于君以东为上，故曰"次"。士、庶子位无席，士位阼阶下西面北上，受献则于西阶，庶子位在士南，受献则于阼阶，亦以次也。"献"，皆宰献；"举旅行酬"，皆君举酬而言卿、大夫、士者，每一献则一酬，酬为献举则受献者为酬主也。惟庶子受献，君不为之举尔。"俎"，牲俎。"豆"，脯醢。"牲"用狗。"荐"，荐俎。"羞"，庶羞臧肉。其等差《仪礼》未载，无所考矣。

右第二章。

《礼记章句》卷四十七终

礼记章句卷四十八

聘义

《仪礼》存者有《聘礼》一篇，而此明其义也。《仪礼》十七篇，自高堂生五传而至小戴氏，其间师儒讲说，各有引伸以明其义，惟丧礼四篇祭礼三篇其说之为尤详。此记自《檀弓》以至《丧服四制》，明丧礼之义者十三篇；自《郊特牲》以至《祭统》，明祭礼之义者四篇；其冠、婚、饮、射、燕、聘之义各一篇。凡此三十三篇发明推广《仪礼》之意，或戴氏得之于先师，或戴氏集先师之讲说而笔记之，虽非先圣之作，而实礼经之羽翼也。其《仪礼》之存者尚有《士相见》《公食》《觐礼》三篇无义，则或记者之所未逮，抑或有而后复亡之，要以礼由义立而义于礼成，则不特此三篇之可以类推，而凡天子、诸侯五礼之亡佚者，无不可以其理通焉。故曰：礼非由天降，非由地出，而生于人心，尽其心以几于复礼，则天则无不可见矣。后有圣人者起而建极锡民，以远人于禽兽，虽百世可知也。此篇之义。凡三章。

聘礼：上公七介，侯伯五介，子男三介，所以明贵贱也。介绍而传命，君子于其所尊弗敢质，敬之至也。

"上公"，王者之后。"贵贱"，犹言尊卑。"绍"，继也。"质"，简略也。此言行聘之君敬所聘者，多立介以将命，宾传上介，以次相传至末介，达之末摈，传至上摈，以告于主君也。然诸侯之使相聘，上摈与宾相为致词，其余介摈皆即位而不绍传，谓之旅摈。而此云然者，缘其设介之意本用相尊敬如此，虽让而不行其礼，意则然也。摈之数不必如介，自以主君之爵为多少之数。

三让而后传命，三让而后入庙门，三揖而后至阶，三让而后升，所以致尊让也。

"三让传命"，辞不敢当陈摈，时在大门外。"三让入庙"，辞不敢当庙受，时在大门内。"三揖"者，入庙门揖，当阶北面揖，当碑揖也。"三让而升"，宾三让而主君先升也。此谓宾尊主君而让，不敢当宾礼也。"致"，尽也。

君使士迎于竟，大夫郊劳，君亲拜迎于大门之内而庙受，北面拜贶。拜君命之辱，所以致敬也。 竟，居影反。劳，郎到反。

"竟"，远关也。"劳"者，慰问其勤劳，用束帛将命。"拜迎"，拜宾之至也。"庙受"者，不敢受于朝，所谓"惠徼先君之福"也。"拜贶"者，宾致圭将命而主君当楣北面再拜。"拜君命之辱"者，主君问宾之君，宾答而主再拜也。此谓主君敬其君以及其使，敬无不尽也。

敬让也者，君子之所以相接也。故诸侯相接以敬让，则不相侵陵。

承上二节而言主宾各尽其敬让，所以交奖于君子之道，而侵陵之患息矣。

卿为上摈，大夫为承摈，士为绍摈。君亲礼宾，宾私面私觌。致饔饩，还圭璋，贿赠，飧、食、燕。所以明宾客君臣之义也。 还，似宣反。食，祥吏反。下并同。

"摈"，公五人，侯伯四人，子男三人，一卿，一大夫，余皆士也。"承"，次也。"绍"，继也，末也。"亲礼"者，将聘事毕，君亲酌醴以礼之。私见大夫曰"面"，见君曰"觌"，皆有币及庭实。"致"者，遣使致之。牲杀曰"饔"，生曰"饩"。"还圭璋"者，返其聘君之圭、聘夫人之璋也，还玉则将行矣。"贿赠"，所以赆行也，用束纺。"飧"，于庙备牢鼎，献酢而不酬，设席而不坐。"食"以食，"燕"以酒，皆于寝，详见《仪礼》；《公食》《燕礼》篇。一食再飨，燕无常数。上数者君亲之，以著宾主之道，使人致之以正君臣之等，各因其义之所安而行之，义各明也。

故天子制诸侯，比年小聘，三年大聘，相厉以礼。使者聘而误，主君弗亲飨食也，所以愧厉之也。诸侯相厉以礼，则外不相侵，内不相陵。此天子之所以养诸侯，兵不用而诸侯自为正之具也。使，所吏反。

"小聘"使大夫，其礼简。"大聘"使卿，其礼备。"比年""三年"之制，聘天子也。诸侯之邦交则殷相聘耳。"主君弗亲飨"，又以诸侯言之，互相发明也。"弗亲飨食"，使人致具于其馆。"厉"，勉也。礼行而兴让，则争怨无自起，兵不用而各安侯度矣。

以圭璋聘，重礼也。已聘而还圭璋，此轻财而重礼之义也。诸侯相厉以轻财重礼，则民作让矣。

子、男聘以璧，而独言"圭璋"者，统辞也。凡争之起率由财兴，财轻则自勉于礼矣。

主国待客，出入三积。饩客于舍，五牢之具陈于内；米三十车，禾三十车，刍薪倍禾，皆陈于外，乘禽日五双，群介皆有饩牢；一食再飨，燕与时赐无数，所以厚重礼也。古之用财者不能均如此，然而用财如此其厚者，言尽之于礼也。尽之于礼，则内君臣不相陵，而外不相侵。故天子制之，而诸侯务焉尔。积，子赐反。乘，食证反。尽，慈忍反。

"出入"，来去也。"积"者，饩之于道。"舍"，馆也。"五牢"，饪一，腥生各二，皆大牢。"内"，宾馆大门内之西。"米"，以给徒卒；"禾""刍"，以给马；卿行旅从，故必三十车也。"外"，弋门外。"乘"，匹也，谓群匹队行之。"禽"，鹅鹜也。食飨惟以礼宾，介不与。燕则介为宾，宾为苟敬。"时赐"，《聘礼》所谓"傲献新异之品"也。"不能均如此"，谓君子俭以制用，他事不皆然也。"尽之于礼"，毕用而无所吝也。人之有财，不足则忮，有余则骄，骄忮相构，争陵起矣。"尽之于礼"，所以消骄忮之萌而已乱也。

右第一章。

聘、射之礼，至大礼也。

"射"，乡射、大射。言聘、射二者，礼文盛大也。

质明而始行事，日几中而后礼成，非强有力者弗能行也。故强有力者将以行礼也，酒清，人渴而不敢饮也；肉干，人饥而不敢食也；日莫人

倦，齐庄正齐而不敢解惰，以成礼节，以正君臣，以亲父子，以和长幼。几，渠希反。干，古寒反。莫，漠故反。"齐社"之"齐"，侧皆反。解，居隘反。长，丁丈反。

"清"，冷也。"肉"，谓脯醢。"干"，风晾燥也。"莫"，晏也。"齐庄"，容貌肃也。"正齐"，班位整也。礼成则竞躁偷安之心消，而以行乎君臣、父子、长幼，无不敬以和矣。

此众人之所难而君子行之，故谓之有行。有行之谓有义，有义之谓勇敢。"有行"之"行"，胡孟反，下同。

"有行"者，行成于己也。"有义"者，胜欲而尽其所当为也。"勇敢"，果于为义也。

故所贵于勇敢者，贵其能以立义也。所贵于立义者，贵其有行也。所贵于有行者，贵其行礼也。故所贵于勇敢者，贵其敢行礼义也。

先王示其所贵尚，使勇敢有行义者皆必以礼为贵，则恃力袭义而矜独行者，无不变化气质以勉于礼矣。

故勇敢强有力者，天下无事则用之于礼义，天下有事则用之于战胜。用之于战胜则无敌，用之于礼义则顺治。外无敌，内顺治，此之谓盛德。故圣王之贵勇敢强有力如此也。勇敢强有力而不用之于礼义、战胜，而用之于争斗，则谓之乱人。刑罚行于国，所诛者乱人也。如此则民顺治而国安也。治，直吏反。

礼义素著，则亲上死长，以为国御侮，而无敌于天下矣。"争斗"，谓恃力私斗。"刑"，所以济礼之穷也。盖封建之国各成其势，而山川风气人力强弱之不齐，势必相倾，力必相轧，是以有战争之患，而先王制之以礼，登进其强勇者，使试乎人之所难行，成其行义以自见其长，斯以善用势力，纳诸顺治，而久安长治之休著矣。后世惟其不能以礼为立国之本，而患天下之难制，乃废封建，销兵戎，将以弱天下而天下愈裂，是岂知人之有材，一皆强于为善之资，而固然其不可遏抑乎！

右第二章。

子贡问于孔子曰："敢问君子贵玉而贱碈者，何也？为玉之寡而碈之多与？"孔子曰："非为碈之多故贱之也，玉之寡故贵之也。为，于伪反。

与，以诸反。

"瑉"，美石，似玉。《聘礼》以圭璋为重，故记者引此以明之。

"夫昔者君子比德于玉焉：温润而泽，仁也；缜密以栗，知也；廉而不刿，义也；垂之如坠，礼也。叩之，其声清越以长，其终诎然，乐也；瑕不掩瑜，瑜不掩瑕，忠也；孚尹旁达，信也。 夫，防无反。知，珍义反。坠，直类反。孚，缚谋反。尹，于伦反。陈氏读如字，误。

"温"，不寒。"润"，津莹。"泽"，丰美。"缜"，致也。"密"，体之细也。"栗"，坚实。知，知之审也。"廉"，稜也。"刿"，割也；方正而于物无伤也。"队"，古"坠"字，通用。"如队"，有谦抑善下之意。"越"，发也。"长"，谓远闻。"诎然"，无余声。《乐记》曰"止如槁木"；乐之节也。"孚"，与浮同。"尹"，竹上青，言光采外发，如筼而浮动。"旁达"，表里如一也。

"气如白虹，天也。精神见于山川，地也。 见，贤遍反。

"白虹"，日边白气长垂似虹。"精"，英也。"神"，气也。宝玉所在，其上有气如白虹，是与天通气也。产玉之所，山川草木津润丰美，[是]与天地通精也。德者得之于天，玉之七德与天地相为流通，故仁义礼智忠信乐之象著焉。天之理，物之材，人之性，推其本原，一而已矣。非知德者不能知也。

"圭璋特达，德也。

此下言君子之用玉也。"特达"者，聘礼执以致命，不以币将之，惟其有德之可贵，故不复以币为重也。

"天下莫不贵者，道也。

达之天下皆以玉为宝者，惟其兼备七德，有可贵之道也。

《诗》云：'言念君子，温其如玉。'故君子贵之也。"

引《诗》总结上文。

右第三章。

《礼记章句》卷四十八终

礼记章句卷四十九

丧服四制

"四制"，言因恩、理、节、权四者而制，盖亦"丧服"之释义也。凡一章。

凡礼之大体，体天地，法四时，则阴阳，顺人情，故谓之礼。訾之者，是不知礼之所由生也。

"大体"，本大义以立体也。"体"者，与合撰而章其实也。"四时"，以序言。"阴阳"，以用言。訾之者，若老聃、庄周之流以礼为忠信之薄是也。此节统论吉、凶、军、宾、嘉之礼，以发端起意。

夫礼，吉凶异道，不得相干，取之阴阳也。夫，防无反。

自凶而外，皆谓之"吉"。"异道"，谓贵贱异制而父母之丧天子庶人无殊、士祭不及祖而丧服及于四世之类。"阴"，主哀，其用情；"阳"，主乐，其用法。

丧有四制，变而从宜，取之四时也。有恩，有理，有节，有权，取之人情也。

"制"者，所由制也。四时之序，温暑寒凉相济而成用。"恩""理""节""权"，人心之固然，情之正也，亦相济以制礼，互用而咸宜也。

恩者，仁也；理者，义也；节者，礼也；权者，知也。仁义礼知，人

道具矣。知，珍义反。

"仁义礼知"，性之德也。性有其德，故情各得其正，人之所以为人也。

其恩厚者其服重，故为父斩衰三年，以恩制者也。 为，于伪反。衰，仓回反。下并同。

心所必不忍忘者曰"恩"。"为父斩衰"，正服之至重者也。凡正服之轻重，皆以恩之浅深为差等。五服以正服为本，义也，节也，权也，皆依此而生者也。

门内之治，恩掩义；门外之治，义断恩。资于事父以事君，而敬同。贵贵尊尊，义之大者也。故为君亦斩衰三年，以义制者也。 断，丁贯反。

"门内"，家也。"门外"，国也。"掩"，蔽也。在事曰"理"，在心曰"义"。"断"，裁也。"恩掩义"，尊不敌亲，祖虽尊但期，而父三年是已。"义断恩"者，义在不论恩之深浅，卿大夫士皆为君斩也。"资"，取给也。"贵"，以爵言；"尊"，以分言。天爵天秩，理之大者义亦大也。

三日而食，三月而沐，期而练，毁不灭性，不以死伤生也，丧不过三年，苴衰不补，坟墓不培，祥之日鼓素琴，告民有终也，以节制者也。 期，居之反。下同。

"沐"，谓将虞祭时。"练"，练冠。"灭性"，谓耳目昏瞀，心情错谬也。"补"，更造。"不补"，敝之而止也。"素琴"，不歌。"告"，示也。"节"者，通乎死生之理而因人心久暂之殊也。

资于事父以事母，而爱同。天无二日，土无二王，国无二君，家无二尊，以一治之也。故父在为母齐衰期者，见无二尊也。杖者何也？爵也。三日授子杖，五日授大夫杖，七日授士杖。或曰担主，或曰辅病。妇人童子不杖，不能病也。百官备，百物具，不言而事行者扶而起，言而后事行者杖而起，身自执事而后行者面垢而已。秃者不髽，伛者不袒，跛者不踊，老病不止酒肉。凡此八者，以权制者也。 齐，即夷反。见，贤遍反。

为母期一也，扶而起二也，杖而起三也，不杖四也，不髽五也，不袒六也，不踊七也，不止酒肉八也。八者皆权也。父在母降，尊尊之义而谓之"权"者，父没则得伸其三年，非常制也。"爵也"者，以爵之贵贱为杖之先后，此但据国君之丧而言，非通论也。"担"，当也；明其为丧主也，此但据童子当室则杖而言，亦非通论也。三说之中，"辅病"为长。

"不言而事行者"，君也。"言而事行者"，大夫士也。"身自执事"者，庶人也。"面垢"，毁容也。贵者得尽其哀则极于毁，拜起之际非扶不能，贱者不容已于躬亲，以慎终为重"则节哀自勉，不敢过毁以废事也。"髽"，以妇人言，男子则免也。"权"者，心之量，量其可行而后得伸也。

始死，三日不怠，三月不解，期悲哀；三年忧，恩之杀也。圣人因杀以制节，此丧之所以三年，贤者不得过，不肖者不得不及，此丧之中庸也。王者之所常行也。解，居隘反。杀，所戒反。

"杀"者，哀以渐而平也。渐杀以至于复，故因以制礼，使文与情称而三年乃除。"中庸"者，大中之用也。"常行"，谓百王不易之礼，躬行于上而为天下之通制也。此言三年之丧本乎恩制，而义与权节皆即此而在。引伸上文以明三年之丧至极而不可短也。

《书》曰："高宗谅阴，三年不言"，善之也。王者莫不行此礼，何以独善之也？曰：高宗者武丁，武丁者殷之贤王也，继世即位而慈良于丧，当此之时，殷衰而复兴，礼废而复起，故善之。善之，故载之《书》中而高之，故谓之"高宗"。三年之丧君不言，《书》云："高宗谅阴，三年不言"，此之谓也。然而曰"言不文"者，谓臣下也。谅，吕张反。阴，乌含反。善，时战反。

"谅"，与"梁"通。"阴"，古"庵"字；谓居翦屏挂楣之庐也。"言"者，有所使令告语也。"高之"，谓高其德行而尊之为百世不迁之宗。"不文"，无辞令之文也。此承上文"王者之所常行"而征言之。

礼：斩衰之丧唯而不对，齐衰之丧对而不言，大功之丧言而不议，缌、小功之丧议而不及乐。唯，以水反。乐，卢各反。

此承上文"言不文"而推言之，皆以居丧次、接宾客而言，亦以节制之义也。

父母之丧，衰冠、绳缨、菅屦，三日而食粥，三月而沐，期十三月而练冠，三年而祥。比终兹三节者，仁者可以观其爱焉，知者可以观其理焉，强者可以观其志焉。礼以治之，义以正之。孝子、弟弟、贞妇皆可得而察焉。比，毗至反。"弟弟"，上特计反。

"绳缨"，通屈一条绳为冠武，即其余垂下为缨也。"菅"，沤茅也。"比"，及也。"终"，始终成礼也。"三节"，始死至三月一节也，期二节也，祥三节也。有是服必有是情，乃可终丧而无不及也。"仁者""知者"
"强者"，谓将求人于仁知勇也。"理"，条理明也。"志"，持志不夺也。
"礼以治之"，缘饰之成文也。"义以正之"，敬以持之也。丧纪人伦之本，
敦其本而以行乎父子兄弟夫妇之间，恩无不笃而道无不尽矣。此节言丧有
四制以备四德，而惟能居父母之丧则四德兼至，而行之以勇则道尽而五伦
之理无不达矣。其天地之大德曰生，而所性之四端以仁为首，职此故也则
圣学之理一分殊，治情复性之功效，皆可推而得矣。

右第一章。

《礼记章句》卷四十九终

《礼记章句》全书终